中世初期の〈謀叛〉と平治の乱

古澤直人著

吉川弘文館

目　次

Ⅰ　平治の乱の再検討

II　中世初期における謀叛の研究

第三章　頼朝の「謀叛」と「謀反」

第四章　和田合戦と横山時兼

序章　中世をめぐる全体認識の史学史と本書の課題

はじめに

一九九六年の法制史学会大会において「二〇世紀の法史学――日独比較」というシンポジウムが開かれた。筆者は日本側の報告者として〈中世あるいは封建制をめぐる日本近代史学史〉という課題で報告依頼を受け、この課題を〈中世という時代の全体認識の史学史〉という形で読み替えて報告をおこなった。封建制概念をそのまま論題としなかったゆえんはこうである。所与の課題は一九七〇年代以後〈国家史〉という研究分野として認識されているように思われるが、戦前は国家を研究対象とすることはタブーであった。そして、わずかに法史研究の分野で〈封建制論〉という形で中世の全体像は語られた。戦後はおもに経済史（マルクス主義歴史学）において〈封建制＝農奴制成立史〉として論じられたが、一九七〇年前後を境にして、〈国家史〉という研究分野として論じられるようになってきた。以上の史学史の流れを前提とすると、〈封建制〉概念で一律に課題を検討することは困難であると考えたためである。〈中世という時代の全体認識の史学史〉を意図した当該報告原稿を本書の序章において、個々の研究史より鳥瞰的な史学史の流れの中で本書の課題を位置づけてみることにしたい。

さて、現在の中世像の源流が、一九〇〇年前後に遡るという点で、多くの研究者は一致しているが[1]、それに先立って一八九〇年頃までに、〈戦前の官選国家論ともいうべき国体論〉や〈国家論に関するタブー〉が形成され、それとの関わりで、（国史）正統派アカデミズムというべき考証史学の学風が決定される。この経緯が戦前の歴史学の大枠を決定し、現在にも重要な影響を及ぼしていると考えられるため、第一にこの問題の検討からはじめたい。

一　国体論と考証史学（正統派アカデミズム）

1　修史事業と久米邦武事件

国体史観の淵源は近世に遡るが、明治の官選修史事業も王政復古史観にもとづくものであった。その点は修史事業の開始を告げる一八六九年（明治二）の修史の詔が〈鎌倉時代以後の武家政治の弊害を除去して、君臣名分を正し、華夷を明らかにする〉と記したことにうかがえる。(2)

ここで、武家政治は否定の対象であり、幕府の統治は天皇大権の委任で説明されなければならなかった。

しかし、明治初年の文明史観全盛の中で、こうした歴史観はすぐには主流にならず、天皇を歴史と道徳の中心に据えるような国体史観の本格的構築は、もう少し後の一八八〇年代以後であり、有名な久米邦武事件が画期となった。

明治政府によって国史編纂を命じられた考証学者重野安繹・久米邦武らは、ヨーロッパ歴史学の方法も取り入れながら、十万通以上に及ぶ全国的史料採集を行い、この採集史料に対して、厳格な史料主義を貫いた結果、偶々叙述が重複して検討対象となった南北朝時代について、大日本史への疑問が相次ぎ、楠公父子の桜井の別れや児島高徳ら南朝方忠臣の実在を否定するなど、歴史史料としての太平記批判いわゆる抹殺論を展開する。儒学的な名分論・勧善懲悪的史観への久米らの激しい批判や記紀の紀年法論争への加担らも加わって、彼らは国学者・国家神道からの攻撃を浴び、ついに「神道は祭天の古俗」論文をきっかけに、一八九二年久米は大学を追放される。これが有名な久米事件の大要であり、以後南北朝正閏論など繰り返される国家による歴史学への弾圧のはしりとなった。

2　国体史観の中世観――官選国家論

久米論文批判のなかで、いわゆる国体史観というべきものの主張も明確になってくる。宮地正人氏は国体史観の要点を三点に要約している。すなわち、

(1)天皇統治権の正当性を神話に求め、発展史を拒否したこと（これは特殊な日本建国論と連動する）、

(2)契約関係ではない自然で永遠不動な君臣関係論、

(3)天皇を主権者とする日本国家・国民の優秀性の強調、

である。これは天皇を中心とした国民国家形成のイデオロギーであるが、これを記紀の聖典化、祖霊崇拝と功臣霊崇拝、家族国家論などを通して浸透をはかろうとしたという。一八八九年に南朝方の児島高徳を吉野神社に祭り、四条畷神社を創建して楠木正行を主神としていったのは、政府と国家神道のそうした動きの具体化であるから、大義名分的・教訓的歴史に反対し、記紀の紀年を疑い、神道は未熟な未開社会の宗教であるとする久米・重野らの主張は到底許容できないものだったと考えられる。(3)

3　正統派アカデミズムとその学風―全体像の欠如―

久米事件後、修史を目的としない史料編纂事業が一八九五年に再開するが、そこでは、世情の物議を招く論説考証の発表はしない内規が作られた。宮地正人氏はこの再開以後の史料編纂掛の状況を、次のようなリアリティに富む叙

述で表現している。すなわち、「そこでは、事実ではないことを事実ではないと社会的に断言することも、通史叙述のあり方を検討・論議することもタブー視され、国体史観とその教育が大手をふって濶歩する中、うちうちではチクリとした皮肉をいいつつも、出来るだけ外部と争いをおこさず、史料読解能力と史料考証能力への自負心だけをより処としながら、極めて地味な史料編纂作業を十年一日の如く続けることになる」(4)と。

しかしそれでも、この史料編纂掛と東大国史科を中心とする考証主義こそ国史に関する正統派アカデミズムというべき存在であろう。石井進は、福田・内田・原・三浦・中田らの仕事を日本の「正統派アカデミー史学の成立」と評価しているが(5)、かれらの多くは、日本史プロパーの中世史研究者ではなかった点は注意すべきであって、日本史研究に関して「正統派アカデミー史学」と呼ぶにふさわしいのは、むしろ大久保利謙が「新考証主義」と名づけた田中義成・黒板勝美・辻善之助らであろう(6)。

その代表を田中義成『南北朝時代史』(遺著)にみるとすれば、それは史料編纂事業で培われた手堅い考証に基づく編年政治史であり、その正統を継ぐ黒板勝美・辻善之助らはいずれも史料編纂掛と国史を兼任し、史料編纂と考証的な研究をおこなうという共通性を有している。ただし、それはあくまで、史料考証にもとづく精緻なモノグラフの集積であって、その事実個々の意味なり相互の関連なりは分析しないものである。モノグラフを集めても歴史の全体像なり時代像といったイメージはわかないし、ましてや歴史発展のあり方などは俎上にさえのぼらないのである。

ランケの史料批判の「技術的方法」のみを学んだ正統派アカデミズムは(7)、国体論と抵触する記紀紀元や南北朝正閏論は、坪井九馬三のいういわゆる「応用史学」の問題として回避し、手堅い一事一物の考証すなわち「純正史学」に専念したのである(8)。歴史研究者の共同体内部で語り継がれている「通史書きになるな…」という訓戒もこれに関連しているものと思われる。つまり正統派アカデミー内部では、絶対的存在たる国家は研究対象として慎重に避けられ、

歴史像や国家観の問題は、政治に委ねられたのである。(9)

二　考証史学の相対化1―もう一つのアカデミズム―

1　中田薫の比較法制史研究

こうした、国史の正統派アカデミズミすなわち考証史学を相対化した存在の一つは、アカデミー中のアカデミーといえる東京帝国大学法科大学における中田薫の研究である。

中田は一九〇〇年大学卒業と同時に大学院に入学し、「鎌倉時代の法制」を研究題目とする。中田がこれを選んだのは、修史事業で蒐集された史料によって中世法研究がようやく可能になったという客観条件があったことが前提であろうが、(10)より本質的な問題は、石井進がすでに明確に指摘しているように、中田固有のナショナリズムにあった。(11)中田は王朝時代の荘園制のシステムや法理がローマ法やその系譜を引く現行法と一致することが稀なのに、フランク時代のゲルマン法と一致する点が多いのは不思議だという点を何度も記している。明治の日本では目標とする欧州との落差は決定的であり、現実の社会に西欧化の基盤（＝西欧との一致）を見いだせなかったために、その代償として過去の日本の中に西欧との一致を発見する作業がおこなわれ、この一致こそ日本の将来における西欧化を保証するものと中田がみなしたのではないか、というのが石井の想定である。石井はこの箇所を好んで引用しているが、中田のナショナリズムという観点からみると、これに続いて比較法制史研究の意義を記している末尾の部分、即ち、「現行法の『システム』や法理に合致せざるの故を以て、我固有法の価値を疑ふ一派の法律家に対して警戒を与へんとの意に出づるものなり」（『法制史論集』二巻―七〇頁、以下、巻数と頁のみ本文中に略記する）、という固有法の価値の重視という観点に注意したいのである。

2　固有法世界の重視

中田には制度、公法に関わる言及が少なくて、私法的世界の研究に集中したことはよく知られている。我々にとっては重要な「鎌倉時代の地頭職は官職にあらず」[12]や、「鎌倉室町両幕府の官制に就て」[13]という論文は「付録」「雑著」としてしかあつかわれておらず、明治以来の官職制度史的法制史研究など塙保己一の『武家名目抄』の翻訳にすぎないと決め付けている（三巻―六二七頁）。

〈親族法・相続法〉〈物権法〉〈債券法〉〈雑載〉別にまとめられた『法制史論集』全体を概観しても、確かに中田の関心が私法的世界、とくに相続法と物権法に集中していることがうかがわれるのである。

このうち中田の相続法研究に関しては、石井紫郎氏の指摘がある。[14]石井氏によれば、民法施行以後の新法典と伝統との緊張関係の中で、〈民法に規定された家に対して、歴史上実在した家はどのようなものであったか〉という関心を終生中田がもち続け、日本の固有法上に均分相続団体としての「純粋無垢」な家を想定し、民法上の戸主権や家督相続は中世後期以後封建法という国家的制度によって歪められた姿であって、いわば歴史上一時的現象に過ぎなかったと中田は主張した、とされる。すなわちここに、固有法の価値重視の姿勢が、中田に旧民法批判の視点を与えたことが知られよう。

一方、中田は、国家的諸制度に対しては冷淡であった。封建法についても中世後期以後の国家的制度となったものについては、本来の固有法を歪曲するものとして、律令法の場合と同様に否定的に把握している。

一九〇六〜七年に次々と発表された画期的な諸論文においても、一貫して追求しているのは、国家の対極にある私的所有の発展の歴史である。

中田は大化前代の固有法における私有制の発達を指摘しつつ、古代律令国家による私有制への干渉を否定的にみている。中田によれば、〈王土王民思想〉は慣用語で、主権の威力が全民衆・全国土に普遍であるという中国古代の世界帝国主義の表明に過ぎず、また「強大無限なる主権」でも、私法上の所有権とは両立する（二巻―四一・四二頁）という。そして、所有権の公認と所得自由の公認は、個人的経済活動の二大要件であるから、それを否認し阻害する均田法や班田法は、人の性情に背き、経済の進歩発展を阻害するものである、というのである（二巻―四六頁）。さらに、そうした日本固有法における私的所有発展の具体的姿を、王朝時代の荘園制に求め、荘園制度発生の状況、王朝時代における荘園の内部構造、荘園を中心に発達した諸種の重要な不動産物権法について考察し、鎌倉室町時代の法制にその最も発展した姿をみたのである（二巻―二九六頁）。

中田の場合、つまり先の〈固有法の発見および発展〉は、そのまま〈私法的世界の発見・発展〉とイコールであった。平安末期以後の固有法において、不動産物権を指す用語として「職」を取り上げ、本来「職務」の意味であった「職」が、「職務的用益権」を経て、中世には「不動産物権」や「各種収益権」に転化すると指摘し、鎌倉時代の地頭職も「職務的不動産物権」（負担付不動産物権）にほかならないと論じたことは有名である。鎌倉室町時代の「職」における官職としての性格を否定することは、中田の理論体系上で特別の意味をもった。

すなわち、中田は〈土地恩給制と家人制との結合〉によって成立したヨーロッパの封建制と同様に、日本封建制も庄園を中心として発達した土地恩給制が、武士階級の間に発達した家人制と結合したことに起因するとみるのであるが、その構成要素である「恩給」対象物は日本の場合は、土地そのものではなくて「職」である。だからその「職」を（私法上の）物権と見ることによってはじめて、日本封建制そのものを私法的世界発展の上に位置付けることが可能となるのである。それゆえ、職における官職的性格の否定は、中田にとってとりわけ重要であったと思われる。

3　中田の独創と孤立

ところでこの恩給地の用益権は、厳格には権利ではなく、事実的支配（つまり知行）に過ぎないのだが、この知行は日本の固有法の観念では一つの不動産物権であり（二巻―二二九頁）、しかもその行使する権利の真偽を問わない（=権利の主張をもって足りる）、いわば客観的には不法なものを含む（二巻―二五五〜二五七頁）という発見ないしは着想は、実に斬新なものであった。[15]このような柔軟な見方が、名分論的な観点からふっきれた形での国家秩序や法秩序のあり方を中田に発想させることを可能にしたように思われる。

その一つのあらわれは、鎌倉幕府の成立に関する論点である。

近年公刊された中田の講義録によれば、中田は、以仁王の令旨にもとづき頼朝が関東諸国を自分の分国として管領した（―この講義録ではこれを「知行」と表現している―）一一八〇年の時点に幕府の成立をみていて、一一八四〜八五年における朝廷からの征討権・支配権を委任は、頼朝の軍事権・知行権の一層の拡大としてのみ押さえられている。そして、頼朝の権限は軍事大権・所領知行権・家士進止権の三者の総合で、官職上の権限に止まらないと論じている。[16]地頭職の論文で記していた、「頼朝は其名義は一朝官に過ぎずと雖、其実は天皇と相対したる第二の主権者に外ならざるなり」（二巻―八八一頁）という観察は、まさに不法如何をとわず事実的支配に即して歴史を考えるという、中田にしてはじめて可能となった発想だったように思われるのである。しかしながら、この観点は一部の例外を除いて、孤立した理論として放置されていくのである。[17]

ところで、中田の研究は〈厳密な学問的概念を駆使した特定主題に関する論文〉という意味で、明らかにアカデミズムのそれである。中田が近代的な峻別の論理と法教義学的概念構成によって曖昧さのない明快な論理を組み立てた点も、すでに石井紫郎氏が指摘している。[18]

しかし個々の論点の明快さにもかかわらず、中田の研究全体を鳥瞰してみた場合、明確な中世像というものは浮かんでこない。というのは、中田の研究はあくまでも相続法史であり物権法史であって、ある時代の歴史的社会を全体として把握するというものではなかったし（―その意味では国史アカデミズムと同様なのだが―）、時代区分にも興味を示さなかったからである。唯一、封建制に関して「我封建制の発達は、私権化したる国郡の徴税権が不当に拡張されたる守護の公法上の権力と互に結合するに至って、其完成を告げたるものなり、而して其完成の時期は、室町時代の中葉にあつて存す」（二巻―二六四頁）という見通しが示されていて、この点が中田の封建制理解としてしばしば引用されるが、これも見通しにとどまってそれ以上には展開されなかったのである。

また、中田には学外の問題に関する発言もほとんど見られなかったといわれている。さらに、大学内部の学部間の閉鎖主義から、中田の業績が国史科の研究で参照されることも少なかったと指摘されている。[19]

中田は次に触れる三浦周行とは対照的に、ひたすらアカデミーの枠に立てこもることによって、法制史研究のなかに確固たる位置を占めることになるが、同時に、歴史畑の日本史研究者にとっては容易に近付きがたい、いわば独立峰として孤立することにもなった。中田の研究対象と活動の場の限定、すなわち、公法的世界あるいは律令制の切り捨てと、アカデミー内部の活動という限定は、いわば国体論に絡めとられない独自の論理構築を可能としたが、それだけに孤立は必然的だったのかもしれない。[20]

三　考証史学の相対化2—京都帝国大学における三浦周行の法制史—

1　京都帝国大学の設立

考証史学の学風を相対化する今一つの契機は、一九〇七年の京都帝国大学の設立である。東大国史が漢学・考証学の伝統に縛られ国体論の制約に苦しめられたのに対して、新設大学の身軽さ自由さから、一九世紀後半ヨーロッパにおけるランケ批判の動きに歩をあわせ、西洋史の原勝郎、東洋史の内藤湖南、近世史・経済史の内田銀蔵、法制史の三浦周行らがそれぞれ従来の考証史学にとらわれない斬新な所論を展開した。

初期の講義題目には、「日本の国家及び文明」（一九〇七年、内田）、「比較経済史の諸問題」（一九〇八年、内田）、「日本民族史」（一九〇九年、三浦）、「日本社会史」（一九一三年、内田、一九一四年、三浦）などがみえ、時代像なり全体像への積極的アプローチがみられる。(21)

そのうち、例えば、現在の日本中世像の原型を作ったといわれる原勝郎は、京大西洋史という国史正統派アカデミー（考証史学）からは二重の意味で外部に位置する人間であった。

原が一九〇六年刊行の『日本中世史』において、古代社会の文物発達の賞賛は中国渡来文明の過大評価で、その文明は京都周辺と在京貴族にとどまる表面的なものであり、むしろ鎌倉時代以降になると国民的独立を支える地方社会の健全なる中産階級といえる武士階級が成長し健全な固有文明が発達していく、として、「王制復古」的な中世暗黒時代観を逆転させたことは有名である。(22)

原の見解は、日欧比較的観点に基づいていて、〈腐敗するローマ帝国を辺境から革新するゲルマンの封建制〉という見方を日本中世にあてはめ、〈腐敗した藤原時代の文化を刷新する東国、とくにその強固な主従関係〉を評価したものである。同様の比較は宗教改革と鎌倉新仏教との対比にも見られる[(23)]。

ここに、中田も同様だったことを考え合わせると、ヨーロッパ史の知識を前提にして日本史を考えるという手法が二十世紀初頭の歴史学の一般的な方法であったことがうかがわれる。原の場合、美文と評される叙述スタイルも考証史学と際立った違いがあり、この原や内藤、内田らが全体として京大の新しい学風を育てたと言えようが、ここでは法制史の三浦周行に焦点をあててみたい。

2　三浦周行の鎌倉時代への注目

三浦は東京帝国大学文科大学選科の初期の卒業生（一八九三年国史科修業）であるとともに、水戸学の栗田寛に師事し、卒業後の一八九五年東京帝国大学史料編纂助員、一九〇〇年同編纂員、一九一〇年に編纂官に任ぜられ、その間、文科、法科両大学で講ずるなど[(24)]、国史正統派アカデミズムに育った人材である。後年の三浦の「日本史学史概説」によれば、リースや坪井九馬三のドイツ史学の方法に学んだ新進の学者は、漢学のみの旧修史局の学風には満足できなくなったと記されているが[(25)]、この新進の学者とはおそらく三浦その人のことを指したものであろう。

こうして三浦は、従来の政権交替史ではなく広く社会一般を研究対象としてその変遷の過程を明らかにしようと意図した[(26)]。当初、古代中世親族法研究をはじめとした法制史研究に集中するが、法の解釈にも法の専門的知識と同時にその時代の社会事情の理解が不可欠であるとして、一般史の重要性を強調し[(27)]、実際に、一九〇〇年前後から政治史研究が増える[(28)]。そして一九〇七年には実証的に裏付けられた初の鎌倉時代の通史である『鎌倉時代史』を完成させる[(29)]。

古代から近代までの法制史関係の論文を集めた正続『法制史之（の）研究』を見ても、その過半は鎌倉時代の法制を中心とした中世に重点がおかれていて、三浦がとりわけこの時代に精力を注いだことがうかがわれるのである。ではなぜ三浦は、鎌倉時代に注目したであろうか。

その理由は、『法制史之研究』の序文がよく語っているように思われる。三浦特有の擬古文で難解なので、私なりに論旨を要約し直して示せば次のようである。[30]

古代律令は漢文で記され唐制を母法とし、現行法は欧州法制を参照したという点から、日本の法制が初め中国法に、後にはローマ法に属したと見るのは、表面的な観察だ。法は民族の文化思想に基礎を置かなければ施行は困難であり、実際律令は慣習法によって修正・変更された。武家法の基礎はこうした慣習法であり、平安の格式、中世の式目や追加は、中国法の影響がほとんど認められない。ゆえに、日本法制史は唐制とローマ法で裁断すべきではなく、国民の文化の反映、民族思想の表現として観察すべきだ。

すなわち、奈良時代や明治初期を外国に心酔した「模倣の法制で国情や民情に相違」したものと退け、法制と社会の状態が適合した鎌倉時代が評価されたのである。その理由は違っているのだが、固有法の価値重視という点で中田と一致するのである。三浦の時代区分が固有法時代と外国法模倣時代からなされている点も、この固有法重視という問題と密接に関わっている。[31] 議員選挙の収賄横行に関連して「日本人に法治国民の素質ありや」[32]を論じた三浦は、江戸時代の権力万能と自治抑圧、刑事裁判の秘密・峻酷、結社・出版・信教の制限などの「専制主義」が法治国民としての素養に悪影響を及ぼしたが、武家法制の起源であり模範である鎌倉時代においては、貞永式目が広く公布され、将軍から御家人までこれに服し、権利思想が発達していたと論じ、鎌倉時代の権利思想の発達を強調したのである。

三浦の場合、原や中田と違って中世に日欧一致を探る比較史的研究はほとんど見られないが、中世にシナ文明からの独立をみた原の視角との共通性が認められる。三浦が鎌倉時代に発見したものは、「法治国の萌芽とも看做すべき時代」[33]であり、同時代と未来への希望を、日本の固有法につまり日本の特殊な在り方に求めたと考えられよう。

3　三浦の文化史と国体論への傾斜

ところで、京大赴任以後の三浦には人物史、歴史地理、思想史の研究が増え、さらに座や港湾など社会経済史、対外関係史、文化史、史学史など、あらゆる分野に向かって研究を広げ、歴史評論や時事評論なども多くなる。三浦はこれを全体として〈文化史研究〉と認識していたようだが、一九二八年の「日本史学史概説」の末尾では、日本近代史学史を総括して、〈精緻な考証が一世を風靡し、西洋史学研究法の感化も及んだが、その後「文化史の声が高くなる一方には、唯物史観の青年史家に及ぼす魅力も侮り難く、今や混戦状態にある」〉として、文化史と唯物史観の対抗関係を指摘している[34]。ここに三浦が文化史を強調した意味がうかがえる。

さらに三浦は学外活動にも活躍した。関西学会の組織や地方史編纂にすすんで取り組み、国の文化政策などにも積極的に関わっていった。こうした三浦の姿勢には、国史正統派アカデミズムの〈自制〉ないしは〈保身〉――純正史学と応用史学の区別――が無縁であるかのようにみえる。しかし、なぜ無縁でありえたのだろうか。それは、社会問題や同時代史への発言を深めていった三浦の意見は、それを集成した『現代史観』[35]をみる限り、官製国体論とほとんど一致したので、おそらく矛盾衝突がなかったためであろう。

三浦の学問について詳細に追求し、これを『三浦周行の歴史学』にまとめた勝田勝年の要約によりつつ、三浦の時勢論の例を、一九一九年の「教育勅語の時代思潮」から一つだけ紹介したい。

（教育）勅語は朝鮮人にも宣伝が必要である。国益はあくまで守るべきであって、国家の実力を強大にし、国際連盟が不利益を押しつけるなら、連盟をも脱退すべきである。軍縮には応じるべきではない。この勅語で、新付の民も同化され、労働問題も円満に解決される。教育勅語を国民の間に宣撫し、個人・国民としての徳器を大成して皇運を扶翼し、我が国光を世界に発揚することにつとむべきである。(36)

三浦は当時の社会問題、すなわち、労働運動、米騒動、大逆事件、朝鮮独立運動などに対して、国体明徴、教育勅語精神の普及、危険思想の弾圧、植民地政策の強行、軍備拡張政策の奨励といった政策を強調している。(37)これは政府政策の後押しそのもので、ベースになる国家観も、国体論と家族国家観の結合による忠君愛国思想を国史教育によって涵養していく、というように官選国家論と一致していた。(38)

三浦は一九二二年の第一次大戦後の欧米視察旅行後、〈欧州の人心が不安定で形勢険悪であり、国民道徳は頽廃堕落に沈んでいる〉と驚き、〈世界に卓越した欧米文明に対する信仰が薄れ〉、その結果、研究の態度や表現の方法に若干の変化を来したことを告白している。(39)

朝尾直弘氏は三浦のその変化を、(1)研究態度における〈正統派歴史学への回帰〉（平凡な実証主義的学風の維持強調）と、(2)社会的貢献面での国民の国家へ自覚的な帰属を進めるための〈より積極的な発言姿勢の強化〉と整理している。(40)朝尾氏はこうした三浦に、「国家を信じ、国家と一体化する道をえらんだ」明治知識人の陥穽をみて、水戸学の洗礼をうけた三浦にはそれが典型的に現われたと指摘している。(41)大戦後の欧州の動揺と逆に日本の列強入りという、日欧正反対の情勢変化に際会して、三浦は西欧憧憬を批判的に修正し、拠るべき思想を伝統にもとづいて再編し、その反対勢力（社会主義者・共産主義者）を、「非愛国者非国民」と規定したのである。

正統派アカデミズムへの批判に出発して、日本を一つの個体としてその特殊性を追求し、さらに現実政治にも積極的に関与した三浦が、晩年、研究方法と社会的発言といわば二重の意味で伝統へ回帰した意味は、きわめて重いものといわなければならない。

四　一九三〇年代の法史学―牧健二『日本封建制度成立史』を例に―

1　一九三〇年代の歴史学

文化史に次いで社会経済史学が流行し、同時に、一九二〇年代には唯物史観が歴史学界に導入されて有力な潮流となる。一九三〇年代に入ると東大国史科内部で平泉澄の極端な国体史観すなわち皇国史観が猛威をふるった点は有名であるが、一方では、歴史の科学的研究を強調した在野の歴史学研究会が一九三二年に創立され、ここを拠点とした研究会の中から、戦後日本古代中世史をリードする石母田正らの研究が進められてくる。(42)目を法制史学に転じてみると、中田薫の方法を受け継ぎつつ、史料博捜に基づく徹底的な実証的方法を貫いた石井良助の『中世武家不動産訴訟法の研究』が一九三八年に発表されている。(43)

こうしてみると、一九三〇年代の研究成果はけっして乏しいものではなかったことが知られるのである。そしてこの中で生み出された、戦前の封建制度史研究の到達点というべき研究が、牧健二の『日本封建制度成立史』である。(44)牧は、いわゆる文治の守護地頭論をめぐって中田薫と激しい論争を交わしつつ、中田の職＝物権論に対して職の公法的・官職的側面を強調し、荘園制の崩壊とともに職の給与から土地自体の給与へと進む鎌倉末期以降に日本封建制の完成を見通した。牧は一八九二年生れで、京大の文科と法科の両方を卒業し、大学院入学後すぐ法科の助教授に任じるが、その間、三浦周行に師事することがもっとも厚かった記しており、(45)実際に三浦の晩年の学風が濃厚に牧の中に受け継がれている。(46)

2　牧の中世（法）観・武家政治観

しかしながら注意すべきは、三浦は鎌倉時代に法治国家の源流を見て固有法を評価していたのだが、牧の場合は評価が逆転している点である。一九三九年に書かれた次の「武家法に見ゆる歴史観」は、短篇であるだけに牧の考えが端的に表現されているように思われる。

律令の内容は主として唐制の模倣であるが、大切なことは律令の個々の規定ではなくて、かう云ふ規定を生んだ明神としろしめす天皇の御精神にあつた。其精神を仰ぐと正大崇高極みなきものである。天皇の定め玉ふ法律にあらずんば見ることのできない高遠な理想が含まれて居る。之に対して、御成敗式目は云はゞ事務的な法律である。法律の価値は全体の精神よりも個々の規定にあつた。理想主義ではなくて実際主義であり、着実第一主義である。さうして法律がこんなものになつたのは何故かといへば、要するに神国を陰の面から見て天皇の主権を重んぜず、且その神国も最早季世であるから、高遠な精神や理想をかゝげても、何の役にもたたないと云ふ様な新しい武家の歴史観の産物であると言はねばならぬ。

式目や其追加が主として裁判の為の法律であり、裁判は殊に土地の紛争を処理することを目的としたものが多いと云ふことも、澆季の法律たるにふさはしいことであつた。何となれば今や人々は物欲に走る世の中となつた。土地の争奪は到る処に行はれ、領家や地頭御家人から幕府に集まる訴訟は絶え間がないと云ふ有様である。治安の維持には守護地頭をして警察せしめるけれども、かくの如き世態の下では、第一裁判を正しく行なつて闘争の起らぬやうにしなければならぬ。(47)

引用がやや長くなったが、ようするに、古代律令については、中国の模倣という側面を認めつつ、そのなかに天皇制定による高遠な精神がながれ、民衆教化の理想を目指した点を高く評価し、逆に、式目は末世の人が物欲に走る世の中に対応したいわば必要悪的な法律である、と低い評価を与えているのである。牧は、武家法や中世の諸制度について、〈「『理非を論ぜず』と云って腕力や横領にもとづく占有にも法的な価値を付す」時効制度も、律令にはない衰世の制度であるし[48]、宗教においては念仏で救済されるという簡易な俗的宗教が説かれ、政治においては武力によって守護される低級な制度に甘んずべき時代となった。〉と論じ[49]、武家政治の本来の形は、国家守護の任務を尽くすための政治であり、新しい理想に欠ける武家法の現実主義、伝統と慣習の尊重は、「武家は畢竟武家であって其以上に出ることはできない、と云ふ拘束に関連したことである」と結論づけている[50]。日本では、天皇政治が実現するときが、理想の時代であるから、その理想的な古代と近代に挟まれた、「停頓と文弱」の王朝時代から土地私有と国家守護権との組合せで成立した武家封建の時代は、当然のこととして否定的さるべき時代なのである。

一九三九年に書かれたこの「武家法に見ゆる歴史観」には牧の思想が鮮明にうかがえ、その論旨は名分史観ないしは国体史観そのものといえるものであるが、この四年前に刊行された『日本封建制度成立史』も――この書はその実証性と精緻さゆえに、戦後の歴史学にも大きな影響を及ぼし現在も及ぼし続けているものであるが――、こうした牧の中世観・武家観がベースになったものである。その主張を検討してみよう。

3　封建制と律令制・荘園制との連関

牧は、平安末期に荘園制の中に封建的諸関係が発達するが、従来の研究はあまりにその私権的・財産的側面を重視しすぎであり、集権的な国家体制を前提とした日本では、いずれの階級でも土地所有権の観念は未熟であって、土地給与が所職補任の形式で行なわれた事実とあわせて、律令制と荘園制と封建制の間には法律観念における連関が認められる点を強調している[51]。つまり、牧は、日本の封建制度の場合、中田のように私法的世界の発展としては考えられないと主張しているのである。

そして牧は、荘園の中で平安期に局限的、慣習的におこなわれたにすぎない武士社会の（私法上の）封建制度（＝主従制恩給制）が、国家や社会の基礎制度となるには、国家の統治権との接触、すなわち朝廷から武家に日本国の守護権が委任される必要があり、この守護権が「封建的君主権の本体であり、且各地の知行人の封建的領主権の発生する主要な淵源」となって、これ以後政権の委任が数百年に及んだというのが「武家の支配の真相」であるとし、これを「委任制封建制」と概念化したのである。[52] この論理に従えば、朝廷から武家に授与された「守護権」から武家政権が生まれ、そして続いたという構図になる。

牧はまた〈文治以後の地頭職は朝恩である、平家没官領も院から預かったものである、ゆえに鎌倉殿は朝廷から預かった所領を御家人に恩給したのだから、土地恩給においてご恩は朝廷に遡るというのが武家方の信念である。また主従関係面でも御家人は天皇の陪臣とみられており、鎌倉時代の封建制度は恩給制・主従制両面で朝廷の存在が必須である〉[53]と論じている。

しかしその論理に従えば、〈朝廷と武家の関係も封建的関係といえるのではないか〉という疑問が当然生じるのであるが、それに対しては、〈君臣思想を基礎とした朝廷法では、武家は一個の王臣にすぎず、そこには主従間の個人的・契約的関係が存在する余地がない。武家が天皇の最高の武将として封建主君たることを承認されていたのが日本封建制度の一大特色である〉として、[54] 君臣関係と封建関係の峻別と併存として問題を処理しているのである。

4　委任制封建制論の思想

ではなぜこのような委任制封建制が日本でとられたのか。牧はその理由を、〈王土の法理のもとでは、臣民相互間では土地所有権を主張できても、「天皇が国土を処分しうる主権の威力は無限であって、私権は其前には甚だ微力な者」にすぎず、鎌倉時代でもこの「王権の絶対無限の法理」は確信されていたからである〉としている。(55)頼朝が「守護地頭補任の奏請を為したのは、全く朝廷の此の国土王有の権に」訴えんがためであり、「頼朝はたとひ国家改革を行ふだけの実力は之を有してゐたとしても、王権を借りることに依つてのみ合法的に此大改革を成就し得た（傍点―原文）」。「皇位の神権的並びに族長的尊厳に基き、其神聖不可侵の光彩が実は此時発揮せられた」。これらが牧による結論的説明である。(56)日本で委任制封建制が成立したのは、「全く日本の特殊なる国体によるもの」とされた。牧が重視するのはその国体の下での朝廷法上の合法的な改革であり、封建制の国家的機能である。

しかし、以上のように『日本封建制度成立史』を要約すると誤解を招く恐れがあるのだが、これはまちがいなく実証的かつ体系的な戦前法史学の貴重な労作なのである。いや、まじめな学問的労作であるだけに、問題は大きいというべきなのである。その〈日本封建制成立における天皇制または律令制社会の規定性の重視〉という視角は、以後の封建制論や幕府論に決定的影響を与えたといって過言でない。上横手雅敬氏の幕府論には、その影響がもっとも強く見られるし、黒田俊雄の権門体制論や、佐藤進一の幕府成立論にも濃厚に影響が認められるのである。いわば、戦後の指導的中世史家の論理に、牧理論は反映しているといえる重みをもったものなのである。

しかし少なくとも牧においては、「私法化」を「堕落」(57)とするような、国体論からする正邪の判断や国家的価値への偏愛が、理論の背景にあることはどうしても指摘せざるを得ないのであって、これを比較的無批判に継承してきた戦後史学史の批判的検討が必要であるように思われる。その点をここで十分に展開する余裕はないが、そのアウトラインだけでも触れておきたい。

五　法史学史との関連でみた戦後歴史学の中世像

1　領主制説の歴史像（A）

マルクス主義の方法に立つ歴史家を中心に新たにスタートした戦後中世史学の主流学説を形成したのは石母田正である。石母田は歴史の進歩の原動力を直接生産者である農民の奴隷から農奴への進化に求め、かれらを支配する在地領主制の進展を軸に中世史を描いた。つまり石母田は、原や中田と同様に中産階級としての武士に焦点を据えながら、主役としてもう一つ階級としての農奴を登場させたのであり、ここに石母田の中世像の新鮮さがあった。また、それゆえ武士は在地領主階級というようにとらえ直されたのである。ただし、この在地領主階級は、少なくとも十四世紀段階までは独自の領域支配を確立できなかったので、鎌倉・南北朝時代は中世の形成過程として描かれた。すなわち、中産階級としての在地領主の作った中世的・封建的武家政権が古代的公家政権を徐々に圧倒していく、そうした二重政権の時代として鎌倉時代の国家像は描かれたのであって、武士の挑戦対象である公家や大寺社が古代的本質をもつということは大前提だったのである。[58]

石母田における原や中田の学説の継承は、石井進や永原慶二によってすでに指摘されている。[59]それは、古代法に対する封建法の進歩的意義の強調や、中国律令法継受による中央集権的古代専制国家を古代末期に東国から登場した武士団が変革し以後中国の停滞とは異なる西欧型近似の歴史発展コースをたどるという日中比較史・日欧比較史の観点、その際の辺境理論の踏襲など種々認められるのだが、世界史の基本法則的なものの中に、日本の歴史を位置づけようとした石母田の強烈な普遍史への指向は、皇国史観的日本特殊性論に対する厳しい拒否の姿勢に由来するものだったのであろう。

ここで注目すべきは、幕府成立期の公権授受論争に関する石母田の次の言及、すなわち、〈朝廷よりする法的承認の問題は幕府成立にとって第二義的問題だ、頼朝の権力は簒奪者の権力だから、公権を公権として承認させる問題として捉え直すべきだ、公家法による承認が公権と私権を分けるというのは従来の国家史の思想と結びついた誤りだ〉という主張である。(60) この論文で石母田は一度も中田を引用していないが、その主張ははっきりと中田の〈第二の主権論〉の継承と言うべきである。ただし石母田は、「古代法と中世法」において、中田が古代の土地所有権の分析から公権を捨象した積極的意義を認めつつ、法意識を超えた歴史の世界では、より強力な公権との関係で考察する必要があること、言いかえれば、国家対人民の法体系（律令法の体系）と人民相互の慣習法的体系の二重の相互関係として把握する必要を強調していた。(61) ただし、少なくとも中世成立期に限っていえば、本所法における在地領主の私有制の進展に関する分析が中心で、国家の諸制度に体現された法体系にはやや冷淡であった。その意味では中田と同様に、石母田は具体的分析においては私法的世界に研究の主力を注いだといってよい。

この問題は、石母田による法史学の国家論への言及とも密接に関連している。石母田は封建国家（＝中世国家）の本質を人的結合国家という点に求める反面、封建制＝レーンスウェーゼンとみなす法学的考えでは、国家の成立から没落にいたる進化の歴史的条件とその原動力が理解できないとして反対し、下部構造と上部構造の統一として中世国家を把握する唯物史観の優越性を強調した。(62) しかし石母田にも私法的世界への偏愛がみられ、公法すなわち制度とくに公家制度などが検討の対象外であった関係上、その統一的把握という主張は単なる主張に留まるという傾向は否めなかった。領主制を論ずることで国家論に代えているという石母田国家論批判は、まさにこの点に関わる問題であった。

2 権門体制論の中世像（B）

古代的公家政権と中世的・封建的武家政権の対抗時代として中世を描く以上の領主制説は、島国日本全体に一個の国家があったという常識的感覚にそぐわず、公武の新旧対立構図の中で、国家論は幕府発展史に置き換えられてしまったと批判し、公武を含めた全支配階級が農民その他全人民を支配した諸々の機構を総体的に把握する意図から提出されたのが、一九六三年の黒田俊雄の「権門体制論」である。

黒田は、石母田のように〈ヒエラルヒーの総体〉として封建国家を論じると、畢竟、封建社会すべてを論じることになってしまうから理論の空転におわる、それゆえ国家論の課題を限定し、全支配階級による「暴力装置の体系」「権力機構」として中世国家論を問題にすべきだと主張した。(63)

黒田は従来古代的とされた公家や寺社を、武士と同様の封建的支配階級（当時の史料用語によってこれを「権門」と呼んだ）と捉え直して、この三者が、公家は政治、寺社は国家鎮護、武家は国家守護という国政上の機能を分担し、それぞれ相互補完と依存の関係において一つの国家権力機構（権門体制）を構成しているとした。各権門は荘園などの家産的な所領に対して家政機関をもち、地代収取・裁判・警察・軍事など通常の国政課題の多くは、その家政に委ねられるが、法令発布・官職任命・儀礼など家政で代位できない「国政」とそれを遂行する官僚制が存在し、頂点に封建国家の国王として天皇が位置する。およそ以上が権門体制論の国家像だが、ここで注目したいのは牧理論との共通性である。(64)

その一つは、日本中世国家・封建制に関する特殊性の強調である。おそらく「権門体制」という用語が、翻訳不可能なものであろう。黒田は「西欧の封建社会に近似するとされる『領主制』や幕府体制よりは、『荘園制』と権門体制こそが日本中世の特質であり」「社会・国家の体制としては、私的・人格的隷属関係よりは公的・階層的支配関係が優越」すると論じている。(65)

こうした特殊性の強調は、西欧基準の単系的発展段階論への反省やいわゆる〈近代化論〉への反発、その結果としての、〈古代専制国家を前提とするアジア的特質の強調〉という一九六〇年代の学界動向を反映した論理構成と言えるが、中田に対する牧の批判――この点でいえば啓蒙史観に対する国体史観の関係と同様なのであるが――と相通ずる点が認められる。

第二は、鎌倉幕府を「権門」と位置づけた問題である。これは発表当時、異質の新学説にみられた印象をもつが、近代史学史上長いスパンでみると目新しいものではない。また黒田は、幕府が国家守護という機能によってはじめて公的位置づけを与えられ、この面でのみ公家寺社と相互補完関係を認めるのであるが、この国家守護を担う守護地頭の職権は、朝廷から授権された公法的権限とみている。

つまり、幕府の国家的機能は、すべて朝廷から発生するという理論構成になっているのであって、この点でも牧の理論との共通性を指摘できるのである。付け加えれば、黒田の場合、武士を中産階級とはみなさず、最初から支配階級として位置付けているという点にも注意しておきたい。

この権門体制論は次第に支持者を集めていくが、石母田説を継承発展させた永原慶二からは、公武の階級的性格の異質性や在地領主の役割の軽視、国家権力の動的把握の欠如といった批判がなされ論争となった。(66)しかし、これとは別の角度からする権門体制論批判の中で提起されたのが、次のイエ支配論と東国国家論である。

3　イエ支配論（地頭独立国論）の中世像（C）

権門体制論は、〈日本が古来島国として独自に存続してきたという単一国家論〉と、〈全支配階級による全人民支配の体制としての国家〉という二つの大前提から演繹された議論で、中世国家の実体を明らかにしたものではない、として黒田説の前提を疑ったのが、石井進である。[67] 石井は、律令国家における国家的統一や専制支配は法的なフィクションという性格が強く、中世は武士を担い手とする真の統一国家組織の発展過程であるとする高柳光寿の叙述に依拠しつつ、黒田の所論は特殊歴史的な所産である近代的な国家権力観を無媒介に中世に適用したものであり、国家権力自体の発展を無視した議論であると批判したのである。

中世観が古代国家の実態認識や評価と裏腹の関係にあるのは、史学史上明白であり、その統一性を否定する発想は原以来一方の有力な見解である。石井の指摘はその点に注意を喚起したものといえよう。そして石井は、日本の封建国家成立の研究は律令国家の遺産継承という上からの側面と、在地領主の成長という下からの側面の両面から追求すべきだと主張し、九州の宗像氏を例に〈下からの成長〉の大きさを論証しつつ、一九七〇年代に入って、法や裁判権の分立、公方の多元性、裁判の当事者主義など中世社会の多元的・分裂的側面をさらに強調し、その構造の中核をなすのが、在地領主のイエ支配の独立・不可侵性であると理論化した。[68] さらに石井は、そのイエ支配の典型を地頭級の武士団に求め、その構造を中核部の、①家・屋敷、そのまわりの②直営田、さらに周辺部の③地域単位という三重の同心円構造で説明し、①の拡大発展とその③の外円部の吸収の運動として中世を展望したのである。[69]

もともと石井は、むしろ鎌倉幕府が律令国家の遺産を受け継いだ、いわば上からの側面を研究していたのだが、一九六〇年代後半以後視点を変えたわけである。[70] だが、この二つの側面の〈統一〉という提言は、以後あまり具体化されたようにはみえない。その点でいうならば、大枠の見通しを掲げつつ、私法的世界に研究を集中した中田薫あるいは石母田正とのある意味での一致が認められるように思われるのである。

4　東国国家論（複数国家論）（D）

一九七六年、武家政権を国家史上いかにとらえるかについて論じるなかで、権門体制論に傾いた学界の幕府理解をうけ、「黒田氏の権門体制論は、京都の朝廷側の論理でありむしろ願望である」とこれを否定し、一九八三年の著書でさらにこの観点を展開したのが佐藤進一である。[71]

佐藤は、律令国家解体後の王朝国家が中世国家の祖型であるが、支配者集団の異質さゆえに王朝国家と異質な部分をもつ幕府（＝東国国家）を中世国家の第二の型とし、両者の相互規定的関係によって日本の中世国家はとらえるべきだと提唱したのである。

この新見解は、王朝国家の位置づけ以外は佐藤の持論である東国政権論をベースにしたものであった。佐藤は一九四三年の『鎌倉幕府訴訟制度の研究』で、幕府は頼朝の私権行使機関として生まれたという龍粛の幕府理解を退け、牧健二の委任制封建制の理解を踏襲して、「公法的存在なる武家統治機構」という点に幕府の本質を求め、寿永二年十月宣旨で朝廷から「公法的性格を付与され」、はじめて幕府が成立したと論じていた。[72]戦後、この視点を発展させ、幕府は国家主権と抵触した寿永二年に東国行政権を基本的公権とする東国政権として成立したものの、社会的地盤や公法上の権限から結局東国に局限された古代的政権であったが、十三世紀終わりからようやく純封建体制に転化する傾向を示し王朝権力の吸収を進め、足利三代将軍義満の代に武家統一王権が成立する、という中世政治史の通説を打ち立てた。[73]これは、〈武家による公家の吸収〉という構図の共通性ゆえに領主制説と親和的関係にあったと考えられる。

論解析図

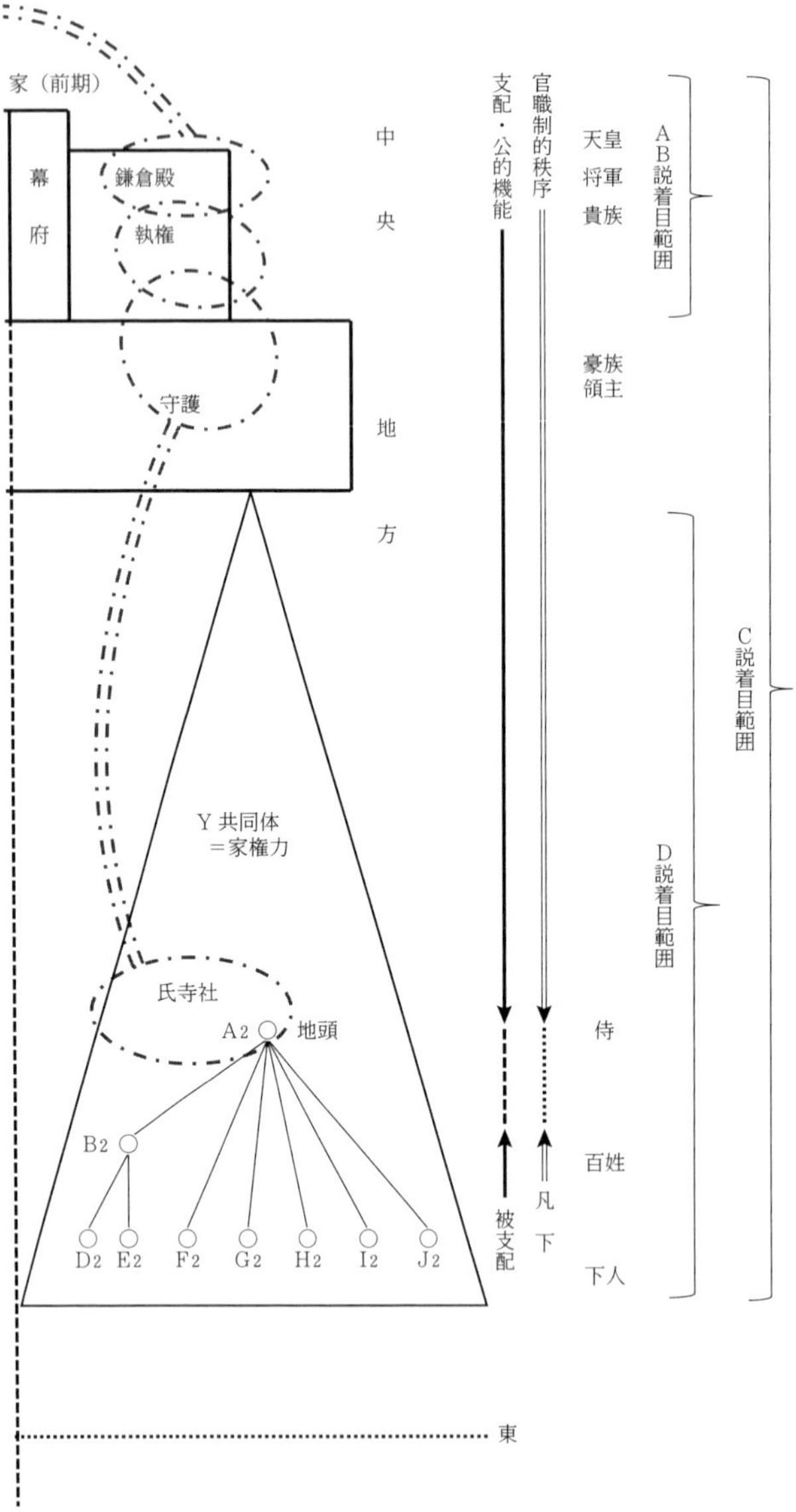
家（前期）
幕府
鎌倉殿
執権
守護
中
央
地
方
Y 共同体
＝家権力
氏寺社
A2 地頭
B2
D2 E2 F2 G2 H2 I2 J2
東
支配・公的機能
被支配
官職制的秩序
凡下
天皇
将軍
貴族
豪族
領主
侍
百姓
下人
AB説着目範囲
C説着目範囲
D説着目範囲

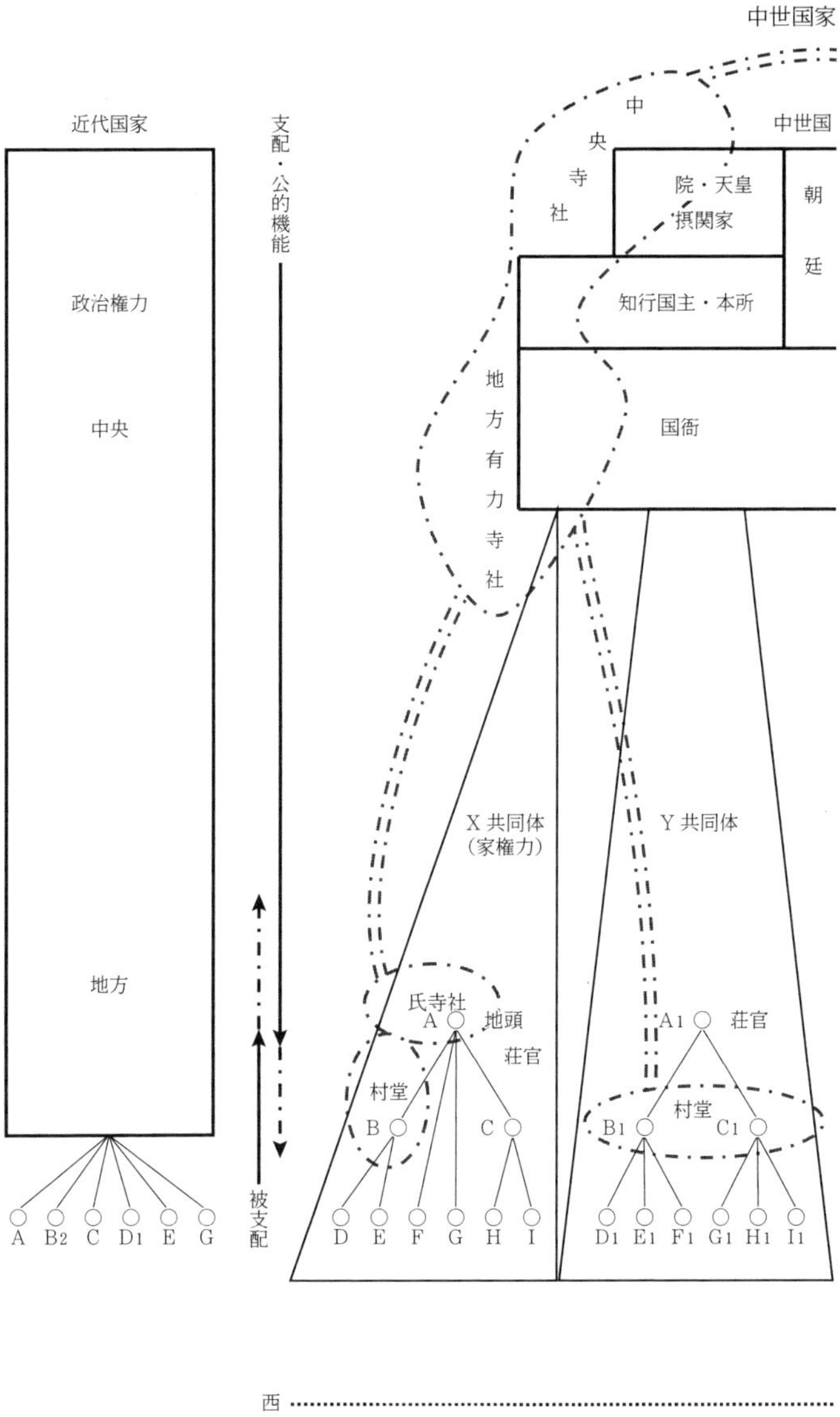
中世国家
近代国家
政治権力
中央
地方
A B2 C D1 E G
支配・公的機能
被支配
中央寺社
中世国
院・天皇
摂関家
朝廷
知行国主・本所
地方有力寺社
国衙
X 共同体
（家権力）
Y 共同体
氏寺社
A
地頭
荘官
村堂
B
C
D E F G H I
A1
荘官
村堂
B1
C1
D1 E1 F1 G1 H1 I1
西

この佐藤の学説で注意したいのは、すでに村井章介氏の指摘もあるが[74]、新しい東国国家論の論理構成において、幕府を官司請負制で説明することの適否である。そしてこの問題は、実は遡って東国政権論における牧説の継承の当否に直接関わってくるのである。

佐藤の「武士とよばれる一個の封建団体の造成したところの政権の主体」という基本的幕府理解からいっても[75]、牧説への依拠は必須ではなかったと思うのだが、佐藤の最初の幕府論が当該期の研究状況に規定され、戦後の佐藤の幕府論にもそれがそのまま踏襲されたものと推測されるのであって、これは佐藤のいわゆる統治権的支配権の理解とも密接にかかわってくる問題であるので、一つの論点として提出しておきたいのである。

六　解析図による問題整理と学説批判

以上、近代史学史上の中世像・国家論を概観したが、まとめの手がかりとして、〈中世国家論の解析図〉をご参照願いたい。これは私が一九八八年の歴史学研究会中世史部会において、「鎌倉幕府と中世国家」という題で報告したときに提示した図であり、日本中世国家の骨格を抽出し近代国家のあり方と比較するとともに、主要学説の問題意識を明確にしようという意図から作成したものである。その時は実は、これについて説明する余裕がなかったので、まず若干概括的な説明を加えておきたい。

中世国家と比べた場合、近代国家の特色はいうまでもなく政治権力が一元化しているということである。公的機能を掌握している中央と地方の政治権力が、直接市民（A、B_2、C、D_1……）と向かい合っている。外交や司法・立法はもちろん、日常的には交通違反やゴミの収集まで、国家権力と我々は直接に関係しているわけである。地方自治制というのは中央集権を前提とした政治権力の分割であるから、公的機能は基本的に政治権力が一元的に掌握していると言ってよい。福祉国家においては政治権力が果たすべき公的機能はますます増大しており、その関係を縦長の長方形で表現している。

これに対して中世国家の場合、中央の政治権力の果たす役割はきわめて限定されていて、もし近代国家の公的機能を基準に考える限り、底辺における地頭あるいは名主クラスのイエ権力まで含めて考えなければならない。言いかえれば、一見私法的世界に見えるものが、現代的意味での公的機能を広範に果たしているのであって、逆に、近代法上の公法的世界、制度に限定してしまうと、現代の国家機能の一部しか論じることはできない。解析図では三角形もしくは台形の大きさによって、その果たす公的機能の大きさを地域や類型の差異を考慮しつつ表現してみた。

さらに注意したいのは、日本中世の場合、古代国家の支配層・支配組織が形の上ではそのまま残っているが、十世紀を境にして中央集権的な支配体制を改編して戸籍・計帳による統一支配を放棄し、地方官である国司に委任ないしは請負という形で、次第に統治権の相当部分を委譲し相対的には小さな政府として中世に生き延びたという点である。(76)

次に地方に目を転じると、律令制下の地方組織である郡(中)―郷(小)という秩序がくずれ、開発所領の公認(別名)とあわせて一体化し、郡郷司層は職務の家産化を進行させる。一方彼らは、主に国司との対抗関係から、開発所領を核にしてまわりの公領を取り込み、これを一括して中央の権門貴族に寄進して、自らはその現地管理者という形で、権益を確保するという方法をとり、貴族的大土地所有=荘園が増大する。これがいわゆる荘園公領制と呼ばれる体制である。

図のA、A_1、A_2は、そうした郡郷司級の在地領主であるけれども、かれらは相互の競合や村落領主と呼ばれるBC級の相対的に小規模な在地領主との対抗関係の中で、必ずしも排他的な支配圏を形成できない(その独立性は、地域や個々の所領の性格によって区々である)。しかし、基本的にこの三角形を底辺に組み入れた国家体制が十二世紀頃までにできあがるのである。

ところで、この三角形には、個別的偏差を無視すれば、畿内近国と東国という地域差が認められる。東国や九州では地頭級領主A_2が、郡郷という広大な所領範囲にわたって中世初めから一括的に請負支配を実現している場合も多く、裁判権を含めてタテ型のピラミッドを形成している。イデオロギー的にも、地頭の氏寺・氏社的なものが、地域の宗教的精神的拠り所になっている。つまり、基本的な共同体が、A_2のイエ権力という形で考えられるのである。それに対して、畿内・近国では、地頭級の武士の支配の規模も基盤も弱体で、本来対抗関係をもつ、より下級の村落領主的なものを「職」によって組織し、それによって支配を遂行している。精神的なものも村の村堂や荘の鎮守が主要な紐帯になっていて、基本的な共同体は、ムラの村落領主的なもののヨコの繋がりという傾向が強く、三角形のピラミッドを形成できない(真ん中の台形)のである。一番左の三角形はその中間型である。きわめておおざっぱであるが、以上の整理を前提にして、最後に、本章で触れた主要学説にいま一度言及したい。

現在の中世史学界でもっとも有力と考えられるBの権門体制論は、明確な国家機構なり制度に体現された狭義の中央国家権力に視角を限定しているのに対して(本来政治史的視点にたったDの東国国家論もこれに准じている)、Cのイエ支配論はまったく逆に、地方支配を担う在地領主の独立性・自立性に着目して、日常的支配の相当部分をカバーする図の三角形に着目した議論である。Aの領主制説は、現代の国家権力に対応するような政治権力全体、いわば「支配の総体」「階級関係の総体」を問題にすべきと主張している。こうしてみると、各学説はその重視する対象が違うと言えるのである。

そして、これを本章で検討した諸学説に史学史的に遡るとすれば、国体論では、上部を狭義の国体論で、三角形を家族国家論で論じたのであり、中田は三角形の部分に研究対象を集中し、三浦はそれぞれのパートをモノグラフとして研究し、牧は上部の一体性を天皇主権を中心に理論化しようとした、と要約できるように思うのである。ただし、この三角形のもつ独自の役割を重視すれば、これを単なる私法的世界と言いかえることは正しくない。つまり牧が公法的世界を問題とし、中田が私法的世界に集中したというように問題整理をしてしまうと事態を不当に単純化してしまう恐れがあるのである。

「戦後歴史学」というのは、まったく新しく出発したことになっており、戦前のそれと切り離して取り上げられることも多いのだが、発想や理論が意識・無意識を問わず密接に戦前につながっていて、とくに無意識の継承について分析が十分に行なわれていないように思われるのである。こうした問題を考える史学史的検討の重要性を最後に指摘しておきたい。

七　本書の位置づけと問題関心

本章冒頭で、戦前は国家を研究対象とすることはタブーであったことに触れた。まして天皇・朝廷あるいは国家に対する反逆である謀叛は、正面から論じることは避けられたものと思われる。そうした謀叛の代表的事例であるが、依拠すべき古記録に欠けるため明治以来の考証史学が正面から取り上げてこなかった平治の乱に関する研究が本書第Ⅰ部である。かかる謀叛に関し御成敗式目に関連して論究したものが本書第Ⅱ部である。

筆者が中世の「謀叛」に関心を持ったのは、第一に御成敗式目謀叛関連法規の法解釈が契機である。御成敗式目では九条に「謀叛人事」という条文がおかれているが、その内容は「右、式目之趣、兼日難㆑定歟、且任㆓先例㆒、且依㆓

時議㆓可㆑被㆑行㆑之㆒[77]」という規定で、式目五十一箇条のうちもっとも短く、一見すると無内容にさえみえる規定である。この式目条文を解釈する上で、「謀叛」と記された用語の〈意味〉〈対象〉〈謀叛にかかわる法的手続き〉などを具体的に究明する必要があると思われた。

第二は、第一と関わるが、謀叛観念の変化の問題である。律令の「謀反」「謀叛」に関する規定は名例律・八虐にみえる[78]。

一曰、謀㆑反。謂。謀㆑危㆓国家㆒謂。臣下将図逆節。而有無君之心。不敢指斥尊号。故託云国家。

三曰、謀㆑叛。謂。謀㆓背㆑国従㆜偽。謂。有人謀背本朝。将投蕃国。或欲翻城従偽。或欲以地外奔。

ここで、「謀反」は天皇に対する殺人予備罪とされ、「謀叛」は天皇や朝廷に背くことと規定されている[79]。しかし律令盛時の『日本書紀』や『続日本紀』の「謀反」表記の実例でも法の原義にもとづく用例は少なく、平安後期以降、反と叛の区別は意識されずに混同された[80]。しかしそれでも、「謀叛」が天皇や朝廷に対する反逆であることは、平安期でも変化せず、謀叛罪の適用についてはかなり厳格な解釈や議論が朝廷で行われていた[81]。それが、鎌倉末期になると状況は大きく変化した。元弘の乱の後醍醐天皇の討幕運動に対して、本来語義矛盾である「公家御謀反[82]」「当今御謀叛[83]」という表現がなされたことは、古くから研究者の注目を集めてきた。筆者も研究の初発の段階からこの問題には強い興味を引かれた。この変化の背景について、かつて、伝統的な天皇制的秩序体系とは異なる新たな「公」観念＝裁判権を中核とした「公方」の権力が成立し、幕府が謀叛の客体として位置づけられるようになったことを指摘したことがある[84]。そして、この後醍醐天皇の謀叛の対象として記されたものは、おそらく幕府の将軍という人格ではない。それは、宗尊親王将軍の京都送還に対して記された「将軍御謀叛」という表記によって類推される[85]。将軍も幕府という機関あるいは組織に対して謀叛を起こす主体として呼称されるようになっていたからである。こうした謀叛観念の変化が、筆者の謀叛への関心の第二である。

第三は、謀叛の思想・動機あるいは哲学に関する問題である。これに対する興味は古く、例えば、『平家物語』巻三「法印問答」[86]に造形され清盛によって語られる形の謀叛の思想[87]（謀叛に立ち上がる動機や謀叛を正当化する論理）への興味は学部時代にまで遡る。史料的には古文書に依存することが難しく、研究材料は『愚管抄』などの著作物や軍記物語である。研究史的に見ると、歴史学では思想史や文化史の研究者が主に研究を担ってきたが、文学研究分野の膨大な研究史があり、さらに、政治思想史や倫理学などの分野の研究史が存する。

八　本書の構成

本書はⅠ部とⅡ部によって構成されている。以上の問題関心の三に関わる論稿を収めたⅠ部と、一と二に関わる論稿を収めたⅡ部からなる。関連論稿を時系列に配列した。保元・平治の乱にはじまり承久の乱に至る動乱の半世紀には、「謀叛」「謀叛人」「謀叛人跡」という言葉が盛んに言いつのられ、あたかも〈謀叛の時代〉でもあった。その動乱の終息＝平和の到来が御成敗式目制定に象徴されているというのがもう一つの理由であり、その観点を本書の構成に生かしてみた。

Ⅰ部は、主に平治の乱をあつかった論文を収めた。本来保元の乱と合わせて論ずるべきであるが、その完成を期しがたく平治の乱関係のみを収録した。歴史学の分野においては、「平治の乱」のみを対象とした（詳細な典拠表示を有する）学問的研究書は存在しない。それは、上述のごとく、南北朝正閏論争をへて成立した近代史学の本流が、厳格な史料主義を禁欲的に守ったことと深く関係している。[88]戦前の実証主義史学は（依拠すべき古記録を欠く）平治の乱の全体像を十分に描きえなかった、あるいは記述の対象としなかったのだが、(89)こうした史学史上盲点とも言える平治の乱を歴史学の手法で研究対象としてみたのがI部である。一章は、謀叛に関わる勲功賞について検討したものである。本来二章の原論文の一部として成稿し、保元の乱後源義朝の勲功賞不満存否について検証する作業であったが、分量が過大で煩瑣にわたりかつ論点を整理したかったため分割して独立の章とした。二章は源義朝が平治の乱に参加する動機形成について論じたものである。現在の通説となっている元木泰雄氏の学説を検証したうえで、義朝と清盛を〈家〉単位で比較検討した。三章は、二章と同じく元木泰雄氏による藤原信頼再評価（有能説）の検証と藤原信頼謀叛の動機究明を意図したものである。四章は平治の乱の黒幕を清盛にもとめる多賀宗隼説および後白河上皇にもとめる河内祥輔説を検証したものである。五章は、愚管抄の分析と河内祥輔説の検証を通じて、平治の乱の経緯と結末を検討したものである。

II部は、主に御成敗式目と謀叛の関係をあつかった論文を収めた。一章と二章はほぼ同時に成稿したもので、一章は、御成敗式目九条（謀叛人事）の規定を手がかりに古文書の「謀叛」用例を分析した。二章は古記録の代表として『玉葉』の「謀叛」用例を分析した。一・二章ともに、中世成立期の「謀叛（反）」用例の検討を通じて、「謀叛」呼称の意味・機能・思想およびその変化について考察したものである。三章は、鎌倉幕府成立期に、頼朝は「謀反」と「謀叛」という用語を意識的に厳格に使い分けていたという東島誠氏の指摘を受けて成稿したものである。四章は、幕府の内乱の中で、同時代史料に準じる引用古文書のなかではじめて「謀叛」という用語が使われた和田合戦について論じたものである。五章は二通の泰時書状の分析と「原式目」の構成から御成敗式目制定の思想について考察したものである。

九　本書の表記および出典表記について

本書の元となった論文は、ほとんどが〔引用・参考文献一覧〕を別個に付け、参考文献の典拠を本文に組み込む形式のいわゆる「近年型」（正確には従来型と近年型のミックス型）で成稿している。歴史学の論文でもかかる「近年型」の注釈表示が導入されてから二十年以上たつと思われるが、論文集を〈近年型〉で書くことはあまり行われていない。近年型をとると、本文がややうるさくなって、読む場合邪魔に感じられることが多いからではないかと推測される。本書でもこの点に鑑みて従来型の表記にもどし統一することにした。

なお刊本の出典および出典の略表記については、次のような方針をとり、巻数を丸囲い漢数字表記（例㈠㈡など。二桁以上におよぶ叢書等の場合は丸囲いのアラビア数字を使用した）で示し、ページ数をできるだけ掲げた。

なお出典は以下のような略号を用いた。

①『新訂増補国史大系』吉川弘文館→（大系）
②『増補史料大成』臨川書店→（大成）
③『大日本古記録』岩波書店→（古記録）
④『尊卑分脈』→（尊卑）
⑤『公卿補任』→（補任）
⑥『平安遺文』東京堂出版→（平遺）
⑦『鎌倉遺文』東京堂出版→（鎌遺）

⑧『新日本古典文学大系』岩波書店→（新大系）
⑨『日本古典文学大系』岩波書店→（旧大系）
⑩『日本思想大系』岩波書店→（思想大系）
なお、個別の史料で、本書でとくに多用した史料と、その表記方針について記しておきたい。
⑪『玉葉』。『玉葉』は宮内庁書陵部編『圖書寮叢刊・九条家本　玉葉』（一九九四年〜）による。
⑫佐藤進一・池内義資編『中世法制史料集　第一巻　鎌倉幕府法』（岩波書店、一九五五年）所収の追加法はたんに「追加法」と表記した。
⑬『愚管抄』。I部の考察の基本においた『愚管抄』は、『日本古典文学大系　愚管抄』（岡見正雄・赤松俊秀校注、岩波書店、一九六七年）によったが、本書における引用は読みやすさをはかり、片仮名を平仮名に改めた。本文中では岩波古典文学大系本から該当ページのみを記した（『承久記』も同様）。
⑭『平治物語』。これについてはやや複雑である。『新日本古典文学大系　平治物語』（岩波書店、日下力氏校注、一九九二年）から引用する場合は『平治物語（陽明本）』あるいは『平治物語（学習院本）』として、巻毎の底本を区別して表示し、新大系本の該当ページをそのあとに記した。『日本古典文学大系　保元物語　平治物語』（永積安明・島田勇雄校注、一九六一年）から引用する場合は、本文では『平治物語（金刀比羅本）』として同書の該当ページを掲げた。なお、近世以後最も流布した流布本によった場合は『平治物語（古活字本）』として、これを所収した（旧大系）の該当ページを記した。文脈から明白な場合、単に「金刀比羅本」「古活字本」と記した。なお古態本である「陽明本」「学習院本」をあわせて、金刀比羅本や古活字本などの「後出本」と区別する場合は、『平治物語（古態本）』あるいは「古態本」と表記し『平治物語（後出本）』、「後出本」と記して区別した。両者を区別しない場合は単に『平治物語』と記し

た。以上、『平治物語』諸本の異同については、(旧大系) の解説 (一六〜四一頁) に詳しい。

なお、語釈、説明について、小学館『日本国語大辞典　第二版』によった場合には (日国大) と略記した。

なお、本書の原論文では、研究者名に「氏」をつけるなど敬称を付けている場合および故人のみ氏を付けない表記など、表記が混在しているが、本書では故人については原則として「氏」を略すことで統一した。

本書では、史料および引用文の説明の便宜のため、引用史料や引用文の、説明したい部分の冒頭にⒶ1、Ⓐ2、Ⓐ3あるいはa、b、cあるいはイ、ロ、ハなど添字の符号を付した場合が多い。そして後にこれを説明あるいは指示する文で、当該部分を指し示す場合、その当該部分と対応するという意味で、注のように文の後ろに括弧付き (例えば、(Ⓐ1) など) の形で示した。また、本文中で当該部分を指し示す場合はⒶ1などの形で示した場合もある。引用する論著および史料の典拠についてなるべく正確に示したいという意図である。表記の点でややうるさいかも知れないがご容赦いただきたい。

なお、引用文および引用史料に付した傍点、点線、傍線は原則として筆者のものであり、原文に付いている場合のみその点を注記した。但しとくに注意を要する文脈ではその区別を示した。

なお、史料の割注表記は、とくに割注として表記する必要を認めないときは、〈角括弧〉として、割注表記であることを示した。

注

(1) 石井進「日本史における『中世』の発見とその意味」(『創文』九三、一九七一年)、同「中世社会論」(『岩波講座日本歴史』中世4・一九七六年)、いずれも『中世史を考える』(校倉書房、一九九一年) に所収 (以上、『石井進著作集　第六巻』

（岩波書店、二〇〇五年）に再録）。永原慶二「歴史意識と歴史の視点」（『思想』六一五、一九七五年、のち『歴史学叙説』（東京大学出版会、一九七八年）に所収、のち『永原慶二著作選集　第九巻』（吉川弘文館、二〇〇八年）に再録）。同「日本中世観の展開」（『中世史講座』学生社、一九八五年）。上横手雅敬「封建制概念の形成」（牧健二博士米寿記念『法制史論集』（思文閣出版、一九八〇年）、のち『日本中世国家史論考』（塙書房、一九九四年）に所収）。石井進や永原慶二は、現代の日本中世像を形成した学者として、西洋史専攻の原勝郎や日本近世史・日本経済史の福田徳三、あるいは法制史の中田薫・三浦周行などを挙げている。石井はその中で、福田・内田・原・三浦・中田らの仕事を日本の「正統派アカデミー史学の成立」と評価している（この点については、すでに、門脇禎二「官学アカデミズムの成立」（『日本歴史講座　第8巻』東京大学出版会）が、内田・福田・坪井・原の業績をもって、二〇世紀初頭に「わが国の近代史学は、官学アカデミズムとして確立した」と評価している）。しかし本文でも述べたように、彼らがいずれも狭義の日本史プロパーの（中世史）研究者ではなかった点は注意すべきであって、日本史研究に関して、「正統派アカデミー史学」と呼ぶにふさわしいのは、むしろ、大久保利謙が「新考証主義」となづけた田中義成・黒板勝美らであろう（大久保利謙「明治史学成立の過程」（『歴史学研究』一〇五号、一九四二年）、のち『大久保利謙歴史著作集7　日本近代史学の成立』（吉川弘文館、一九八八年に再録））。

（2）　大久保利謙「日本歴史の歴史」（『日本文化研究　第4巻』新潮社、一九五四年、のち前掲『大久保利謙歴史著作集　7』に再録。）なお、近代史学史全体については、注（1）、（2）所掲稿のほか、代表的なものとして、三浦周行「日本史学史概説」（『日本史の研究　第二輯上』（岩波書店、一九三〇年に所収、初出は一九二八年、二九年）、のち分冊第一冊、岩波書店、一九八一年に再録）。坂本太郎『日本の修史と史学』（吉川弘文館、一九五八年、のち『坂本太郎著作集　五巻』（吉川弘文館、一九八九年所収））。岩井忠熊「日本近代史学の形成」（『岩波講座日本歴史二二　別巻1』、一九六三年）。小沢栄一『近代日本史学史の研究　明治編』（吉川弘文館、一九六八年）。柴田三千雄「日本におけるヨーロッパ歴史学の受容」（『岩波講座世界歴史三〇　別巻』、一九七一年）。関幸彦『ミカドの国の歴史学』（新人物往来社、一九九四年）、大久保利謙『日本近代史学事始め』（岩波書店、一九九六年）、本章原論文発表後のものとしては、永原慶二『20世紀の歴史学』（吉川弘文館、二〇〇三年、後『永原慶二著作選集　第九巻』吉川弘文館、二〇〇八年に再録）がもっとも包括的である。

（3）　宮地正人「近代天皇制イデオロギーと歴史学――久米邦武事件の政治史的考察」（『転換期の歴史学』合同出版、一九七六年、のち『天皇制の政治史的研究』校倉書房、一九八一年に所収)。および同「幕末・明治前期における歴史認識の構造」(『近代日本思想大系13・歴史認識』岩波書店、一九九一年)。

(4) 宮地正人前掲「幕末・明治前期における歴史認識の構造」。

(5) 石井進前掲「日本史における『中世』の発見とその意味」。

(6) 大久保利謙前掲「明治史学成立の過程」。

(7) 岩井忠熊前掲「日本近代史学の形成」。

(8) 坪井九馬三「史学について」(『史学雑誌』五―一、一八九五年)。

(9) もっとも黒板勝美の『更訂国史の研究各説上』(岩波書店、一九三二年)冒頭などをみると、国体史観との違いはあまりないようにも思えるが、公約数的にみれば正統派アカデミー内では積極的で明確な中世像というものは提起されなかったとするのが妥当であろう。

(10) 石井良助「日本法制史学八十八年――東京大学における――」(『国家学会雑誌』八一―一・二、一九六八年、のち『大化の改新と鎌倉幕府の成立』創文社、一九七二年に所収)。

(11) 石井進「日本の封建制と西欧の封建制」(堀米庸三編『歴史学のすすめ』筑摩書房、一九七三年、のち前掲『中世史を考える』に所収)、および前掲「日本史における『中世』の発見とその意味」参照。

(12) 『法制史論集』第二巻所収。

(13) 『法制史論集』第三巻所収。

(14) 石井紫郎「中田薫」(『日本の歴史家』日本評論社、一九七五年)。

(15) この点はのちに中田の観点を受け継いだ石井良助と牧健二の間で、いわゆる知行論争という大論争を呼ぶことになる。知行論争については、石井紫郎「知行論争の学説史的意義」(『国家学会雑誌』八二―一一・一二、一九六九年)、および上横手雅敬「知行論争の再検討」(『法制史研究』二三、一九七四年、のち『日本中世国家史論考』塙書房、一九九四年に所収)を参照。

(16) 中田薫述石井良助校訂『日本法制史講義』(創文社、一九八三年)一一四頁。

（17）この観点は、佐藤進一の〈朝廷からの包括的警備請負論にもとづく東国国家〉という議論よりも、いっそう過激な二つの国家論を生み出す可能性をもった議論だったといえる。もっとも、この考え方は、戦後、石母田正、石井進らによって一部継承されるが、後述の牧健二の議論と比べた場合、孤立した理論として放置された。
（18）注(14)所掲稿一一七～一一八、一二二頁。
（19）坂本太郎は『古代史の道』（『坂本太郎著作集　第十二巻』吉川弘文館、一九八九年に所収、初出は一九八六年）のなかで、「大体その頃まで国史学界は、法科出身者の日本法制史のすばらしい業績に無知であった嫌いがある。養老律令が制定後三十九年間も放置せられて施行されなかったという中田薫博士の有名な論文は、奈良時代の理解に欠くことのできない知識を提供したものであるが、国史の先生からは、それについて一言も教えられる所がなかった。」と述懐して、当時の文科と法科の断絶について指摘している（同『坂本太郎著作集　第十二巻』四六頁）。
（20）この点は、中田を継承した石井良助の巨大な業績が、その史料博捜に立脚する徹底した実証的手法と中田とは異質な体系的認識への指向とその叙述という形での実践、といった学風にもかかわらず、一部の専門研究者を除いて戦後の日本史研究の中であまり参照されていない、という点とあわせて、法制史研究と日本史研究の関係を示す一つの問題を提出しているように思われる。
（21）岩井忠熊前掲稿。
（22）原勝朗『日本中世史』（平凡社・東洋文庫一四六、一九九六年復刻による。初出は一九〇七年）三七頁～三九頁。
（23）同右二五一頁。
（24）石井紫郎「三浦周行」（永原慶二・鹿野政直編『日本の歴史家』評論社、一九七六年）一一一頁。
（25）三浦周行「日本史学史概説」（『日本史の研究　第二輯上』岩波書店、一九三〇年、四八六頁、初出は一九二八年）。
（26）三浦周行『続法制史の研究』序文（岩波書店、一九二五年）、勝田勝年『三浦周行の歴史学』（柏書房、一九八一年）六頁参照。
（27）三浦周行前掲『続法制史の研究』序文。
（28）勝田勝年前掲『三浦周行の歴史学』二～三頁、九六～一〇一頁。

(29)三浦周行『鎌倉時代史』(『日本史の研究　新輯一』岩波書店、一九八二年に所収、初出は一九一五年)。
(30)三浦周行『法制史之研究』(岩波書店、一九一九年)一頁。
(31)三浦周行「法制史概論」(前掲『続法制史の研究』に所収。初出は一九二一年)。
(32)三浦周行「日本人に法治国民の素質ありや」(『法制史の研究』岩波書店、一九一九年)。
(33)前掲『法制史之研究』一一七〇頁。
(34)三浦周行前掲「日本史学史概説」(前掲『日本史の研究　第二輯上』に所収)五一四頁。
(35)三浦周行『現代史観』(古今書院、一九二二年)。
(36)勝田勝年前掲『三浦周行の歴史学』二八四頁。
(37)同右二八五頁。
(38)三浦周行「東西文明の調和と不調和」(『現代史観』古今書院、一九二二年に所収。初出は一九一二年)。
(39)三浦周行『欧米観察　過去より現代へ』(内外出版、一九二六年)「はしがき」及び「史学研究室」、のち『欧米観察　過去より現代へ』抄」として『日本史の研究　新輯三』(岩波書店、一九八二年)に一部所収。
(40)朝尾直弘「解説――社会史と晩年の史学」(三浦周行『日本史の研究　新輯三』岩波書店、一九八二年に所収)四六四〜四六五頁)。
(41)同右四六五頁。
(42)この間の事情については、注(2)所掲稿、および、北山茂夫「日本近代史学の発展」(『岩波講座日本歴史　二二　別巻1』、一九六三年)、永原慶二『皇国史観』(岩波書店、一九八三年)参照。
(43)石井良助『中世武家不動産訴訟法の研究』(弘文堂、一九三八年)。
(44)牧健二『日本封建制度成立史』(清水弘文堂、一九三五年)。
(45)同右序文。
(46)牧健二「武家法に見ゆる歴史観」(『本邦史学史論叢　上巻』冨山房、一九三九年)。
(47)牧健二前掲「武家法に見ゆる歴史観」六五三〜六五四頁。

(48) 同右六五五頁。
(49) 同右六四四頁。
(50) 同右六四八頁、六七三頁。
(51) 前掲『日本封建制度成立史』二九一頁〜三〇四頁。
(52) 同右第二章、とくに二五頁、三〇頁、四五〜四八頁、および六五頁。
(53) 同右第三章、とくに六〇、六一頁。
(54) 同右第三章、とくに六四、六五頁。
(55) 同右第二章、五一頁、五二頁。
(56) 同右第二章・第三章、とくに五二頁、六八頁。
(57) 同右三一二頁。
(58) 石母田正『中世的世界の形成』(『石母田正著作集　第五巻』岩波書店、一九八九年に再録。初出は一九四六年)、「封建国家に関する理論的諸問題」(前掲『石母田正著作集　第八巻』に再録。初出は一九五〇年)など参照。
(59) 注(1)所掲稿参照。
(60) 石母田正「鎌倉政権の成立過程について」(前掲『石母田正著作集　第九巻』に再録。初出は一九五六年)一頁〜二七頁とくに二頁、一一頁、一三頁、一五頁。
(61) 石母田正「古代法と中世法」(前掲『石母田正著作集　第八巻』に再録。初出は一九四九年、とくに四三頁、四六頁)。
(62) 石母田正「中世における権威の問題」(前掲『石母田正著作集　第八巻』に再録。初出は一九四六年)。この論文において、石母田は「かかる封建国家——それは国家というにはまだきわめて未成熟ではあるが——は右の主従関係の体制と同一であり、厳密にいえばそれは主従関係という以外の特別の機構を必要としないのである」(一〇頁)、「主従関係によって組み立てられるこの連合組織が、そのまま直接に国家組織と一致するという透明な形をとる」(一一頁)、と記している。なお石母田正「中世国家について」(『石母田正著作集　第八巻』に再録。初出は一九五〇年)九四頁、「封建国家にかんする理論的諸問題」(『石母田正著作集　第八巻』に再録。初出は一九五〇年)九九〜一〇〇頁、でも同様の趣旨が繰り返されている。

(63) 黒田俊雄「中世の国家と天皇」（『岩波講座日本歴史　中世2』岩波書店、一九六三年、のち『日本中世の国家と宗教』岩波書店、一九七五年に所収）、「鎌倉幕府論覚書」（『日本史研究』七〇、一九六四年、のち前掲書に所収）。いずれも『黒田俊雄著作集　第一巻』（法蔵館、一九九四年）に再録。

(64) ＊本章元原稿報告（一九九六年）の前年、既に今谷明氏が、公家・武家・寺社の相互補完という考えが戦前の平泉澄の『中世における社寺と社会の関係』（至文堂、一九二六年）に記されていることに講演録の中で触れられていた（今谷明「平泉澄の皇国史観とアジール論」『創造の世界　95』小学館、一九九五年）。今谷氏は後に「平泉澄と権門体制論」（上横手雅敬編『中世の寺社と信仰』吉川弘文館、二〇〇一年、のち『天皇と戦争と歴史家』洋泉社、二〇一二年に所収）において、より詳細かつ明確に「権門体制論の学問上の系譜を遡ってゆくと、一九二六年に発表された平泉の『社寺と社会』（中世における社寺と社会の関係―引用者注）に行きつくことは、明瞭になった」（一四五頁）と指摘している。

(65) 黒田俊雄「中世史序説」（『岩波講座日本歴史　中世1』岩波書店、一九七五年）一五頁。

(66) 永原慶二「中世国家史の一問題」（『思想　四七五』、一九六四年。のち『日本中世社会構造の研究』岩波書店、一九七三年に所収。のち『永原慶二著作選集　第三巻』吉川弘文館、二〇〇七年に再録）。黒田俊雄「中世国家論の課題――永原慶二氏の批判に答えて――」（『新しい歴史学のために　九七』、一九六四年、のち『現実の中の歴史学』東京大学出版会、一九七七年に所収。のち『黒田俊雄著作集　第一巻』法蔵館、一九九四年に再録）。

(67) 石井進「日本中世国家論の諸問題」（『歴史と地理』四六、一九六四年、のち『日本中世国家史の研究』岩波書店、一九七〇年に所収、のち『石井進著作集　第一巻』岩波書店、二〇〇四年に再録）。

(68) 石井進前掲「中世社会論」。

(69) 例えば、笠松宏至氏が、下野の宇都宮氏の支配圏について残存する成文法からみて「さながら一つの独立国であるといってよい」と論じたように、中世法の研究者はこの石井の指摘を肯定的に受けとめたようにみえる（「中世国家論をめぐって」『日本の歴史別巻　日本史の発見』読売新聞社、一九六九年）。

(70) 石井進が上からの側面と下からの側面の結合・混合として鎌倉幕府を位置づけようとした点については、前掲『石井進著作集　第一巻』四三一頁の解説（義江彰夫氏執筆）で触れられている。

(71) 佐藤進一「武家政権について」（『弘前大学国史研究　六四・六五合併号』一九七六年、のち『日本中世史論集』岩波書店、一九九〇年に所収）、および『日本の中世国家』（岩波書店、一九八三年）参照。

(72) 佐藤進一『鎌倉幕府訴訟制度の研究』（畝傍書房、一九四三年、岩波書店から一九九三年に復刊）。

(73) 佐藤進一「幕府論」（『新日本史講座』中央公論社、一九四九年、のち前掲『日本中世史論集』に所収）。同「中世社会」（『新日本史大系』朝倉書店、一九五四年）。同「歴史認識の方法についての覚え書」（『思想』四〇四、一九五八年、のち前掲『日本中世史論集』に所収）。同「室町幕府論」（『岩波講座日本歴史中世3』岩波書店、一九六三年、のち前掲『日本中世史論集』に所収）。

(74) 村井章介「書評・佐藤進一『日本の中世国家』」（『史学雑誌　九三編四号』、一九八四年）。

(75) 佐藤進一前掲「幕府論」。

(76) 坂本賞三『日本王朝国家体制論』（東京大学出版会、一九七二年）。

(77) 『中世法制史料集　第一巻』（岩波書店、一九五五年）。

(78) 『日本思想大系　律令』（岩波書店、一九七六年）一六頁頭注。

(79) 『日本思想大系　律令』から右条文解釈に必要な部分を抜き書きあるいは要約して示しておきたい。右条文の「国家」は直接に「天皇などの尊号を指称するのを憚ったもの」であり、「謀」は「二人以上の共同謀議」であるから、「謀反」（反《へん》を謀《はか》る）は君主に対する殺人予備罪となる。「謀」っただけで最高刑の「斬」なので、実行した場合の規定は必要なかったとされる。一方「謀叛」（叛《ほん》を謀《はか》る）は、「亡命・敵前逃亡・投降などを謀る罪」で、刑は「絞」実行すれば「斬」と規定されている（日本思想大系『律令』岩波書店、一九七六年、一六頁頭注）。さらに「反は手を裏返す意、叛は反と半を合せた字で、半は分ける意。従って反は積極的で君主や朝廷への攻撃、叛は消極的で君主や朝廷からの離脱を意味する」と法文の原義が解説されている。しかし同書は同時に以下の実態を指摘している。日本では「反と叛とのこのような区別に対応する日本語はなく」、律令時代盛時の書紀・続紀の「謀反」「反」の実例でも天皇個人の殺害を目的とした例は少なく、寵臣の殺害を通じての政権掌握や、蝦夷・隼人の騒擾など内乱に関する被疑・予備・実行が大半だった。また実例の記述では「謀反」「反」のほかに「逆・逆謀・逆臣・反逆・叛逆」など「謀叛」とまぎらわしい記述がおおく、「律令制が崩壊した平安後期以後は謀反も謀叛と書かれ、すべてムホンと読まれた」（同書四八九頁補注6ｅおよび6ｆ）。

（80）『日本思想大系　律令』四八九頁補注6ｅおよび6ｆ。

（81）本書第Ⅱ部二章参照。

（82）「後光明照院関白記（道平公記）」元亨四年九月二十日条。（東京大学史料編纂所架蔵謄写本『柳原家記録百四十九』請求番号二〇〇一―一〇―一四九）。同書によれば元亨四年九月

十九日去夜自二関東一早馬上洛、謀反人事武家騒動東西馳廻云々。又云。関東早馬事一向無二其儀一云々。

二十日世上騒動大略公家御謀反之由武家存レ之云々。

と記されている。十九日の段階で、十八日の夜に「謀反人事」について関東から早馬が到着し大騒ぎとなったという情報が記され（別の情報として、早馬を否定する情報も記している）、二十日になって、その騒動が、後醍醐天皇の謀反と武家が認識しているという情報として具体化されている。その六日後、結城宗広は上野七郎兵衛尉にあてて書状を記した。

今月廿三日、自二京都一早馬参テ候、当今御謀叛之由、其聞候。斎藤太郎左衛門許より先申て候。自二六原殿一ハ未レ被レ申候。明暁なとハ、令二参箸一候ハず覧と申あひて候。

つまり、九月二十三日には京都からの早馬によって「当今御謀叛」との情報が（六波羅奉行人斎藤氏から）伝えられ、六波羅からの正式の伝達は明日朝早くにも到着するだろうと語り合っていたことが分かる。なお、正中の変に関する後醍醐天皇の討幕関係史料は、岡見正雄『太平記』（一）角川文庫、一九七九年）二九五頁以下の補注に詳しい。なお斎藤太郎左衛門については、森幸夫『六波羅探題の研究』（続群書類従完成会、二〇〇五年）二四九頁を参照。

（83）「藤島神社文書」年欠（元亨四年）九月二十六日結城宗広書状（鎌遺―二八八三五）。

（84）拙著『鎌倉幕府と中世国家』（校倉書房、一九九一年）。

（85）樋口芳麻呂「宗尊親王の和歌」（『文学』三六、一九六八年）。

（86）「覚一本」による。

（87）この点については、「〈謀反〉を謀反人の側から語ることが、軍記物語を成立させる重要な原動力となっている」という佐伯真一氏の指摘が示唆的である（佐伯真一「『朝敵』以前――軍記物語における〈征夷〉と〈謀反〉――」『国語と国文学』

平成九年十一月特集号）。

（88）宮地正人「幕末・明治維新期のおける歴史認識の構造」（『近代日本思想史大系13　歴史認識』岩波書店、一九九一年）五五九頁。

（89）平将門の乱から鎌倉初期（源氏三代将軍）まで、関係史料を博捜して叙述した大森金五郎『武家時代の研究』一巻〜三巻（冨山房、一九二三〜一九二七年）が、平治の乱については、ほとんど記述していない。

Ⅰ　平治の乱の再検討

第一章　謀叛に関わる勲功賞について
——中世成立期を中心に——

一　問題の所在

中世の武士が反逆に立ち上がった歴史において、蜂起を決意した最大の動機の一つとして、それ以前の勲功賞に関わる不満の存在が認められる。鎌倉幕府や建武政権の崩壊の説明としても勲功賞の不満が指摘されている。例えば、鎌倉幕府が蒙古襲来に関する御家人の働きに十分な恩賞を与えることができずに御家人の信頼を失なったことや、(1)建武政権が側近の公家や武士に手厚い恩賞をおこない多くの武士の期待を裏切ったことが政権崩壊要因となったことが、現在の高校教科書では記述されている。(2)武士個人の反逆に関してみても同様である。源義経が頼朝への反逆決意について後白河法皇に語った内容を伝える『吾妻鏡』の記事には、「義経亦、退二平氏凶悪一令レ属二世於静謐一。是盍大功乎。然而二品曾不レ存二其酬一(3)」と記されていて、頼朝が義経の「大功」に報いなかったことを義経反逆決意の理由としている。院政期の研究者は現在否定的にみえるが、かつて保元の乱後の勲功賞への不満が平治の乱における源義朝武力蜂起の原因とされてきた。(4)官符なき私闘とされ勲功賞が否定された後三年合戦後の源義家の苦難は、勲功賞が武士にとって死活的な意味をもつ重要問題であったことを物語っている。

以上を前提とすると、勲功賞に関する武士の意識、勲功賞の決定などの運用の実態などを明らかにすることは、大きな意義があることと思われる。以下において、平安期とくに保元の乱以前に破格の勲功賞が与えられた事例を検討し、あわせて寿永内乱期の頼朝への勲功賞についても考察することにしたい。検討の手順としては、はじめに平安時代中期の代表的な三つの事例、すなわち源義親追討に関する平正盛への恩賞例、前九年合戦における源頼義への恩賞例、平忠常の乱における源頼信への恩賞例、以上三つの事例から考察をはじめることにしたい。

二 「破格の恩賞」の先例─平正盛、頼義、頼信への勲功賞

1 源義親追討に関する平正盛への恩賞例

まず、源義親追討事件について検討する。最初に、安田元久の記述をもとにして事件を簡単に紹介しておく。

義家の第二子である源義親は左兵衛尉を経て対馬守となったが、在任中人民を殺害し、貢物を押領したため、康和三年（一一〇一）、大宰大弐大江匡房の訴えにより追討を受けることとなった。この追討使に義家の使者も同行し、義親を召還しようとしたが義親はこれに応ぜず、かえって追討の官使を殺害した。その翌年捕えられて隠岐に配流された。しかし、嘉承二年（一一〇七）には出雲に渡り、目代を殺し財物を奪うなどの濫妨をくり返した。ここにおいて朝廷は、因幡守平正盛を追討使とし義親追討を命じた。正盛は翌年（一一〇八）正月六日、義親を誅殺してその首を京にもたらした。この討伐の功により──また、正盛ならびに白河上皇以下の宣伝活動も加わり──、凱旋した正盛は大いにその武名を高めたが、一方で義親追討の真偽が疑われ、これ以後も義親と自称する者の出現や義親生存の風評が続いた。(5)

義親追討後の正盛への恩賞が天下の耳目を驚かせるものだったことは、古くから指摘されている。(6)だが、筆者の判

断によれば、恩賞の決定過程と人々がその結果に驚いた事情にはあまり注目されてこなかった側面がある。この恩賞の決定過程は、右大臣として事件の処理にあたった藤原宗忠の日記『中右記』に詳しい。概要はおよそ以下のとおりである。

追討使平正盛から〈正月六日義親と従類五人を斬首し来月上旬上洛する予定〉との報告があり、これにもとづいて（白河）院から〈「内々」に議定せよ〉との仰せがあり、次の議定が行われた。

〔史料A〕『中右記』天仁元年正月十九日条（古記録㈦二二七頁）

新源中納言（基綱）被レ申云、「首入洛事、任二先例一、以二検非違使一可レ被二請取一。Ⓐ1是貞任・師妙等例也。於二勧賞一者、尤可レ被レ行也。Ⓐ2有二非常事一有二非常功一、如レ此事歟。」下官（宗忠）申云「勧賞之条、同レ申二源中納言一。Ⓐ3蒙二追討宣旨一、必可レ有二勧賞一也。但首入洛之間、以二検非違使一請取之事、諒闇中可レ有二其議一歟、且可二準拠一例、問二官・外記一、可レ被二量行一歟。（下略・以下の公卿の意見は大略同じ）

議定の論点は二つで、①義親の首の請取手続き、と②勧賞（の有無・程度）であった。新源中納言基綱が、（前九年合戦時の）安倍貞任や平師妙追討の例にもとづいた勧賞実施を主張し（Ⓐ1）、〈「非常事あらば非常の功あり」というのはこのようなことをいうのだ〉（Ⓐ2）、と意見を述べた。宗忠は勧賞についてこれを支持し、〈追討宣旨を蒙って（追討を実施したら）必ず勧賞あるべきである〉（Ⓐ3）との意見を提示した。ただ、首の受取手続きは（亡き堀河天皇の）諒闇中であり、通常の手続きに従うべきかを官・外記に調査させることを主張した。同年正月二十三日条によれば、〈除目以前に先ず急事により陣定あるべし〉としてまた公卿に召集がかかり、義親の勲功賞について急ぎ定め申すべきことが仰せられ、僉議がおこなわれている。公卿の意見内容は大略同じであったとして、『中右記』は次の記事を載せる。

〔史料B〕『中右記』天仁元年正月二三日条（古記録㊆二三〇頁）

Ⓑ1先於二勧賞一者、正盛雖レ不二上洛一、早可レ被レ行也。（中略）Ⓑ2依二康平之間俘囚貞任例一、可レ有二勧賞一者。Ⓑ3〈件年、頼義雖レ在二陸奥一、依二其賞一、遷二任伊予一、Ⓑ4子孫郎従皆関二勧賞一、又随二申請一、追々被レ行レ賞也〉、Ⓑ5依二軍功之勤一随可レ有二勧賞之軽重一歟。Ⓑ6此中降人、被レ問二法家一可レ被レ行歟。

ここで、③〈勧賞は正盛上洛以前でも早く実施すべし〉（Ⓑ1）とし、その根拠としては、④〈前九年合戦で源頼義が在陸奥のまま伊予守に遷任し、子孫郎従は皆勧賞に関わったが（Ⓑ4）、頼義の申請によって追々賞を行われたためである（Ⓑ2、Ⓑ4）〉とし、さらに、⑤（子孫郎従らの）軍功内容によって勧賞の軽重あるべきことを挙げている（Ⓑ5）。

これらの先例に準拠して、まず、㊀〈正盛は上洛前に勧賞実施〉（Ⓑ1）、㊁〈子孫郎従の恩賞は軍功の軽重を調査後に実施〉（Ⓑ4、Ⓑ5、Ⓑ6）という方針が公卿会議の意見として伝えられたものと想定される。

しかし、二十三日の除目の結果はこの審議結果と違っていた。次の部分は、よく引かれるので有名である。

〔史料C〕『中右記』天仁元年一月二四日条（古記録㊆二三三頁）

今度除目之中、以二因幡守正盛一遷二任但馬守一。Ⓒ1幷以二男盛康一任二右衛門尉一。Ⓒ2以二平盛良一任二左兵衛尉一。是追二討悪人義親一之賞也。彼身雖レ未二上洛一、先有二此賞一也。Ⓒ3件賞雖レ可レ然。Ⓒ4正盛最下品者、被レ任二第一国一、依二殊寵一者歟。Ⓒ5凡不レ可レ陳二左右一、侯二院辺一人、天之与レ幸人歟。

右の史料においては、正盛への恩賞は然るべしとしつつ（Ⓒ3）、正盛は最下品なので、「第一国」である但馬守への遷任は院の「殊寵」によるかと、宗忠はこの人事の背景を推測し（Ⓒ4）、口をつぐんでいる（Ⓒ5）。(7)

筆者が注目したいのは、議定では否定された子孫郎従への恩賞が、実際の除目では実施された点である（Ⓒ1、Ⓒ

2)。Ⓒ1にみえる「男盛康」もⒸ2にみえる「平盛良」も『尊卑分脈』によれば[8]、平季衡(正盛の伯父)の孫にあたる[9]。〔史料B〕の議定の結論と考えられる㈡の内容、即ち〈子と郎従への恩賞は軍功の軽重を調査後に実施する〉という常識的かつ先例を踏まえた方針に反し、個々の軍功の審議をへずに、正盛一族(「男」)への恩賞が実施されたわけである。

この勲功賞は「きまりや先例を破ること[10]」と言う点で、まさに文字どおり、「破格の恩賞」といえよう。正盛は元永二年(一一一九)五月二十六日には「強盗追捕之賞」で正五位上に上階し(『中右記』同日条)、元永三年(一一二〇)正月六日の除目では、「犯人追捕之賞」によって「従四位下」に叙せられ、「人驚㆓耳目㆒」している(『中右記』同日条)。後者は、高橋昌明氏によれば肥前国仁和寺領藤津荘司平直澄を討った功であるとされており、勲功の賞に準ずるものと考えられるものである[11]。

2　前九年合戦における源頼義への恩賞

上記の義親追討の勲功賞において準拠の例とされたのが、〔史料B〕(Ⓑ2、Ⓑ3)でみられた貞任追討の例である。次にこの勲功賞授与の経緯を考察しておきたい。まず乱の経緯のみ確認しておく[12]。

永承六年(一〇五一)、奥六郡に勢力を広げる安倍頼良(頼時)を討とうとした陸奥守藤原登任が鬼切部で敗退し、かわって下った鎮守府将軍・源頼義に頼時は帰順したが、天喜四年(一〇五六)、頼義の任期の終りになって安倍側と頼義の間で戦端が開かれた。頼時の死去後は、安倍貞任が有利に戦いを進めたが、頼義の度重なる要請を受けた出羽の清原武則が、康平五年(一〇六二)参戦すると形勢は逆転し、厨川柵の戦いで貞任は戦死し、弟の宗任は配流され、安倍氏は滅亡した。

貞任の首が入京した同じ月の康平六年二月二十七日に次の〔史料D〕にみられる頼義らへの勲功賞が行われた。

〔史料D〕『扶桑略記』[13] 康平六年二月二十七日条（大系12三〇〇頁）

廿七日。被レ行二勧賞一。[14] 頼義叙二正四位下一、任二伊予守一。一男義家叙二従五位下一、任二出羽守一。二男義綱任二左衛門少尉一、従五位下清原武則叙二従五位上一、任二鎮守府将軍一。献レ首使藤原季俊任二左馬允一。

頼義に対する位階（正四位下）と官職（伊予守）だけでなく、子息二人への恩賞、清原武則、および藤原季俊への勲功賞が行われている。この位階の昇叙については、宮内庁書陵部所蔵「御堂摂政別記裏文書」[15] 応徳三年一月二十三日前陸奥守源頼俊申文[16]に、「依二勲功一勧賞之例、古今是多、近則源頼義朝□（臣）越二二階一任二伊予守一、加之、子息等及従類蒙二恩賞一」とみえることから、従四位下からの特進があったことがうかがえる。『陸奥話記』はこの恩賞を「名世の殊功」[17] によるとしている。

頼義は春の除目で伊予守任官が決定していながら、残党討滅で一年間、奥州逗留を余儀なくされた。それを済ませて帰洛してからも軍功のあった十余人（従類ら）の恩賞のことが円滑にいかなかったため、伊予国に赴任できず、むなしく二年間が過ぎてしまった。[18] 朧谷寿氏が引用している『本朝続文粋』[19] 所収の源頼義奏状では、頼義は前九年合戦における自らの勲功を縷々述べた上で、以下の奏上を行ったことが知られ興味深い。[20]

〔史料E〕『本朝続文粋』所収（年欠）源頼義奏状（大系29下一〇二〜一〇四頁）

Ⓔ1而征戦之間、有二軍功一之者十余人、可レ被二抽賞一之由、雖レ経二言上一、未レ有二裁許一。仍相二待綸言一、難レ赴二任国一。況去年九月被レ賜二任符一下向遅引。自然如レ是。

（軍功ある十余人の恩賞交渉で、伊予国に赴任するのが遅れた。）

Ⓔ2然間四年之任、二稔空過。彼国官物、不レ能二徴納一。然而封家納官、其責如レ雲。仍以二私物一且勤二進済一。

（任期の半分の二年が経過したが、国の官物を徴収できない。それでも、その間の済物の責めが厳しく、私物をもって納入した。）

Ⓔ3方今彼国雑掌申云、頻遇二旱損一稲粱不レ秀、境無二秋実一民有二菜色一。須下廻二興複之計一、且致中弁済之勤上者。重検二傍例一、或尋二莅レ境之年限一以計レ歴、或依二挙国之亡弊一以重任之者、古今之間、寔繁有レ徒。況致二希代之大功一。何無二殊常之厚賞一。

（ここのところ旱損で稲や粟が損害をうけ伊予国は不作で民は飢えており、復興政策を行って済物納入に勤めたい。傍例でも入国からの年限で年を数えており、国の亡弊により「重任」を受ける古今の例多く、とくに希代の大功を立てた頼義の場合、常ならぬ厚い賞があってしかるべきである。）

Ⓔ4昔班超之平二西域一也。早封二千戸之侯一。今頼義之征二東夷一也。盍レ賜二重任之賞一。彼送二三十年一以彰レ功、此歴二十三年一以立レ勲、遅速之間、已有二優劣一。採擇之処、何無二哀矜一。

（中国後漢の政治家である）班超が西域を討ち、千戸をもつ諸侯を封じられた。今頼義は東夷を征伐したのだから、どうして重任の恩賞を賜らないようなことがあろうか。班超は三十年で功を立て、頼義は十三年で軍功を立てた。遅速という観点でいえば、頼義の方が優れている。頼義の申し出になんで情けを施さずにおられようか。）

Ⓔ5望請　天恩。依二征夷功一被レ下二重任　宣旨一、且廻二興複之計一、且致二進済之勤一矣。頼義誠惶誠恐謹言。

年　月　日

この頼義奏状から知られるのは、パミール高原東まで後漢の版図を広げた班超に勝ると記すほど、自らの軍功に対する自己評価が高いことである。頼義の認識では、「希代之大功」であり、「殊常之厚賞」あるべきものであり、「重任之賞」が当然の軍功なのである。迅速に実施された自身および子息二人への勲功賞に満足せず、郎従十余人の恩賞実施[21]にこだわったのは、こうした軍功に関する頼義の〈自己評価の高さ〉に由来するものであろう。

3　平忠常の乱における源頼信への恩賞

忠常の乱については福田豊彦氏の記述により、はじめにその概略と経緯を紹介しておく。

この反乱は、長元元年（一〇二八）、下総権介平忠常が安房守惟忠を焼き殺し、上総国府を占拠したことに始まる。朝廷では追討使に平直方、上総介に維時、安房守に正輔と、貞盛流平氏を中心に配置して鎮圧しようとしたが成功せず、あらためて源頼信を追討使に登用し長元四年（一〇三一）にようやく平定した。忠常は京都への連行途中に死去した[22]。

源頼信は、平忠常帰降を伝え、降伏の申文と、「忠常死去之由解文、幷美乃国司等実検日記等」を朝廷に提出した。これをうけた朝廷では、頼信への褒賞の実施や、いまだ降伏の意志を表していない忠常の子常昌・常近の処置について、評議が行われた。

参議・右大弁[23]としてこの事案の処理に関わった源経頼の日記である『左経記』により[24]、この時の評議内容をみたい[25]。

〔史料F〕『左経記』長元四年（一〇三一）六月二七日条（大成二八四頁）

余申云、「頼信朝臣令レ帰二降忠常一之賞、尤可レ被レ行也。但於二其法一者、先符云『随二其状一可レ給二官位一』者、先被レ召二問頼信朝臣一、随二彼意趣一可レ被二量行一歟。」

〔史料F〕によれば、〈頼信への褒賞はおこなわるべきだが、（勲功の）程度に従って官位を給するとした先符[26]を考慮し、褒賞内容については、頼信の意向を聞いた上で実施すべし〉と源経頼は発言したのである。頼信への褒賞については、この経頼の意見どおりに決定したようである。

この時、右大臣として議定に参加した藤原実資の日記『小右記』によれば、さらに「追討賞事」とした次の関連記事が知られる[27]。

〔史料G〕『小右記』長元四年（一一三一）七月一日条（古記録⑨一頁）

Ⓖ1入レ夜頭弁（経任）来云、今夕頼信朝臣来向、仰二宣旨趣一。申追討賞事云、「Ⓖ2頻蒙二朝恩一、任二四ケ国一、殊奉二宣旨一、追二討忠章（常カ）一、擬レ赴二戦場一之間、Ⓖ3不慮之外、忠常帰降。Ⓖ4偽（偏カ）朝威之所レ致、非二頼信之殊功一。Ⓖ5而忽奉二褒賞之綸言一、難レ抑二驚恐之寸心一、Ⓖ6唯衰老日積難レ赴二遠任一。若有二朝恩一、欲レ任二丹波一」者。

〔史料G〕には追討賞の希望を聞かれた頼信の応答が記されている。恩賞を授与するとの宣旨の趣旨を頭弁（経任）から聞いた（Ⓖ1）頼信は次のように答えている。

これまで多くの朝恩により四ヶ国の受領に任じ、（今回）宣旨を奉じ平忠常追討の戦場に赴きましたが（Ⓖ2）、思いがけず（戦闘に及ばず）忠常が降伏しました（Ⓖ3）。これは、朝威によるもので、私の大いなる功ではありません（Ⓖ4）。（とまずは謙遜してみせた[28]。しかしこれに続け、）たちまち恩賞を授けようとの綸言を賜り、恐れ入っております（Ⓖ5）。ただ、私は高齢で遠国受領には耐えないので、もし、朝恩に浴するのであれば、丹波（守）に任じていただきたいと思います。

このように、頼信は謙遜のポーズをとりつつも、しっかりと自らの希望を伝えたのである（Ⓖ6）。

しかし約二ヶ月後、頼信は、権大僧正（尋円）を通じ「密々」に（この丹波守への遷任という）希望をさらに変更し、美濃守への遷任を訴えてきた。

〔史料H〕『小右記』長元四年九月十八日条（古記録⑨四七頁）

Ⓗ1母骸骨在二美乃国一、於二彼国一欲レ修二母成菩提之仏事[29]一、Ⓗ2先日申二請丹州一、Ⓗ3云「令二下官一可二示下一」者。

〔史料H〕によれば、この希望変更は「骸骨」（この場合は遺骨）が美濃国にある頼信の母の仏事を理由としたものであった（Ⓗ1）。丹波（守）への希望を〔史料G〕で伝えていたため（Ⓗ2）、実資をつうじて希望変更を公卿会議で通して欲しいと伝え、内意をうかがったのであろう（Ⓗ3）。実資が、除目については口にすることはできないと伝えると、尋円僧正の推測として、「坂東者、多以相従、往還之間、美州（美濃）少使（便カ）、仍忽思変歟」（坂東は頼信に従う（郎従が）多く、（京との）往還に便がいいので、希望を変えたのではないか）との観測が語られたことを記している（『小右記』同日条）。

また同じく『小右記』同日条には、頼信が〈（除目にともなう）甲斐国からの上京について、厳寒時の（神坂）峠越えは困難で[30]、正月までの上京も容易ならざる〉旨をあわせて言上したことも知られる。実資は、この申し出に対してはそれをよしとせず、〈正月の除目で、頼信が甲斐国に在任のまま、（美濃国へ）遷任され、その後、のんびりと上京するというのでは、道理にあわない〉として、頼信に年内の上京を促した。この甲斐守から美濃守への遷任の経緯に関しては、弁官局官人の執務参考書であったとされる『類聚符宣抄』[31]に次の頼信申状が載せられていて興味深い。

〔史料I〕『類聚符宣抄』第八「任符（不レ待二本任放還一賜二任符一）」（大系27二一九頁）[32]

従四位下行美濃守源朝臣頼信誠惶誠恐謹言

請下特蒙二天恩一因二准先例一、不レ待二本任放還一、給二籤符一赴中任国上状

右頼信今月八日遷二彼国守一。謹検二先例一分憂之吏、如レ此遷拝之輩、不レ待二本任放還一、早給二任符一、赴二任国一之例。近則大江匡衡朝臣、従二尾張一遷二丹波守一。藤原公則朝臣、従二同国一遷二河内守一等是也。以往之例、不レ遑二毛挙一。望請　天恩。被レ下二　宣旨一、不レ待二本任放還一、給二籤符一、将レ赴二任国一矣。頼信誠惶誠恐謹言。

長元五年二月廿日

従四位下行美乃守源朝臣

〔史料I〕は、頼信が「本任放還」つまりこの場合、〈甲斐守としての責任を全うしたことを後任者から承認されるという通例の交替事務手続き〉(33)を経ることなく、美濃守に遷任することの許可を求めたものである。この申状では、大江匡衡(34)と藤原公則(35)の先例が具体的に挙げられ、〈それ以前の例はいちいち細かく数え上げることができないほど多い〉として、「本任放還」手続きを待たぬ帰京裁可をもとめている。

頼信は、長元三年九月に追討使に任じられると、(追討の結果を待たず)、甲斐守としての「治」(国政をよく行ったこと)を理由に従四位下に昇叙されている。(36)下向井龍彦氏によれば、「忠常追討の早期実現を促す措置」と評価されているものである。(37)従うべきであろう。

以上みたように、忠常の乱における頼信への勲功賞実施にあたっても、追討促進のために(追討官符の約した)位階昇叙を、〈迅速〉を超えて、いわば〈前倒し〉で実施した。そして、乱鎮圧後は、頼信の意向を重視し、また、頼信のかなり恣意的とも思える官職面での恩賞変更要求にも朝廷が答えていることが確認できるのである。

以上、中世の勲功賞を考える時に参照するべきと思われる代表的な先例を三例ほど考察してきた。謀叛人追討にかかわる勲功賞実施にあたって確認できた原則的な手続きをまとめておきたい。

㈠　勲功賞の決定にあたっては、あらかじめ勲功者の意向——勲功に対する自己評価は極めて高い——を聞いて、それに沿う形で実施されている

㈡　勲功賞は官位・官職両面にわたる例が多い

㈢　勲功賞について、主たる対象者にはきわめて迅速に、一族や子孫郎従への恩賞は、(当為としては勲功内容の調査の上で)実施されている例が多い

㈣　勲功賞については「越階」の例が見られる

以上である。こうした勲功の勧賞に関する優遇措置の契機となり、さらに、基準ともなって、中世社会でつねに呼び起こされる存在となったのが、平将門追討に関わる恩賞であった。節を改めて、平将門追討における恩賞授与とその中世社会における伝承について検討していきたい。

三　将門追討の勲功賞とその伝承、とくに頼朝勲功賞から

1　将門の乱における恩賞

将門の乱については、あらためて紹介するまでもないと思われる。

天慶三年（九四〇）年正月十五日、朝廷は将門を追討したものに、「不次賞」（破格の恩賞）を約した次の追討の官符を東海・東山両道に下した。

〔史料J〕『日本紀略』[38]天慶三年正月十一日条（大系11三九頁）

賜《ヒ》二官符《ヲ》東海・東山道《ニ》一。応丙抜《キ》下有《イダシル》二殊功一輩《ヲ》上加《フル》乙不次《ハ》賞《ヲ》甲事。

この官符について、乱後まもなく成立したと指摘される『将門記』[39]では次のように記されている。

〔史料K〕『将門記』（思想大系8三二五頁）

以二去正月十一日一、下二於東海・東山両道諸国一、其官符云、「若殺二魁帥一者、募以二朱紫之品一、又斬二次将軍一者、随二其勲功一将レ賜二官爵一」者。

〔史料J〕の追討官符の内容を〔史料K〕は具体的に示している。即ち、「魁帥」（首領）を殺したものは「朱紫之品」[40]（五位以上の位）を約束し、それに次ぐ将軍を殺したものは、勲功によって「官爵」（官と位）を与えることを約し

た。この官符が出された約一ヶ月後の二月十四日に下野掾・押領使藤原秀郷、常陸掾平貞盛らによって将門は討たれ、その報は二月十五日には信濃国からの馳駅によって都に伝えられ（『日本紀略』同日条）、秀郷の飛駅も三月五日には都にもたらされた（『日本紀略』同日条）。そして、はやくも、三月九日には、秀郷・貞盛らへの勲功の賞（位階）がおこなわれ（〔史料L〕）、秋の除目では、さらに受領に任じられた（〔史料M〕〔史料N〕）。

〔史料L〕『日本紀略』天慶三年（九四〇）三月九日条（大系11四〇頁）

以二下野掾藤原秀郷一、叙二従四位下一。以二常陸掾平貞盛一、叙二従五位下（上カ）一。並依下討二平将門一之功上也。

〔史料M〕『日本紀略』天慶三年十一月十六日条（大系11四一頁）

今日除目。任人数十人。其中従四位下藤原秀郷任二下野守一。依二軍功一也。

〔史料N〕『扶桑略記』天慶三年三月九日条（大系12二一八頁）

三月九日乙亥。即賞二藤原秀郷一、叙二従四位下一。兼賜二功田一、永伝二子孫一、更追兼レ任下野・武蔵両国守一。又平貞盛叙二従五位上一、任二右馬助一。又告人源経基叙二従五位下一、兼レ補太宰少弐一。

秋の除目における官職に関する勧賞について〔史料M〕と〔史料N〕では、異なる記事をのせ、『扶桑略記』では、秀郷に〈下野と武蔵の両国守を兼任させた〉とある。この異同について判断する根拠に欠けるため断案は留保するが、[41]〔史料L〕〔史料M〕のみによっても、秀郷は貞盛を「超越」しただけではなく、源経基（武蔵介→従五位下・太宰少弐）をも超えた。この外の追討参加者への恩賞の詳細は正確な形では確定できない。

しかし、平将門の著書を近年連続して公にされた川尻秋生氏は次のように記されている。「純友軍から征東軍に加わった藤原遠方が右兵衛権少尉、藤原成康が右馬権少允、常陸介藤原維幾の息子為憲が兵庫権少允に任じられた（『本朝世紀』天慶五年〈九四二〉六月二一日条）のも、この時のことであろう。さらに、興世王を殺害した上総掾平公雅は安房守になったことが知られるが（『本朝続文粋』巻六）、これもこの時と思われる。次将の興世王を殺したのだから、正月十一日官符の約束どおり、小国とはいえ、守に取り立てられたと推測される」[42]。

恩賞の多寡を考える場合、それ以前の立場・地位を考慮せねばならないのだが、「祖父豊沢以来三代にわたる下野国住人」で「京に出て官仕した経歴はない」[43]、官位も六位にとどまったと考えられる秀郷は（後述）、他の（軍事）貴族らを超越し、群を抜いた勲功賞を与えられたのである。その理由は何であったのか。

それは、将門追討に関する卓抜した軍功以外は想定できまい。この点に関して、『将門記』は〔史料O〕の記事を載せている。

〔史料O〕『将門記』（思想大系8三二五頁）

◎1掾貞盛、頃年雖レ歴二合戰一、未レ定二勝負一、◎2而秀郷合力斬二討謀叛之首一、◎3是秀郷古計之所レ厳者、叙二従四位下一。◎4又貞盛既歴二多年之険難一、今誅二兇怒之類一、尤貞盛励之所レ致也。故叙二正五位上一已了。

貞盛が従五位上で秀郷が従四位下と、秀郷への恩賞がまさったのは、『将門記』によるかぎり、秀郷の「古くから百戦錬磨を重ねた軍略」[44]（◎3）によって将門追討が成ったからだと説明されている。

この記事に従うかぎり、将門追討に関して、秀郷の軍功評価によって、乱以前の地位を超えて勲功が与えられたのである。そして注目すべきなのは、こうした秀郷への恩賞が中世社会において長く伝承され周知の問題であり続けたことである。この点は、頁を改めて検討したい。

2　秀郷恩賞の伝承

さて、平将門の乱追討時の官符〔史料J〕と秀郷勲功賞の伝承に関わって注目すべき記事が、『百錬抄』の次の記事〔史料P〕である。

〔史料P〕『百錬抄』元暦元年（一一八四）三月二七日条（大系11一一四頁）

除目入眼也。源頼朝叙二正四位下本従五位下一。天慶秀郷自二六位一叙二四位一之例也。

ここでは、元暦元年の頼朝の位階上昇が、天慶の秀郷の例にもとづいたものであることが記されており、最低でも五階級最大では八階級の特進が行われたことが記されている。(45) 川尻秋生氏は、安和の変、僧兵の蜂起、頼朝挙兵など「戦乱や騒動が起きたときに、それらを推し量る基準として利用され」、南北朝期までの三百数十年間、将門の乱が押領使の任命以下の儀礼を通して、代々語り継がれ「貴族の心の中に刷り込まれていった」という重要な指摘をしている。(46) 中世社会を通じ、貴族社会においては将門の乱と、秀郷への恩賞がしっかりと記憶され、判断の基準とされていたことを示唆する指摘であろう。

それでは、これらの点で、武家社会ではどうだっただろうか。

中世史研究者にとっては、〈守護職と安堵御下文の関係〉の問題を語る史料として有名であると思われる次の〔史料Q〕を参照したい。

〔史料Q〕『吾妻鏡』承元三年（一二〇九）年十二月十五日条（(二)六四九頁）

十五日乙亥。Q1近国守護補任御下文等備二進之一。其中。千葉介成胤者。（中略）Q2小山左衛門尉朝政申云、不レ帯二本御下文一。曩祖下野少掾豊沢為二当国押領使一、如二検断一之事、一向執二行之一。Q3秀郷朝臣天慶三年更賜二官符一之後、十三代数百歳、奉行之間、無二片時中絶之例一。Q4但右大将家御時者、建久年中、亡父政光入道、就レ譲二与此職於朝政一、賜二安堵御下文一許也。Q5敢非二新恩之職一。Q6称レ可レ散二御不審一、進二覧彼官符以下状等一云々。

高橋典幸氏は論文「武士にとっての天皇」の中で、この記事を引いて、「平安中期以来有力在庁として下野国に君臨し、鎌倉期にも下野守護を相伝した小山氏は、鎮守府将軍藤原秀郷の直接の子孫であることを家の誇り」としたと指摘され、「幕府が近国の守護に『守護補任御下文』を提出するよう命じた際（Ⓠ1に対応――引用者、以下同じ）、時の当主小山朝政は次のように言い放った」（Ⓠ2）とし、「御下文の代わりに藤原秀郷が賜った天慶の官符を進覧した」（Ⓠ3）と記されて、「かれらの祖先意識・系譜意識」を強調された。(47) 高橋氏によれば、こうした家門意識は南北朝期の結城親朝にもみられ、それが北畠親房によって利用されたことを指摘している。(48)

上述の川尻秋生氏も〔史料Q〕を引いて、「将門の乱から二五〇年以上経っても、また、たとえ伝承であったとしても、正月十一日に追捕官符を下賜されたことを記憶していたのだ」と強調している。(49) 高橋・川尻両氏の指摘のとおり、東国の武士たちは鎌倉時代にあっても、将門追討に功績があった者に五位以上の位階を約束した天慶三年正月十一日官符と、それに従って褒賞された秀郷以下の事例をしっかりと記憶していたのである。貴族社会でも武家社会でも秀郷の先例は、周知の問題であった。

秀郷の先例と頼朝への勲功賞の関連について、次に別の事例から考えてみたい。頼朝の「将軍」任官をめぐる問題や朝廷の勲功賞授与に関する態度について、実に興味深い事実が確認されるからである。

3　頼朝への勲功賞と秀郷の先例

頼朝の従四位下昇叙にかかわる次の〔史料R〕は、〔史料P〕の関連記事であり、「征夷大将軍」に関わる記事として近時北村拓氏によって注目されたものだが、(50) 本稿の視角からも重要な史料である。

〔史料R〕『吾妻鏡』寿永三年四月十日条（㊀一一一頁）

十日戊寅。源九郎使者自二京都一参着。去月廿七日有二除目一。武衛叙二正四位下一給之由申レ之。Ⓡ1是義仲追討賞也。

持二参彼聞書一。此事、Ⓡ2藤原秀郷朝臣天慶三年三月九日自二六位一昇二従下四位一也。武衛御本位者従下五位也。被レ准二彼例一云々。亦Ⓡ3依二忠文〈宇治民部卿〉之例一。可レ有二征夷将軍　宣下一歟之由有二其沙汰一。Ⓡ4而越階事者彼時准拠可レ然。Ⓡ5於二将軍事一者、賜二節刀一被レ任二軍監・軍曹一之時、被レ行二除目一歟。Ⓡ6被レ載二今度除目一之条、似三始置二其官一。無二左右一難レ被二　宣下一之由。Ⓡ7依レ有二諸卿群議一、先叙位云々。

〔史料R〕の内容は以下のとおりである。①頼朝の任官が「義仲追討賞」つまり軍功に対する恩賞であること（Ⓡ1）、②頼朝の従五位下から正四位下への「越階」が、秀郷の例に準じたものであること（Ⓡ2、Ⓡ4）、③将門・純友追討において、現任参議でありながら右衛門督・征東大将軍・征西大将軍に任じられた藤原忠文（宇治民部卿）の例によって、頼朝への征夷将軍任官も朝廷で議されたが（Ⓡ3）、「越階」は秀郷の例に準拠すれば問題ないが（Ⓡ4）、「将軍」は節刀、軍監・軍曹[51]任命の手続後に任じる例であり（Ⓡ5）、今回の除目で任じると、はじめてその官職を置くごとき事態となりかねないので（Ⓡ6）、これを憚って将軍任官は留保し（Ⓡ5以下2行）、叙位だけを先行させた（Ⓡ7）、という記事内容である。源義仲追討という頼朝の軍功に対して、朝廷は、位階四階級特進と、さらに「（征夷）将軍」任官をもって遇そうとしていたことが知られる。頼朝がもし在京していれば、この時の「将軍」任官もありえたであろう。

このことは〔史料R〕の前年、義仲らの入京にともなう、平家追討勲功賞の原案審議過程を記した次の〔史料S〕から推知される。ここでは〈義仲・行家と頼朝の勲功賞（その差異）をどうするか〉という後白河院の「仰」に対する議定内容が知られる。ここでいったん論述対象の時間を、平家都落ち後の寿永二年七月末まで戻して確認しておきたい。

〔史料S〕『玉葉』寿永二年七月三十日条（㈧一九八頁）[52]

人々申云、「Ⓢ1不レ可レ被レ待二頼朝参洛一、暗加二彼賞一、三人同時可レ被レ行。頼朝賞、Ⓢ2若背二雅意一者、随二申請一改易、有二何難一哉。Ⓢ3於二其等級一者、且依二勲功之優劣一、且随二本官之高下一、可レ被二計行一歟。Ⓢ4惣論レ之、第一頼朝、第二義仲、第三行家也。

頼朝、Ⓢ5〈京官、任国、加級、左大臣云、「於二京官一者、参洛之時可レ任」、余云、「不レ可レ然、同時可レ任」、長方同レ之〉。

義仲、Ⓢ6〈任国、叙爵〉。

行家、Ⓢ7〈任国、叙爵、但「以二国之勝劣・位之尊卑一可二差別一」云々、実房卿云、「義仲従上、行家従下宜歟」〉。

「人々」の意見は、〈頼朝上洛を待たずに、頼朝・義仲・行家三人同時に勧賞し（Ⓢ1）、頼朝への勲功賞がもし頼朝の意志に反するものであったなら、頼朝の申請に従って変更すればよい（Ⓢ2）。勲功賞の程度は、三人の「本官」と「勲功（の程度）」をはかって行うべきであろう（Ⓢ3）。総論で言えば、頼朝第一、義仲第二、行家第三である（Ⓢ4）〉というものであった。

具体案は頼朝には、〈京官（への任官）、任国（国司任命）、位の昇叙（Ⓢ5）〉、義仲と行家はともに〈任国、叙爵（従五位任命）〉という勧賞案であったが、国司・位階に任・叙する際に国の等級と位の尊卑で義仲と行家二人の差別を付ければよいとしていた（実房卿の意見では、義仲は従五位上で行家は従五位下）（Ⓢ6、Ⓢ7）。

但し、ここで、頼朝の京官への任命について意見が分かれ、〈頼朝の京官は、頼朝上洛時に任命すればよい〉とする左大臣（経宗）の意見に兼実は反対で〈同時任命〉を主張した（権中納言藤原長方も兼実と同意見であった）（Ⓢ5）。将門の乱以来の〈勲功賞実施の原則〉（Ⓢ3傍点部）が確認される一方で、〈京官への任命〉は在京原則如何の点で意見が分かれたのである。

しかし、八月十日に行われた勲功賞実施の実際は、義仲は〈従五位下・左馬頭・越後守〉、行家は〈従五位下・備

後守〉に任じられる形であったが、(53) 頼朝については、十月九日に本位に復されたのみだった。(54)

さて、時間を再び〔史料R〕の時へ、即ち義仲追討後に戻すと、〔史料R〕の関連史料として注目すべきものが、次の〔史料T〕〔史料U〕である。

〔史料T〕『玉葉』元暦元年（一一八四）二月二十日条（九二五頁）

去月廿一日所ㇾ遣二頼朝許一之飛脚帰参。頼朝申云、「Ⓣ1勧賞事只在二上御計一、Ⓣ2過分事一切非ㇾ所ㇾ欲」云々。

〔史料U〕『玉葉』元暦元年三月二十八日条（九三五頁）

未刻、見二聞書一、全無二別事一、可ㇾ為二大除目一之由、兼日謳歌、而Ⓤ1依二頼朝申状一、Ⓤ2被ㇾ止二珍事等一了云々。頼朝Ⓤ3叙二正四位下一、若是所ㇾ望歟、将又推被ㇾ行歟。然者、同Ⓤ4可ㇾ被ㇾ任二直官一歟。(55)

義仲追討の軍功について、（正月二十一日に頼朝に使わした使者が帰参し、義仲追討の勲功賞について）頼朝は朝廷の計らいのままに（Ⓣ1）、過分の望みはない（Ⓣ2）との申状(56)を提出したことを伝えてきた。(57) 三月二十七日の除目では、この頼朝申状によって（Ⓤ1）、在鎌倉のままの将軍任命という「珍事」は未然に防がれた（Ⓤ2）。頼朝の正四位下の任官は（頼朝の）希望か、（朝廷側の）推測によるものか分からないが（Ⓤ3）、（官職については）相応しい官に任ずるべきだろう（Ⓤ4）という記事である。

『源平盛衰記』〔史料V〕はこの叙位について次のように記している。

〔史料V〕（『源平盛衰記』五巻）(58)

元暦元年三月二十八日、除目に兵衛佐頼朝正四位下に除す。尻付には、義仲を追討の賞とぞありける。元従五位下なれば、已に五階の賞に与る。勲功の越階、その例あるに依てなり。

『源平盛衰記』成立時点の認識において、これが勲功の越階であり勲功の場合は越階の先例があることと意識されていたことが知られる。
以上考察してきたように、元暦元年（一一八四）三月二十七日の除目で、四階越階して、従四位下に昇進した頼朝だが、約一年後の文治元年（一一八五）四月二十七日にはさらに従四位下から一挙に従二位に昇進した。

〔史料W〕『玉葉』文治元年四月二十六日条（㊈一五二頁）

光雅仰云、「頼朝賞事、Ⓦ1於レ官者、指二其官一両一、可レ依レ請之由、可レ被二仰遣一也。Ⓦ2於レ位者、且可レ被レ受レ之。Ⓦ3而先例於二殊功一者、有二越階之恩一。Ⓦ4仍可レ叙二正三位一之処、清盛之例不快、於二従三位一者頗無念歟。頼政雖レ無二指功一叙レ之。不レ可二必庶幾一歟。Ⓦ5仍被レ叙二従二位一如何。可レ有二其難一哉、可二計奏一」者。
余申云、「Ⓦ6正三位清盛之例、従三位頼政之例、頼朝共以不レ可二嫌申一事歟。Ⓦ7雖レ然、若有二其疑一者、被レ叙二二位一有二何難一哉。Ⓦ8勲功之超二先代一、和漢無二比類一之故也」者。

〔史料W〕によれば、頭弁藤原光雅が右大臣兼実の意見を徴しに訪れ、頼朝への勲功賞の方針についての後白河院の方針を伝えた。大約以下のとおりである。〈①官職については二つの候補を挙げて頼朝の意向如何と伝える（Ⓦ1）。②位階は受けるだろうが（Ⓦ2）、殊功の者は越階の恩賞の先例があるから（Ⓦ3）、正三位に除すべきだが、清盛不快の例がある。従三位では、頼政を指したる恩賞もなく三位に叙した例があり、頼朝は「無念」だろう（Ⓦ4）。よって、従二位ではどうだろう（Ⓦ5）〉という内容であった。
これに対し兼実は、〈清盛の例も頼政の例も頼朝は気にしないでしょうが（Ⓦ6）、その疑いがあるのならば二位への叙位は何ら問題ありません（Ⓦ7）。勲功が先代を超え、和漢に比類なきものだからです（Ⓦ8）〉と表向きは答えている。[59]
この頼朝への昇叙で知られるのは、位階を与える側が、勲功を与えられる側である頼朝の意向を相当に気にしているという点であり、この点は上述来と同様の姿勢であったと言いうるであろう。

結　び

以上、十世紀の将門の乱に対する勲功賞以降の代表的な謀叛人追討に関わる勲功賞ついて検討してきた。二節のおわりに勲功賞手続きの原則を四点まとめておいたが、その結論は本節においてより精度の高い形で確認できたと思われる。本節での考察を加えて修正し、結びとしたい。

㈠　勲功賞の決定過程では、あらかじめ勲功者の意向――勲功に対する自己評価は極めて高い――を聞きそれに添う形で実施されている

㈡　勲功賞は、官位・官職両面にわたる例が多い

㈢　勲功賞は主たる対象者には迅速に、一族や子孫郎従への恩賞は（当為としては勲功内容の調査の上で）実施されている例が多い

㈣　勲功賞については「越階」の例が頻繁に見られる

㈤　中世社会では、秀郷勲功賞が勲功賞の基準となり、南北朝期まで長く記憶された

以上である。勲功者の自己評価は極めて高く、もしそれが十分に報いられない場合、大きな不満、ひいては反逆を呼び起こしかねない要因となったものと想定される。それゆえに朝廷もこれには細心の注意を払っていたのである。そして朝廷では、勲功者の「殊功」に対しては「越階」の恩を以てすることが意識されていた。義仲追討や平家追討に対する頼朝への勲功賞（越階）についても、藤原秀郷の例が参照され、藤原忠文、平清盛、源頼政などへの恩賞例

が比較検討されるなど、慎重な審議がみられた。

中世における謀叛人追討の勲功賞、恩賞について考える場合、以上のような勲功賞の原則について十分考慮する必要がある。

注

（1）『詳説日本史』（山川出版社、二〇一六年版）一一二頁、『高校日本史B』（実教出版、二〇一七年版）六九頁。

（2）『日本史B』（清水書院、二〇一六年版）六八頁。

（3）『吾妻鏡』文治元年十月十三日条、この記事に対応する『玉葉』文治元年十月十七日条には「其故者、奉二身命於君一、成二大功一及二再三一。皆是頼朝代官也。殊可二賞翫一之由令レ存之処、適所レ浴レ恩之伊予国、皆補二地頭一、不レ能二国務一。又没官所々廿余ヶ所、先日頼朝分賜。而今度勲功之後、皆悉取返、宛二給郎従等一了。於レ今者、生涯全以不レ可二執思一。何況遣二郎等一可レ誅二義経一之由、憖得二其告一。雖レ欲レ遁不レ可レ叶。仍向二墨俣辺一射二一箭一可レ決二死生一之由所レ存也云々」とある。

（4）本書Ⅰ部第二章参照。

（5）以上、主に『国史大辞典』「源義親」（安田元久執筆）よりの引用・要約。

（6）例えば、大森金五郎『武家時代之研究　第一巻』（冨山房、一九二三年）三二五～三三八頁、龍粛『平安時代』（春秋社、一九六二年）一二四～一二八頁、安田元久『源義家』（吉川弘文館人物叢書、一九六六年）一六六～一七〇頁、高橋昌明『増補改訂　清盛以前』（平凡社ライブラリー、二〇一一年、初出は一九八四年）一〇〇～一〇七頁。

（7）除目尻付に「元因幡守、依レ追二討悪人源義親一遷任也。雖二軍功一、最下臈身被レ任二第一国一、世不二甘心一。就レ中未二上洛一前也。依レ候二院北辺一也」とある（『中右記』同日条）。

（8）『尊卑』㊃二五頁。

（9）高橋昌明前掲『増補改訂　清盛以前』八六頁によれば、「盛康は『中右記』で正盛の「男」と表記されているところからみて、正盛の猶子的な扱いを受けていたのであろう。彼はすでに康和五年（一一〇三）年四月八日に、七宝御塔造立の功により刑部丞に任ぜられており、同月一七日の小除目によって、さらに右兵衛尉が加えられている。『中右記』はこの異例の除目をさして「くだんの盛康一日刑部丞に任ず、わづか九ケ日を経て、また兵衛尉に任ず、すこぶるその謂なし、但し院に候ずる人をいかんとなすや」と評している。正盛の猶子化することにより、彼もまた院権力の末端に連なるに至ったのであろう。」と指摘されている。

（10）『日本国語大辞典（第二版）』「破格」の語釈第一順位による。

（11）高橋昌明前掲『増補改訂　清盛以前』一五五頁、一六四頁参照。

（12）コンパクトな『岩波日本史辞典』の記述をもとにした。

（13）神武天皇から堀河天皇に至る七三代の歴史を漢文で記した私撰の史書。全三〇巻。堀越光信『国史大系書目解題　下巻』（吉川弘文館、二〇〇一年）三三一〜三六三頁によれば、巻二一の後宇多天皇以後は「外記日記」を根本材料とするとされる。

（14）この点『百錬抄』（大系11二七〜二八頁）では、「追討貞任之賞」と記している。

（15）竹内理三『平安遺文』第十一巻三六〇頁の解説によれば「御堂関白記の抄本数本のうち、現在その古写本を存しない寛弘四年四月廿五・廿六日条寛仁二年十二月廿二日条の別記と共に、江戸期に伝写されたその裏文書。裏文書の年紀より推すに、関白師実の抄写本らしい。」とされる文書。

（16）『平安遺文』⑨四六五二号文書。

（17）『日本思想大系8　古代政治社会思想』（岩波書店、一九七九年）二五〇頁。

（18）朧谷寿『清和源氏』（教育社新書、一九八四年）二二二〜二二三頁。

（19）平安末期の漢詩文集。一三巻。後藤昭雄『国史大系書目解題　下巻』（吉川弘文館、二〇〇一年）によれば、成立は保元元年八月以後とされる（同書七四九頁）。

（20）長文の読みにくさを考慮して適宜改行し、難解な語句は傍点を付して大意との対応関係を示し、また改行ごとにその大意を記して読解の便をはかった。

（21）前述の〔史料B〕の文言「子孫郎従皆関二勧賞一、又随二申請一、追々被レ行レ賞也」によれば、十余人への恩賞は実施されたものと推測できる。

(22) 福田豊彦「平忠常の乱」『日本大百科全書』の記述をさらに要約した。

(23) 飯倉晴武校訂『弁官補任』(続群書類従完成会、一九八二年)㊀一一一頁。

(24)『左経記』については、吉川真司「申文刺文考」の附論「左経記」が参考になる(吉川『律令官僚制の研究』塙書房、一九九八年、二六九〜二七五頁)。

(25) この評議で経頼は、坂東諸国復興の後に忠常の子を追討すべしと主張したが、左大弁藤原重尹、左兵衛督藤原公成らは追討に反対し、大勢は追討しないことに決したらしい。

(26) この「先符」が具体的に何を指すのか、必ずしも判然としないが、『日本紀略』後編、長元元年(一〇二八)六月二十一日条に「前上総介平忠常等事、即遣㆓検非違使右衛門少尉平直方・少志中原成道等㆒、征㆓討之㆒、給㆓官符等於東海・東山道㆒」(大系11二七二頁)とあるものと思われる。この官符のなかに追討したものへの恩賞が記されていたのであろう。

(27) 以下の所引史料の多くは、大森金五郎前掲『武家時代之研究 第一巻』二二〇〜二二一頁にすでに紹介されている。

(28) こうした謙遜は、かかる申状を通覧する限り、定型的な文言と思われる。

(29)「成㆓菩提㆒」と訓じても意味は通じるが、「疾成菩提」の略と解した。

(30) 川尻秋生「古代東国における交通の特質」(『古代交通研究11』八木書店、二〇〇一年)八四頁参照。

(31)『国史大系書目解題 上巻』(吉川弘文館、二〇〇一年)四七九〜四九四頁(橋本義彦執筆)によれば、八〜一一世紀の太政官符・宣旨・官宣旨等の公文書を類別・編集した一種の法令集。官務小槻家編纂説、源経頼編纂説がある。保安二年(一一二一)から三年書写の古写本(宮内庁書陵部蔵)が壬生官務家に伝えられた。

(32) 異体字は常用漢字に改めた。他も同じ。

(33)「本任放還」については、阿部猛『平安貴族の実像』(東京堂、一九九三年)七〇〜七一頁参照。

(34) 大江匡衡は「平安中期の漢学者、歌人。維時の孫。赤染衛門の夫。文章博士。一条・三条天皇に侍読として仕える。」(『日本国語大辞典 第二版』)。『類聚符宣抄』第八では、頼信の申状の直前にこの大江匡衡の申状を掲載している(大系27二一八頁)。

(35) 藤原公則は『尊卑』(二)三一六頁によれば、鎮守府将軍民部卿藤原時長孫。信濃守、河内守、肥後守、駿河守、尾張守、伊勢守を歴任し、頼信の命により、則経を養子とした。「藤原道長の近習の一人。いわゆる家司受領として道長に度々馬を献じている」(『平安時代史事典』)。

(36) 『小右記』長元四年正月六日条(古記録(九)二一一頁)。『小右記』同日条によれば、「従四位上平朝臣理義、従四位下源朝臣頼信、藤原朝臣良資〈已上治〉」とされており、頼信昇叙の建前が、甲斐守としての治世にあったとされていたことが知られる。

(37) 下向井龍彦『日本の歴史07　武士の成長と院政』(講談社、二〇〇一年)一五八頁。

(38) 有名な史料だが、読解が難解なので、送りがなを加えた。石井正敏『国史大系書目解題　下巻』(吉川弘文館、二〇〇一年)二七八～二九八頁に従えば、『日本紀略　後編』は、「外記日記」などを材料としたもので、六国史以後の編年体の史書として価値が高いとされる。

(39) 引用は竹内理三校注『日本思想大系8　古代政治社会思想』(岩波書店、一九七九年)所収本による(同書三二五頁)。成立年代については、同書一八五頁参照。ただし、『将門記』の成立年代について、近年の川尻秋生氏は、「乱直後というより、数十年へた段階ではないか」(川尻秋生編『将門記を読む』吉川弘文館、六五頁)と指摘している。

(40) 竹内理三「将門記」補註(前掲『日本思想大系8　古代政治社会思想』)四七六頁による。

(41) 〔史料N〕の記事の次の記事になる三月二十五日条に「廿五日庚申。将門之頭進ニ於洛都一〈已上将門誅害日記〉」という割注があり、『扶桑略記』の(二月二十九日からの三つの)記事が「将門誅害日記」に依拠したものであることが記されている。川尻秋生氏は、この「将門誅害日記」は外記日記からの引用ではないかと指摘され、同時に、その成立をかなり降った時期(源平争乱前後)としている(川尻秋生編『将門記を読む』吉川弘文館、二〇〇九年、五七～六〇頁)。国司の兼任はにわかに信じがたいが、この記述を積極的に否定する根拠にも欠けるから、今はこの異同については保留したい。

(42) 川尻秋生『戦争の日本史　平将門の乱』(吉川弘文館、二〇〇七年)一六九～一七〇頁。このほか、平公雅(上総掾→従五位上・安房守のち武蔵守)(『尊卑』(四)一一頁)。なお、福田豊彦氏によれば、平公雅は功によりまず「安房守、のち武蔵守」となったとされている(福田豊彦『東国兵乱ともののふたち』吉川弘文館、一九九五年、五八頁)。

(43) 竹内理三「平将門の乱と関東武士」『竹内理三著作集　第五巻』(角川書店、一九九九年) 四五〇頁。初出は一九七八年。
(44) 竹内理三『将門記』(前掲『思想大系8　古代政治社会思想』) 二一八頁頭注による。
(45) 川尻前掲『平将門の乱』二〇五頁。
(46) 川尻前掲『平将門の乱』一七八～一八八頁、川尻氏はまた「十四世紀半ばの南北朝の動乱の際、宮廷の先例として将門の乱についての記事が、数多く貴族の日記に引用されている。」ことも指摘されている (同前掲『将門記を読む』二一～二二頁)。
(47) 高橋典幸「武士にとっての天皇」(『岩波講座　天皇と王権を考える　10』二〇〇二年) 五四～五六頁。高橋典幸氏の記述が〔史料Q〕の解釈になっているので、とくに解釈しなかったが、高橋氏が当該論文では触れていない (むしろ従来はこの点が注目された) Ⓠ4、Ⓠ5、Ⓠ6について補足しておく。朝政は、〈下野国検断が秀郷以来の代々継承された職で、朝政も父政光から譲与を受けただけでとくに幕府から正式の守護職補任状を受けていないが (Ⓠ4)、頼朝からの新恩の職ではない (Ⓠ5)、不審なきように、将門追討の官符以下の証文を提出する (Ⓠ6)〉といっているのである。なお佐藤進一『増訂　鎌倉幕府守護制度の研究』(東京大学出版会、一九七一年) 九二頁参照。
(48) 高橋典幸前掲「武士にとっての天皇」五五～五六頁。
(49) 川尻前掲『平将門の乱』二〇四～二〇五頁。
(50) 北村拓「鎌倉幕府征夷大将軍の補任について」(今江廣道編『中世の史料と制度』続群書類従完成会、二〇〇五年、一四三～一四五頁)。この北村氏の論文「鎌倉幕府征夷大将軍の補任について」は鎌倉「将軍」を考える上できわめて重要な論文である。
(51) 外征・大規模反乱鎮定のための戦時編成の軍隊を構成するとき、将軍、副将軍、軍監、軍曹等から構成することになっていた。「節刀」は出征の将軍に下賜され、その任命の標とした刀 (『日本思想大系3　律令』岩波書店、一九七六年、軍防令第17―18、三二三頁、六二四～六二五頁補註18ａおよび24ａ参照)。
(52) 傍線部は『九条家本玉葉　第八巻』編者による校訂註に従った。以下同じ。
(53) 『玉葉』寿永二年 (一一八三) 八月十一日条 (八二〇七頁)。『百錬抄』寿永二年八月十日条 (大系11一一〇頁) によれば、

この除目について「践祚以前除目、人々傾二申之一」とあって、非難があったことが知られる。同書八月十六日条によっても、義仲は越後守から伊予守へ、行家は備後守から備前守へ遷任されたことが知られる（同頁）。

(54)『補任』㈠五一〇頁。

(55)「直官」は解釈が難しい。北村拓氏は「直官」としてそのまま地の文で記述されている（北村前掲「鎌倉幕府征夷大将軍の補任について」一四五頁）。しかし、「直」の字の古訓に「アタヒ」「アタル」があり（『角川大字源』）、古辞書をみても、例えば草川昇編『五本対照　類聚名義抄和訓集成（一）』（汲古書院、六五頁）では「アタヒ」の訓を挙げている。これを参考にして、義仲追討という頼朝勲功に値する（相応しい）官と筆者は解しておきたい。なお、本稿の趣旨を二〇一二年十二月二十一日に（名古屋）中世史研究会で口頭報告したが、その席上で、この「直官」の解釈について、名著刊行会本の文治二年五月十日条（㊂一九五頁）の「直官」用例について「京官」と校訂註が付けられているとの教示を桃崎有一郎氏からいただいた。可能性が高い誤写とも思われるが、今は九条家本の読みに従い、記して後考に備えることにしたい。

(56)かかる殊勝な態度が建前に過ぎないことは、前述の頼信申状〔史料G〕と同じである。

(57)この情報そのものは『玉葉』によれば兼実は二月二十日の段階で得ていた。

(58)本文は、史籍集覧所収『参考源平盛衰記』を底本とした水原一『新定源平盛衰記』一巻～五巻（新人物往来社、一九八八～一九九一年）により、その巻数とページを示した（第五巻二〇七頁）。『源平盛衰記』の成立については、鎌倉初期から南北朝期まで諸説あるが（同第一巻九～一〇頁参照）、ここでその点には立ち入らない。

(59)兼実は本音では頼朝への従二位の叙位を「過分」とした。これに続く記事で「光雅退出了、余窃案レ之、太為二過分一、只被レ叙二三位一、可レ被レ相二加官一也。然而此儀出来之上、誰人申下不レ可レ被レ許レ之由上哉、勿論事歟」と記しており、三位に叙して官職で補えばよいというのが本心であったことが知られる。この頼朝への従二位叙位の記事を『源平盛衰記』でみると「三条大納言実房卿、件の座に着きて大外記頼業を召して、『源頼朝、前内大臣追捕の賞に従二位に叙せらるるの由、内記に仰すべし』とぞ仰せ給ひける。頼朝本位正下四位なり。勲功の越階常の例なり。」（『源平盛衰記』六巻七〇頁）と記されている。

［補注］　本章原論文発表後、下向井龍彦氏の「王朝国家国衙軍制における国内武士催促について」（『史人』第五号、二〇一三

年）が発表された。平安期の勲功の賞や恩賞、謀叛与同罪等について、総合的・全面的に検討されたものである。是非ご参照願いたい。

第二章　平治の乱における源義朝謀叛の動機形成

一　課　題

平家物語諸本はその冒頭で、平清盛の先蹤となる「たけき者」を異朝と本朝の両者について列挙し、本朝の近き例としては、将門、純友、義親、信頼の四人を例示する。近刊の『延慶本平家物語全注釈』は、最後の信頼は（清盛に）もっとも近い時代の叛臣としてしばしば引かれることを指摘し、「昔悪右衛門督カ三条殿ヲシタリケル様ニ火ヲ懸テ人ヲ皆焼殺サムトスル」という三条殿焼き討ちに関わる記述を例示している。(1) 三条殿焼き討ちは平治の乱の発端となった事件である。この軍事クーデターを実行した反乱軍の実質的武力の中心は源義朝である。平治の乱は政治的背景としては、後白河天皇譲位後の（後白河）院政派と（二条）親政派の対立と保元の乱後の武士台頭等を前提に、人間的には反乱軍の中心とされる信頼と義朝、クーデターの対象となり殺害された信西（藤原通憲）、さらに、反乱鎮圧の中心となった清盛、以上の四人を軸にして記述されてきた。平治の乱については、保元の乱と違って『兵範記』のような古記録史料に乏しく基本的な史料がきわめて少ないため、比較的記述の詳しい『愚管抄』を中心に、軍記物語の『平治物語』を参考にする形で叙述されてきた。こうした史料的制約のもとに、乱の説明は、比較的定型的な枠の中で説明されてきたと判断される。いわゆる通説（旧説）である。

そうしたなかで、一九八〇年代以来この通説を次々に否定し、とくに二〇〇四年以降、数多くの新見解を一般書で公にされてきたのが元木泰雄氏である。現在、旧来の通説（以下旧説と称する）に代わるの通説として大きな影響力を有しているものと推察される。二〇〇二年の河内祥輔氏の『保元の乱・平治の乱』における新説とあわせ、平治の乱の記述は、安易に旧説に依拠できない状況となっている。

本章は筆者の謀叛研究の一環であるが、直接の成稿の契機は、信頼、義朝の謀叛に関して、信頼が「義朝を従属させていた」という元木氏の見解に接し(2)、大きな刺激を受けたことである。この刺激を契機として、こうした論点が生まれた経緯を元木氏の関連諸業績を精読し、関連諸史料を読み直すことで探ってみた。不勉強な筆者にはあらためて教えられることが多かったのだが、同時に、研究史の取り扱い、論証過程、結論に疑問が生じた。そこで、現在の新たな通説の位置を占めている元木氏の諸見解に対する筆者の疑問を、元木氏および同学諸兄にはかることにしたい。

以上の成稿経緯から、本章の課題は、第一は元木説の吟味にあり、第二は義朝の謀叛の動機形成そのものの検討にある。考察の手順としては、第二節で元木説を検証し、第三節で義朝の謀叛の動機形成そのものを分析していくことにしたい。

二　元木泰雄氏の義朝論、とくに保元の乱後の恩賞評価の検証

1　恩賞に対する義朝の不満の否定

元木氏による平治の乱に対する最初の言及は、一九八五年の日本史研究会大会報告「院政期政治史の構造と展開」に遡る。そこでは平治の乱は結局は、四者（信西、清盛、信頼、義朝）の抗争となったと把握されていた（傍点―引用者、以下とくに断らない限り同じ）。

しかし、その三年後に発表された「保元の乱における河内源氏」において、保元の乱の論功行賞において、「清盛以下平氏一門を優遇したのに対し、一族を犠牲にしながら奮戦した義朝を冷遇・抑圧したと考える通説的理解がある」が、「かかる見解は妥当なものとは考えられない」とする新説を提示された。[3]ここで提示された新たな論点は、以後の氏の立論および保元の乱後平治の乱に至る歴史過程の認識においてきわめて重要な位置を占め、高橋昌明氏、[4]本郷和人氏[5]など多くの研究者によって、支持されて現在の通説化している認識であると思われる。[6]よって慎重を期して検討したい。まず、該当する中心的な記述㋐をそのまま引用して示す。

㋐　保元の乱の論功行賞において、とりわけ㋐1重い恩賞を与えられたのが清盛と義朝の二人であった。㋐2清盛は、受領の最上位として将来の公卿昇進をほぼ約束された播磨守を与えられ、㋐3さらに昇殿・叙位などの勧賞は弟・子息にも及んでいる。これに対して㋐4義朝は、ただちに昇殿を聴され、右馬権頭（のち左馬頭）に任じられたほか、続いて㋐5下野守重任、従五位上への昇進等を認められている。こうした措置について、㋐6清盛以下平氏一門を優遇したのに対し、一族を犠牲にしながら奮戦した義朝を冷遇・抑圧したと考える通説的理解がある。

しかし、かかる見解は妥当なものとは考えられない。

㋐では保元の乱後の恩賞に関する事実関係を取り上げ（㋐1～㋐5）これに対する通説（㋐6）と通説への疑問が提起されている。[7]この点こそが、元木氏の（平治の乱や義朝に関する）議論の分岐点であったように思われる。正確な検討のため、㋐に続く記述をそのまま引用（適宜改行）した上で議論したい。

㋑　㋑1恩賞の多寡を考える場合、それ以前の立場・地位を考慮せねばならないのは言うまでもないだろう。父忠盛が内昇殿を聴され正四位上刑部卿にまで栄進し、自身も乱以前に正四位下で大国安芸の国守となっていた㋑2清盛にとって、より大国である播磨守への遷任は穏当な処遇であり、また㋑3共に参戦した一族にも恩賞が与えられるのも当然のことと言える。これに対し、㋑4義朝の官位は元来従五位下下野守にすぎず、それも乱直前に漸く受領の末席を占めた状態であった。

㋒　しかも、㋒1その父為義や弟たちの死も謀叛人として処刑された結果に他ならず、㋒2義朝にとっては不名誉な事態でしかなかったのである。かかる義朝が、㋒3院近臣が数多く任じられてきた重職左馬頭に任じられ、さらに㋒4河内源氏始まって以来の内昇殿を聴許されたことは、㋒5破格の恩賞と言わねばならない。（中略）したがって、㋒6恩賞面の隔差《ママ》を不満として、㋒7義朝が清盛に対する敵愾心を抱いたと考えることは困難である。(8)

㋑では、保元の乱後の恩賞について、恩賞の多寡を評価する場合、乱以前の地位との比較から考えるべきで、清盛恩賞については「穏当な処遇」であり（㋑2）、参戦した一族への恩賞も「当然」（㋑3）とされ、さらに乱前の義朝の相対的地位の低さを指摘されたのである（㋑4）。

この点、筆者は、㋑の〈勲功賞が勲功以前の官爵と相即するという論点〉は、勲功賞については必ずしも成立しない（I部第一章参照）と推考するのであるが、この点は後述するのでここで立ち入らない。

ただちに問題となるのは続く㋒の部分である。ここで、源氏一族の処刑理由が、義朝の名誉を傷つけるもの（＝「謀叛」）であり（㋒1、㋒2）、（それにもかかわらず義朝が）院近臣が多数任じられた重職左馬頭に任官し（㋒3）、内昇殿も許された（㋒4）ことを、「破格の恩賞」（㋒5）と評価し、この評価を前提に、恩賞への不満を理由とした義朝の清盛への敵愾心、ひいては、平治の乱の遠因たることを否定したのである（㋒6、㋒7）。他の記述も含め、一般化して示せば、保元の乱後の義朝に関する、〈義朝冷遇〉〈（義朝の）恩賞への不満〉〈（義朝の）清盛への敵愾心〉を否定したと要約できる。

2　恩賞問題に対する元木氏の見方の特色

㋒の記述（とくに㋒1、㋒2とその前後）についていえば、研究史上かなり独自の解釈であって、当該期の通説（旧説）を形成してきた論者たちといちじるしい違いを示している。

例えば、竹内理三は「源義朝は平氏一門よりもはるかに力闘して、勝利の原因を作った。勝因となったのは清盛ではなく義朝であった。にもかかわらず（中略）父の助命をきかれず、一家壊滅に近い打撃をうけたことによって、深い不満を抱いた」と記述している。(9)

上横手雅敬氏は、「勝利に導びいた殊勲者は義朝である。そのうえ彼は父為義をはじめ、幼い弟たちまで、多くの肉親を切ることを迫られ、一族の大半を失った」と記述している。(10)田中稔は、「源義朝はその戦功にもかかわらず父為義らを斬ることを要求され、また恩賞面でも平清盛に及ばなかった」と記している。(11)橋本義彦は「源氏の棟梁、義朝は保元の乱に大功を立てたにもかかわらず、父為義以下一族の処刑を阻むことができず、大きな痛手を被って平氏の優位をもたらしたので、勢力挽回の機をねらっていた」と記している。(12)

つまり古典学説は父為義以下一族の処刑について、（その命に容易に従いがたい）義朝の立場に即した理解をおこなっている。父子不仲を前提としてもなお、父兄弟を斬ることへは抗いがたい葛藤があるという理解にもとづくものであろう。(13)

しかし、この処刑問題に関する元木氏の理解は、貴族社会の常識からみる〈外在的〉ないしは〈客観的〉なものであり、父兄弟を斬る葛藤よりも父らが謀叛人として処刑された義朝の「不名誉」という社会的評価が前面に出ている。この〈客観性〉は、「義朝には為義一族を葬り去ることで、長年にわたる河内源氏の内紛を克服し、嫡流の地位を確立するという大きな利点も存した」と評する記述によくあらわれている。(14)人間存在の不条理さよりも、〈嫡流を確立する〉という目的合理的で客観的な見方が特色と考えられる。こうした外在的記述態度は、元木氏による義朝への恩賞問題理解の全体に及んでいて、別言すれば、貴族社会の当為の視点から義朝恩賞問題をみているとも言いうる。乱後恩賞問題に関する元木氏の視点は、現在にいたるまで一貫していて、それは次の㋓のような近年の記述にもよくあらわれている。

㋓　義朝は㋓1当初右馬権頭の兼任と河内源氏初の㋓2内昇殿を許された。従五位下下野守という受領の末席に近い地位にあった彼には、㋓3これでも十分な恩賞であるが、不服を申立てるとただちに左馬頭の兼任に変更されている。[15]

㋓の記述によくあらわれているように、元木氏は「右馬権頭」（㋓1）「内昇殿」（㋓2）という恩賞を「これだけでも十分な恩賞」（㋓3）と〈貴族社会の当為の高み〉から客観的に評しているのである。さらにわかりやすく言いかえれば〈義朝の恩賞は（先例・経歴・常識等々にそくして）十分に考慮の上、優遇（決定）したのだから、義朝が不満を持つことなどありえない〉と言うわけである。

たしかに、天仁元年（一一〇八）源義親追討後の一族内紛を経て河内源氏を継いだ為義は、十四歳で左衛門少尉ついで検非違使となったものの、鳥羽院の勅勘さらに解任にもあい、無官の期間が長く、また位階も長い間六位のままで、父祖同様の陸奥守を望んでも許されぬ沈淪ぶりであった。[16]義朝も若いときのキャリアも不詳で、おそらく無位無冠の「御曹司」として関東で活動した後上洛し、鳥羽院の人脈で左馬允、兵衛尉をへて、仁平三年（一一五三）三十一歳で従五位下下野守となった。[17]翌々年には右馬助の官職も得て父祖の官職にようやく近づきつつあった状況であった。

一方平氏といえば、正盛が源義親討伐の勲功賞として因幡守から但馬守に遷任して中央政界に登場して以後、丹後守、備前守、讃岐守を歴任し、位階も累進して従四位下にいたり、その子忠盛も為義と同様の官職でキャリアをはじめながら、内昇殿を得て官爵とも累進し播磨守・備前守・伊予守・刑部卿らを歴任して位も正四位上、一族とも官爵の栄に浴していた。(18)清盛はやや特殊だが、十二歳で従五位下左兵衛佐でキャリアをはじめ、二年後には従五位上に上階している。こうした約半世紀の歴史だけに注目すれば、上記㋑㋒㋓の評価ももっともなごとくにも思われよう。

3　右馬権頭および左馬頭について

さて、義朝が恩賞として与えられた右馬権頭（のち不満により左馬頭へ転任）とは、どのような官職であったのかを確認しておきたい。

森田悌氏・佐藤健太郎氏による馬寮に関する研究によって、馬寮官人の概略を示しておく。

馬寮官人の四等官の内、頭のみが従五位上相当の通貴＝貴族的官職で、助以下は六位以下だったが、平安初以来の治安維持官としての重要性が官位相当の上昇をもたらし、頭、助は原則として五位以上の貴族的官人が登用された。(19)ただ貴族的官人と言っても、しばしば武略に長じた者や天皇の側近者が宛てられ、(20)時代が降っても馬寮頭には武略があって然るべきという考えが存在していたため、(21)源平両氏を典型とする中流武門貴族が一般の貴族出（身）者を抑えて、頭・助への任用が著しくなった。そして「清和源氏の嫡流は殆んど例外なく代々馬寮の頭・助に補任されている」と指摘されている。(22)

近年の木下聡氏の研究でも、「経基王・源満仲父子が左馬頭になり、以降はそれを由緒とした」ことが指摘され、木下氏は『尊卑分脈』によって、清和源氏の左馬頭・助任官の一覧表を提示されている。(23)義朝は久寿二年（一一五五）に右馬助を兼任していたので、(24)その意味においても、官職のみ取り上げれば、「右馬権頭」任官はきわめて順当な処遇だったものと思われる。

　森田悌氏・木下聡氏の研究を参照しつつ、馬寮で、「助」「允」を経験して「（権）頭」に任官した清和源氏の先例をみると、満仲（左馬助→左馬権頭）、義家（左馬允→左馬権頭）、が挙げられる。（左右馬）（権）頭でいえば、経基王、頼光、頼国、頼信、義政、景泰らが該当する。義朝の「右馬権頭」への任命についていえば、元木氏がいわれるように㋒3「院近臣が数多く任じられてきた重職」という点を強調するよりも、清和源氏の先途を考慮したものと考えた方が適切ではないだろうか。

　以上の左馬頭等に関する研究とその内容理解を前提にすると、㋒4の「内昇殿」の評価についてもただちに支持することは躊躇される。(25)㋒5の「破格の恩賞」という評価についていえば、馬寮「（権）頭」への任命が清和源氏で上記の九人に及んでいることを前提において、義朝が「馬助」に任官していた官歴、さらに、義朝の保元の乱での戦功第一を考えあわせると、官職面に限定してみれば、「順当」な論功行賞であったと評価するのが、さしあたり妥当なものと思われる。

『本朝世紀』を撰し(26)歴史・故実に通暁した藤原通憲（信西）が、保元の乱後の恩賞決定に関与していたと仮定すると、義朝の恩賞が「右馬権頭」という、故実に即した恩賞だったのは理解しやすいことである。

　しかし、この故実に即した恩賞を義朝がどう受け取ったかという問題はまた別問題である。その点を考えるためには、義朝がいかなる恩賞を期待できたのかという先例を踏まえる必要がある。「破格の恩賞」と称しうる勲功賞の歴史的文脈（「先例」）に関する一章の考察を前提にしつつ、節をあらため保元の乱後の義朝勲功賞の評価について吟味したい。

4　勲功賞の歴史からみた義朝への勲功賞の評価

第一章では、十世紀の将門の乱に対する勲功賞以後の代表的な勲功賞について考察しその特徴を指摘した。第一章で指摘した五点の勲功賞の歴史的特徴にそくして、保元の乱後の義朝への勲功賞について検討してみたい。

第一に、〈㈠　勲功賞の決定過程では、あらかじめ勲功者の意向を聞きそれに添う形で実施されている〉という特徴についていうと、保元の乱後の勲功決定過程においては義朝の意向を聞く手続きは（残された史料では）確認できない。

第二に、〈㈡　勲功賞は、官位・官職両面にわたる例が多い〉という特徴からみると、義朝は、保元の乱後ただちにに官位の上昇を期待したと思われるが、軍事的大功にもかかわらず、翌年一月まで従五位下のままで迅速な位階の昇進はなかった。この点で、義朝は不満を抱いた可能性がある。

第三に、〈㈢　勲功賞は主たる対象者には迅速に、一族や子孫郎従への恩賞は（当為としては勲功内容の調査の上で）実施されている例が多い〉という特徴からいうと、義朝は子息郎等等に及ぶ恩賞を期待したと思われるが、義朝の子息郎等らに対する特別の恩賞はなかった。すくなくとも史料上は確認できない。ゆえに、この点で義朝は不満を抱いた可能性が高い。

第四に、〈㈣　勲功賞については「越階」の例が頻繁に見られる〉という特徴からいうと、第二の当然の結果として「越階」などはありえなかった。

第五に、〈㈤　中世社会では、秀郷勲功賞が勲功賞の基準となり、南北朝期まで長く記憶された〉という特徴についてみると、秀郷位階の五〜八階級特進という先例は、義朝も授与する朝廷も当然のこととして認識していた。

以上である。前節で、保元の乱後の義朝への勲功賞である「左馬頭」（当初「右馬権頭」で不満により転任）という恩賞について、清和源氏の先途や義朝の官歴という観点からいえば、「順当」なものだったと指摘した。だが、以上のように、勲功賞の歴史的文脈において総合的に考えた場合、義朝に対する恩賞は〈薄かった〉と結論せざるをえない。

そして、実際、義朝は、この恩賞の決定に不満をもったのである。この点に関する限り、元木氏自身も指摘されているところであるから、(27)〈異論のない事実〉といってさしつかえない。元木氏はまず、この義朝が抱いた不満を直視するべきであったように思われる。それゆえ、問題を正確にとらえ直せば、「右馬権頭」という当初の評価に不満をもった義朝が、「左馬頭」への転任によって、その不満の矛先をおさめたか、という命題として考えなければならなかったのだが、このように問題をとらえ直しても、上述五点の判断基準からみるかぎり、筆者は元木説に同意することはできず、「深い不満をいだいた」という竹内理三、田中稔、石井進説が正しいと結論せざるをえない。

それゆえ、我々は保元の乱後の義朝に関する勲功賞評価については、竹内理三らの旧説へ戻らなければならない。

勲功賞は、義朝に限定されず与える側と受けとる側で認識の違いを生じ、紛争あるいは謀叛の原因となるきわめて厄介な――当の被授与者側にとっては死活的意味をもつ――重要問題である。第一章で記したように、源頼義が自らの勲功賞にとどまらず、戦闘に参加した郎等らへの勲功賞獲得のため、伊予国の済物を私物で補う犠牲をはらっても京都にとどまり、二年をかけ粘り強く要求を続けた姿勢と、これを支えたであろう勲功に対する自己評価の高さを想起すべきであって、この点は、義朝も同様であったと推考されるのである。

節をあらため、保元の乱後の義朝の抱いた不満が、平治の乱の蜂起へ向かった動機形成について検討をおこなってみたい。

三　義朝謀叛の動機形成

1　〈家〉相互の比較という視点

義朝が武力蜂起にいたる動機形成の端緒に、保元の乱後の勲功賞への不満が（旧説の記すとおり）確かにあったというのが前節の結論である。しかし、これを前提にしても、それが蜂起決断という具体的な動機を形作るには、さらにいくつかの諸要素の累積が必要だったように思われる。旧説のなかでこの点について、もっとも諸要素をバランスよく記している竹内理三の関連記述を引用しつつ検討することにしたい。

㋔　㋔1保元の乱の実戦で、源義朝は平氏一門よりもはるかに力闘して、勝利の原因をつくった。㋔2勝因となったのは清盛ではなく義朝であった。にもかかわらず㋔3乱後の恩賞に、平清盛は播磨守、弟頼盛・教盛らにいたるまで恩賞をうけたに反して、㋔4源氏は義朝一人わずかに右馬権頭、㋔5しかも父の助命をきかれず、㋔6一家壊滅に近い打撃をうけたことによって、㋔7深い不満をいだいた。

㋕　そのうえ、㋕1内裏造営に当たって平家一門は貞観殿・仁寿殿・淑景舎・宮城諸門を造進して世人の目をひいたのに対し、㋕2義朝はわずか北門を造進するにすぎなかったわびしさ。

㋖　㋖1義朝は信西の権勢をみてこれと結んで地位の挽回をはかろうとし、㋖2信西の子是憲を聟に迎えようとして㋖3拒まれたばかりか、㋖4かえって信西は子重憲を清盛の聟にした。雇兵隊長もいやでも自己自身のおかれた地位を自覚せざるをえなかった。㋖5たまたま信西のために希望の官途につくことを拒まれた院の近臣藤原信頼にさそわれてこれに応じたのは当然であろう[28]

以上竹内の記述を三つに分けて引用したのは、以下、この㋔㋕㋖の三点をめぐる問題を吟味したいからである。㋔㋕㋖をより一般化していいかえれば次のとおりである。

Ⓐ　第一。義朝、清盛、信頼、信西の問題は、〈家〉を単位として考えるべきであるという問題。

Ⓑ　第二。内裏造営にあたっての義朝、清盛一家への国宛てとその勧賞の比較の問題。

Ⓒ　第三。義朝、清盛と信西一家の婚姻に関わる問題。

Ⓐの問題は前節からの継起的問題である。二節では、竹内の記述㋔のうち、㋔4、㋔7について、勲功賞の歴史から支持できることを確認したのだが、本章ではその他の問題を考えてみたい。

まず、㋕＝Ⓑの問題について簡単に触れておきたい。

この時の内裏造営について、元木氏は、「源平の格差」という見出しで、伊勢平氏一門と義朝との比較をしている。伊勢平氏一門が、頼盛（貞観殿　→従四位下）、教盛（陰明門　→正五位下）、経盛（淑景舎　→従五位上）と、それぞれの殿舎国宛を担当し、その功で（矢印下の位階へと）昇叙したのに対し、河内源氏に目を転ずると、「当主たる義朝の位階は正五位下、これは清盛の嫡男重盛と同等に過ぎないのである。この時に下野守義朝が担当したのは、主要な殿舎ではなく、北廊、すなわち内裏北側の廊下でしかなかった」(29)と記述され、両者の格差を強調されている。

元木氏の指摘される事実に誤りはないのだが、この割り当ては、亡弊国ゆえにかかる国宛を割り当てないとされた道長時代以来の伝統をうけて(30)、他の坂東諸国や遠国などとともに、（諸門・）廊などの付属施設が義朝に割り当てられたにすぎないから、これを義朝の経済力の問題としてのみとらえるのは、必ずしも正しくはない(31)。

次に、保元の乱の大局的な勝敗に関していえば、清盛の帰趨を重視する立場から、竹内の㋔2評価に異論の余地はあるものの(32)、戦闘勝敗への寄与についていえば、㋔1、㋔2の評価に異論はないであろう。よって以下では、㋔3〜

㋔6の問題を検討する。

㋔3〜㋔6では、義朝一家が義朝一人右馬権頭の恩賞で、父兄弟の助命かなわず、一家壊滅に近い状態であったのに対し、清盛一家は弟らも勲功賞を受けた、両家の比較が記されている。竹内が〈家〉の比較に意を用いたのは、「あの時代には家というものはあっても個人というものがない」という基本認識によるものであろう[33]。

しかし、こうした〈義朝一家と清盛一家の比較〉という視点自体への批判を含め、この点においてもさまざまな旧説批判を展開されてきたのが元木氏である。

元木氏によれば、こうした義朝と清盛の比較そのものが鎌倉時代以降に作成された『愚管抄』や『平治物語』によって作られた「源平対等史観」の所産であると主張されている[34]。筆者の知る限り、元木氏が『愚管抄』の史料論を独自に展開されているわけではなく、また、従来の研究史をどこまで踏まえて「源平対等史観」による記述であると主張されているのかにわかに判断しかねるのだが、元木氏の主張は、竹内の記述で言えば、㋔㋖に、論点としてはⒶⒸに密接にかかわるから、『愚管抄』が源平対等史観にもとづいて書かれているという主張についても多少吟味しておこう。というのは、旧説記述のかなりの部分が、『愚管抄』に典拠があると想定されるからである[35]。

2　『愚管抄』と「源平対等史観」について

まず、議論の対象となる『愚管抄』の関連部分を掲げておく。

〔史料X〕『愚管抄』巻五（旧大系二二六頁）

（前略）この信西を信頼そねむ心いできて[36]、Ⓧ1義朝・清盛、源氏・平氏にて候けるを、Ⓧ2各この乱の後に世をとらんと思へりける、Ⓧ3義朝と一つ心になりて、はたと謀反をおこして、Ⓧ4それも義朝、信西そこに意趣こぼりに

けるなり。〔以下、3節〔史料Y〕の引用に続く〕

この部分は、信頼が信西の子供が多く皆が優秀なので、〈信西をうらやみねたむ〉心が起こった、という巻五の文脈に続く文である。Ⓧ1以下を直訳すれば以下の㋗のように解される。

㋗〈㋗1義朝と清盛は、源氏と平氏であったが〉、〈㋗2保元の乱後に、それぞれ覇をとなえようとしたのだろうか〉[37]、㋗3〈信頼が〉〈義朝と同心して急に謀叛を起こした〉。〈㋗4この謀叛も、義朝が、信西に深く恨みを抱いていたからであった〉。

元木氏はこの一節に関して独特の解釈を提示されている。元木氏は〔史料X〕を引用して次のように記している。

㋘「……（Ⓧ1とⓍ2を引用）……」といった文言がある。㋘1慈円が当時の源平を対等とみていたことは明らかといえよう。対等の源平両氏から、㋘2信西は平清盛を選んだ。それゆえに㋘3義朝は憤激したということになる。[38]

Ⓧ1点線部からなにゆえ㋘1の〈源平対等〉という慈円の見方が導かれるのか筆者には全く理解できない。ここでは、㋗1、㋗2のように言っているだけであり、言葉を補って分かりやすく解釈すれば、「義朝・清盛は、源氏・平氏の中心人物で、乱後の政治の中で互いに力を競っていた」[39]ととるのが自然な解釈だろう。「対等」云々はいったい、Ⓧ1とⓍ2のどこから導かれる解釈なのかより明快な説明が必要と思われる。政治的・経済的に大きな格差があっても、保元の乱で二〇〇騎と三〇〇騎[40]という最大の兵力動員実績をもった両者が、乱後争うことは十分ありえることなのであり、それを可能性として認めることが史料の読解にとっては重要なのではないだろうか。

元木氏による『愚管抄』の立場の偏りに関する言明は次の㋙に引用した二〇〇四年にさかのぼる。

㋙ ㋙1義朝は『愚管抄』の源平対等史観によって誤解され、過大評価されたと考えられる。㋙2義朝が信西を攻撃したのは、信頼との関係によるものであり、㋙3『愚管抄』が義朝の存在や立場を大きく評価したのは、鎌倉幕府成立後の鎌倉将軍家の姿を義朝に遡及させたためである[41]。

元木氏のこれら㋘、㋙の議論はいくえもの問題を抱えている。

第一に、㋘1、㋙1、㋙2、㋙3はすべて推測にもとづく記述であるという点に注意しなければならない。

第二に、㋙1の言明が、『愚管抄』の史料学的な検討にもとづいて導かれた仮説ではなく、この〈史料X〉前後の記述から語られたところの、いわば、トートロジー（同語反覆）となっている点である。もし『愚管抄』が「源平対等史観」で書かれているると主張されるのであれば、『愚管抄』の研究史を踏まえた独自の『愚管抄』の史料学的な分析を踏まえるべきである。

第三に、「源平対等史観」という概念そのものが、歴史学の分野で一般的ではないように思われる点である[42]。

一方、この「源平対等史観」と近いと思われる概念として、「武家発達史観」があって、これは比較的古くから使用されている概念と思われる。しかし、『愚管抄』の研究史は「武家発達史観」という読み方に否定的である。大隅和雄氏が、「慈円が叙述した同時代史を武家発達史的な観点で読もうとするような性急な読者がいるとすれば、その人は『愚管抄』の内容に幻滅を感じて、慈円の公家的な立場の限界を説くことになるであろう[43]」と指摘されている。元木氏はこの概念を学問上の概念として今後も用いられるのであれば、明確な概念規定を行って使用されるべきであろう。

第四に、『愚管抄』が書き上げられたのが、承久の乱が勃発する直前の承久二年（一二二〇）十月頃と考えられている点である[44]。その前年正月二十七日に源氏三代将軍実朝が暗殺され、七月十九日に三寅（九条頼経）が鎌倉に入っており、『愚管抄』の完成時期は、将軍の不在を好機とみて、後鳥羽院による討幕運動が急速に高まっていった時期であった。慈円の目の前で、源氏の将軍はもろくも瓦解していたのである。この点から考えるならば、〈強固な源氏将軍〉というイメージを慈円が持ちえたか、あるいはそれを遡及して歴史を考ええたか当然疑問のあるところである。
以上、簡単ではあるが㋘㋙の議論の問題点を指摘した。『愚管抄』の義朝記述が、「源平対等史観」で書かれているというのは、元木氏の臆見にもとづく独自解釈であろうとおもわれる。[45] よって、我々は『愚管抄』の文脈が意味するものを慎重に読み取っていかなければならない。

3　義朝の信西一家への婚姻申し入れをめぐる問題

〔史料X〕に続いて、『愚管抄』が語るのは、義朝と信西一家との婚姻問題である。関係部分を引用し、大意をとっておきたい。[46]

〔史料Y〕『愚管抄』巻五（旧大系二二七頁）

Ⓨ1信西は時にとりてさうなき者なれば、Ⓨ2義朝、清盛とてならびたるに、[47] Ⓨ3信西が子に是憲とて、Ⓨ4（中略）[48] Ⓨ5男にてさかりの折ふしにしありしを、Ⓨ6さゝへて、「むこにとらん」と義朝が云けるを、Ⓨ7「我子は学生なり、汝がむこにあたはず」と云、Ⓨ8あらきやうなる返事をしてきかざりける程に、Ⓨ9やがて程なく当時の妻のきの二位が腹なるしげのりを清盛がむこになしてける也。Ⓨ10こゝにはいかでかその意趣こもらざらん。

〔大意〕　信西は当時権勢並ぶものもない人で（Ⓨ1）、（武者としては）義朝・清盛の二人が並んでいたが（Ⓨ2）、信西の子で是憲が当時はまだ男盛りであった（Ⓨ3、Ⓨ5）。[49] その是憲をつかまえて「聟にしたい」と義朝がいったのを、（信西が）「わが子は学問の道を修めている。そなたの婿にはふさわしくない」（Ⓨ7）といって、乱暴な返事をして聞き入れなかった頃（Ⓨ8）、（信西はそれから）すぐ時をおかずに、当時の妻であった紀二位との間の子成範を清盛の婿になしてしまったという（Ⓨ9）。この経緯ではなんといっても義朝の恨みがこもってしまおう（Ⓨ10）。

さて、ここで記されている是憲についてだが、信西には子が多く、『尊卑分脈』に記されただけでも二十人、その内、男子は十五人を数えている。(50)十五人の男子の内、五番目の脩憲が平治の乱時点に数えで十七歳であり、六番目の静賢は保元三年（一一五八）に法勝寺執行となっているので、(51)七番目以下の子供達は、いまだ十代前半以下である。その中でも比較的年上の子等は入寺していた可能性もあろう。

とすると、義朝の娘婿の可能性としてあげられるのは、それよりも年長の子供たちである。その五人の内では、年長の三人が高階重仲の女との間の子で、年少の二人が紀伊二位との子となる。そして長子の俊憲と次子の貞憲は、保元二、三年末には各々三事兼帯の要職にあり、保元四年（一一五九）に俊憲は参議に任じられ、貞憲は従四位下に叙され、右中弁に転じていた。(52)

以上の状況を考え、かつ義朝が是憲に申し入れをしたという『愚管抄』の記事が認められるとすれば、義朝の〈目のつけどころはそれなりにいい〉のである。義朝は、一家の劣勢を挽回するために、婿の候補としてはもっとも可能性のある子＝是憲に婿取りを申し込んだと考えられる。是憲（本名高尹）は、保元三年末には従五位下少納言信濃守で、年の頃は三十歳前後、対象となりうると想定される五人の信西子息の中ではもっとも官位・官職が低く、義朝一家に合う可能性が高かった。

信西が「我子は学生なり、汝がむこにあたはず」（Ⓨ7）というのは、それはそれで理由がある答えといえようが、問題は清盛の娘婿とした成憲である。

成憲は実務官僚としてのキャリアをもつ兄たちと違い、近衛コース（将）をたどって昇進しており、儒者の家系かつ卑官で入道した人物の子息としては異例とも言える昇進をしていた。紀伊二位の長子いわば嫡妻子といえ、信西一家の次代の軸となるべき人物であった。

要するにこうである。義朝は、実務コースをたどって相対的に昇進も遅く、信西の子の中ではもっとも可能性のある是憲に婿取りの申し入れをしたのだが、すげなく断られ、一方、清盛には、信西一家の嫡妻子で正四位下・左中将・播磨守（保元四年一月時点）である成範を婿としたのである。

これをさらに換言すれば、義朝にとっては矜持を傷つけられた直後に、信西一家嫡子と清盛一家との、次代における強い結びつきに直面したということになる。『愚管抄』は、この遺恨を深めた事態を「かやうのふかく《不覚》をいみじき者もし出すなり。さらに〳〵ちから及ばぬ事なり」（このような不注意を立派な者もしでかすのだ。まったくもって人知の及ぶところでない）（旧大系本二二七頁）と、信西の極めたる才智を前提に、こうした遺恨が平治の乱に結びついていく経緯を不可知的な問題と理解している。(53)

4　〈家〉相互の比較に関する総合的検討

さて、以上、『愚管抄』の記述をもとに、平治の乱における義朝蜂起の動機形成について考えてきたが、最後に『愚管抄』を離れ、義朝の〈家〉と清盛の〈家〉の比較という観点に戻り、課題へと迫ってみたい。

両家の比較をする場合、本来は、両氏の権力基盤の重要な部分をなす、主従制の質や量といった権力編成の実体面に注目する必要があるのだが、今はその準備がない。そこでここでは、貴族社会で獲得しえた外的な徴証である官位、官職、知行国あるいは受領という面から考えてみたい。

比較検討する手がかりとして、平家一門と義朝が保元の乱直前から平治の乱直前までに獲得した、位階・官職・国（知行国、受領）について整理し、表1から表8を作成した。(54) 次に、数量的な比較によりアウトラインを把握する目的で、位階、官職、国をすべて官位相当に換算して指標化してみた。たんなる指標であるから、その数値自体にこだわ

表1　清盛の位階・官職・国の獲得状況および指標

年号	西暦	位階		官職		国		計
保元1	1156.1	正4位下	7			安芸守	1	8
	1156.7	正4位下	7			播磨守	2	9
保元2	1157.1	正4位下	7			播磨守	2	9
	1157.7	正4位下	7			播磨守	2	9
保元3	1158.1	正4位下	7			播磨守	2	9
	1158.7	正4位下	7	太宰大弐	4	播磨守	2	13
保元4	1159.1	正4位下	7	太宰大弐	4	播磨守	2	13
平治1	1159.7	正4位下	7	太宰大弐	4	播磨守	2	13

表2　経盛の位階・官職・国の獲得状況および指標

年号	西暦	位階		官職		国		計
保元1	1156.1	従5位下	1					1
	1156.7	従5位下	1					1
保元2	1157.1	従5位下	1			知・常陸介	1	2
	1157.7	従5位下	1			知・常陸介	1	2
保元3	1158.1	従5位上	2			知・常陸介	1	3
	1158.7	従5位上	2			知・常陸介	1	3
保元4	1159.1	従5位上	2			知・常陸介	1	3
平治1	1159.7	従5位上	2			知・常陸介	1	3

表3　教盛の位階・官職・国の獲得状況および指標

年号	西暦	位階		官職		国		計
保元1	1156.1	従5位上	2			知・淡路守	1	3
	1156.7	従5位上	2			知・淡路守	1	3
保元2	1157.1	従5位上	2			知・淡路守	1	3
	1157.7	従5位上	2			知・淡路守	1	3
保元3	1158.1	正5位下	3			知・淡路守	1	4
	1158.7	正5位下	3	左馬権頭	2	知・淡路守	1	6
保元4	1159.1	従4位下	5	左馬権頭	2	大和守	2	9
平治1	1159.7	従4位下	5	左馬権頭	2	大和守	2	9

表4　頼盛の位階・官職・国の獲得状況および指標

年号	西暦	位階		官職		国		計
保元1	1156.1	正5位下	3			知・常陸介	1	4
	1156.7	正5位下	3			知・常陸介	1	4
保元2	1157.1	正5位下	3	右兵衛佐	0	安芸守	1	4
	1157.7	正5位下	3	右兵衛佐	0	安芸守	1	4
保元3	1158.1	従4位下	5	中務権大輔	4	安芸守	1	10
	1158.7	従4位下	5	中務権大輔	4	安芸守	1	10
保元4	1159.1	従4位上	6	中務権大輔	4	三河守	1	11
平治1	1159.7	従4位上	6	中務権大輔	4	三河守	1	11

るつもりはまったくない。

表1から表8をみると清盛の〈家〉については、清盛の弟、子を含めた、一家としての大幅な進出がみてとれる。

一方、義朝に関していえば、その兄弟の多くは保元の乱で死亡し、また義朝の子に対する勲功は与えられなかった。ゆえに、義朝はこれに合算するべきメンバーが、この時点では認められない。

次の作業として、清盛の〈家〉については、表1から表7までのすべての指標を合算し、義朝の指標と時系列に比べた表9を作成し、これにもとづいて、グラフ1を作成した。

表9およびグラフ1によれば、ただちに以下の点が読み取れよう。

表9およびグラフ1から確認される最大の特徴は、保元の乱以前の段階において、義朝の〈家〉と清盛の〈家〉と

表5　重盛の位階・官職・国の獲得状況および指標

年号	西暦	位階		官職		国		計
保元1	1156.1	従5位下	1	中務小輔	2			3
	1156.7	従5位下	1	中務小輔	2			3
保元2	1157.1	従5位上	2	中務小輔	2			4
	1157.7	従5位上	2	中務小輔	2			4
保元3	1158.1	正5位下	3	左衛門佐	1			4
	1158.7	正5位下	3	左衛門佐	1			4
保元4	1159.1	正5位下	3	左衛門佐	1	遠江守	1	5
平治1	1159.7	正5位下	3	左衛門佐	1	遠江守	1	5

表6　基盛の位階・官職・国の獲得状況および指標

年号	西暦	位階		官職		国		計
保元1	1156.7	従5位下	1					1
保元2	1157.1	従5位下	1					1
	1157.7	従5位下	1					1
保元3	1158.1	従5位下	1					1
	1158.7	従5位下	1					1
保元4	1159.1	従5位下	1			知・淡路守	1	2
平治1	1159.7	従5位下	1					1

表7　宗盛の位階・官職・国の獲得状況および指標

年号	西暦	位階		官職		国		計
保元3	1158.1	従5位下	1					1
	1158.7	従5位下	1					1
保元4	1159.1	従5位下	1					1
平治1	1159.7	従5位下	1			知・淡路守	1	2

表8　義朝の官爵・受領・国の獲得状況および指標

年号	西暦	位階		官職		国		計
保元1	1156.1	従5位下	1			下野守	1	2
	1156.7	従5位下	1	左馬頭	2	下野守	1	4
保元2	1157.1	従5位上	2	左馬頭	2	下野守	1	5
	1157.7	従5位上	2	左馬頭	2	下野守	1	5
保元3	1158.1	正5位下	3	左馬頭	2	下野守	1	6
	1158.7	正5位下	3	左馬頭	2	下野守	1	6
保元4	1159.1	正5位下	3	左馬頭	2	下野守	1	6
平治1	1159.7	正5位下	3	左馬頭	2	下野守	1	6

表9　清盛一家と義朝一家の官・爵・国獲得指標の推移

	保元1.1	保元1.7	保元2.1	保元2.7	保元3.1	保元3.7	保元4.1	平治1.7
清盛の〈家〉	19	21	21	23	32	38	44	44
義朝(一家)	2	4	5	5	6	6	6	6

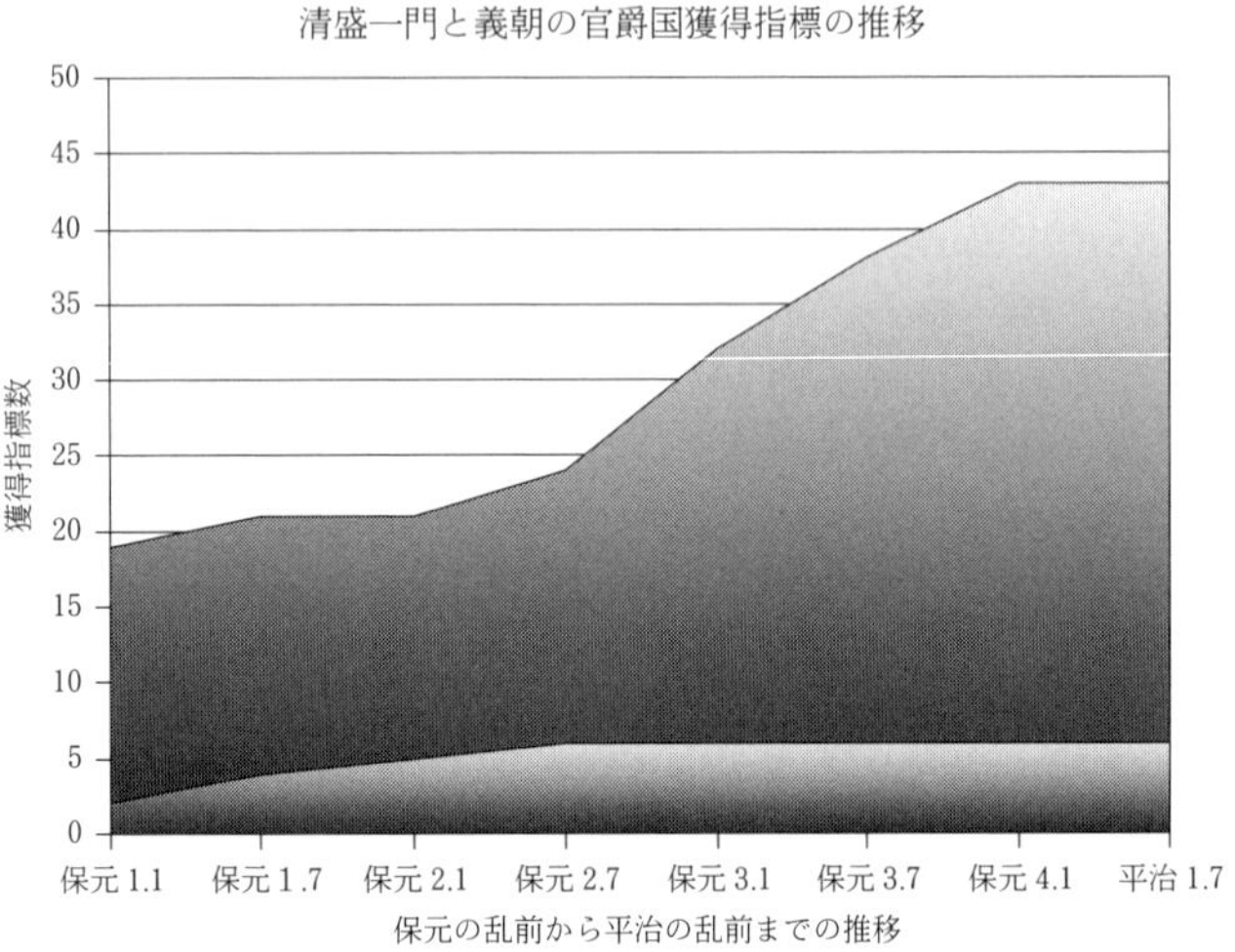

の間には確かに大きな差があったのだが、しかしその差は、義朝の保元の乱での勲功第一にもかかわらず、保元の乱後に広がる一方であった、ということである。この点は単純な観察だが、基本的観点と思われるので強調しておきたいのである。

結び

論じ残した点は多いが、本論で述べた点をまとめてむすびとしたい。

第一に、保元の乱後の義朝勲功賞の評価について、前後の歴史的文脈において総合的に検証した結果、義朝に対する恩賞は〈薄かった〉と評価すべきである。

第二に、『愚管抄』の義朝記述が、「源平対等史観」で書かれているという主張は根拠がない。義朝の謀叛を考えるにあたっては、義朝、清盛を個人としてではなく〈家〉相互の問題として考えるべきであり、『愚管抄』の記述を十分に尊重しなければならない。

第三に、義朝・清盛一家と信西一家の婚姻についていえば、義朝は劣勢挽回のためもっとも受諾可能性のある是憲に婚姻を申し入れたが拒絶されその矜持を傷つけられた直後に、信西一家の嫡子である成憲と清盛一家との婚姻という事態に直面したと推考され、これが、信西および清盛に対する義朝の敵愾心を大いに強める結果になったものと推定される。

第四に、義朝一家と清盛一家の差は、保元の乱前から歴然とあったが、義朝の保元の乱での勲功第一にもかかわらず、保元の乱後にその差は広がる一方であり、通常の手段において清盛一家に対する状況を挽回することはできないという展望を抱いていたと推定される。

以上の義朝と同様、信西一家の進出に対して不満あるいは不安を抱いているという共通の基礎的条件を有し、またおそらくは二条親政による理想の政治実現という大義（共同の正当性）を掲げた謀叛参加貴族集団の誘い（共同謀議）に応じて、義朝は――他の二条天皇派の源光保・源頼政らの清和源氏および信西に不平をもつ源季実らの文徳源氏[55]らとともに――三条殿焼き討ちに参加したものと推定される[56]。

注

（1）延慶本注釈の会編『延慶本平家物語全注釈　第一本』（汲古書院、二〇〇五年）六四頁。
（2）元木泰雄『平清盛と後白河院』（角川選書、二〇一二年）五四頁。
（3）元木泰雄「保元の乱における河内源氏」（『大手前女子大学論集　二二』一九八八年）。
（4）高橋昌明『平清盛　福原の夢』（講談社選書メチエ、二〇〇七年）二二頁。
（5）本郷和人『なぞとき清盛』（文春新書、二〇一二年）一八四頁。
（6）例えば高橋昌明氏は、「恩賞が清盛に厚く、義朝にうすかったという昔からの意見がある。義朝は左馬頭に任ぜられたが、薄いという評価は彼の乱以前の地位からすれば見当違いである」（高橋昌明前掲書二二頁）としている。本郷和人氏も「乱の後に義朝は左馬頭に任じられます。かつては、これはたいした褒賞ではない、といわれてきました。三カ国を獲得した平家一門（清盛が播磨、弟の経盛が安芸、頼盛が常陸）を羨んだ義朝は、清盛の打倒を目的として平治の乱を起こした、と。現在ではこの考えは却けられています」（本郷前掲書一四八頁）と記している。以上の指摘などは元木説によったものと思われる。

（7）㋐6「通説的理解」の典拠としてあげられた（注73）の文献について、参照ページが示されていないため、典拠となる記述内容の検索で大いに難渋した。挙げられた飯田悠紀子氏と五味文彦氏の著書を何度読み返しても、㋐6に関わる記述がきわめて希薄で、典拠とされた理由が分からなかったからである。一九七九年に刊行された飯田悠紀子氏の『保元・平治の乱』は、新書ではあっても、極力出典明記に努力した跡がうかがえ、多くの史料を引用しつつ論じられた要をえた新書で、一九八八年に刊行された五味文彦『鎌倉と京』も信頼されたシリーズによる当時最新の通史記述であった。その意味で言うかぎり両書を「通説」典拠に挙げたこと自体に問題はない。だが、元木氏は本文㋐6傍点部が意味する「通説」の典拠として両書を挙げているのであって、この点で、指示された飯田氏の著作一五二～一五三頁には、傍線部に関わる記述は、「摂関家の爪牙たる源氏が抑圧され」（一五二頁）、と「義朝が保元の乱で父や弟たちをすべて失ったのにくらべ、清盛一族は（下略）」（一五三頁）というわずか二箇所のみである。五味氏の著作の場合も、「平氏は播磨（清盛）・安芸（経盛）・常陸（頼盛）・淡路（教盛）の四ケ国を得ており、源氏の義朝が下野守のまま左馬頭となったにすぎないのとはきわめて対照的である」という記述がみられるにすぎない。傍線部の典拠になぜ両書が挙げられたのか、よくわからなかった。

（8）元木泰雄前掲「保元の乱における河内源氏」一一五頁。

（9）竹内理三「院政と平氏政権」（『岩波講座日本歴史　中世1』一九六二年、のち『竹内理三著作集　第六巻』角川書店、一九九九年、二三〇頁）。

（10）上横手雅敬『源平の盛衰』（講談社学術文庫、一九九七年）七六頁。初出は一九六九年。

（11）田中稔「院政と治承・寿永の乱」（『岩波講座日本歴史　古代4』岩波書店、一九七六年、のち『鎌倉幕府御家人制度の研究』吉川弘文館、一九九一年に所収）一〇頁。

（12）橋本義彦『平安時代史事典』「平治の乱」の項目の記述による。

(13) この点は、たんに古今の人間存在あるいは人間理解の共通性という大前提だけでなく、『平治物語』の記述にもそったものである（新大系九八～一一六頁、旧大系一四二～一六一頁）。

(14) 元木泰雄『河内源氏』（中公新書、二〇一一年）一六三頁。

(15) 元木泰雄前掲『平清盛と後白河院』四二頁。

(16) 『尊卑』㊂二八九頁、大森金五郎『武家時代之研究　第一巻』（冨山房、一九二三年）三六八頁以下、竹内理三『武士の登場』（『中公文庫版　日本の歴史』⑥、二〇〇四年）二四一～二四二頁、三五三頁、遠藤元男『源平史料総覧』（雄山閣、一九六六年）一二三～一二八頁、なお遠藤元男同書二八三～三三三頁の「源氏・平氏対照年表」が当該問題を概観するのにすこぶる便利である。安田元久『日本の歴史⑦　院政と平氏』（小学館、一九七四年）一二三～一二四頁、一三八～一四〇頁、二二五～二二六頁も参照。

(17) 『尊卑』㊂二九〇頁および前注所掲書を参照。義朝は『兵範記』久寿二年二月二十五日条によれば「右馬助〈兼下野守〉」に任じられている。

(18) 『尊卑』㊃二八頁、遠藤元男、前掲書二八三～三三三頁の「源氏・平氏対照年表」および高橋昌明『増補改訂　清盛以前』を参照されたい。

(19) 森田悌「平安前期の左右馬寮について」（『日本歴史』二七一号、一九七〇年）九三～九四頁。この点、佐藤健太郎氏によれば、〈頭〉について「宇多朝以降には藤原氏と源氏からの登用に限られてゆき、とくに源氏からの登用がめざまし」く、〈助〉も「しだいに藤原氏・源氏からの登用に偏っていく」とされる（「平安前期の左右馬寮に関する一考察」『ヒストリア』一八九、二〇〇四年、三六頁）。近年の業績としては、（治天の）院御厩別当と左右馬頭補任と、それらへの補任による在京武士の掌握について、長村祥知「中世前期の在京武士と公武権力」（『日本史研究』六六六号、二〇一八年）がある。長村氏は「左馬頭義朝との関係や鳥羽院政期の院御厩と左馬寮の結合を勘案すれば、院御厩別当である藤原信頼が保元三年初頭には左馬寮を知行するようになっていた可能性が高い」と推測している。

(20) 佐藤健太郎氏は馬寮官人の薨卒伝残存二十七例の検討から、「武略に長じた」という特徴よりも、「天皇の側近」が多い（一三例）とされ、馬寮が皇親の拠点となったという吉川敏子説「古代国家における馬の利用と牧の変遷」（『史林』七四―

四、一九九一年）に賛意を表している。

(21)　この点でも、佐藤健太郎氏は森田説を批判し、「馬寮にみえる源氏は、武力を有する清和源氏よりも貴族的な嵯峨源氏・光孝源氏・宇多源氏・醍醐源氏などの方が多いのである。したがって、武略に長じていることは馬寮官人にとって必要ではなかった」（佐藤健太郎前掲稿四一頁）としている。ただ、十世紀後半以降の問題については、佐藤氏は議論の対象としておらず、本稿では、十世紀後半以降については森田説に従っておきたい。

(22)　森田悌「平安前期の左右馬寮について」（『日本歴史』二七一号、一九七〇年）九四〜九五頁。

(23)　木下聡「武家官途としての左馬頭」（『中世武家官位の研究』吉川弘文館、二〇一一年）一二〜三四頁、とくに、一四頁。

(24)　木下聡氏は、本文で言及した表1の『尊卑』による左右馬頭・助」（『前掲書』一四〜一六頁）で、おそらく『尊卑』の記載どおりに、義朝の馬寮の官職任官として、左馬允と左馬頭のみをあげておられるが、『兵範記』によって、右馬助（『兵範記』久寿二年二月二十五日条）、さらに右馬権頭（『兵範記』保元元年七月十一日条）が確認できる。この一事から類推すると、左右馬寮の「助」以下について、『尊卑』には抜けが多い可能性があり、他の清和源氏も実際には左右馬寮のとくに「助」「允」には任官している例が多かった可能性を想定すべきかもしれない。また、満仲について、馬寮の「助・允」任官については、『尊卑』でも掲出場所と諸本によって、表記はバラバラである（『尊卑』㊂六二頁では「左馬権助」「左馬允」とするが、二二一頁では「左馬権助」「右馬允」とする。また、六二頁の「左」馬允では、「前田家所蔵脇坂氏本」等異本三本では、「右」とする）。「左」と「右」は本来誤りやすいから、左右の表記については、『尊卑』によるかぎり厳密には考えられない。貴重な成果であることを前提にしての問題なのだが、この点では、表の利用には一定の留保が必要である。

(25)　義家は「院昇殿」に止まっているが、『尊卑』㊂一八五頁および二二二〜二二三頁の注記を信じれば、頼信にも頼義にも「内昇殿」「昇殿」の記載がある。元木氏にあっては頼信を「河内源氏の祖」（元木前掲『河内源氏』一一頁）とされているので、頼信以降は、河内源氏の武士と判断されていると考えてよかろう。しかし、頼信については、『尊卑』「内昇殿」の割注にさらに「自河内守昇殿」と具体的に記され（『尊卑』㊂二二三頁）、簡単には否定できない記載と思われる。ゆえに、義朝の「内昇殿」が河内源氏はじまって以来とする点については異説の入る余地がある。この点星野恒は、『尊卑』の頼光・頼信に関する「内昇殿」の記載を疑っているが、その否定の根拠（上皇聴政時）は疑問がある（星野恒『史学叢説　第2

集』冨山房、一九〇九年、一三七～一三八頁）。渡辺保は『尊卑』の記載に従っている（渡辺保『源氏と平氏』至文堂、一九五五年、四八頁）。合理的に解釈するためには、頼信らを武士と解すること自体を問題とし、その中流貴族という側面を重視するべきなのかもしれない。あるいは古瀬奈津子氏が指摘する〈「近臣」「近従者」「侍人」という「天皇と臣下の私的関係」での昇殿が「律令制の官僚機構」とは異なる〉という点を考慮するべきかもしれない（古瀬『日本古代王権と儀式』吉川弘文館、一九九九年、三四二～三四三頁）。ただし、この点はあまりに基礎的なことなので逆に自信がない。私の無知ゆえの誤解とも思われる。記して識者のご教示をまちたい。

(26) 橋本義彦「本朝世紀解題」（『平安貴族社会の研究』吉川弘文館、一九七六年、四一二～四四三頁）参照。なお信西による源氏抑圧云々の議論はここでは立ち入らない。

(27) 元木前掲『保元・平治の乱』一三六頁、同前掲『河内源氏』一六六頁など。

(28) 竹内理三「院政と平氏政権」（『岩波講座日本歴史　中世1』岩波書店、一九六二年、のち『竹内理三著作集　第六巻』角川書店、一九九九年に再録）二三〇頁。

(29) 元木泰雄『保元・平治の乱を読みなおす』（ＮＨＫブックス、二〇〇四年、のち『保元・平治の乱（改題）』角川ソフィア文庫、二〇一二年に所収、一五四頁）。

(30) 加藤友康「平安貴族の『坂東』像」（『日本歴史』六〇〇号、一九九八年）一六四頁。

(31) この内裏造営の国宛てについては、五味文彦『平家物語　史と説話』（平凡社選書、一九八七年）一八九頁、および、上島享『日本中世社会の形成と王権』（名古屋大学出版会、二〇一〇年）六六八～六七五頁が詳しい。

(32) 元木前掲『河内源氏』一六六頁、一七六頁、高橋昌明前掲『平清盛　福原の夢』二二頁。

(33) 竹内理三『日本の歴史別巻対談・総索引』（中公文庫、二〇〇七年）一一二頁。初出は一九六五年。

(34) この見方を元木氏が強調されるようになったのは二〇〇四年以降だと筆者は判断している。元木前掲『保元・平治の乱』一五四頁では「『愚管抄』や『平治物語』によって、平清盛と源義朝とが対等な立場で対抗していたかのような見方が根強い。しかし、そろそろそうした「源平対等」の歴史観から脱却する必要があろう」とされ、同書一六五頁では、「義朝は『愚管抄』の源平対等史観によって誤解され、過大評価された」とされ、元木前掲『河内源氏』一七七頁では、同様の趣旨を記した後、「このような「源平対等」史観は卒業する時期が来ている」と提言されている。

（35）　実は、近代歴史学の通説（旧説）は、よりさかのぼれば中世以来の説でもある。北畠親房の『神皇正統記』は、平治の乱の原因として、①信頼の慢心、②近衛大将の望みを信西に阻止された、という二点と、③上記の㋔の問題、④義朝が清盛に抑えられて遺恨を抱いた、⑤清盛が信西の縁者になったため特別に昇進した、というおよそ五点をあげている。（岩佐正校注古典文学大系本『神皇正統記　増鏡』岩波書店、一九六五年、一四八〜一四九頁）。また『愚管抄』に先立つ、『今鏡』は、上記①②の点を乱の原因にあげる（竹鼻績『今鏡（上）全訳釈』講談社学術文庫、一九八四年、四九五頁）。これらの記述と『愚管抄』の系譜関係が問題になるが、『愚管抄』は「実際には著者慈円の一族である摂関九条家の子孫にしか読まれなかったらしく、貴族社会で広く注目されるようなことはなかった。（中略）『愚管抄』が九条家の子孫以外にも解放され、古典を研究する人々によって、よまれるようになったのは、江戸時代も半ばを過ぎてからのことであった」（大隅和雄『中世思想史への構想』名著刊行会、一九八四年、一六九頁）という大隅和雄氏の指摘を前提にすると、『愚管抄』を前提に『神皇正統記』などが書かれたとはあまり想定できないものと思われる。なお、『愚管抄』と『平治物語』の系譜関係については、早川厚一「『平治物語』成立論の検証――『保元物語』『平治物語』『愚管抄』との関係について――」（『名古屋学院大学論集（言語・文化編）19・No1』二〇〇七年）五三〜五八頁を参照されたい。

（36）　この前の文で「俊憲等才智文章など誠に人に勝れて、延久例に記録所おこし立てゆゝしかりけり。大方信西が子どもは法師どもゝ数しらずおほかるにも、みなほど〳〵によき者にて有ける程に」とあって、〔史料X〕に続くのだが、この全文は本書Ⅰ部第三章で検討したので参照願いたい。

（37）　「世をとる」の訳は大隅『愚管抄全現代語訳』（講談社学術文庫、二〇一二年）二四八頁では「力を競っていた」とする。他例『愚管抄』巻五の別の箇所では「世をとりたる時は、世はただうせにをとろえ」（大系本二六六頁）という用例がある。他例では、『源平盛衰記』巻二〇に「佐殿の当時の寸法を以て、平家の世を取らんとし給はん事」（水原一『新定　源平盛衰記㈢』新人物往来社、一九八九年、六二頁）との用例があり、これらから、その意味を本文のごとく「覇をとなえる」と解した。

（38）　元木前掲『河内源氏』一七八頁。

(39) 大隅前掲『愚管抄全現代語訳』二四八頁。

(40)『兵範記』保元元年七月一一日条（㈡一一七頁）。

(41) 元木前掲『保元・平治の乱』一六五頁。

(42) この用語は元木氏の論文集（一九九六年）の索引にも挙げられておらず、二〇〇二年までの著作でも筆者のみた限りでは使用されていないように思われる。おそらく、二〇〇四年の『保元・平治の乱を読みなおす』で導入された用語ではないかと臆測するのだが、歴史学の分野で市民権を得ているとは言いがたい。

(43) 大隅和雄『愚管抄をよむ』（平凡社選書、一九八四年、のち講談社学術文庫、二〇一二年に所収）一九一頁。

(44) 古典文学大系本『愚管抄』八〜一二頁、および大隅前掲『愚管抄をよむ』一二一〜一二五頁参照。なお坂本太郎『坂本太郎著作集　第五巻　修史と史学』（吉川弘文館、一九八九年）三五六頁も参照。

(45) それゆえ、㋘の後に記されている「清盛と義朝とでは政治的地位に大きな開きがあった。」（元木前掲『河内源氏』一七八頁）ことの具体的記述はほとんど意味がない。

(46) 大隅和雄の訳や、古典文学大系の頭注らを参照したが、基本的には私訳である。

(47) このⓎ2について、「ならび称されていた」（傍点――引用者）（元木前掲『保元・平治の乱』一六四頁）と意訳するのは訳しすぎであろう。なお挿入的部分Ⓨ4を（中略）として次注に移し、筋を簡明に示してみた。

(48) Ⓨ4に、是憲に関する挿入的な説明、つまり「信乃入道とて、西山吉峯の往生院にて最後十念成就して決定往生したりと世に云聖のありしが」という文言が入っている。――『愚管抄』独特の文体で、英語の関係代名詞のように、挿入句が次々と入って読みづらい要因となっているのだが――Ⓨ4の（中略）とした部分に、是憲についての（後のキャリアの）説明がはいっている。つまり、「のちに信濃入道といわれ、西山吉峰の往生院で臨終の念仏をしっかり唱え、極楽往生を確実にしたと世にいう聖」と説明しているのである。

(49) このⓎ3、Ⓨ5の間に前注のⓎ4が入っている。

(50) この一五人それぞれの官歴等については、Ⅰ部第三章でやや詳しく記したのでご参照いただきたい。

(51)『山槐記』治承三年四月二三日条に法勝寺執行の補任記事があり、「本執行法印静憲〈少納言信西入道子、保元補ㇾ之、平治乱被レ止二其職一之」とある。

(52)　以上についてⅠ部第三章参照。

(53)　ここでも、元木氏の解釈は筆者とは大きく異なる。元木氏は、義朝と信西の「身分上の違いは歴然」で、「この縁談は義朝にとって相当に背伸びしたもので、断られるのも当然」だが、「清盛と信西一門は、ほぼ同等の家格」だとし、「いくら縁談を断られたからといって、義朝が信西を打倒しようとするほどの憤懣を有したとはとうてい考えがたい」とされる（元木前掲『保元・平治の乱』一六四〜一六五頁）。しかし、信西は儒者の家系にて卑官で入道した者であり、その「家格」が確定した家筋とは考えられない。その一家が実態として大きな実力をもっていたとしても――（実力のほどは間違いない事実である）――、固定した家格観念で義朝との婚姻が判断されるような家であった思われない。さらに、近年の元木氏の解釈は事実にもとづくこうした推量をもはるかに超えた想像の世界となっているように思われる。つまり、「これを義朝が無知であったためとは、とうてい考えがたい。おそらくは実現の可能性が低いことを承知で、適当に信西の息子を選び、信西に申し入れたというところではあるまいか。こうした動きによって、信西に対しことさらな敵意がないことを示すのが目的ではなかったか。むろん、あわよくば昇進に大きな影響力を有する信西に接近を図ろうとしたのであろう。慈円のいう通り縁談は拒絶された。しかし、それは想定内の出来事であり、けっして挙兵の動機になることはなかったのである」（元木前掲『河内源氏』一八〇〜一八一頁）。かかる記述は、文学的な叙述であれば問題ないが、かりに歴史学の成果による記述としてみた場合、事実立脚性を生命とする歴史学の許容範囲を超えたもののように思われる。

(54)　保元元年から平治元年まで、一月末日と七月末日の二つの観測点を設定した。位階は六位を基準点＝0とし、従五位下を1単位指標＝1ポイントとして、一階上階するごとに1ポイントを加算して表示した。また、官職もその個別性を無視しすべて官位相当に換算して従五位下相当官を1ポイントとし、昇叙の相当位に応じて加算した。国（守）の場合も、すべて官位相当に換算したが、知行国の場合、（介の徴証のみで相当が従五位下に達しなくても）1ポイントを入れた。なお、検討にあたっては安田元久『平家の群像』（塙新書、一九六七年）付録の「平氏一門官位昇進対照表」を手がかりに、『尊卑』および『補任』およびその他の補任類を参考にしたが、あまりに煩雑にわたるため典拠表示は省略に従った。ただ平氏知行国については、五味文彦『院政期社会の研究』（山川出版社、一九八四年）一六五頁所掲表9を参照した。

（55）石井進『石井進著作集　第三巻』（岩波書店、二〇〇四年）一九四頁。
（56）以上、多くの紙幅を費やしたにもかかわらず、本章で記述しえたのは、平治元年（一一五九）十二月九日に義朝が三条烏丸殿襲撃に参加する動機形成の一端にすぎない。本章での考察が果たして半世紀前に書かれた竹内理三の平治の乱の研究からどれだけ歩を進めえたかははなはだ心許なく自信がない。

第三章　平治の乱における藤原信頼の謀叛
——再評価と動機形成をめぐって——

一　問題の所在

藤原信頼は周知の人物ではない。高校教科書には平治の乱を起こした院の近臣として登場し、用語集などでは「後白河天皇の近臣。藤原通憲（信西）と勢力を争い、源義朝と平治の乱を起こす。敗れて斬罪となる」[1]人物として解説されている人物ではあるのだが、一般には、あまり有名な人物とは言いがたい。

そうしたなかで、二〇〇四年にこの信頼の存在に注目されて再評価し、それによって、現在まで数多くの新見解を公にされてきたのが元木泰雄氏である。元木氏によって見直された信頼は実に頼もしく強力な存在である。即ち、「自在に武士（ママ）を行使できる、武門というべき立場」[2]であり、保元の乱後、信頼が「反信西派の主導権を得たのは、義朝という自在に操縦できる武力が存したため」[3]であり、「奥州藤原氏を掌握し、伊勢平氏とも連係する立場」にあり、「当時の有力武士すべてと関係を有し、自在に強力な武力を行使しうる最大の武門」ともよぶべき存在で「自在に義朝を動員」できる力を有し、さらに、「信頼は、義朝を中心とした武力を掌中におさめ、急速に京における武門の統合者」という立場にのし上がった存在であったとされる。[4]こうした元木氏の認識は、中世史研究者の祖述するところとなっており、現在の学界において大きな影響力を有しているものと判断される。[5]

本章は筆者の謀叛研究の一環であって信頼謀叛の動機究明が第一の課題である。そして、第二として、元木氏による藤原信頼再評価の是非に関する検証が本論の課題の一つとなっている。第二章では保元の乱後の義朝の勲功賞と官爵、それへの義朝の不満に関わる問題を中心に義朝謀叛の動機を検討した。本章では第二章の考察を踏まえて元木氏による藤原信頼再評価の是非を検証した上で、本来の課題である信頼謀叛の動機を考察するという手続きをとることにしたい。

二　藤原信頼に対する再評価

1　藤原信頼をめぐる「通説」理解

藤原信頼の再検討にあたって、元木氏は「およそ日本史を学んだことのある人の中で、平治の乱の張本人藤原信頼に好印象をもつ御人はまずおられないであろう[6]」とこれに続く以下の印象的な文章で書き出している。

㋐『平治物語』によると、「文にもあらず、武にもあらず、能もなく、又芸もなし。ただ朝恩にのみほこりて」急激な昇進を遂げたという。『愚管抄』でも「アサマシキ程に(ママ)御寵アリケリ」と批判的な記述が見える。「寵」となると、上皇との男色関係を念頭においた記述であることは疑いない。

したがって、彼は無能でありながら、後白河院との男色関係によって破格の出世を遂げたことになる。そればかりか、昇進に待ったをかけた信西に逆ギレして殺害し、二条天皇・後白河院を幽閉して好き勝手な政治を行うが、あげくの果てに自身の失策で天皇・上皇の脱出を許し、平清盛の前に敗北する。それも、合戦に際して味方の義朝に罵倒され、武具を身につけるものの落馬して鼻血を出す体たらく……。『平治物語』と『愚管抄』の信頼像は共通しており、[7] それをまとめると、こんなところになるだろう。[8]

元木氏は以上の㋕のように信頼像をまとめられた上、「史料が敗者に辛辣なのは当然」であり「とくに『平治物語』の場合は有能な信西と対比するため、過度に無能を強調した面もある」とし、「こうした記述をそのまま真に受けるのはいかがなものか」[9] と反問して、[10] 再検討に取りかかられたのである。

しかし筆者には、元木氏が考察の前提とした㋕の信頼像は逆に新鮮というか、正確には不思議であった。というのは、こうした信頼像は基本的には文学の創作だと了解していたからである。

すでに一九七〇年に日下力氏によって、『平治物語』古態本は、信西と信頼の対比を軸に描かれ、信頼を攻撃しようとする姿勢が（後出本などより）顕著で、頻繁に「臆病」「不覚人」という非難が向けられ、[11]「初期『平治物語』の中で最もその人物の実体に則して描かれているのは、義朝」で「信頼はおとしめられ、信西は持ち上げられ、清盛もまた持ち上げられる傾向にある」[12] ことや、「信頼像形象に当たって、笑いを誘う愚かしさがその基幹に据えられた」[13] ことが論じられていた。

一九九二年刊『新古典文学大系43』の「平治物語　解説」でも、古態本では乱の首謀者藤原信頼は「逆臣として徹底化され、その犠牲となる藤原信西は（中略）忠臣として峻別され」、[14] 一方で、「従来『平治物語』は、後出本が享受の対象であった為、『保元物語』とともに源氏中心の物語と考えられてきた」[15] ことなども指摘されていた。[16] 上記日下氏の指摘が前提としてあった筆者にとって、㋕のような信頼像の形象は、文学上の創作という基本理解を有しており、同時に、そうした認識が学問の世界では受容されていると考えていた。その意味で、氏の要約された㋕のような信頼像は、まさに言葉の正確な意味において、俗説であると思っていたのである。

2　通説（歴史学）における平治の乱の記述

では、歴史学上の通説[17]はどういうものだったろうか。

何をもって「通説」とするかがまず問題となろうが、戦後二度（一九六二年、一九七六年）の岩波講座の「平治の乱」関係記述（下記㋐㋑）、『日本歴史大系』（一九八四年）（山川出版社）の「平治の乱」関係記述（下記㋒）[18]、『平安時代史事典』（一九九四年）「平治の乱」の説明（下記㋓）を取り上げ、この四つを、一九六〇年代から一九九〇年代までの（一〇年ごとの）〈通説の指標〉として比較対象としたい。

㋓の字数はやや少なく㋐㋒の字数は多少多いが、その点を考慮しても比較検討が可能な範囲の記述であろうと判断した。はじめに、四氏の平治の乱に関する記述量を記しておく。

㋐　竹内理三「平氏政権と院政」中の「平治の乱」（約三二行、約一七〇〇字[19]）

㋑　田中稔「院政と治承・寿永の乱」中の「二　保元・平治の乱」の内の保元の乱後の記述（約二六行、約一三五〇字[20]）

㋒　石井進「平治の乱」（本文三五行、約一八〇〇字[21]）

㋓　橋本義彦「平治の乱」（本文四五行、約九〇〇字）

各論者の記述は、以下の五つの要素からなっている。

㈠　政治的背景（親政派と院政派という対立）

㈡　義朝の動機（不満）

㈢　信頼の動機（不満）

㈣　乱の経緯と反乱軍の敗因

㈤　乱の意義

各論者が限られた紙幅でどのように平治の乱を記述しているのかを実際に比較検討するために、別稿では各論者の全体の記述量に対し、㈠から㈤までの要素の比率をグラフ化して示した(22)。本書では全体的な特徴のみを述べておきたい。

量的な記述要素の比較から言えば、

1位㈣、2位㈠、3位㈡、4位㈢、5位㈤

となる。つまり、論者によりばらつきはあるが、量的にもっとも重視されているのは、㈣の〈乱の経緯と反乱軍（信頼・義朝側）の敗因〉の記述である。量的に最大のこの㈣から考察していきたい。

〔㈣　乱の経緯と反乱軍の敗因〕　乱の経緯を記すにあたっては、〈清盛の熊野詣での隙をついての、十二月九日の信頼・義朝の軍事的蜂起、信西の逃亡と自殺、二条天皇・後白河上皇の幽閉、信頼派の論功行賞、清盛の帰京、反信頼派の政治工作と経宗・惟方の寝返り、二十五日の二条天皇の脱出、二十六日の信頼・義朝と清盛等の戦闘、二十七日の信頼処刑、等々〉の事件の具体的諸要素を書き込む必要があると想定される。ゆえに、この㈣が量的に多くなるのは、内容的に考えても納得できるものである。次に第2位の、㈠を検討する。

〔㈠　政治的背景（親政派と院政派という対立）〕　各論者とも、㈠の事件の政治的背景の説明にかなりの紙幅を割いている。

㋐竹内の場合は、㋐1㈣の事件の経緯に関する記述要素を極限まで圧縮し、二条親政派の政治動向に最大の力点をおき、㈣の倍にあたる記述をこの㈠の説明にあてている点が注目される。竹内は、院政派、親政派、源平二氏の棟梁という三つの政治勢力に分け、親政派と源平二氏の棟梁の基盤が「院のデスポット」以外にあったところに院政の危機をみている特徴があるのだが、具体的には、㋐2親政派の動向（つまり親政派と院政派との対立）を重視している。
㋑田中も短い記述のなかで、㋑1親政派による院政廃止の動きを記している。
㋒石井は、院政の宿痾としての上皇と天皇の対立を注意した上、とくに㋒1中継ぎの後白河の場合の危険の大きさを指摘し、具体的には竹内同様、親政派の人脈を説明する。
㋓橋本は、旧白河・鳥羽という㋓1院近臣グループの主導権争いという点に主たる政治的背景をおさえている。もちろん四氏とも、親政派、院政派、源氏・平氏の動きのほかに、保元の乱の結果に関する記述において、摂関家の権威・権力の決定的な失墜を指摘している[23]。

以上、通説における〈平治の乱の記述（政治的要因）の特徴〉を要約すれば、保元の乱後における摂関家の権威失墜を前提とした、親政派の動きの重視といえるだろう（㋐1、㋐2、㋑1、㋒1、㋓1）。

しかし、以上の通説理解が仮に正しいとするならば、逆に理解できなくなるのは、元木氏による通説理解である。一例として典拠の示されている『院政期政治史研究』から引用する。

㋖通常平治の乱の原因・経過は、次のように考えられている。まず貴族における信西と藤原信頼の対立と、武士における平清盛と源義朝との対立が結合し、信西・清盛対信頼・義朝の対立に発展し、後者の先制攻撃で信西が倒されたものの、清盛の反撃によって信頼・義朝は敗れ、清盛が勝利を収めたというのである。そして全体としては、後白河院近臣相互の抗争という位置づけがなされている[47]。（注(47)—原文）[24]

㋗しかし、㋗1この図式は乱直前の後白河院政派と二条親政派という政界の基本対立を視野にいれておらず、また信西を単に後白河院近臣とする点で疑問を残している[25]。

元木氏は、通説[26]を㋖のように要約して、その典拠として、竹内理三『武士の登場』（日本の歴史5）、飯田悠紀子

『保元・平治の乱』等を注(47)で挙げ、かかる通説の問題点として、上記㋗を挙げている。

しかし、竹内の一九六五年の『武士の登場』の関係記述は、上記の一九六二年の岩波講座論文の同一基調の記述（ほとんど流用といってもよい）である。竹内の当該書二〇〇四年改版・中公文庫版によれば、三八七頁から四一五頁までが平治の乱関係記述だが、「離合つねなき宮廷」と題し、院政派、親政派、武家棟梁三派の対立から「平治の乱」の記述をはじめている。その記述内容は、『武士の登場』の三年前に竹内が書いた岩波講座論文㋐とほぼ同様である。[27]竹内は通史でも岩波講座論文と同じ態度をとっており、その意味で元木氏が指摘する㋗1の批判は完全に的外れである。

飯田悠紀子氏の『保元・平治の乱』の場合はどうか。飯田氏の当該書では一三六頁から一四四頁で保元の乱後の政情について記されている。竹内『武士の登場』や安田元久『院政と武士』の説に触れ、『愚管抄』『兵範記』『大槐秘抄』等の史料を引用しつつ、二条即位、天皇親政派について詳しく記し、その後、「院近臣間の対立」（同一四四頁）に筆を進めている。よって、飯田氏の著作について検討した結果も、元木氏の引用は不適切である。

元木氏の㋖のごとき〈平治の乱に関する研究史把握〉そのものが不当であるというつもりはない。ただ、元木氏の挙げた典拠との照合によるかぎり、㋖に例示された通説の内容は、元木氏の創作であって、㋖の典拠として注(47)に挙げられた竹内・飯田氏の著作の引用あるいは要約ではありえないと判断されるだけである。[28]

3　平治の乱における信頼に関わる通説について

次に、研究史上の信頼関係記述について確認しておく。

〔三〕　信頼の動機（不満）〕　この㊂の点について、㋐の竹内理三は、信頼がその血縁（惟方の甥（母方）に当たり、弟信俊は惟方の聟）から、天皇親政派とも結ぶことができた事情を記している。㋑の田中稔は、信頼が、㋑2信西と不仲で排撃の機を狙い、義朝を味方につけ信西＝清盛に対抗しようとしたと記す。㋒の石井進は、上皇の寵愛をうけ勢力を伸ばした信頼を頭目とする反信西派が結成され、信西による諫言と㋒2（信頼）任官妨害によって信頼が武力蜂起を意図するに至ったことを記す。㋓の橋本義彦は、石井と同様に、上皇の寵愛により官位を昇進した信頼が、㋓2「前途を阻まれ」信西排斥をうかがったとされる。

以上、平治の乱に関する通説（旧説）の信頼に関する記述の最大の特色は何か。

それは、関係記述がきわめて短く、淡泊であることである。全体の字数とのバランスからみても、なぜ、このようにすっきりとしているか、一見すると不思議ですらある。なぜ信頼に関する記述がこれほど少ないのだろうか。それはおそらく、先学たちが『平治物語』に記された信頼関係記述のみに依拠して信頼の役割を記すことを慎重に避けた結果であろうと思われる。

石井のみは、信頼が「大臣の大将にのぞみをかけ」たという『平治物語』の記述[29]を踏まえ、信頼が「任官の望み」を妨害されたことが蜂起の理由であると記すが、橋本は——おそらく同じ事態を念頭におきつつも——「前途を阻まれ」（㋓2）と断定を躊躇したとも推量される記述がみえ、竹内や田中はこれにまったく触れなかった。信頼と信西の「不仲」の事実は、『愚管抄』巻五「信西を信頼そねむ心いできて」（旧大系二二六頁）や、有名な『玉葉』元暦元年三月十六日条[30]で確認できるものであるのだが、多くの信頼関係の知見はもっぱら『平治物語』によるため、軍記物語（以下、軍記と略記する）のみに依拠する記述は慎重に避け、きわめて簡潔な記述になったものと推察される[31]。

竹内理三・田中稔・石井進・橋本義彦のいずれもが、戦後を代表する中世史研究者といって異論はあるまい[32]。それぞれ、軍記の扱いには相当の配慮をしていて、少なくとも信頼の記述に関する限り、『愚管抄』と『平治物語』の扱いには明確な差を設けている。その点で、我々が初学の時に習った古文書学のイロハに、四氏は、通史叙述においてさえもきわめて忠実なのである。『平治物語』にのみもとづいて、「無能」な信頼という記述を学問的な通説的叙述においては、先学がまったく行っていないことを確認しておきたい。

以上、迂遠な論証に立ち入ってしまったが、ようするにこうである。つまり、㋕の信頼像はあくまで、元木氏の創作であるということにつきる。『愚管抄』と『平治物語』をまとめ信頼像を戯画化して提示し、所論の前提とすることは――近代歴史学および古文書学の伝統を踏まえるならば――問題性のある記述と思われる。

しかしながら、かりに㋕の記述が、軍記にもとづく創作であるとしても、㋕に記された〈「無能」な信頼〉という人物像を前提として、これを見直し再評価するという方法がそれとして成立する可能性を否定しきることはできないかもしれない。そこで次節で、元木氏の内在的な論理の文脈にそくして、信頼再評価の論拠を検証しておこう。

三　信頼「再評価」の検証

1　信頼の急速な昇進と信西の「容認」について

元木氏は、前掲㋕の記述の後で信頼の昇進が後白河の「寵愛」あるいは「恣意」のみによって実現したものではない、として信頼像の見直しをはじめている。「一介の武蔵守」が、保元二年（一一五七）三月に近衛中将を兼任して以来、蔵人頭（十月）→参議（保元三年二月）→権中納言（八月）→検非違使別当兼任（一一月）、と昇進し、この間位階も従四位下から正三位に五階も急上昇した事実を挙げ、「後白河が信頼を寵愛していたのは疑いない」としつつ、次のように反問した。

㋘　しかし本当に、政治力に欠ける後白河の恣意のみで、こんな人事が実現したのであろうか。すでに竹内理三氏が指摘したように、㋘1当時、人事には信西が大きな発言力をもっており、㋘2信頼の昇進も信西が容認したからこそ実現した㋘3面があったと考えられる。（33）　（傍点――引用者）

ここで引用された竹内理三の叙述のもとになったのは、『山槐記』の次の記事〔史料A〕である。

〔史料A〕『山槐記』保元四年（一一五九）正月七日（大成㊀八六頁）

七日壬戌。天晴。加階事、重付㆓少納言入道（信西）㆒申㆑院。雖㆓途別㆒左中弁雅頼朝臣去夜、叙㆓従上㆒云々、仍立㆓種々理㆒奏達。午尅許有㆓勅許㆒之由、有㆓入道（信西）返事㆒、面目甚者也。

竹内はこの史料を典拠にして次の㋙のように記した。

㋙　㋙1人々は信西に追従し、官途の昇進をのぞむ者があいついだ。㋙2当時従四位下であった中山忠親は信西のとりなしで加階され、すこぶる面目を施したとその日記『山槐記』に記している。（34）

竹内の㋙1の指摘は〔史料A〕自体から導かれることではないが、㋙2の史料解釈自体はまったく問題ない。元木氏の引用の仕方㋙1→㋘1も問題はない。㋙2→㋘2は、信西が「（忠親加階の）とりなし（＝媒介）」をしたという記述（㋙2）と、信西が「（信頼昇進を）容認（そのまま認めた）（㋘2）」という点の差異が筆者にはやや気になるが、「面があったと考えられる」（㋘3）と一片の可能性を類推する限りでは、許容範囲であろう。

しかし、近著の次の記述は、明らかに許容範囲を超えている。

㋚　昇進は後白河の寵愛のみで実現したものではない。㋚1なぜなら、当時は信西が政治の主導権を握っていたのであり、㋚2信頼の昇進は信西も容認していたのである。（35）

ここでは先の可能性の類推（㋘3）が断定となってしまっている（㋚1、㋚2）。追加論証なしに、論理のみが「推測」から「断定」に展開する論考にはときおり接するが、ここもその陥穽においっている。信西が〈人事に発言権をもった〉という事実と、〈容認する（＝許して認める）権限をもっている〉、あるいは〈容認する力を有した〉ということは別次元の問題である。

信西による叙位・任官手続きへの関与の具体的なありようを考えるため、平安期の関係手続きについて簡単に確認しておきたい(36)。任官除目の場合、会議前に位階や官職を望む者から申文（願書）が蔵人方に提出され次第の手続きをへるとされる(37)。当面問題となる〈公卿・殿上人〉（ス1、ス2）および〈参議〉（セ）の除目の手続き、〈任人折紙〉（ソ1、ソ2、ソ3）について、玉井力氏の研究から必要部分を抜書きないしは要約して示しておく。

ス1　公卿・殿上侍臣等は官職の望があっても申文を出さず、消息（消息申文(38)）を奉行人に提出することとなっていた（玉井『平安時代の貴族と天皇』二八九頁、抜書）

ス2　これは内々に天覧に供するのであるが、蔵人による申文撰定の対象とならない（同書二八九頁、抜書）

セ　参議を申す申文のみは正式のもの(39)を提出することとなっていた。この場合の申文の提出先も「消息申文」と同じく、蔵人方に出されたものと思われる（同書三〇六頁、抜書）

ソ1　しかし、儀式の表に出ない「備忘物」で、本来天皇の仰を書き留めるものであった「任人折紙」が、白河院政末期から不可欠のものとなって院の仰を記すものとなり、鳥羽院政期に定着する（同書七七頁、要約）

ソ2　任人折紙はふつう蔵人が書くが、摂関が書く場合もあり、要職はすべて記載された（同書七八頁、要約）

ソ3　後白河院政下では叙位折紙も作られた(40)（同書七八頁、抜書）

さて、以上のような任官除目の手続き（叙位もこれに準じる(41)）において、信西が影響力を行使しうる場面は、具体的にどのような手続きであろうか。考えうるのは二点ほどと思われる。

第一は、ⓢ1、ⓢ2の過程で、つまり消息あるいは口頭での任官希望の伝達の過程で蔵人方の子息俊憲などを通じて何らかの有利な取り計らいをするという点だが、事務方での操作の効力は限定的なものと思われる。[42]

第二は、ⓢ1〜ⓢ3の任人折紙、小折紙作成過程で後白河上皇の意志に何らかの影響力を行使するという点であり、この点が中心となろう。

後白河譲位後の政情自体が不安定で、叙位任官に関する後白河上皇、二条天皇、大殿藤原忠通、関白（藤原基実）四者の発言力自体の理解についても、龍粛『平安時代』以来の研究史がある。龍は政務処理が「天皇・上皇・前関白忠通・関白基実の四巨頭の手を経なければならない頗る煩雑な手続きを必要とし」たと指摘した。[43]玉井力氏はこれをうけ、「龍も述べたごとく、当時の政事の決定は、天皇・院・大殿（藤原忠通）・関白（藤原基実）の同意のもとに行われていた。叙位任官の場合の例外ではない（下略）」[44]と龍説を支持し、任人折紙は、応保元年（一一六一）九月十五日以前は、後白河院の管掌下にあり、以後二条天皇のするところとなったと微妙な権限区分の変化を記述している。[45]

より大きな政治構造で位置づけ直してみると、院政期の政務あるいは国家意志の決定については、院、天皇、摂関の合議（職事・弁官を介するいわゆる職事弁官政治論）を重視する井原今朝男氏の所論[46]と、「院が主従関係にある院近臣の補佐をうけた独裁」とする元木泰雄氏の所論[47]の対立があり、[48]政治構造の枠組みとしてみた場合には筆者は井原説に親近感を有する。[49]しかし、信頼の人事案件について考えた場合、仮に、元木氏の立場に立った場合でも、後白河上皇が完全に政務を放擲して信西がすべての政務（具体的には「仰」）を代行していたという事態を想定しないかぎり、院の〈仰せ〉によって書き込まれた個々の人事案件に信西が異を唱えることは、相応の軋轢が予想されるものであったであろう。

信西の「発言権」とされる実態は、前述のごとく具体的には後白河から発案される人事案（任人折紙等）にその意向を反映させるという形式であった可能性が高い。信西が優先したい他の案件との兼ね合いもあったものと考えられる。[50] 実際には、―現代の我々と同じように―こうした政治的力学の中で人事が決まっていた可能性が高い。信西が人事権の全体を掌握していたと想定することの方が非現実的であろう。すくなくとも確実に言えることは、竹内の記述㋙を引用することのみでは〈信頼の昇進を信西が容認していた〉という元木氏の主張は立証されないことである。したがって、何らかの他の方法で㋚2について追加の論証をされない限り、㋚の元木氏の主張を支持することは出来ない。

2　信頼の実務能力の評価について

次に、信頼が「無能」ではないという点の論拠として、元木氏は以下の㋟を挙げ、近著では㋠のように一般化している。

㋟　㋟1高橋昌明氏の指摘のように、㋟2公卿昇進に際し正四位下のまま参議に就任するのは、実務能力を評価された証拠であり、信頼がけっして無能ではなかったことを物語る。[51]

㋠　「信頼は、父祖が経験していない㋠1蔵人頭を経て、参議に就任して公卿の仲間入りを果たした。㋠2蔵人頭も参議も、無能な人物ではつとまらない官職である。[52]」

実は、ここで引用されている㋟2の内容を記述した高橋昌明氏の記述㋟1がすぐに照合できなかったので、種々検索した結果、元木氏の著書の類似の記述から、[53]『清盛以前』二二六〜二三三頁（増補改訂版では、二六二―二七〇頁）であろうと推定するにいたった。しかし、筆者の見落としかも知れないが、『増補改訂　清盛以前』を含め、高橋昌明氏の著書に傍線部㋟2の直接の論拠にあたる記述は発見できなかった（おそらく高橋氏は㋟2の指摘を直接には記されていないと思われる）。

傍線部㋟1に該当する指摘は、筆者の推測では『増補改訂　清盛以前』二六三頁の記述である。そこで高橋氏は、「Ⅰ　正四位下在位中に参議となった者三一人」について、「Ⅰは彼よりも先任上臈の四位の廷臣（正四位上・正四位下）や従三位・非参議をさしおいての参議就任であるから、最もめぐまれたコースである」(54)と記されており、これは、二六五頁所掲表のⅠβに該当する。しかし、高橋氏のこの記述が仮に元木氏の所論の根拠になるとして、Ⅰβ就任者の公卿昇任時平均年齢は、二六五頁所掲表によれば〈三十代後半〉で、この時〈二十代半ば〉の信頼と大きな隔たりがあり、(55)求められるべき経験が備わっていたかについて大いに不安がある。

もっとも、かかる推量を前提にして高橋説の解釈をあれこれ試みても、あまり意味はないから、元木説の出典の詮索はこのあたりでやめにし、独自に、㋟2、㋠2の主張の是非を検証してみよう。

まず蔵人頭任官によってその任官者の「才能」を推定する点について。

蔵人頭については、頭弁と頭中将と定員は二名で、頭弁は「事務に練達した有能な人材が選ばれた」(56)が、「中・少将は栄誉官となり、権門の子弟に独占される傾向となった」(57)というのが、一般的な理解であろうと思われる。そして「有能な人材が選ばれた」とされる頭弁でさえも、〈頭弁に任じられた人物は有能である〉という全称命題の論理をとることは難しいものと思われる。

たとえば、後白河の治世当初から五位蔵人に任じ永暦元年十月三日に「蔵人頭・右大弁（左中弁から転任）」に任じた源雅頼については、「「雅頼虚言申不及」・「君令知食虚言之人歟」（『山槐記』応保元年十一月十九日条）とあり、すこぶる評判悪」(58)く、「政治的能力がない」」と曽我良成氏によって指摘されている。(59)実際に実務能力が要求されると推察される頭弁でさえ、こうした評がなされうるのであるから、まして、頭中将について、〈頭中将に任じたゆえにその人間が有能である〉という論理をとることは出来ないであろう。ゆえに、信頼の蔵人頭経験をもって、有能の証拠とすることはできない。信頼は蔵人頭には、保元二年十月二十七日に補任され、翌年二月二十一日には参議任官により去っている。[60] その間、在任四ヶ月に満たない。蔵人頭任官によって信頼の実務能力を云々するのはその任期（在職徴証）からいっても困難であろう。

参議はどうか。『職原抄』[61]には次のように記されている。

〔史料B〕参議者、諸官之中、四位以上、有㆓其才㆒之人、奉㆑勅参㆓議官中政㆒之意也。故非㆓正官㆒。

ここではたしかに「有㆓其才㆒」べきことが記されているが、これも当為が記されているのであって、実在の参議が有能であることを証明するものではない。[62]『官職秘抄』や『職原抄』が、その「成立時期における実際の原則を述べたものではなく、奈良時代辺りまでさかのぼる先例が付記され、これまでどのような人々が任じられてきたかを歴史的に述べた書物である」という松薗斉氏の指摘も想起されなければならない。[63]

参議を考察する場合、黒板伸夫の専論「『参議』に関する一考察」を参照すべきであろう。黒板によれば、「『職原抄』の記載は、成立当時のものとしても南北朝時代であり、おそらくはそれ以後の書入れと思われるので、中世後半以後の認識であろう」[64]（傍点──引用者）とされている。黒板はまた参議任官の背景について、国政参与の有資格者を登用して議政に参画させるという精神は失われていなかったが、「その有資格者というのは、必ずしも有能な官吏というだけでなく、むしろ家柄に重点を置いての基準であったのである」（傍点──引用者）と明快に指摘している。[65]

さて、上記保元二年十月二十七日の任官から信頼の蔵人頭在任が約四ヶ月間[66]にすぎなかったのと同様に、信頼の参議任官期間も、約半年間であった。信頼は、上記のように保元三年（一一五八）二月二十一日に任参議により蔵人頭を去るその短い間にも、二月三日には兼皇后宮権亮、二月九日には叙正四位上（皇后宮立后後入内賞）と昇っている。さらに、任参議半年後の八月十日に権中納言（同日正三位）[67]に昇任して、参議を去る間にも、五月三日には従三位（陸奥造宮賞）（『兵範記』同日条）、五月二十一日に兼左兵衛督、[68]八月一日には、兼皇后権大夫（『兵範記』同日条）と、短期間に異様な昇進をしている。

百瀬今朝雄氏は「中納言への道（一）」で、「院近臣の上階、参議、権中納言という経路は後白河院政期にも顕著に見られる」ことや、「任官程なく辞退という名目的参議の生産は、まさに現今の勲章授与に相似たところがある」と指摘されている。[69]参照すべきである。

さらに考えるべきことは、源雅通の後をうけ、保元三年十一月八日信頼が二十代なかばの若さで検非違使別当に任官したことである。[70]検非違使別当こそ、大弁とならんで、「院などが気に入った者なら誰でもいいという訳にはいかず、おおむねしかるべき人が選ばれ」た「能力を要求される官職」で、任官時の年齢も「ほとんどが三十代から四十代」であり、「判断力や知識などが要求され若年では勤めるのが困難な職務であった」[71]。ここでも、信頼はあるべき官職補任のありようを平然と踏み越えている。

以上、基礎的な事実を並べたが、この短期間での異例な昇任状況を直視すれば、信頼がその「才」や「労」で官職の階梯を昇ったわけでないことは明白である。この異様な昇任の中で、その一つ一つの官職の意味とそれに相応しい「才」を厳格に問うことはほとんど無意味であろう。

以上を総合的に考えると、少なくとも、㋟・㋠を根拠にして、信頼の実務能力の高さを主張することはほとんど不可能と言わざるをえない。

ある人物の有能・無能を論じることは、なんらかの基準にもとづかない限り、そもそも困難な問題を含む。[72]それゆえ、信頼が無能か有能かについては、これを断定することは差し控える。ただ、前述のごとく戯画化された「無能」な信頼像を前提として、㋟・㋠の論理をもって、「信頼はけっして無能ではなかった」[73]と主張され、これを前提に、さらなる議論を展開される手法に賛成できないだけである。

しかし、以上のような信頼の官職任官のありようを逐一検証してくると、さらに重大な疑問が浮かび上がってくる。その疑問とは何か。信頼が、蔵人頭、参議、そして検非違使別当と、当為の体系からいえば、経験・知識・能力が（本来は）要求される官職に、その当為の要請を無視して若年で次々と任官したという歴史的実在の先には想定されるものは何か。あるいは何があったと想定すべきなのか。

それは次の可能性である。すなわち当為の体系でいえば、摂関家の子弟の指定席であった大将の望みも、以上の当為の要請を無視した任官経緯を前提に考えれば、当然その延長線上に大将任官（希望）の可能性を想定しなければならないということなのである。[74]

3　信頼再評価の背景とその後の若干の論点

ところで、以上の信頼再評価については、元木氏の多くの著作を集中的に検討する過程で、氏の一九八〇年代以来の研究上の要請にもとづくものだったという論理的脈絡に気がついた。言いかえれば、〈義朝論との相関関係〉に思いいたった。元木氏の議論の全体系においては、信頼の評価は源義朝の評価と不可分離のものであって、信頼論は実は義朝論でもあるのである。

元木氏による源義朝の評価に関しては、八〇年代以来次の二つの評価が入り交じっている。

Ⓧ　自立―武門の棟梁（化）（という側面と、）

Ⓨ　（非自立―）依存―従属

つまり、以上のⓍ、Ⓨの両評価が交錯していて、保元の乱後の義朝につき、一方で、恩賞に対する義朝の不満（平治の乱での軍事蜂起の遠因）を否定しつつ、一方で、義朝の権威上昇つまり元木氏が主張されるところの「武門の棟梁の成立」（自立）を想定されていた。(75) 信頼に誘われるという受け身の形で軍事蜂起に参加するという理解のままでは、元木氏の所論全体に、不整合をきたすことになってしまったものと思われる。この矛盾を解消するために着想されたのが、上述してきた〈信頼の見直し〉という観点だったと推定される。いわば、義朝論の矛盾を解消する切り札として、〈信頼の見直し〉＝〈再評価〉が行われたのであろう。

元木氏は近著のあとがきで「一つの転機になったのが、保元・平治の乱を通して無能と見られていた藤原信頼を再評価したことであった」(76) と、御自身で振り返って記されている。筆者はこの元木氏の自己認識とは別に、上記ⓍⓎの矛盾がこの着想の源泉にあったものと推定している。それゆえ、信頼再評価は、元木氏の所論全体の中での内在的で論理的な要請にもとづくものであったと想定される。

しかし、信頼に関する着想の当否を十分に吟味せず、それを確認された前提（事実）として、さらなる議論を次々と一般書の中で展開されたため、二〇〇四年以後の議論は事実からはほど遠いものとなってしまったものと筆者は判断している。いわば、二〇〇四年以後の当該問題に関する元木氏の議論全体が砂上の楼閣と称すべきものであり、これ以後の議論を厳密な学問的操作をもって、ここで逐一議論の対象とする必要はないように思われる。

二〇〇四年の信頼再評価に関わった論点、および再評価後に元木氏が提起されている論点で、とくに問題があると覚しき論点と、それに関わる記述（および記述の要約）を以下に若干例示し、読者の注意を喚起するにとどめたい。

Ⓐ　摂関家と信頼の関係、とくに忠通が信頼に依存したという論点(77)

Ⓑ　信頼が「武門の中心」であるとの論点(78)

Ⓒ　後白河にとって信頼が武力の点で不可欠だったとの論点(79)

Ⓓ　義朝が信頼に従属したとの論点[80]

以上いずれも、元木氏による信頼再評価が成立しないという叙上の検証結果からみて、論理必然的に成立しえない論点である。また、元木氏の記述をそれ自体個別に取り上げても、学問的に論証されたものではないように思われる。以上、元木説の検証に思いのほか紙幅を要してしまったが、以下、節を改め、信頼の謀叛の動機形成について筆者なりの検討を行うことにしたい。

四　信頼謀叛動機形成の前提、信西一家の権力の広がり

1　『愚管抄』の記述の特徴

信頼が謀叛にいたる動機について、考察の手がかりになるのは『愚管抄』の記述である。[81]便宜改行して、必要部分を引用する。

〔史料C〕『愚管抄』巻五（旧大系二二六頁）

保元三年八月十一日におりさせ給て、東宮〈二條院〉に御譲位ありて、太上天皇にて白河・鳥羽の定に世をしらせ給ふ間に、忠隆卿が子に信頼と云殿上人ありけるを、あさましき程に御寵愛ありけり。

さる程に又北面の下﨟どもにも、Ⓒ1信成、信忠、為行、為康など云者ども、兄弟にて出来きなどしければ、信頼は中納言右衛門督までなされてありけるが、このⒸ2信西はまた我子ども俊憲大弁宰相、貞憲右中弁、成憲近衛司などになしてありけり。

Ⓒ3俊憲等才智文章など誠に人に勝れて、延久例に記録所おこし立てゆゝしかりけり。Ⓒ4大方信西が子どもは

法師どもゝ数しらずおほかるにも、みなほど〳〵によき者にて有ける程に、Ⓒ5この信西を信頼そねむ心いできて、（下略）

有名な一節なので、とくに説明は要しないであろう。筆者が注目したい第一は、慈円が歴史や政治、人を記すときに〈家〉という単位で捉えているという点である。この点は大隅和雄氏が強調された点であるが(82)、この一節にもそのことが貫徹されている。大隅氏は、「『愚管抄』における個々の人物は、家と密着し、一体化したものとしてとらえられており、決して単なる個人ではないのである(83)」と指摘されている。竹内理三も同様の指摘をされているが(84)、この視角は信頼そして義朝の謀叛の動機形成についても、あてはまるものと思われる。ここに、信頼の謀叛動機形成の理由を、慈円はどう理解していたかが表現されている。それは、Ⓒ4、Ⓒ5なのであるが、ここには、「信西の子息たちの中には法師も数を忘れるほどたくさんいたが、みなそれぞれに優秀な者であったから、信頼はこうした信西の力をねたむ心を持つようになったのである(85)」という記述である。

以上の慈円の見方を参考にするならば、我々も信頼謀叛の動機形成について、信頼と信西の個人の関係で考えるのではなく、信頼の〈家〉と信西の〈家〉という単位で考える必要があり、とくに信西の子息に注目する必要がある。『尊卑分脈』によると、信西の子息は十五人(86)にのぼり、他に女子が五人ほど記され(87)、信西が実に多くの子供に恵まれていることが確認できる。その点で、「信親」一人しか子息が記されていない信頼とまさに好対照である(88)。『愚管抄』のいう「優秀」な信西の子供達は、弁官局（官方）、検非違使方、近衛府、国守等々にわたって、広く信西の権力基盤を形成しており、その勢力は政治・経済および仏教界に及んでいた。信西子息については岩崎小弥太(89)、中村文氏(90)、五味文彦氏(91)らの研究で触れられているが、本稿でもⒸに記された信西子息の活動につき、『尊卑分脈』の記載を『補任』類で補いつつ、保元年間以後の位階（叙爵・加階）と任官の状況を箇条書き的に列挙し跡づけておき

たい。(92)

2　信西子息たちの活動に関する個別的検討

①〔俊憲　三八ａ〕(93)長男の俊憲は、母は近江守高階重仲の娘、康治元年（一一四二）に秀才の文章得業生となって以後大学権助などをへて、仁平四年（一一五四）叙爵、守仁親王（のち二条天皇）の東宮学士（一一五五年）となり、院の別当もつとめる。俊憲の才については、俊憲が保元三年に完成した大内裏で内宴の序を作り父信西がこれをみて自分より優れていると涕泣したという『古事談』の伝える故事がある。(94)俊憲は蔵人頭や弁官の心得を記した『貫首秘抄』『新任弁官抄』(95)など著作もあって、〔史料Ｃ〕Ⓒ3の記すように文字通り「俊才」であったと想定される。乱で解官（十二月十日）、越後国に配流が決まり（十二月二十二日）、出家した（十二月三十日）（法名真寂）。翌年正月になって、配流先が越後国から阿波国に変更になり、(96)二月に召し返された。(97)

保元年間の俊憲の加階・任官状況を以下に列記しておく。

〔保元元年〕（兼東宮学士）→九月十七日任右少弁

〔保元二年〕正月二十四日兼美濃権介→三月二十六日叙正五位下（臨時）→四月二十六日兼右衛門権佐・使宣→八月二十一日転左少弁→十月二十四日補蔵人（三事兼帯）。

〔保元三年〕二月二十一日転権右中弁→五月六日叙従四位下（春日行幸行事賞）→八月十日転右中弁・補蔵人頭・叙従四位上（鳥羽御塔行事賞）→八月十一日止学士（依二践祚一）→八月十七日補後白河院別当・率分勾当→十一月二十六日転権左中弁、→十二月十七日叙正四位下（学士、即位）

〔保元四年（四月二十日・平治元）〕四月六日任参議（去蔵人頭・権左中弁）→十一月十日兼近江権守→十一月二十二日

叙従三位(98)

②〔貞憲ａ〕母は俊憲と同じ。保延六年（一一四〇）飛驒守に任じている。歌人として知られ、後白河院政開始後は院庁別当をつとめた。(99) 貞憲も三事兼帯の栄誉を担っており、俊英であったと想定される。乱で土佐国へ流されるが、翌年二月召し返された。(100)

保元年間の加階・任官状況を俊憲と同様に列記しておく。

〔保元元年〕九月十七日任少納言

〔保元二年〕六月二十五日任兵部権大輔→十月二十二日叙正五位下

〔保元三年〕五月六日任右衛門権佐・使宣→八月一日兼摂津守→八月十日兼右少弁（摂津守・権佐如レ元）（俊憲・貞憲兄弟弁官相並例）→十一月二十六日補蔵人（止二摂津守一　転二信濃守一）（三事兼帯）

〔平治元年〕五月一日転権左少弁・叙従四位下（臨時）・（同日止二権佐・使・蔵人一）→五月二十八日・院別当（見任）→閏五月二十五日転権右中弁（依レ為二四位一越二左少弁朝方一）

③〔是憲ａ〕本名高尹。母は俊憲と同じ。久安五年（一一四九）飛驒守をへて、保元三年に信濃守（保元三年十一月二十六日）。従五位下少納言。乱で佐渡国に流される。出家して円照、遊蓮上人と号して往生人として知られる。(101)

④〔成憲二五ｂ（成範）〕はじめ成憲のち成範と改名する。母は後白河天皇乳母朝子（紀伊二位）。美福門院判官代としてキャリアをはじめ、十九歳で右近将監に任じる。実務官僚としてのキャリアをもつ①〜③の兄たちと違い、同母弟⑤とともに、近衛コース（将）をたどって昇進しており、儒者の家系で卑官で入道した人物の子息としては異例ともいえる官途といえ「後白河天皇の乳母子にたいする寵遇が明らかに反映されている」とされる。(102) 後白河院政開始後は①②とともに院庁別当を勤める。乱で下野国に流されるが、翌年二月召し返され本位に復し、院の近臣とし

て生涯を通じて順調に昇進した。(103)

④成憲の保元年間の官爵歴は次のとおりである。

〔保元元年〕四月十日任左衛門佐→閏九月二十六日兼遠江守

〔保元二年〕正月二十四日叙従五位上（臨時）→十月二十二日叙正五位下（造蔵人宿舎屋）→十月二十七日任左少将

（止二左衛門佐一、遠江守如レ元）

〔保元三年〕正月二十七日叙従四位下→八月十日転左中将、転播磨守（元遠江守）→十一月二十七日叙従四位上（造大極殿賞）

〔保元四年（四月二十日・平治元）〕正月三日叙正四位下（行幸院賞、別当）

⑤〔藤原脩憲一七b〕永暦元年（一一六〇）修範と改名。母は紀伊二位。兄弟中もっとも早く十四歳で叙爵。乱で隠岐国に流されるが、翌年二月召し返され左少将に復し、後白河院の近臣として活動する。院との関係は兄成憲よりも親密だったとされる。(104) 寿永二年（一一八三）、正三位参議にいたるが、同年末出家した。(105)

⑤の脩憲の保元年間の官爵歴は次のとおりである。

〔保元元年〕九月二十四日・昇殿→九月二十八日・六位蔵人（元非蔵人）→閏九月二十八日去蔵人、叙従五位下（前斎院統子内親王未給合爵）

〔保元二年〕正月二十四日・美濃守→十月二十二日叙従五位上（造宮）→十月二十七日兼左兵衛佐

〔保元三年〕十二月二十七日・正五位下

〔保元四年（四月二十日・平治元）〕四月六日兼左少将（美濃守如レ元）

⑥〔静賢a〕保元元年（一一五六）十一月、無量寿院の法華八講に際し竪者を務め、翌年正月宝荘厳院の僧房を修造

した功により法橋に叙される。四月には最勝寺上座。法勝寺執行、のち最勝光院、蓮華王院など院の由緒深い寺の執行を歴任した[106]。乱により安房国に流されるが、その後帰京し法印に叙される[107]。源平争乱の際には、院の意志を伝えるために清盛や宗盛や木曾義仲のもとに派遣されるなど、後白河院の信任を得た[108]。

⑦〔澄憲ａ〕乱により下野国に配流。「四海大唱導／一天名人也／此一流能説正統也／能説名才／探題／二會竪義／号少納言／法印大僧都」と『尊卑分脉』に注記され[109]澄憲が法会の題者や、興福寺維摩会や薬師寺最勝会などの竪者として活躍したことが知られる。後白河院との関係も浅からぬものがあったとされる[110]。子の聖覚らも説法唱導に優れ、唱導の安居院流の祖とされる[111]。

⑧〔光憲〕（記載なし）

⑨〔寛敏〕乱により上野国に配流。仁和寺僧。広隆寺別当となる。

⑩〔憲曜〕乱により陸奥国に配流。山門僧。

⑪〔覚憲〕乱により伊予国に配流。権僧正に至り、興福寺別当となる。

⑫〔明遍〕乱により越後国に配流。東大寺僧。後に高野山に住み、「発心堅固」、空阿弥陀仏と号した[112]。

⑬〔勝賢（憲）〕乱により安芸国に配流。醍醐寺僧。権僧正にいたる。醍醐寺座主、東大寺別当となる。

⑭〔行憲〕園城寺僧[113]。

⑮〔憲慶〕園城寺僧。阿闍梨二位

⑯〔女子[114]〕大納言隆季室

⑰〔女子〕中納言長方室

⑱〔女子〕中納言藤親信室

⑲〔女子〕少将有房室
⑳〔女子〕家房卿室

さて、信西一家の勢威を考える場合、もう一人忘れてはならないのが、後白河の乳母で、信西の後妻である朝子である。永暦二年（一一六一）後白河が再建し、院政の重要な御所となった法住寺殿は、右大臣藤原為光創建の法住寺跡地近くに、朝子が建てた持仏堂・清浄光院の一郭にあった。[115]龍粛は、『兵範記』保元三年十月二十三日の記事を使って、「信西の妻である上皇の乳母紀伊三位は、十月二十三日に信西が法住寺内に建立した丈六阿弥陀堂の風流華美を極めた構の大門に、後白河上皇の院旨によって前関白忠通が染筆した清浄光院の扁額を掲げ、その供養には天台座主最雲法親王を導師に請じ、公卿の参会は十余人に及び、導師の被物は百二重、その他の物が猶百余物と馬二匹があり、讃衆の被物は十余重に及んだ」とその勢威を例示され、「翌四年正月廿一日の内宴に際し、紀伊三位は従二位に昇叙され、信西家の絶大な威力が世に示されていた」と記し、「信西の権威宮廷に冠たり」との見出しの象徴として紀伊二位の存在が特記されている。[116]

3　信西一家の権力基盤

以上、信西の子供達の活動および妻の紀伊二位の勢威を確認してみたが、以上の活動を総合的に分析してみると、注目すべき点が、ただちに三点ほどあげられる。

第一に、前述の『愚管抄』（〔史料C〕）Ⓒ2、Ⓒ3、Ⓒ4の語るとおりに、信西の多くの子供達が、それぞれにきわめて「優秀」で、多方面にわたる歴史的足跡を残していることである。とくに、①の俊憲と②の貞憲が保元三年八月に兄弟ならんでの弁官の例をなし、さらにともに「三事兼帯」の栄誉に担うなど能吏ぶりが推測され、同時に昇進状況も尋常ではない。

第二は、紀伊二位（朝子）の子④⑤の二人は若年から官爵昇進が著しいという点である。成憲は早く近衛府の将監に任じ、脩憲は十代半ばで昇殿し蔵人となって叙爵し、近衛の将に任じられるなど、上流貴族の昇進コースにのっており、将来を約束された（はずの）キャリアを進めていた。

第三は、この点は従来あまり注目されていないと思われるのであるが、注記のほとんどない⑧⑭⑮を除いて、『尊卑分脉』では僧籍に入った者として記載されている（平治の乱当時は十代半ばにも達しない）年少者を含め、男子は執拗なほどに徹底して配流の処置を受けていることである。

『尊卑分脉』による限り十二人が配流されていることが知られ、しかも遠流が多いという特徴がある。ここには平治の乱（十二月九日事件）が、信西〈一族〉全体を対象とし断罪するものであったという側面が見て取れる。[118]

五味文彦氏は、「信西政権」の権力基盤として、「記録所を中核としつつ、官方・蔵人方・検非違使方の朝廷の実務機構をおさえ、知行国と後院領を経済基盤として構築され[119]」、「近衛や国司の方」を通して、「朝廷政治の表舞台における名誉」と「富」をも手に入れたことを指摘している。[120] 経済面について五味氏の研究につけ加えることはほとんどないので、上述の記述と関連させながら、五味氏の記述を要約しておく。

〔国司・知行国〕保元の乱前には飛騨国一ヶ国を知行国として保持していたが（②③）、乱後④が遠江守となって（保元元年閏九月二十六日）、二ヶ国に増え、飛騨は⑤が美濃守となって美濃に遷り（保元二年正月二十四日）、遠江は④が播磨守となり播磨に遷った（保元三年八月十日）。新たに②が摂津守となり（保元三年八月一日）、②が辞すと③が信濃守となり（保元三年十一月二十六日）、結局三ヶ国の知行国を得た。これは、摂関家や美福門院につぐもので富裕のほどが知られる。

〔後院領と荘園〕　頼長領二十九ヶ所、平忠貞・正弘の所領など保元の乱で没収された所領が治天の君の直轄領である後院領に編入され、肥前国神崎荘・大和国藤井荘等、信西がそれらを管轄した(121)

次に、政治面に関しては、五味氏の指摘を筆者なりに整理し直して、上記の記述と関連させつつ敷衍してみたい。信西が構想したであろう人的配置を分析すれば以下のごとくである。

（一）　弁官任官を通じた太政官実務機構の制御（官方）（①②）
（二）　蔵人補任を通じた二条天皇周辺の把握（蔵人方）（①②⑤）
（三）　検非違使補任を通じた警察権力への関与（①②）
（四）　近衛の将への任官を通じた名誉獲得（④⑤）
（五）　公卿会議のメンバーとして最高意思決定への参与（①）
（六）　院庁別当・院司として院方への関与（院方）（①②④⑤）
（七）（仏教界への影響力保持の将来構想(122)）

以上に確認されるように、七歳で父実兼を失い高階経敏の養子となった信西が、しかも中宮藤原璋子の宮司六位少進としてそのキャリアをはじめざるをえなかった門地であり卑官で入道した信西が(123)、わずか一代で、摂関家に次ぐといっても過言でないほどの抜くべからざる勢力を保元の乱後の朝廷に築き上げたのである。

そして、天与の幸運というべきか、生物学的な強さと称すべきか、才あふれる（少なくとも）二十人にわたる子に恵まれた。そしてこの自らの強みを存分に生かして、次世代の配置もぬかりがなかった(124)。

この一家の急速な進出と成り上がり、そして予想される、信西一家が占めるであろう将来の宮廷社会での位置づけは、先例と家格秩序を重んじる平安貴族社会にきわめて大きな波紋を呼んでいたと考えられる。

五　信頼謀叛の動機形成

1　信頼と信西一家

以上の信西一家の状況にもっとも強く反応し、貴族層の反発の扇の要に位置したのが信頼であったものと思われる。信頼自身が保元の乱後、急激な官位・官職の上昇を手にしていたのだが、信頼の昇進を補任類で跡づけてみる時、信頼の周りにはつねに、信西の子供達の活動もみられることに気がつく。

信頼が異例ともいいうる急速な昇進をはじめたのは保元二年（一一五七）である。煩をいとわず必要部分を再掲しておく。

〔保元二年　信頼の官爵状況〕　三月二十六日兼右中将（武蔵守如レ元）→四月二十六日叙従四位上→八月二十三日叙正四位下（去武蔵守）→九月十九日転左中将→十月二十七日補蔵人頭

この保元二年十月二十七日に近衛少将に任じられたのが紀伊二位の子の④の成憲である。信頼より二つ下の成憲は、この年はじめに従五位上（正月二十四日・臨時）に叙されたばかりだったが、十月には正五位下と累進し、さらに十月二十七日の除目では左少将となるなど、朝廷の表の世界における名誉を象徴する近衛任官でも信頼に迫ってきた。成憲の昇進のスピードは信頼のそれをさらに上回るものと言ってもよいほどである。

一方、蔵人方で、蔵人頭（中将）となった信頼の前に迫ったのが、①の俊憲である。信頼よりも十一歳年長の俊憲は、信頼が蔵人頭になった四日前に蔵人に補された。しかもただの五位の蔵人ではない。廷尉佐（検非違使右衛門権佐、四月二十六日）、左少弁（八月二十一日）を兼ねたいわゆる〈三事兼帯〉であった上、さらに東宮学士をも兼ねる、四職兼帯の蔵人としてであった。[125]

俊憲は蔵人方、官方、検非違使方の三方面それぞれに、あるいは相互の連絡に、そのもてる才を存分に発揮していたことであろう。

次に、保元三年（一一五八）の信頼と信西一家の関係状況を見てみよう。まず、信頼の官爵を確認しておく。

〔保元三年・信頼の官爵状況〕　二月三日兼皇后宮権亮→二月九日叙正四位上→二月二十一日任参議（左中将・皇后宮権亮如元、去蔵人頭）→五月六日叙従三位→五月二十一日兼左兵衛督→八月一日転皇后宮権大夫→八月十日叙正三位任権中納言（皇后宮権大夫左兵衛督如元）→十一月八日・検非違使別当→十一月二十六日転右衛門督

保元三年に限っていうならば、信頼は巻き返したとみることができる。近衛の将でみると、④成憲は同年左中将（八月十日）に任じられたが、信頼は半年先行していて、播磨守転任以外に成憲の昇進には特別みるべきものがない。しかし、信頼の参議任官で去った蔵人頭に、やはり半年遅れだが、①俊憲が就任しており、俊憲は権右中弁（二月二十一日）→従四位下（五月六日）→右中弁・蔵人頭・従四位上（八月十日）→権左中弁（十一月二十六日）→正四位下（十二月十七日）と着実に累進を重ねていた。

そしてこの年は②貞憲の昇進がより顕著だった。即ち、右衛門権佐・検非違使（五月六日）→摂津守（八月一日）→右少弁（八月十日）→五位蔵人（十一月二十六日転信濃守）と急速な官爵の昇進をみせている。五月六日の任官では、「俊憲・貞憲兄弟弁官相並例」と『弁官補任』は注記しており、[126] それは衆目を驚かすものであったと思われる。十一月の兄弟二人の三事兼帯も、同様の衝撃をもたらしたに違いない。

こうみてみると、この保元三年も、信頼は信西一家の圧力を、質と量との両面で受けていたと言えよう。

そして、問題の次の保元四年（平治元）である。さすがに大納言・大臣の壁は厚かったというべきか、信頼に目立

った昇進はない。さらに、三月に検非違使別当を辞しているが、その理由も定かでない。ただ一点、注目すべき事実がある。正月三日に二条天皇が後白河院のもとへ朝覲行幸を行っているが（『山槐記』同日条）、信頼がこの「行幸賞」を藤原成親に譲って、その結果成親が正四位下に上階していることである。[127]信頼としては意味のある昇任・昇叙ができない状況のもとで、その賞を他の（不平）貴族に譲って組織化を意図したものとも推測される。

一方の信西一家では、①俊憲が、四月六日に従三位・参議としてついに公卿会議のメンバーとなった。②貞憲は五位蔵人・右少弁・信濃守・検非違使として、①俊憲が、公卿会議に昇って蔵人方・官方・検非違使方から抜けた後を補い、さらに従四位下権左少弁（五月一日）、権右中弁（閏五月二五日）とスピードをはやめるごとくに累進した。[128]

保元の乱後昇進を重ねてきた信頼は、この信西一家全体の進出と、信西一家の総合的な力をどう受けとめただろうか。

以下十行は筆者の推測である。

信頼にとって直接のライバルとなったのは、世代の異なる信西その人というよりも、近衛や国司の面で競合し年も近い紀伊二位の子④成憲と、十歳近く下の⑤脩憲で、かつかれらの追い上げだったのではないだろうか。もちろん年長で実務官僚の性格が強い①俊憲や②貞憲にも、その際だった才智へ敵意が向けられた可能性が濃厚である。そしてこれに続いて年下の信西の子らの進出をも想定され、これらを束ねる位置にいたのが、すでに老境に入っていたと言ってもよい信西であった。

子が信親一人にすぎない信頼の主観からすれば、[129]手をこまねいたままでは〈じり貧〉であって、将来に向けて何らかの逆転の手立てを講じる焦燥にかられたのではないだろうか。信頼が着想することができ、かつ現実的にとりうる方策としては、常識的だが、次のようなものしかなかったのではないだろうか。

㈠　無理をおしても自らが信西一家に抜きんでた昇進を果たす

㈡　反信西の感情をいだく諸勢力を結集させる

以上のように考えてくると、三節の2で言及したところの、信頼が近衛大将を望んだという『平治物語』の記事[130]は、この㈠の観点からも蓋然性の高い説ということになる[131]。

後者の㈡の観点については、平治の乱の最初の軍事的蜂起で信頼と連携した（二条天皇側近と一般に指摘される）藤原惟方らについて若干検討し、信頼蜂起の参考に供することにしたい。

2　藤原惟方と信西一家

藤原惟方は平治の乱の準主役である。父は鳥羽院の近臣・権中納言藤原顕頼。白河法皇の近臣として威勢をふるって夜の関白といわれた葉室顕隆の孫にあたり、惟方の母（俊子）は二条天皇の乳母であった。つまり二条天皇とは乳兄弟であった[132]。信頼・源義朝が挙兵すると、当初信頼の側に立ったが、平清盛の帰京を許した情勢をみて信頼側から寝返り、二条天皇に付き添って清盛の六波羅邸に移しまいらせ、平治の乱の分岐点の主役となった。乱後は二条天皇親政を主導する振る舞いが後白河上皇の反感をかい、永暦元年（一一六〇）に長門国に流され出家した人物である。

惟方のキャリアをみておきたい。天治二年（一一二五）に生まれ、鳥羽院判官代（十一歳）よりはじめ、保延二年叙爵（一一三六年四月七日）、越前守、丹後守、遠江守らを歴任し[133]、位階も順調に累進させていき、保元の乱の直前には廷尉佐（一一五五年二月二十五日）・東宮大進（同年、九月二十三日）・権右少弁（一一五六年四月六日）を兼任した（三二歳）。例によって保元年間の官爵の状況をおさえておく。[134]

〔保元元年　惟方の官爵状況〕　五月二十六日辞遠江守→九月十七日転権右中弁・左衛門権佐→閏九月十四日補蔵人（三事兼帯）

〔保元二年　惟方の官爵状況〕　三月二十六日辞（東宮）大進→四月二十六日去蔵人→五月十七日叙従四位下→八月二十一日転右中弁→十月二十二日叙従四位上（造宮行事弁）

〔保元三年　惟方の官爵状況〕　正月六日叙正四位下（男摂津守惟定造宮賞。越二左中弁資長一）→二月二十一日辞右中弁、補蔵人頭→四月二日任右兵衛督→八月十日任参議（元蔵人頭。右兵衛督如レ元）→十一月二十六日転左兵衛督

〔保元四年（四月二十日・平治元）惟方の官爵状況〕　正月二日叙従三位（行幸院、別当）→正月二十九日兼出雲権守→十月十日為使別当

「保元の乱後には検非違使・弁官・蔵人の三つを兼帯して、藤原信西の推進する諸政策に協力した[135]」とされる惟方だが、前節で考えた問題の延長線上で、信西一家との関係に注意してみると、いくつも気になる点が浮かび上がってくる。

　第一は、保元元年の衛門府・検非違使方の状況である。

　惟方は前年の右衛門権佐（使宣旨、久寿二年二月二十五日）から左衛門権佐・権右中弁（九月十七日）と、この年衛門府の官職を累進させているのだが、この間に、紀伊二位の長子で惟方より十歳年下の④成憲が、従五位下と惟方よりも位階が下にもかかわらず、官職としては一段上の左衛門佐（四月十日）に任じられている。さらに成憲はこの間に遠江守を兼任（閏九月二十六日）している。惟方としては内心穏やかではなかったに違いない[136]。

　第二は、保元元年〜二年の三事兼帯をめぐる競合である。惟方の場合、久寿二年に廷尉（二月二十五日）、翌年四月

の弁（四月六日）とあわせ、保元元年閏九月一四日に五位蔵人となることで三事兼帯となった。宮崎康充氏の研究によりつつ、注目すべき点を三点ほどあげておく。

㈠　三事兼帯者が十二世紀以後、勧修寺流藤原氏（為房以降）、内麻呂流藤原氏（資業流、広業流）、高棟流桓武平氏（時範以降）の三つの門流出身者に限定され、例外は、「俊憲・貞憲兄弟以外にはない」こと

㈡　「三事兼帯が実務官僚の名誉であるという観念」が出来上がったのは十二世紀後半で、新興の実務官僚である為房流・時範流では父祖の官職が佳例と強く意識され、同じ官への就任をことさらに望んだこと

㈢　為房の子息である顕隆・朝隆、孫である顕頼、顕遠らの三事兼帯はこうして実現されたこと

以上である。(137)

為房の子孫で顕頼の子である惟方も、父祖の伝統を担い、また兄である光頼の三事兼帯の例を追って、保元二年に三事兼帯の栄誉を担ったのである。(138)

しかし、その翌年の十月二十三日に俊憲が五位蔵人となって三事兼帯し、さらにその翌年十一月二十六日には貞憲が五位蔵人となり兄弟ならんで三事兼帯の名誉をになった。すでにその三ヶ月前の保元三年八月十日、貞憲が弁を兼ねたときに「俊憲・貞憲兄弟弁官相並例」と『弁官補任』はわざわざ注記を付けている。(139)実務官僚として廷尉佐から弁官へ進む道を独占しつつあり三事兼帯の佳例を独占していた（三流の一つに位置する）惟方にとって、これら信西一家による実務官僚分野への、しかも兄弟そろっての進出が、脅威に感じられた可能性は極めて高いといえよう。

第三に、惟方が蔵人頭を去って参議に任じられた保元三年八月十日、かわりに蔵人頭となったのは俊憲であった。また翌保元四年正月二日に惟方は従三位に任じられたが、その三ヶ月後には俊憲が参議として公卿会議のメンバーとなり、十一月には従三位に叙された。

類似したキャリアの道で、俊憲は着実に惟方の後を追っており、その差は狭まりつつあった。そして、俊憲の後に続いていたのが貞憲である。一方、後白河上皇の乳母紀伊二位の子成憲・脩憲らは、近衛コースにのって、はるかに惟方を抜かそうとしていた。

信西一家の進出が与えた波紋は、二条天皇の乳母子で為房流の実務官僚家にも及んでいたのであって、武力蜂起の動機が認められるのはたんに信頼一人の問題ではなかったといえよう。

3　共同謀議の動機形成

以上、信頼と惟方をつうじて、信西一家の進出が生み出した波紋を考えてみたのだが、これは、なにも二人に限ったことではなく、さらに広がりをもつものであった。

たとえば、やはり平治の乱で信頼側に立って参加した藤原成親にも同様の問題があてはまる。成親は、保元三年、従四位上で十一月二十六日に左少将から右中将に転じているのだが、左少将第二位の成憲が、成親を越えて八月十一日に左中将に転じている(140)。『近衛府補任』の編者市川久氏は、保元三年の「左中将」藤原成憲の項に、「任左中将、八月十任、元左少将〈元少将第二、超㆓成親朝臣㆒〉」と、記されている。市川氏の指摘されるとおり、この超越(141)は注目されるべき問題であろう。

この点で翌年正月三日の朝覲行幸に際しての行幸の「賞」を信頼が成親に譲り、成親は正四位下に叙された事実が注目される(142)。

これを推測するに、上記の成親の不満をみてとった信頼が「賞」の譲与という形で成親の取り込みをはかったのではないだろうか。こうした経緯から成親は信頼与同へと傾いたものと推考される。

類例はまだある。平治元年五月一日、官方で、貞憲が右少弁から権左少弁に転任し、即日従四位下（臨時）に叙されたのだが、これは正五位下左少弁藤原朝方を超えるものであった。『弁官補任』は「四位少弁例」としてこれを注記しているが、この逆転を解消するために、貞憲は同年閏五月二十五日権右中弁に転任した。「依レ為二四位一、越二左少弁朝方一」との本文をかかげ、注記で「依レ位転任例」と記されている。[143]

以上の家格秩序破壊自体は、藤原宗忠が白河院政を評して「賞罰分明、愛悪ヲ掲焉、貧富顕然也、依二男女之殊寵多一、已天下之品秩破也」[144]と評した文言で周知のごとく、院政そのものの特徴であり、なにも信西一家だけの問題ではなかろう。しかし、門地低く、卑官にして入道した信西子息による超越連鎖の衝撃は、ひときわ大きなものであったに相違ない。保元の乱後の院政派、親政派という路線対立あるいは大義名分の底流において、比較的身分が不安定な、院近臣層・実務官僚層のとくに二、三男層に一定程度共通して、信西一家進出に対する強い反感が存在したと考えられるのである。[145]平治の乱の当初の蜂起に名を連ねる貴族はまさにこうした人々であった。[146]平治の乱とよばれる軍事蜂起の目的は、おそらく当初から信西一人の排除ではなく、信西一家を朝廷から排除することにあり、謀叛参加貴族の共通意思として一家のほとんどが流罪となったと推考される。

こうした、恨み、不満不平あるいは漠然とした不安が、参加貴族の行動を動機づけた基礎的条件あるいは私的側面であったものと推察される。[147]

一方、参加貴族における蜂起の「共通の正当性の確信」[148]はどのようなものと考えたらよいのだろうか。かりに上記の基礎的参加条件を共有した貴族達に対しても、上述の不平不満を標榜するだけでは積極的な蜂起参加を呼びかける大義名分にはなりにくかったものと想定されるからである。一般的に考えれば、〈君側の奸を除く〉、〈貴族社会のあるべき秩序の維持〉、〈生存権の主張〉[149]などがすぐ想起される。この点で筆者は親政派の主張が参加貴族の大義とされたのではないかという展望を有しているが[150]、この点の検証は今後の課題としなければならない。

結び

本章で論じたことをまとめて結びとしたい。

第一に、元木泰雄氏による藤原信頼再評価はその前提・論証・結論とも支持しえない。

第二に、信頼の謀叛を考えるにあたっては、信頼、信西を個人として考えるべきではなく、〈家〉として考えるべきであり、その点で、『愚管抄』の記述に従うべきである。

第三に、第二のように考えた場合、信頼は、信西の子息らの進出に危機感を抱いていたと推定され、次世代を見すえたとき、通常の手段によっては挽回し得ないとの展望を描かざるをえなかったものと思われる。

第四に、こうした信西一家の貴族社会への進出は、旧来の実務官僚家・院近臣家、とくにその二、三男層に広く波紋と反感をもたらしたものと推考され、これが、信頼と惟方・成親らが連携する背景にあったものと推定される。

以上の平治の乱の基本構図は竹内理三・龍粛らの研究では、少ない記述ながら、すでに着目されていた観点であり、今後の平治の乱研究においては、こうした古典的な研究の視点を再度しっかりと継承し直す必要がある。

本章で論ずべくして論じられなかった点は多い。

信頼謀叛の背後に後白河上皇の意思を想定する河内祥輔氏の研究についてほとんど触れえなかった[151]。また、多賀宗隼の提唱以来多くの支持者を有する清盛陰謀説についてもまったく言及できなかった[152]。

ただ、上記二説の示唆する〈背後の後白河の意思〉や〈清盛の陰謀〉という主張は、残された史料によっては事実

（facts）として確定しえないものである。二説があえて分け入ろうとする真理（truth）の闇に踏み込まなくても、古典学説を正面から受けとめるならば、その延長線上において、平治の乱は十分に理解できるものと筆者は考えており、またそれが、歴史学の基本任務に忠実な道であろうと考えるものである。(153)

注

（1）『日本史用語集』（山川出版社、二〇一六年）八〇頁。『五訂必携日本史用語集』（実教出版、二〇一七年）八六頁も「後白河院政開始後さらに高官を望んだが藤原信西に阻まれ、信西と対立」との情報を付加している以外はほぼ同様の記述である。

（2）『保元・平治の乱（改題）』角川ソフィア文庫、二〇一二年）一六二頁。初出は二〇〇四年。その他にも例えば、「武力を自在に行使できる信頼」（同書一六七頁）という記述、（信頼が）「関白基実を妹婿として摂関家の武的基盤となったことも、信頼の武門という性格を明示する」（同書一七二頁）との記述など、元木氏による信頼の再評価は顕著である。

（3）元木氏、前掲『保元・平治の乱』一七二頁。

（4）以上の引用はすべて、元木前掲『保元・平治の乱』一八八頁。

（5）美川圭氏は、「彼（信頼―引用者）が知行国としていた武蔵国、あるいは一族が知行国としていたらしい陸奥国における誼もあって、源義朝という自由に動かせる武力をもっていた。彼自身は武士ではないが、武家の棟梁的な性格を備えていたといえるのである。また、関白藤原基実を妹婿として、その後見役といった立場にもあった」（美川『院政』中公新書、二〇〇六年、一一六頁）と元木説を祖述し、野口実氏も、「この乱の原因を義朝と清盛という武門同士の対立に求めようとする通説は誤りで、乱発生の本質的な原因は伝統的院近臣家と新興の信西一門との対立にあり、義朝はあくまでも藤原信頼に従属する形で信西追討の武力をになったにすぎなかった（元木泰雄『保元・平治の乱を読みなおす』）」と直接元木説を引用されている（『源氏と坂東武士』吉川弘文館、二〇〇七年、一一一頁）。しかしその他にも、例えば、本郷恵子氏も、「信頼が義朝という自由になる武力を手に入れたことが、（平治の乱の―引用者）直接の引き金になったと考えられる。」（本郷『京・鎌倉　ふたつの王権』小学館、二〇〇八年、八九頁）と元木説を引用しており、その説の影響は東西を問わず大きいと判断される。

（6）元木泰雄前掲『保元・平治の乱』一五五頁。

（7）『平治物語』と『愚管抄』の信頼像が共通しているという指摘には筆者は従えない。

（8）元木前掲『保元・平治の乱』一五五～一五六頁。

（9）元木前掲『保元・平治の乱』一五六頁。『平清盛と後白河院』（角川選書、二〇一二年）四九頁でもほぼ同様の記述をされている。

（10）この反問が誰に発せられたものか判然としない。文学に造詣の深い一般読者であるとすればさほど問題はない。もし、研究者をも含んでいると考えれば、本文後述のごとく、文学の軍記研究でも歴史学でも、学問的通説ではかかる記述を真に受けたことは現実にはかつてなかったものと思われる。

（11）日下力『平治物語の成立と展開』（汲古書院、一九九七年）三七頁。初出は一九七〇年。

（12）日下前掲書四五頁。

（13）日下前掲書五三頁。

（14）日下力「平治物語　解説」『新日本古典文学大系　保元物語　平治物語　承久記』（岩波書店、一九九二年）五七九頁。

（15）日下前掲「平治物語　解説」五八一頁。

（16）近年では早川厚一氏によって、『平治物語』成立論の検証が行われている（「『平治物語』成立論の検証――『保元物語』『平治物語』『愚管抄』との関係について――」（『名古屋学院大学論集（言語・文化編）一九―一』、二〇〇七年）五三～六二頁。）

（17）「通説」「通説的理解」という時、一般には、「①真理に到達した造詣の深い説。通達した説」あるいは「②世間一般、または、その世界で、その主張が認められている説」（『日本国語大辞典　第二版』）という意味で使用されているのだが、元木氏の用語法では、「はっきりした根拠もなく、世間一般にいい伝えられている説。世俗の人の説」（『日本国語大辞典　第二版』）という〈俗説〉に近い言葉として、ほぼ例外なく（否定的な文脈で）使われているので、その点注意が必要である。

（18）『日本歴史大系』第二巻序文には「研究史の総括的任務を主とする場」「安定性のある理解をできるだけ尊重し」（永原慶

二執筆）と記されており、一般にもそうした通説的記述として信頼されているように思われる。

(19) 竹内理三「院政と平氏政権」（『岩波講座日本歴史　中世1』一九六二年、のち『竹内理三著作集　第六巻・院政と平氏政権』角川書店、一九九九年に再録）二二九〜二三一頁。ただし本文のみを比較対象とした。

(20) 田中稔「院政と治承・寿永の乱」（『岩波講座日本歴史　古代4』一九七六年、のち『鎌倉幕府御家人制度の研究』吉川弘文館、一九九一年に所収）一〇〜一一頁。

(21) ただし本文のみを比較対象とした。石井進『日本歴史大系1』第四章「平氏政権」（山川出版社、一九八四年）、のち『石井進著作集　第三巻』（岩波書店、二〇〇四年に再録）二二三〜二二五頁。本文では一般的な版組をしている著作集によって、記述行数を示した。

(22) 別稿では各論者の分野ごとの記述の行数を記述全体の行数で割り比率をグラフ化して示した。このグラフの作成の詳細な典拠については、拙稿「平治の乱における藤原信頼の謀叛――再評価と動機形成をめぐって」（『経済史林』八〇―四号、二〇一三年）二八八〜二九二頁を参照されたい。

(23) 「摂関家の政治的地位の低下はいよいよ決定的になった」（田中前掲書一一〇頁）、「摂関家の権威と権力が、従来にも増して決定的に低落したことも重大な事実であった」（石井前掲書二二〇頁）、「摂関家の権威は失墜」（橋本）と記している。なお四氏ともに、次の㊂の信頼の不満に関わる記述が少ない点は後述する。㊁の義朝の不満に関わる記述については、Ⅰ部第二章でとりあげたので省略する。

(24) 元木『院政期政治史研究』（思文閣、一九九六年）一三五頁。上記の元になった一九八六年の「院政期政治史の構造と展開」の該当ページには「（1）平治の乱にいたる政情については竹内理三氏著『日本の歴史6　武士の登場』、飯田悠紀子氏著『保元・平治の乱』等で論じられている」（元木前掲稿七二頁）という記述がみられ、この注（1）がそのまま著書に残った可能性もある。しかもその原著の注（1）に対応する本文では「保元の乱による摂関家の解体の後も、後白河院政派と二条天皇派の対立という、権力中枢分裂の契機は依然として継続していた。かかる政情の不穏が、やがて平治の乱へ発展する遠因ではあるが（下略）」（元木前掲稿七〇頁）とあって、竹内・飯田の著書が比較的正しく要約されていた。ゆえに、筆者にはこの点からも、両著を典拠として㋗のような、「疑点」を提示した意味が理解できないのである。

(25) 元木前掲書一三五頁。
(26) ㋖の「通常」を「通説」の意味と同義であると解した。
(27) 前掲『竹内理三著作集　第六巻　院政と平氏政権』四〇一頁「解説」で、五味文彦氏は竹内のこの岩波講座論文を指して「今日においても、平氏政権に関する最もまとまった形での論考といってよいであろう」と記されている。同感である。
(28) おそらくは、手近な通史叙述として竹内と飯田氏の著作を例示されただけなのだろうと推測される。ちなみに、もし㋖のような記述の典拠を記されるのであれば、筆者のみた範囲では、平凡社・世界大百科事典（第二版）の「平治の乱」の記述（田中文英氏執筆）が、㋖の記述にかなり近いものと思われる。
(29) 新大系一四七頁、旧大系一九〇頁。『平治物語（陽明本）』は「官途のみにあらず、俸禄も又、心のごとくなり。家にたえてひさしき大臣の大将にのぞみをかけて、かけまくもかたじけなく、おほけなき振舞をのみぞしける」（新大系一四七頁）と記す。「金刀比羅本」は点線部がみられないが、他はほぼ同じ（旧大系一九〇頁）。「古活字本」は、下線部「家」の前に、「かくのみ過分なりしかども、猶不足して」との道徳的評論が挿入されている（旧大系四〇四頁、なお同書三五頁も参照）。
(30) 「当今〈謂法皇也〉、和漢之間少ニ比類一之暗主也、謀叛之臣在レ傍、一切無ニ覚悟之御心一、人雖レ奉レ悟レ之、猶以不レ覚、如レ此之愚暗、古今未レ見未レ聞者也」（『玉葉』同日条、㊈三二一頁）。
(31) この点については、佐藤進一も『日本の歴史9　南北朝の動乱』（中央公論社、一九六五年）の記述について、その月報における杉本苑子との対談で次のように述べている。杉本が「『太平記』からまったく離れて南北朝史を書くのは不可能でしょうか。史料的にも思想的にも」と質問したのに対し、佐藤は「ひじょうにむずかしいですが、不可能じゃないと思います。ただ今度の本は、専門家以外のかたに読んでもらうのが主ですから、そうしますと、いわゆるおもしろい話、つまり話の肉付けをする材料がどうしても不足なわけです。その点『太平記』なんかを参照すればずいぶんいろいろある。それで『太平記』によってある結論を出すとか、ある説を出すということはなるべくしない建て前で、そういう結論なり考えなりが、ほかの史料でわかったばあいに、それを肉付けできるものが、『太平記』にあれば採るという限度でやってみたわけです」（『中公文庫版　日本の歴史別巻　対談・総索引』二〇〇四年、一六六頁による）と答えていて、やはり軍記に対してかなり厳格な態度を表明している。こうした態度は、古典学説を担ったといって良かろうと思われる歴史研究者においては、かなり普遍的な態度であったと推察される。

（32）正確には、戦中、戦後を代表する古代・中世史研究者というべきだろうが、ここでは、平治の乱の引用に限ったので、本文のように表記した。

（33）元木前掲『保元・平治の乱』一五六頁。

（34）竹内理三『日本の歴史6　武士の登場』（中公文庫、二〇〇四年）四〇六頁。初出は一九六五年。

（35）元木泰雄『平清盛と後白河院』（角川選書、二〇一二年）四九頁。

（36）玉井力『平安時代の貴族と天皇』（岩波書店、二〇〇〇年）第三部、二六七頁以下が詳しいと思われるが、とくに〈叙位〉については、吉川真司『律令官僚制の研究』（塙書房、一九九八年）三九〇頁〜四〇〇頁（儀式と文書）も分かりやすく参考になる。なお同書三五七頁〜三八〇頁も参照。佐古愛己『平安貴族社会の秩序と昇進』（思文閣出版、二〇一二年）は、この問題に関係する近年の労作である。

（37）下級官職の場合は外記方に提出されると指摘されるが（玉井力前掲書二八一頁、二八九頁）、ここでは蔵人方の手続きだけを考えればよかろう。蔵人方の手続きを引用しておく。

㋛1蔵人方の申文は、内覧・奏聞の後、蔵人頭・五位蔵人をはじめとする蔵人達に「撰定」され、簾中の「御硯筥蓋」に分類されて入れられる（同三〇二頁）。

㋛2これらは種類別に分類され、短冊や袖書を付し、それぞれまとめて「御硯筥蓋」に盛られる（玉井、同三〇三頁）。

㋛3（これらは―引用者）関白がまとめて申文を受け取り、必要に応じて執筆に下給することになっていた（同三〇三頁）。もっとも叙位の場合は、「外記勘文」がかなり重要な役割を中世後半期まで維持したらしい（吉川真司前掲書三六四頁、三八一頁）。

（38）「消息申文または口頭で蔵人に伝えられるものとなっていた」（玉井前掲書二八九頁）と指摘される。

（39）前掲㋛の手続きを指す。

（40）叙位折紙（叙位小折紙、叙人注文）については吉川前掲書三九〇頁〜四〇〇頁が詳しい。「後白河院政期には、叙爵は勘文と申文、加階は主に小折紙によって叙するという慣例が生まれていた。九条兼実の言によれば、小折紙は後白河院と関白松殿基房の合意によって作成され、また外記勘文にも議に先だって叙人に合点がなされたという。（中略）外記勘文と小折紙の双方に院と摂関、特に院が強力に介入している事情を看取することができる」と指摘している（吉川前掲書三九五頁）。この吉川氏の指摘を受け、佐古愛己氏は、鳥羽院政期以後、折紙による人事介入の方法は、「中世における最高権力者による人事介入の常套手段になった」とまとめている（佐古前掲書三一七頁）。

（41）和田英松『新訂　建武年中行事詳解』（講談社学術文庫〔所功校訂〕、一九八九年）一一〇～一二八頁参照。一六一～一九一頁の除目関連記述も参照。建武の段階でも、比較的㋛～㋞の過程がそのままうかがえて興味深い。吉川真司氏も「平安時代の叙位議と除目議は、その次第や手続文書においてかなり類似している」と指摘している（吉川前掲書三六九頁）。

（42）保元二年（一一五七）十月に五位蔵人、翌三年八月蔵人頭（市川久編『蔵人補任』（続群書類従完成会、一九八九年）二一〇～二一三頁）。

（43）龍粛『平安時代』（春秋社、一九六二年）二一〇頁。

（44）玉井力前掲書七八頁。

（45）玉井力前掲書七八～七九頁。曽我良成氏も、応保元年の除目人事に関し、当該期の人事は、「院」「内」「大殿」すなわち後白河院、二条天皇、それにくわえ大殿藤原忠通の意向と交渉で決まったことを指摘している（曽我良成「二条天皇と後白河法皇の応保元年」『名古屋学院大学論集（言語・文化編）』二三―二』二〇一一年、一一七～一二一頁）。ただ、当該期に限って言えば、短期間にめまぐるしく政局（政治の主導権）が動いているから、一般化した議論はなかなか困難かもしれない。

（46）井原今朝男『日本中世の国政と家政』校倉書房、一九九五年、一五六～二三三頁。

（47）元木泰雄『院政期政治史研究』思文閣、一九九六年、一〇七～一一〇頁。

（48）この対立については、下郡剛氏の指摘がある（『後白河院政の研究』吉川弘文館、一九九九年、二一二～二一九頁）。

（49）ただ、永暦元年（一一六〇）の天皇・上皇・前関白忠通・関白基実の間の政務処理について、龍粛『平安時代』（二一〇～二一一頁）が詳しい検討をしており、そこでは、蔵人頭を介した四者の政務処理について検討している。この点は、井原氏の発想と共通性があるように思われる。またそこで、龍は、「最終の決定権は上皇にあり、宣下の大権は天皇に存し、決定を補佐するために前関白が存し、宣下の手続きを執行するために、関白が存したものの如くである。すなわち院と前関白に裁定権があり、宣下の大権が天皇と関白にかかっていたようであった」（同書二一一頁）と記していて、「極めて微細な事まで天皇の直裁であった」（辻善之助『日本文化史Ⅱ平安時代（再刊第1刷）』春秋社、一九六九年、一九六頁）との辻善之助説と龍粛説が同様であるとする井原氏による龍の学説理解（井原前掲書一四七頁、一七四頁）は、再考の余地があるかもしれない。

（50）信西が後白河との軋轢を覚悟しても、信頼の人事に異を唱えるようになったのは、信西が後白河に安禄山絵巻三巻を送った時期（平治元年十一月）からさほど遡らないものと推測する。

（51）元木前掲『保元・平治の乱』一五二頁。

（52）元木『平清盛と後白河院』（角川選書、二〇一二年）五二頁。

（53）この点は、筆者の無知からする見落としなのではないか、と懼れている。元木氏の著書で「大国受領系近臣」を扱った部分で、「彼らは院から破格の抜擢を受けて公卿に昇進するものの、家格が上昇した鳥羽院政期以降はともかく、白河院政期においてはⓐ正四位下から参議になって政務に参加することはⓑなく、おおむね非参議・従三位としてかろうじて公卿の末席に加わるに過ぎず、その後も散位のまま生涯を終える場合が多かったのである。[9]（注(9)—原文）」（元木前掲『院政期政治史研究』一二〇頁）との記述があり、この（9）の注記として高橋昌明『清盛以前』二二六〜二三二頁（増補改訂版では、二六二〜二七〇頁）が挙げていた（元木前掲書一四一頁）。この部分を筆者は次のように解釈した。つまり、ⓐのようなキャリアを積むことのない、大国受領系近臣は「政治的能力や学識は欠如」（元木前掲書一二一頁）しているが、そうでない、つまりⓐのようなキャリアを積む場合は、「有能」である。このように高橋説の反対解釈を元木氏がされているのであろうと推測するにいたった。以上から、上記㋟1の典拠が、本文のようなものであろうと想定した。

（54）高橋前掲書二六三〜二六四頁。

（55）高橋前掲書二六五頁の第7表の同コースでは公季公孫の「公能（二四）」のみが二十代であり、他は、三十代半ば以降である。

（56）黒板伸夫執筆「頭弁」（『平安時代史事典』）。

（57）黒板伸夫執筆「頭中将」（『平安時代史事典』）。

(58) 前掲『蔵人補任』二二四頁。

(59) 曽我良成前掲「二条天皇と後白河法皇の応保元年」一一四～一一五頁。

(60) 前掲『蔵人補任』二〇九～二一〇頁。

(61) 『群書類従』第五輯所収。

(62) 「中納言」でも、同様の当為は記されているから（例えば、『中右記』長承二年（一一三三）八月十九日条では、「諸大夫昇二中納言一、多是有二才智一任二大弁一、未曾有無才之人昇二納言一」と記されている）、信頼の権中納言昇任でも同様の立論は可能といえば可能であるが、本文以下に記したとおり、ほとんど意味がない。

(63) 松薗斉「（書評）百瀬今朝雄著『弘安書札礼の研究』」（『日本史研究　四六六』）七三頁。

(64) 黒板伸夫「「参議」に関する一考察」（山中裕編『平安時代の歴史と文学　歴史編』吉川弘文館、一九八一年、のち『平安王朝の宮廷社会』吉川弘文館、一九九五年に所収）二六頁。

(65) 黒板前掲書二五頁。

(66) 前掲『蔵人補任』二〇九頁。

(67) 『補任』㈠四四二頁。

(68) 同右。

(69) 百瀬今朝雄『弘安書札礼の研究』（東京大学出版会、二〇〇〇年）一三四～一三七頁。

(70) 宮崎康充編『検非違使補任』（続群書類従完成会、一九九九年）㈠一七三頁。

(71) 松薗斉前掲「（書評）百瀬今朝雄著『弘安書札礼の研究』」七四頁。

(72) 信頼について元木氏は「大国受領系」の院近臣という類型として叙述されている。もし、信頼が「有能」で「実務能力」もあるということになると、大国受領系に関わる元木氏のかつての記述とも、矛盾をきたすことになる（元木前掲書一二〇～一二二頁、一三四頁、一三七頁）。この点前述「歴史学の約束ごと」（遅塚忠躬『史学概論』東京大学出版会、二〇一〇年、一～三頁）の一つ〈論理整合性〉の問題にかかわってくるから、いずれかの記述について訂正を要するということになってくる。

（73）元木前掲『河内源氏』一七一〜一七二頁。

（74）元木氏は、一貫して当為の体系で、議論を構成しているのに対し、筆者は歴史的実在を重視して議論を構成している。歴史的な史料を、当為のみによって解釈してはならず、それは歴史的実在という観点からつねに再検証されなければならないと思われる。

（75）元木前掲一九八六年「院政期政治史の構造と展開」六八〜七四頁。

（76）元木前掲『平清盛と後白河院』二三三頁。

（77）Ⓐ〜Ⓔに関わる記述は所々で記述されているので、枚挙にいとまがない。各々一例ずつのみ例示しておく。Ⓐの点に関わる記述例を一例のみ示しておく。（本注ではⒶの点に関わる具体的記述㋡を示す。以下注（80）まで同じ）

㋡保元三年四月二十日、賀茂祭で関白忠通の下部らが信頼一行と衝突し、実力行使に及んだ事件（忠通家司平信範・藤原邦綱らの解官・除籍、随人七人拘束、忠通閉門）に関わって、忠通が「辛酸を嘗めさせられた信頼の妹と、嫡男ですでに関白となっていた基実を結婚させる」という「屈辱的婚姻に応じた」理由が、忠通が、「義朝以下を掌握する信頼に依存せざるをえなかった」ゆえであるとする記述（元木前掲『保元・平治の乱』一四六頁）。

（78）（Ⓑに関わる記述例）㋢「伊勢平氏と姻戚関係を結び、平泉藤原氏・河内源氏を従えた信頼は、まさに武門の中心いうべき存在であった」（元木前掲『平清盛と後白河院』五〇頁）。

（79）（Ⓒに関わる記述例）㋣「鳥羽院北面主力を組織できなかった後白河にとって、義朝はかけがえのない武力だし、最大の武門清盛との提携にも大きな魅力があった。その結節点である信頼は、後白河にとってなくてはならない存在だったのである」（元木前掲『保元・平治の乱』一六二頁）。

（80）（Ⓓに関わる記述例）㋤「信頼は武蔵・陸奥両国を知行し、後者では兄基成を通して平泉藤原氏を従属させ、駿馬・武具・砂金等の財宝を掌握していたのである。そして信頼は二つの知行国を通して、源義朝も従属させていた」（元木前掲『平清盛と後白河院』五〇頁）。

（81）序章に述べたごとく、本文は『日本古典文学大系八六　愚管抄』（岡見正雄・赤松俊秀校注、岩波書店、一九六七年）によるが、本書における引用は読みやすさを図り、漢字は新字体に改め、ルビは省略し、片仮名を平仮名に改めた。その理由は、『愚管抄』が「独特の文章で書かれていて、かなり読みづらい書物」であり、「よまれざる名著」であるという点にある（大隅和雄『愚管抄をよむ』平凡社選書、一九八六年、のち講談社学術文庫、二〇一二年に所収、引用は文庫版九七頁）。大隅和雄氏の指摘とは別に筆者はその一端がカタカナ書きである点にもあると考えている。なお、注記として記されている小文字は〈…括弧…〉をもって示した。

(82) 大隅前掲『愚管抄をよむ』一七二～一八九頁。

(83) 大隅前掲『愚管抄をよむ』一八〇頁。

(84) 竹内『日本の歴史別巻　対談・総索引』（中公文庫、二〇〇七年）一一二～一一三頁。初出は一九六五年。

(85) 解釈は、大隅和雄『愚管抄全現代語訳』（講談社学術文庫、二〇一二年）による。この訳はもともと永原慶二責任編集『日本の名著第9巻　慈円・北畠親房』（中央公論社、一九七一年）に収められていたものであるが、大隅氏は、文庫版への再収録にあたって、二度目の解釈の訂正をほどこされていて、その学問的良心に敬服する。ただし、本稿にかかわる部分でも、日本の名著版とは解釈が異なる部分があるので、注意が必要である。この点で文庫版あとがき（四四一頁）参照。

(86) 『大日本史料』第四編之一、八七九～八八一頁に収載された前田侯爵本『尊卑分脈』によると、このほかにも、「憲俊〈已講〉、寛兼」の二人が挙げられている。

(87) 『尊卑』㊁四八五～四九四頁。

(88) 『尊卑』㊀三一六頁。

(89) 岩崎小弥太「少納言信西入道」（『国学院雑誌』六〇―六、一九五九年）六～七頁。

(90) 中村文「信西の子息達」（『和歌文学研究』五三、一九八六年）二四～三四頁。

(91) 五味文彦『平家物語　史と説話』（平凡社選書、一九八七年）一八一～一八五頁。

(92) 補任類は『衛門府補任』『蔵人補任』『近衛府補任㊁』『弁官補任㊀』『国司補任㊄』『検非違使補任㊀』『検非違使補任　別巻』（いずれも群書類従完成会）の検索による。なお、補任類の出典はあまりに煩雑となり、保元元年から平治元年までの記事で容易にあたり直せるから『尊卑』『補任』を除き省略した。年齢が補任類に注記されている場合、平治の乱時点の年齢を記した。

(93) 母親が高階重仲の娘か紀伊二位朝子かを、a、b、で区別した（その他の子の母は不詳）。
(94) 櫻井秀「藤原通憲入道信西　上・中・下」（『歴史地理』四四―三、五、六、一九一九年）二一〇頁。
(95) いずれも『群書類従　第七輯』公事部所収。
(96) この配流変更のもつ大きな意味については、I部第四章三節の2を参照されたい。
(97) 『尊卑』㈡四八六頁。
(98) 『補任』㈠四四六頁参照。
(99) 平治元年五月二十八日後白河院庁下文（『平安遺文』⑥二九七九号文書）。この点については、五味文彦氏の前掲『平家物語　史と説話』二〇六頁に指摘がある。
(100) 『尊卑』㈡四八七頁。
(101) 岩崎小弥太、前掲「少納言信西入道」六頁、五味文彦前掲『平家物語　史と説話』二〇七頁、『尊卑』㈡四八八頁参照。
(102) 中村文、前掲「信西の子息達」二四頁。
(103) 太宰大弐、右兵衛督をへて、仁安元年（一一六六）従三位、その後、参議、権中納言、民部卿へ累進。寿永二年（一一八三）正二位中納言。桜花を好み、私宅内を花樹で満たし、落花を慕って仏神に祈ったと記され桜町と号する（『尊卑』㈡四八八頁）。『源平盛衰記』『十訓抄』にもそのエピソードを載せるが、その子基範も公卿に至り、その他の子も官界、仏教界で活躍している。『大日本史料』第四編之一、八七八〜八八五頁、とくに八八一頁、八八三頁参照、『公卿補任』㈠四六二頁も参照。
(104) 中村文前掲「信西の子息達」二五頁。
(105) 『尊卑』㈡四九〇頁、『補任』㈠四八〇頁。
(106) 中村文前掲「信西の子息達」二五頁。
(107) 『吉記』承安三年六月五日条によれば、「晩頭参院。無二指奏事一。静賢法印参会談云（下略）」とある（高橋秀樹編『新訂吉記』（和泉書院、二〇〇二年）本文編一、七八頁）。
(108) 『尊卑』㈡四九一頁。関口力氏執筆『平安時代史事典』「静賢」の記述も参考にした。

(109) 『尊卑』㊁四九二頁。

(110) 中村文前掲「信西の子息達」二一五頁。

(111) 『大日本史料』第四編之七、八六七〜八七一頁参照。

(112) 鎌倉時代末期に虎関師錬が著わした仏教史書で、日本最初の総合的僧伝でもある『元亨釈書』巻五に、「高野山明遍」の項目がたてられており「給事（少納言の唐名「門下給事中」の略で信西のことを指す）多子皆英特也。緇林尤茂。所謂、静賢、澄憲、勝覚、覚憲（下略）」（大系31九三頁）と記され、信西に子が多く、その子らがみな才に恵まれ、とくに仏教界で多くの人材を輩出したとし、具体的に明遍以外に、⑥⑦⑬（カ）⑪の名をあげている。なお『元亨釈書』は明遍の次に、信西の孫で②の子である「笠置山貞慶」の項目を立てている。

(113) 以下はもっぱら『尊卑』㊁四九二〜四九三頁によるので、基本的に注記を省略する。

(114) 信西の女子については、「六条顕季流の家成との二重の姻戚関係（子隆季、弟家房）、同じく葉室顕隆流の顕長との姻戚関係など、院の有力近臣との姻戚関係の網の目が抜け目なく張りめぐらされている」と棚橋光男が指摘している（棚橋『後白河法皇』講談社選書メチエ、一九九五年、六七頁）。

(115) 『平安時代史事典』西井芳子氏執筆による。

(116) 龍粛『平安時代』春秋社、一九六二年、二〇四〜二〇五頁。

(117) 乱の時に入寺していたかどうか定かでない⑥静賢以下とくに若年の弟たちが僧籍に入ったのは、乱の影響とも推定されるから、『尊卑分脈』の記載をただちに乱以前に遡及させることはできないだろうと思われる。

(118) 龍粛は、十二月九日の三条殿襲撃を「信西およびその一族を捕殺しようとする策謀」と記している（龍前掲『平安時代』二〇六頁）。

(119) 五味前掲書一八五頁。

(120) 五味前掲書一八三頁。

(121) 五味前掲書一八三〜一八四頁。

(122) 後の結果として、〔山門〕⑥、⑦、⑩。〔仁和寺〕⑨、〔興福寺〕⑭、〔東大寺〕⑫、〔醍醐寺〕⑬、〔園城寺〕⑭、⑮、という、おそらく期せずした分掌がおこなわれた。
(123) 橋本義彦『平安貴族社会の研究』(吉川弘文館、一九七六年)四三七〜四三八頁参照。
(124) 後白河譲位前日の除目で「信西の嫡子俊憲は右中弁・蔵人頭に進み、次子貞憲は右少弁に任ぜられている。次代において、信西一家が政局の中枢を占めんとする布陣がここに感ぜられる」(龍粛『平安時代』春秋社、一九六二年、二〇三頁)と古く指摘されている。
(125) 龍粛はこれに触れて、「これは延久二年(一〇七〇)に当時一世の碩儒と仰がれた大江匡房が、蔵人・右少弁・左衛門権佐・東宮学士を兼帯して以来、未曾有のことで、希代珍重無極と批評された」(龍前掲書二〇一頁)と指摘している。
(126) 『弁官補任』㊀一七六頁。
(127) 『補任』㊀四六一頁。
(128) 貞憲が四位に昇って検非違使と蔵人をやめたことに関し、五味文彦氏は「検非違使と蔵人の二つをやめたが、補充がつかずそこに基盤を失うことになる。これによって京中の動きも、また天皇を中心とする側近の動向もつかまえられなくなったとみられる」(五味前掲書二〇一頁)として、これを信西が、信頼らのクーデターの予想ができなかった理由に挙げている。
(129) いうまでもなく、客観的には、「知足」つまり、これまでの昇進に満足すればよいのだが、伝統的基盤をもたない成り上がりゆえに、そうした発想をなしえなかったものと憶測する。
(130) 新大系一四七頁。
(131) 軍記のみの説であるから、本章ではその蓋然性の高さのみを指摘するに止めたい。
(132) 竹内理三前掲書三八八頁。
(133) 『補任』㊁四四三頁。
(134) 主に『検非違使補任　別巻』一六〜一七頁による。
(135) 『国史大辞典』の藤原惟方の記述(五味文彦氏執筆)。
(136) 前述のごとく、成憲は、翌年には従五位上(一月二十四日)→正五位下(十月二十二日)と上階させ、左少将に任官している(十月二十七日)(以上、『衛門府補任』二二六〜二二七頁)。保元元年の官方でも、正五位下権右少弁(任四月六日)

であった惟方が、権右中弁に転じた九月十七日の同日に、従五位上であった①俊憲が「権」のつかない右少弁に任じられているが（『弁官補任』㈠一七三頁）、これも無関心ではいられない任官だったであろう。
(137) 宮崎康充「三事兼帯と名家の輩」（『日本歴史』六二六、二〇〇〇年）九〜一四頁。
(138) 久安四年（一一四八）四月二十七日から久安五年八月二十二日に三事兼帯であった。
(139) 『弁官補任』㈠一七六頁。
(140) 成憲は、同年はじめは正五位下だったが、正月二十七日に従四位下（臨時）に叙され（位階でも成親に近づき）、さらに官職面で、成親を追い抜いていったのである。その八月十日に成憲は遠江守から播磨守に遷任されており、秋の除目の「下名」で「加任」され、従四位上に叙された。この八月十日の除目は前述の惟方は参議に任じられた除目である。
(141) 百瀬今朝雄「超越について」『弘安書札礼の研究』（東京大学出版会、二〇〇〇年）一七五〜一九六頁参照。
(142) 『補任』㈠四六一頁。
(143) 『弁官補任』㈠一七六頁。
(144) 『中右記』大治四年（一一二九）七月七日条（『中右記』㈥六六頁）。
(145) 本郷恵子氏は、「信西一家の粛清は、家格の裏づけを持たない有能な人材や、すぐれた構想を受容するだけの成熟にいたっていない貴族社会のいわば総意だったのである（『岩波講座　日本歴史　中世1』岩波書店、二〇一三年、五〇頁）、と指摘されている。
(146) 「権大納言経宗は後白河上皇の妃で二条天皇の生母である懿子の兄に当たっているので、新帝の外舅として、当時においては権勢を占断し得る地位を占めていた」とされる（龍粛前掲書二〇四頁）。後白河上皇の従兄弟でもあった藤原経宗については、松島周一氏の専論「藤原経宗の生涯」（『愛知教育大学研究報告　四二』、一九九三年）を参照されたい。
(147) しかし、歴史学では参加貴族個々人の心情そのものにこれ以上詳細には踏み込みことはできない（遅塚忠躬前掲書一五二頁参照）。この点は、日本史研究者によっても語られている。古代史家であった青木和夫は、写真家の土門拳との対談で、「政治史というのはたいへん解釈が自由でして、史料に記録されたものは事実とか後からの弁明とかだけですが、なぜそういう行動をとったかと、当初の心理にまで立ち入って解釈したいという欲求が政治史という形をとって出てきちゃうんです。

どうも政治史の論文になにか不信感を一般に持ってしまうのは、〝そうかもしれないし、そうでないかもしれない〟という論文を読み終えたあとでいつも感じてしまうのです」『日本の歴史別巻対談・総索引』中公文庫、二〇〇四年、六三頁（初出、一九六五年）という発言をしている。また同シリーズで佐藤進一も杉本苑子との対談で、「人間を浮き彫りにするということは、歴史家としてできないし、しなくてもいいのじゃないか、人間を規制する広い意味での社会的条件を明らかにするのが歴史家の仕事である、というのがぼくの立場です。わたくしはこの立場からこの巻を書いたつもりです」（同書一七四頁）と同様の発言をしている。日本史に造詣の深い他分野の著名人と著者の対談が中央公論社の日本歴史シリーズの月報に載せられていたのであるが、歴史研究者が自らの記述する立場をその他分野の対談相手に説明する際に、歴史学固有の学問方法についてかなり抑制的な立場で語っていることが知られて興味深い。

(148)　この点についても、遅塚忠躬前掲書一二六頁参照。

(149)　この生存権の主張については、『平治物語』における信頼蜂起の理由として記されている。「陽明本」によれば、「衛門督信頼、馬にのりながら南の庭にうちたち、大音あげて申けるは、『此年来、人にすぐれて御いとをしみをかうぶりて候つるに、信西が讒によって誅せらるべきよし承候あひだ、かいなき命をたすけ候はんとて、東国がたへこそまかり下候へ』」（新大系一五五頁）と記されている。「金刀比羅本」では、「信頼、御所へ参て申されけるは、『信頼を討べき者あるよし告知する者候間、東国の方へ落行ばやと存候。幼少より御不敏を蒙り候つるに、都の中を出候はむ事、行空も覚候まじ」と発言させている（旧大系一九四頁）。「古活字本」では、「信頼卿、左馬頭義朝を大将として、其勢五百余騎、院の御所三条殿へをしよせ、四方の門々をうちかため、右衛門督乗ながら、南庭にうったって、『年乗御いとおしみをかうぶりつるに、信西が讒によって、信頼うたれまいらすべき由承候間、しばしの命たすからんために、東国のかたへこそまかり下り候へ。』と申せば、上皇大きにおどろかせ給ひて（下略）」（旧大系四〇七頁）と記されている。「陽明本」「古活字本」ではかなり明確な形で信頼が「生存権」を主張する形式が造形されている。「金刀比羅本」も含めても、『平治物語』諸本では、信頼謀叛の直接の理由を、信頼の「生存権」の訴えという形で描いていると概括できよう。

(150)　この点で、「信頼は経宗・惟方と連携して院政を否定し、親政を支持していたとみるべき」という元木泰雄氏の指摘に賛成である（元木泰雄前掲『保元・平治の乱』一九三頁。初出は二〇〇四年。

(151) 本書第I部第四章及び五章にて、河内氏の所論について検証した。

(152) これについては本書第I部第四章で検討した。

(153) この点は、遺著となった『史学概説』で遅塚忠躬が繰り返し指摘したところのものである（遅塚前掲書一〇頁等参照）。この問題については、竹内理三も同様の発言をしている。『武士の登場』（一九六五年、中央公論社）の付録の永井路子との対談で、竹内は、「小説家のばあい、歴史事実より歴史の真実というほうに重きをおかれるわけでしょう」と永井に問いかけた後、「歴史家の立場としては、真よりも実が先行すると思いますね。歴史における真と実とかいって、実よりも真を求めるのが歴史だといった考えかたもあるようですけれども、わたくしは実なくして何の真ありやといいたいですね。実を明らかにしてそのつぎに真を考えればいい」と、明快に真（実）と（事）実の関係を語っている（『日本の歴史　別巻　対談・総索引』中公文庫版、二〇〇七年、一二一〜一二二頁）。

第四章　平治の乱の構図理解をめぐって

――清盛黒幕説と後白河上皇黒幕説について――

一　課　題

第二章および第三章において、平治の乱における源義朝謀叛の動機形成、および藤原信頼謀叛の再評価と動機形成について考察した。二つの章を通じ現在の通説と思われる元木泰雄氏の所説を検証した結果、平治の乱の構図理解については元木説に依拠できないという結論を得るにいたった。同時に第二章および第三章の考察を通じて、保元の乱後の信西子息らの貴族社会への進出が、貴族層の一部にかなり深く波紋と不満を生みだし、彼らが連携する基礎的状況が形成されていたという見通しを得た。そしてその延長線上に、平治の乱を参加貴族層の〈共同謀議〉として把握するべきではないかという展望を有するにいたった。

こうした見通しをもとにして、さらに、平治の乱について考察を進めようとするなら、次のステップとして、乱の原因を平清盛および後白河上皇に求めるいわば清盛黒幕説と後白河上皇黒幕説を検証するべきであろう。前者は多賀宗隼によって一九七七年に発表され、発表以後、飯田悠紀子氏(1)・五味文彦氏(2)・松島周一氏(3)によって賛意を表されている。後者は、河内祥輔氏によって二〇〇二年に発表された学説であり(4)、保立道久氏によって支持されている見解である(5)。以下、順次考察することにしたい。

二　平治の乱の構図理解（1）——清盛黒幕説について——

1　多賀宗隼による新説

平治の乱勃発の伏線をなす清盛一行の熊野詣について、多賀宗隼は一九七七年、『日本歴史』十一月号の論文「平家一門」で注目すべき指摘をおこなった。(6)

多賀によれば『平治物語』の構図について、「信頼ははじめ清盛にたよらんとしたが種々の経緯から清盛と結ぶことの不自然を観て、河岸をかへて義朝に近づき、その不満につけ入つて結託し、清盛を向ふにまはすに至つた情況をのべてゐる」（同論文二頁）として、次の㋐の構図に注意を促している。

㋐　清盛が僅かの供をつれ「鎧の一領もなく」熊野参詣に赴いたことを叙し、その留守中に俄かに事を起して望みを遂げようとした、としてゐる（同二頁）。

以上のように『平治物語』の筋書きと問題点を押さえた上、物語によれば、京都から遠く離れて、信頼等が京都で事を起こした（九日事件）の報に接した清盛は驚駭したことになっており、「それと対照に部下の筑後守家貞の思慮、油断のない準備に救はれたとしてゐる」（同二頁）。

しかし、この話は、「古強者の武辺をたゝへる軍記物語の好話柄であるが、事実は果してどうであったのか」（同二頁）と疑問を提起し、以下の㋑㋒の二点を挙げて、この清盛の熊野詣が、「実は信頼らを誘ひ出す謀であったにちがいない」（同三頁）と大胆な指摘を行った。

㋑　（『平治物語』と『愚管抄』と同行した清盛の子供の記載は違うが—引用者）要するに十数人、多くて二・三十人が武装もせずに京をあとにした（同二頁）。

㋒　㋒1情勢の切迫は何人の目にも明かであって、況や㋒2清盛がこれを知らぬ筈はない。㋒3当時清盛は四十二歳の働き盛り、分別盛りで、父忠盛とともに二十年にわたって政界の裏表に活動し保元の戦を切りぬけてきたのである。㋒4かりそめにも京を留守にした油断を信頼らに衝かれたなどとは凡そあり得ぬことである（同二～三頁）。

以上の多賀の論文は「平家一門」、とくに清盛とその「幕僚」であった弟の頼盛・教盛・経盛の関係を論じたものであり、平治の乱を主題としてものではない。しかし、管見では、飯田悠紀子氏、[7] 松島周一氏[8]が多賀説支持を表明し、五味文彦氏は多賀説を引用しているわけではないが、「信頼・義朝の挙兵が清盛の留守をついたこと」を「清盛は信頼等の挙兵を誘ったともとれる」[9]と多賀説と同趣旨の記述をしている。飯田氏・松島氏・五味氏らの見解はのちに検討することにして、ここでは、提唱した多賀説そのものについて、まず、吟味しておこう。

多賀の根拠は、清盛一行の熊野詣での人数が少ないこと（㋑）と情勢の切迫は明白で（㋒1）、「清盛がこれを知らぬ筈はない」（㋒2）のに、「油断を信頼らに衝かれたなどとは凡そあり得ぬ」（㋒4）という点である。

㋑の熊野詣の人数について、『愚管抄』によれば次の〔史料A〕のように記されている。

〔史料A〕『愚管抄』巻五、旧大系（二二九～二三〇頁）

この間に、清盛は太宰大貳にてありけるが、熊野詣をしたりける間に、この事どもをばし出してありけるに、清盛はいまだ参りつかで、二たがはの宿と云はたのべの宿なり、それにつきたりけるに、かくりきはしりて、「かかる事京に出きたり」と告ければ、「Ⓐ1こはいかゞせんずる」と思ひわずらひてありけり。Ⓐ2子どもには越前守基盛と、十三になる淡路守宗盛と、Ⓐ3侍十五人とをぞぐしたりける。

以上の『愚管抄』の記述によれば、[10]九日事件の報に接した清盛は、今後の行動について苦悩したと伝えられ、記述されている（Ⓐ1）。ここで同行の子息は基盛、宗盛で（Ⓐ2）、侍は十五人と記されている（Ⓐ3）。確かに多い人数ではないが、かりに侍一人に三〜五人ほどの従者らが従っているとすれば、[11]五十〜七十人程度の集団であり、この一行が清盛の熊野詣での人数としていちじるく少ない人数なのか筆者には断じかねる。[12]この点に関して多賀の議論で気になるのはもう一点ある。

㋓　こゝで注目されるのは、極めてわづかの人数で熊野に赴いてゐるといふ事実である。これは清盛が特別の戒心をせぬことを人々に印象づけつゝ、実は、最も危険の迫つてゐる京都の事態に深重細心の警戒を怠らなかったことを示す。清盛直率の兵を僅少にしたことは、その油断の装を表に示しながら、実は残した兵力を極力強大ならしめたことを意味する（同三頁）。

以上、多賀は、熊野詣の少人数は京に極力大きな兵力を残した清盛の警戒ゆえであり、「清盛の熊野への出発の時、これらの弟達は夫々手勢を率ゐてすでに配置についてゐたに相違なく、即ち、平氏としては手くばり完了の段階であつたろう」（同四頁）と記している。

興味深い推論だが、根拠となる事実（認識）はただ一点、〈熊野詣の人数が少ない〉という多賀の判断のみである。多賀自身「以上では、やゝ臆測をまじへる所があつたが」（同五頁）と記しているとおり、推測にもとづくものである。熊野詣での同行人数が少ない（＝在京兵力が多い）ことが清盛の警戒の所産という立論が可能であるならば逆に次のような議論もできる。つまり、熊野詣での同行人数が多かった場合にも、旅程での不慮の事態に備えた清盛の警戒ゆえであるという立論が成り立つ。主要な一門のみについていえば、熊野詣での同行人数と在京人数の関係はゼロサムの議論が成り立つだろうが、郎等に関して言えば、京への召集あるいは参詣途上での召集が可能であろうから、「清盛の警戒」が前提ならば郎等らの動員が行わるのが自然であろう。多賀のゼロサムの議論が成立するとは思えない。

次に、㋒で指摘する、乱直前の政情と清盛の政情認識も多賀の推測に過ぎない。「情勢の切迫は何人の目にも明か」（㋒1）で、まして清盛は「これを知らぬ筈」（㋒2）はなく、それゆえ経験豊富な清盛が京を留守にした油断を衝かれることはありえぬ（㋒3）と多賀は言う。しかし、もしこの論法が成立するならば、同様に経験豊富で、清盛以上に情報入手の手段を有していたと考えられる信西が事件の直前まで蜂起を知りえなかったことも、「かりそめにも」「凡そあり得ぬ」（㋒4）と議論することが可能である。とくに、信西一家の場合、九日事件当時、俊憲は公卿会議のメンバーであり、貞憲は院別当、権右中弁として、院方、官方の情報を入手しやすい位置にあった。しかし、二人とも、信頼らの襲撃をまともに受けているのである。

ようするに、多賀説は興味深い推論ではあるが、蓋然性の高い推論とはいえず、否定すべき余地の大きい推測の一つにとどまっている。

2　清盛と信西の関係

多賀宗隼説が出された二年後に『保元・平治の乱』を著した飯田悠紀子氏は、清盛の熊野参詣を信頼・義朝を誘発する策略であったに違いないと述べた多賀説を要約して紹介し、また次の㋔のような指摘を行っている[13]。

㋔　㋔1保元の乱の時の崇徳上皇・頼長の挙兵が、信西を中心とする天皇方の挑発によってひき起こされたのと同様、今回の義朝に対する圧力も、義朝への挑発的効果を生んだといえる。㋔2少なくとも清盛にとっては、義朝との勢力争いの勝利を確信するには、義朝を挑発し、力でこれを倒すのが、最良にして最短の途であった。その結果は、清盛を唯一無二の武門棟梁へと、のしあげてくれるからである[14]（傍点——引用者）。

㋔の「義朝に対する圧力」「義朝への挑発的効果」という飯田氏の指摘について言えば、基本的には、信西による圧力であって、飯田氏がいわれる清盛による圧力ではないように思われる。唯一、清盛による義朝への圧力あるいは挑発といえるものがあるとすれば、信西の四男で紀伊二位の子である成憲を聟としたということであろうが、これが清盛による義朝への圧力あるいは挑発と言える問題かは別途議論を必要とするであろう。

次に、一九八七年の論文「信西政権の構造」で、五味文彦氏も「信西政権の経済的基盤を根こそぎ清盛が掌握したことを考えると、平治の乱における清盛の動きも再吟味する必要がある」(15)として、多賀説に言及はしていないが、多賀説と共通する次の㋕の指摘をおこなった。

㋕ ㋕1信頼・義朝の挙兵が清盛の留守をついたこと（清盛は信頼等の挙兵を誘ったともとれる）、㋕2南都に逃れた信西が清盛との合流を考えなかったこと（信西は清盛が頼みにならないことを知っていたのではないか）、㋕3清盛が六波羅に容易に帰還し、かつ㋕4信頼に臣従の意を示したこと（乱前から清盛と信頼との連携ができていたのではないか）、こうした諸々の疑問を考えてみるに、本当は清盛こそが平治の乱の張本であったとも言えるかもしれない。

㋕1および結論は多賀説そのものであり、㋕2と㋕3は多賀説を補強する論点といえる。㋕1については、筆者の見解は前述したので、㋕2と㋕3を検討してみよう。実は、この㋕2と㋕3は、この五味氏の論文とほぼ同時に発表され、後文で触れる松島周一氏の説とも共通する論点である。前者を〔信西と清盛の関係〕として、後者を〔清盛の帰京〕という問題として概括し、順次考察しておきたい。本節では、信西と清盛の関係を吟味したい。

信西と清盛の関係について、五味氏と同様に、松島周一氏も「もし信西が平家との強い連繫を保っていたのであれば、何故まず六波羅の平家の武力の許へ逃れ、せめてその保護を受けてのもっと安全な脱出を図らなかったのであろ

う」と疑問を発して、これを平家と信西の間の隙間風の証拠の一つとしている。(16)

たしかに〈信西—清盛〉と〈信頼—義朝〉という組み合わせを前提にすると、清盛は軍事的なクーデターに際して、信西を保護すべき存在ということになるかもしれない。清盛は信西の四男成憲を娘婿にしているが、同時に、信頼の数少ない息子信親も娘婿にしており、(17)信頼とも姻戚関係にあった。清盛は、二条と後白河に対するのと同様に、後白河近臣の二人、信西と信頼それぞれにバランスをとっているのである。それゆえに、信西が六波羅を頼らずまた清盛との合流を考えなかったことは、さほど奇異なことではない。清盛はいずれにも与しうる余地を残していたのであって、もとより旗幟鮮明というわけではなく、容易にその真意をはかりえぬ政治的存在であったように思われる。

さて、信西の四男成憲はその縁からか清盛不在の六波羅を頼った。松島氏はこの点についても、『平治物語』では早くも十日にはその所在を察知され、平家より信頼方に引き渡されたことになっている。平家が本当に成憲を保護しようと考えていたのか、疑問が残る(18)」と指摘されて、やはり平家と信西の隙間風の一例証としている。この点『平治物語（陽明本）』は次のように記している。

〔（参考）史料B〕『平治物語』上（新大系一五八頁）

播磨中将重憲（成憲）は、清盛の婿なりければ、十日の夜、六波羅へにげこみたりけるを、Ⓑ1大内よりしきりにめされければ、ちから及ばず六波羅より出にけり。播磨中将、検非違使の手へわたされ、「Ⓑ2清盛だにあらば、かくはよも出さじ。此人々の熊野に参詣こそ、重憲が不運なれ」とぞ思ひける。

以下その内容の歴史的実在を前提としなくとも、法思想として検討する上では軍記（『平治物語』）を使用しうるであろう。『平治物語』作者の構図に従えば、成憲の引き渡しは勅命として命じられたのである（Ⓑ1）。実際二条天皇を確保した信頼らの命令は形式的には勅命として命じられたであろう。そしてこれを拒否するには、強固な決断が必要であったということになる。一門の長なき六波羅にそうした決断が可能であったと考えるべきだろうか。ここで六波羅という表現はなお抽象的にすぎるように思われる。より具体的には、残された教盛なり経盛なり重盛が合議し――あるいはその内の誰かが主導し――謀叛とされうる政治的決断をすることが可能であっただろうか。その決断は相当に困難であったと想定される。清盛さえいたならばそうした決断もなされえた（Ⓑ2）というのが『平治物語』作者の物語創作上での観測である。歴史的現実の問題と考えても妥当な推測であろう。残された一門の判断も清盛不在時の政治的行動としては妥当なものであったと思われる。

次に、頁をあらためて、前述の五味氏の指摘に記された清盛の帰京について考えてみたい。

3 清盛の帰京について

〔史料C〕『愚管抄』巻五（旧大系二三〇頁）

Ⓒ1「これよりたゞつくしざまへや落て、勢つくべき」なんど云へども、Ⓒ2湯浅の権守と云て宗重と云紀伊國に武者あり。（Ⓒ3たしかに卅七騎ぞありける）。Ⓒ4その時はよき勢にて、「ただおはしませ。京へは入れまいらせなん」と云けり。Ⓒ5熊野の湛快はさぶらいの数にはえなくて、Ⓒ6よろい七領をぞ弓矢まで皆具たのもしくとり出て、さうなくとらせたりけり。Ⓒ7又宗重が子の十三なるが紫革の小腹巻のありけるをぞ宗盛にはきせたりける。その子は文覚が一具の上覚と云ひじりにや。Ⓒ8代官を立て参もつかで、Ⓒ9やがて十二月十七日に京へ入にけり。Ⓒ10すべからく義朝はうつべかりけるを、Ⓒ11東國の勢などもいまだつかざりければにや。

十日の早朝に六波羅を立った早馬が清盛一行に追いついたのは、田辺の宿に程近い二川の宿であった[19]。二川（田辺）にせよ、『平治物語』の記す切目にせよ、熊野参詣で路が険しい山中に分け入ろうとする前の海岸沿いの宿である。田辺であれば「牟婁郡内での海運上の要衝でもあり、郡衙が置かれていたと推定[20]」される水陸交通の結節点であった。それゆえに、この地から水路で西に向かい軍勢を集めるという方策（Ⓒ1）は、それとして合理的な選択肢であったものと思われる。

この一節における『愚管抄』の記述においても、慈円の記述のレベルについては、①事実にかかわる記述（Ⓒ1からⒸ3、Ⓒ5〜Ⓒ9）、②事実に対する判断（Ⓒ4）、③当為にかかわる記述（Ⓒ10）、④因果関係の推測（Ⓒ11）、などいくつかに分類できる。とるべきはまず、事実にかかわる①の記述であろう。〔史料C〕の最初のⒸ1、Ⓒ2の記述では、「（田辺より）水路をとり筑紫へ向かって軍勢を集める、と清盛らがいっていたところに（Ⓒ1）、湯浅宗重が駆けつけた（Ⓒ2）」と記されている。

湯浅宗重の本拠地である有田郡現湯浅町は、田辺からみると北北東の方向で直線距離で五十キロ弱に位置し、京からの早馬の経由点にもあたる。ゆえに、清盛一行に先んじて、九日事件の情報に接していた可能性が高い。吉田経房が熊野参詣に際して湯浅宗重の堂に宿していたことがしられる点から類推すると[21]、清盛一行も前々日（前後）に宗重の堂に宿泊していたかもしれない。とすれば、湯浅宗重はこれに先だって清盛一行と挨拶を交わしており、その後、事件の報に接して、即時召集可能な手勢を率いて清盛一行の後を追ったということになろう。

「三十七騎」というのはこのⒸ2の説明的な句で、「ありける」とニュースソースを伝聞の形で記したものであろう。「たしかに三十七騎ぞ有ける」とは、おそらくニュースソース伝達者[22]が伝えた宗重勢（騎乗の武者）の数を示したものと思われる。Ⓒ4「その時はよき勢にて」は、宗重勢に対する慈円（あるいはニュースソース提供者）の判断[23]（あるいは言葉）を示し、三十七騎がこの時の清盛にとって頼むべき精鋭となったことを言っているのであろう。

湯浅宗重の発言「ただおはしませ[24]。京へは入れまいらせなん[25]」は、重要な意味をもつ一節である。〈直に（京に）

お向かい下さい。京にお入りください、そのお手伝いをさせていただきたいと思います〉の意であろう。副詞「ただ」と終助詞「なむ」の含意からいって、『愚管抄』の文脈に従えば、入京策を清盛に慫慂し要請したのは湯浅宗重だった。(26)

次の、熊野の湛快に関する記述――侍ではないが（Ⓒ5）支援者となり、兵具七領・弓矢をためらいもなく提供した（Ⓒ6）――は、とくに問題はない。しかしⒸ7の記述は注意をひかれる。宗盛に（合う？）鎧がなく、同年齢の十三歳の宗重の息子の小腹巻きを宗盛に着せたという記述である。『平治物語（陽明本）』(27)では、筑後守家貞が「いろ〳〵の介《よろい》に太刀と矢を入れたるをとりいだす（中略）。弓五十張入てもたせけり」とあって、事前に万一の用意していた話になっている。しかしもし家貞の万一の用意が事実であるなら、宗盛用の鎧を用意していないとは考えにくく、宗重の子のそれで小腹巻きという具体性からいって『愚管抄』の記事は信憑性が高いと考えられる。よって『平治物語』で語られる家貞のぬかりなさは創作の可能性が高いものであろう。

さて、清盛一行は熊野社参には代官を立てることにした。そして、その代官がまだ熊野社に着かぬうちに（Ⓒ8）、時を移さずに京を目指した一行は十二月十七日には入京した（Ⓒ9）。十日早朝に六波羅から早馬が出発したとして、早くて十一日遅くか、十二日に知らせが着いたと考えられる。とって返したとしても、かなり急いだ行程であったと思われる。事件の一報に接して、「『Ⓐ1こはいかゞせんずる』と思ひわずら」っていた清盛は、宗重の勧誘を契機とし、また、湛快の支援によって、すみやかな決断を行ったと想定される。

以上の事実関係について、『愚管抄』の記述は簡潔であるが、信憑性が高いと思われる。そして、〔史料C〕の最後の一文Ⓒ10、Ⓒ11の意味は次のようであろう。〈（帰京する清盛一行を義朝らは）当然討つべきだったとされたそうだが（討たなかった）、（それは義朝の）東国の軍勢が都に着かなかったから（無勢で討てなかったの）だろうか。〉

Ⓒ10は清盛の無事入京に対する信頼・義朝らの当為に対する平治の乱と同時代人あるいはそれを慈円に語り伝えた人々の判断であり、Ⓒ11はそれに対する慈円の因果関係の推測である。ゆえに、Ⓒ11は、事件後六十年余りの時点における慈円による、人々の判断（Ⓒ11）に対する一解釈と考えるべきであろう。よって、Ⓒ10、Ⓒ11の事実立脚性は、Ⓒ1からⒸ9に比べると相当に低いものとなろう。

上記のように、清盛一行は用意なく九日事件の情報に接したものと考えられる。入京策もこれを主張した湯浅宗重の案であったという上記の考証を前提するならば、㋕3「清盛が六波羅に容易に帰還」という五味文彦氏の指摘は支持しがたいものである。清盛は切羽詰まったかたちで決断を迫られ、帰京を急いだのである。さらに、政治的諸勢力と関係を保ち旗幟鮮明にしなかったという前述の清盛の政治性を考えれば、㋕4「信頼に臣従の意を示したこと」についても、必ずしも、「乱前から清盛と信頼との連携」があったという事態を想定しなくてもよいと思われる。この点でも五味氏の指摘は推測にとどまっている。

4　親政派と清盛（経宗・惟方の行動）

清盛の帰京について、『愚管抄』の事実関係についての記述に関しては信頼できるという以上の考察を前提にすると、九日事件勃発以前から、清盛と経宗・惟方らの連携ができていたという松島周一氏の説も支持できないことになる。五味氏と同じ年に「平治の乱について」論じた松島周一氏は、多賀説について、「古くから一般に認識されて来た見解と、大きく異なるものであるが、当時の状況に対する評価としてはより的確なものとはいえまいか[28]」と賛意を表された。

松島氏の所論についてはすでに多少触れているが、松島氏の着眼は天皇親政派とされる経宗・惟方の行動に向けられたものである。松島氏は経宗・惟方らの「寝返りは余りに劇的過ぎる」ゆえに「彼らの行動はある程度予定されていたもの」ではないかと推測する。(29) その背景には、平治の乱の当時、周囲は清盛と信西の「結び付きを緊密なものと認識していた」結果、清盛の熊野詣の留守に蜂起したのだが、実際には、「清盛と信西の関係が疎遠となっていたとはある程度検証し得る」と指摘された。ここには前述した五味氏と同様の事実認識が示されている。(30) 松島氏は、こうした事実認識を前提に平治の乱の構図を以下のように要約された。

㊖（イ）現状に不満を抱き、武力行使によってこれを打破せんと欲する信頼、義朝のグループ

（ロ）提携すべき相手を失い、武力を全く持たずに孤立している信西

（ハ）㊖1十分に準備を整えた上で、㊖2（ロ）を犠牲に据えて（イ）を挑発し、一挙にこれを叩いて政局の主導権を握るべく㊖3計画を練り上げていた二条帝側近並びに平家一門の連合

そして、「（ハ）の目算通りの経過と結果が現出され」、「大筋として、正に（ハ）のグループが完璧な勝利者となった」が、こうした構図は「親政派の動向を見落しては成り立たない」とし、「彼らは、平家の影に隠れてはいるが、正しく乱の影の進行役の一員」であったとして重視されるのである。(31)

経宗・惟方が九日事件・二十五、二十六日事件の一方の主役であることについて異論はない。（ロ）については、信西一家の基盤は松島氏の想定以上に大きいと思われ、清盛との政治的関係も決定的な変化はないと思われる。その点で松島氏の（ロ）の指摘はやや留保したい。そして、（ハ）についても支持できない。宗盛の鎧もない不意の状態で、清盛は事件の報に接したのである（㊖1）。（イ）に圧力をかけたのは信西であって、親政派あるいは清盛ではなく（㊖2）、親政派と清盛一門が計画を練り上げていた明証もない（㊖3）。清盛の行動は、与えられた状況の中での選択の範囲にある。松島氏の描く政治家清盛像はこうである。「信西と距離を置き、二条帝側近との提携を独自に強

め、自らの戦力を周到に整えて、計画的に乱の勃発を誘う[32]」主体的・計画的な策略家である。きわめて興味深い指摘であるが、こうした記述はやや推測に過ぎるものではないだろうか。

三　平治の乱の構図理解（2）——後白河黒幕説について——

1　平治の乱に関する歴史叙述について

河内祥輔氏は二〇〇二年に発表された『保元の乱・平治の乱』において平治の乱の全体像を叙述された[33]。河内氏は平治の乱を議論する際にいくつかの前提をおいている。つまり、保元の乱については、『兵範記』という一級史料があるために、『保元物語』の誤謬を見極めるのは容易だが、平治の乱は依拠すべき日記を欠くので、『平治物語』に対する見方に甘さが生じ、ともすれば、事件の経緯が『平治物語』に全面的に依存して説かれる危険がある。軍記物語である『平治物語』の筋立てをすべて白紙にもどして見つめ直すべきである。以上の基本態度をとられたことである[34]。

こうした基本的態度に立って、平治の乱については、

①『百錬抄』、②「愚管抄」、③『平治物語』

という史料の優先順位をつけ、——とくに②の『愚管抄』を主軸にすえ——事件の経緯そのものを調べ直す基礎的作業を行なわれた[35]。河内氏の『保元の乱・平治の乱』における平治の乱に関する記述は、典拠表示を有する学問的著作としては近年唯一のものである。さらに、近代歴史学の長いスパンをとってみても、ほとんど唯一といってもよい学問的達成ではないかと思われる[36]。保立道久氏はこの河内氏の新説について「河内氏が『保元の乱・平治の乱』で展開した新説は、この二つの乱の詳細を描き出して間然するところがない」と評されている[37]。しかし、その挑戦ゆえにか

いくつかの問題点を有し[38]、その所論の有効性や射程の範囲、限界性、問題点を我々は慎重に検討し、吟味する必要がある。

平治の乱の前提をなす、保元の乱後の情況に対する河内氏の論点は多いのだが、以下では、これを、〔2〕貴族社会の状況とくに親政派と院政派の対立開始時期の理解、と〔3〕後白河上皇の「動機」について、以上の二点に分けて吟味してみたい。

2　貴族社会の状況とくに親政派と院政派の対立開始時期（乱の要因）

保元の乱後の〈貴族社会の状況〉については、保元の乱で摂関家は打撃を受けたが[39]、「貴族の大多数は、天皇同士・摂関父子の戦いを傍観したから」、「保元の乱は貴族社会にほとんど何らの変動も及ぼさ」ず、「貴族社会は安定」していた」とされる（一〇六頁[40]）。また、信西については上流貴族の評判もよいとし、その理由は、「彼の実力を認めるから」であり、「彼が身の程を心得」、「彼の子息たちの昇進も極端に目立つものではない」からで、「何とも頼りなげな後白河の補佐役に信西はうってつけであり、貴族らに安心感を与えた」「側近政治も信西が中心にあるかぎり、破綻をきたす心配はないと思われた」（一〇八～一〇九頁）と記された。

河内説における「貴族社会は安定」していたという論点と、右の信西に関する記述は、筆者の理解とかなり異なっている。第三章で記したとおり、経済的基盤、政治的基盤および官爵の昇進情況の点で、保元の乱後における信西の子息達の貴族社会での勢威は、摂関家につぐと評してもよいほどの広範囲にわたるものであり、その進出は貴族社会に大きな波紋を呼び起こすものであった。それゆえ、摂家・閑院・小野宮流など上級貴族に限定してもなお躊躇される部分が残り、「貴族社会」と一般化した場合は支持できない。

この貴族社会の不安定の要素であり、平治の乱の政治的背景と指摘されてきた二条親政派と後白河院政派の対立については、その開始時期をめぐって龍粛以来、近年の曽我良成氏にいたるまで、半世紀にわたる研究史がある。(41)この問題に関して河内氏は親政派と院政派の対立は平治の乱後に発生した問題であるとして、龍粛、竹内理三以来の考え(42)を否定された。親政派の経宗・惟方は後白河側近でもあり、信西は鳥羽の遺志の遵奉者という点で、後白河・二条双方に仕えることに矛盾はなかった、(43)と指摘されている。

確かに、史料的には両派の対立を明確に証明することはなかなか困難であるように思われる。後白河の側近は鳥羽の側近の横滑りで、彼らは（二条直系を正統とする）鳥羽の遺志の遵奉者であるとする河内氏の論理は一定の説得力がある。

しかし、既述のごとく信西一家の進出で貴族社会に不気味な底流が生じていたとすると、後白河の乳父という信西に対するに、二条の乳父であった惟方や二条天皇の生母懿子の兄であった経宗らは、その独自の権力基盤を二条天皇に求めるしかなかったと考えられる。二条天皇の東宮時代に経宗は東宮大夫、(44)惟方は東宮大進であって、(45)即位後も、惟方は保元三年まで五位蔵人および蔵人頭として二条天皇に侍しているから、(46)二条天皇との結びつきはいくえにも重なり深かった。

一方で、彼らは確かに後白河院庁別当にも名を連ねているが、(47)公卿の多くは同時に院庁別当にもなっていて、信西一家は貞憲・成憲・脩憲三人が院司に名を連ねており、院司に名を連ねていることの意味はさほど重視できないと思われる。(48)

以上から、筆者としては信西一家の勢威に対する貴族層一部の反発を前提に、龍粛・竹内理三の指摘どおり平治の(49)乱以前から両派の対立があったとみたい。

3　後白河上皇の「動機」について（乱の要因2）

後白河上皇の動機こそが河内氏の独自の見解でありまた氏の最大の主張である。それは「皇位継承問題」である。後白河は二条（子孫）を直系とした父鳥羽の遺志に反抗し、二条即位で空いた皇太子にひそかに次男（後の守覚法親王）を擁立しようとした。[50]この次男は平治の乱の二ヶ月後に出家し皇位継承資格を失っており、平治の乱は次男の出家を止めるタイムリミットに起きた。[51]この（守覚）擁立案を進めようとする場合、最大の反対者と予想されるのは信西であり、後白河にとって、信西は「邪魔な存在」であり、そこに信頼は信西のライバルとしてにわかに登場するとされる。後白河の鬱屈した衝動、すなわち鳥羽法皇の遺志の遵守という合意に対する反感がそこにみえると指摘された。[52]

実は筆者は以上の主張については是非の判断ができない。というのは、河内氏自身「文献上にその徴証を見出すことができるわけではない」が、「あえて想像を廻らして」[53]、〈皇位継承問題〉が、後白河が信西排除に動いた動機と記されているからである。

「後白河のような人物にこそ、父に対して反抗する姿が似合っている」[54]という記述も、〈そうかもしれないがそうでないかもしれない〉としかお答えしようがない。「皇位継承問題こそが一貫して政治の最重要課題であり、政治の主たる動因であったとみなければならない」[55]という観点は、河内氏の一九八六年の『古代政治史における天皇制の論理』以来の一貫した観点であり仮説であるので、その観点から平治の乱についても解釈されたということは氏の研究の文脈に立てば十分理解できるのだが、筆者はその前提的理解を共有することはできないので、本書の核心的な仮説であるこの「後白河上皇の動機」についても、残された具体的な痕跡から検討せざるをえないことになる。その結果として、具体的痕跡（おおよそが文献史料）にもとづく経験科学としての歴史学の問題としては、この命題はいまだ実証された問題ではなく、そしておそらく今後も実証不能な問題と考えざるをえない。河内氏ではこの記述に関して「想像」と断っているので、その点で問題は少ないのだが、筆者は以上の立場をとるゆえに、この河内氏の見通しについては受け入れることはできない。

結び

本章で論じてきた論点をまとめて結びとしたい。

（一）平治の乱について清盛黒幕説を唱えた多賀宗隼の議論は、清盛一行の熊野詣での人数が少ないという多賀の事実認識から導かれた演繹的な推論であって、蓋然性の高い議論とはいえない。

（二）義朝との勢力争いについて、清盛が義朝に圧力をかけ挑発したと推測する飯田悠紀子氏の議論については、義朝に圧力をかけたのは清盛と言うよりは信西である点で疑問がある。

（三）乱前における清盛と信西の疎隔を指摘する五味文彦氏・松島周一氏の説については、それ以前における清盛と信西の連携を一方的に措定するべきでなく、清盛は信頼とも縁をもち、バランスをとった存在だったと考えるべきである。

（四）九日事件後信西が六波羅を頼らなかったことはこうした清盛の政治性による。六波羅から謀議勢力への成憲引き渡しは、勅命として命じられ、かつ清盛不在の平家一門に謀叛とされうる決断がなし得なかったためであると推論される。

（五）　虚を突かれ事件の報に接した清盛には争乱時の用意がなく困惑した。清盛入京の決断は湯浅宗重の慫慂が契機となった。

（六）　信西一家を犠牲にして信頼・義朝らを挑発する九日事件の計画を、二条側近と清盛一門が練り上げていたという松島周一説は支持できない。挑発は信西によるものであり、「計画」の明証は認められない。

（七）　保元の乱後の貴族社会の状況が安定していたとする河内祥輔説は支持できない。また、親政派と院政派の対立は、二条天皇と後白河上皇の関係あるいは意思とは別個に後白河譲位の段階からその徴候が認められたものと思われる。

（八）　九日事件の背景に後白河上皇による〈独自の皇位継承候補擁立〉という動機を指摘する河内説は、精度の高い仮説として実証された問題ではなく、また今後も実証不可能の問題であると考えられる。また、「後白河の意思」を挙証できる史料はみられないように思われる。

以上、平治の乱の構図理解に関する多賀説、河内説を軸にして、関連する議論をあわせて検討してきた。近年の学説についてはそうじて否定的な結論を提示することになってしまった。しかし、河内説について言えば、『愚管抄』の深い読み込みによって平治の乱全体を順を追って叙述されたという点に特色をもっている。それゆえ、河内説の前提的仮説である〈後白河上皇の動機〉という問題を捨象しても、事件の経緯に関する河内氏の議論は数多くの重要な指摘を含んでいる。そこで、筆者としては、十二月九日事件、二十五・二十六日事件、に関する河内氏の考察を手掛かりとし、これに学びつつ、これを検証することで、第五章において、筆者なりに平治の乱の経緯に迫ってみることにしたい。(56)

注

（1）飯田悠紀子『保元・平治の乱』（教育社、一九七九年）は、清盛の熊野参詣について、信頼・義朝を誘発する策略であったに違いないとする多賀説を「傾聴に価する説」と記述している。

（2）五味文彦『平家物語、史と説話』（平凡社選書、一九八七年）二〇五～二〇六頁。五味氏は多賀の説に直接触れてはいないが、後述のごとく多賀説の指摘に添った見通しを述べている。

（3）松島周一氏は、多賀説を「当時の状況に対する評価としてはより的確なもの」と評している（『日本歴史』四六九、一九八七年、一七頁）。

（4）河内祥輔『保元の乱・平治の乱』（吉川弘文館、二〇〇二年）。

（5）保立道久氏は河内説について、「信西自身も抹殺命令が後白河院に由来していることを知っていたからこそ梟首を予測していたという仮説も説得的である」とされている（『ＮＨＫブックス　義経の登場　王権論の視座から』日本放送出版協会、二〇〇四年、一〇五頁）。

（6）多賀宗隼「平家一門」（『日本歴史』三五四、一九七七年）。

（7）飯田悠紀子前掲『保元・平治の乱』一五七～一六二頁。

（8）松島周一「平治の乱について」（『日本歴史』四六九、一九八七年）一七頁～二一頁。

（9）五味文彦『平家物語、史と説話』（平凡社選書、一九八七年）二〇五～二〇六頁。

（10）『平治物語（陽明本）』によれば、同行した清盛子息は重盛と記されている（新大系本一六七頁）。

（11）熊野詣に際してどのような人数で参詣したのかは詳らかにしえない。ただ武士の信仰の旅を描いた絵画資料では、騎乗の武士に対して三人から五人ほどの徒歩の従者が描かれている（黒田日出男「武士たちの旅姿」『朝日百科日本歴史別冊　歴史をよみなおす10　中世を旅する人々』朝日新聞社、一九九三年、二四～二七頁）。また備後国大田荘で、正員地頭の鎌倉下向には八人ないし十人の農民が随行したと指摘されている（『体系日本史叢書　24交通史』山川出版社、一九七〇年、六〇頁（新城常三執筆））。これに準拠して本文のごとく推定した。

（12）この点、新城常三『鎌倉時代の交通』（吉川弘文館、一九六七年）一八八～一八九頁も参照。

（13）飯田悠紀子前掲『保元・平治の乱』一六二頁。
（14）飯田前掲書一五七～一五八頁。
（15）五味文彦『平家物語、史と説話』（平凡社選書、一九八七年）二〇五～二〇六頁。
（16）松島前掲稿一八頁～一九頁。
（17）『新訂増補国史大系18　古事談』九二頁には、「平治合戦之時、六波羅入道（清盛）自二南山一帰洛之翌日、聟侍従信親〈信頼卿息〉送二遣父許一之共侍四人」とある。
（18）松島前掲稿一九頁。
（19）『平治物語』によれば、「切目の宿」（新大系一六六頁）。
（20）『日本歴史地名大系』和歌山県田辺市「古代」および「中世」。
（21）『吉記』承安四年九月二十五日条（㈠一八二頁）、『平安時代史事典』「湯浅家」の項参照。
（22）この伝達者が直接の見聞を記したものか、又聞きかは定かでない。
（23）「Ⓒ4その時はよき勢にて」も、「云けり」と伝聞過去で記されたこの一文の最後の結び方からいえば、情報伝達者の話（判断）とも考えられる。
（24）この場合の「ただ」は、「間に介在する物事がなく、直接に」（日国大）という意味だが、（日国大）はさらにこれを分類して、「（イ）距離的なへだたりがなく、じかに」と「（ロ）時間的なへだたりがなく、すぐに。また、時間的経過の短いことを限定する」と説明する。この『愚管抄』の説明では（イ）の点では、いったん西海によって軍勢を集めるという距離的な遠回りをすることなく「じかに」であり、また、（ロ）の点では、田辺で時間を浪費せずに「すぐに」であると考えられ、清盛に即時・直接に帰京を勧めた意と解される。
（25）この場合の「なん」は、「まいらせ」と未然形についているので〈あつらえ〉（……シテホシイ）の「なん」と解される。小西甚一『新装版　基本古語辞典』大修館、二〇一一年、四〇五頁では、「相手に対して願望・要請の意を表す」と解説され、大野晋・佐竹昭広・前田金五郎編『岩波古語辞典』一九七四年の基本助詞解説では、「希望・慫慂・誂え」とされる（同書一四五八頁）。この前後の訳は、大隅和雄『愚管抄　全現代語訳』（講談社学術文庫、二〇一二頁）とはかなり見解を異にする。

(26) この点で、河内祥輔氏も湯浅宗重に言われて帰京を決意したと記し、「清盛に正確な情報を伝えたのは宗重ではなかろうか」(河内前掲『保元の乱・平治の乱』二〇九頁注(二二八))と指摘されている。

(27) 新大系一六七頁。この点、「金刀比羅本」では、「五十領の鎧・五十腰の矢を取出して奉る」(旧大系二〇七頁)と造形されていて、後出本になるにつれ調子が整えられていったようすがうかがえる。

(28) 松島周一「平治の乱について」(『日本歴史』四六九、一九八七年)一七頁。

(29) 松島前掲稿一六〜一七頁。

(30) 松島前掲稿一八〜一九頁。こうした清盛と信西の関係の認識への疑問については前述した。

(31) 松島前掲稿二〇頁。

(32) 松島前掲稿二一頁。

(33) 作業仮説の原点は、古代政治史の事件や争点はつねに天皇という存在に発するが、朝廷という組織にとって最大の問題は、天皇の権威が確立する問題であり、その天皇の権威は皇統の形成によって確立される、という一九八六年の『古代政治史における天皇制の論理』(吉川弘文館、一九八六年)で抽出された視点である。そして、その後の厖大な著述で、南北朝期まで一貫してこの視点から歴史分析を試みられており、『保元の乱・平治の乱』もその叙述の一環であるものと思われる。

(34) 河内前掲『保元の乱・平治の乱』四頁。軍記物語への警戒は、その後の著作ではさらに一般化されて展開されていて、二〇〇七年の『日本中世の朝廷・幕府体制』(吉川弘文館)ではこれをより一般化して、保元の乱から建武政権まで、軍記の影響を排することで、「武家政権成立史」に替わる新しい構想が生まれると展望されている(同八頁)。

(35) 河内前掲『保元の乱・平治の乱』二〜五頁。この史料優先順位については筆者も河内氏に従いたい。

(36) 飯田悠紀子『保元・平治の乱』(教育社、一九七九年)は、新書媒体ではあるが、典拠表示に極力努力した跡がうかがえ、典拠の確認が比較的容易であるので、平治の乱に関する准学問的専著と考えられる。もっとも、河内氏前掲書とともに保元の乱とあわせて平治の乱を記述したものである。平治の乱単独でまとまった記述を行うことは、歴史学の手法では相当に困難なことを暗示するものと思われる。

(37) 保立前掲『義経の登場』一〇六頁。

(38) この河内祥輔氏の著作に関しては、元木泰雄氏による激烈な批判があるが、河内説の内在的論理を踏まえた批判ではなく、また、選書・新書媒体での矯激な批判という形式面でも大きな問題性をもつ。この点については別稿を参照されたい（拙稿「平治の乱の要因と十二月九日事件の経緯について」『経済志林』八〇巻四号、二〇一三年）。

(39) 〈摂関家と後白河の関係〉について河内氏は、摂関家は保元の乱後も乱の痛手から立ち直れず、信頼との争いで一方的に後白河に処罰され屈辱を嘗めた相手である信頼の妹を子息基実の結婚相手とした。これは「忠通はひたすら後白河に取り入ることで、摂関家の安泰を図ろう」としたためである（『保元の乱・平治の乱』一〇二〜一〇五頁）と記されている。

(40) なお以下の本文で河内説の引用は、とくに断らぬ限り、すべて二〇〇二年の『保元の乱・平治の乱』により、本文中に頁数のみで示す。

(41) 龍肅『平安時代』（春秋社、一九六二年）二〇四〜二一〇頁、玉井力『平安時代の貴族と天皇』（岩波書店、二〇〇〇年）七八〜七九頁、曽我良成「二条天皇と後白河法皇の応保元年」（『名古屋学院大学論集（言語・文化論）22・№2』二〇一一年）一一七〜一二二頁など参照。

(42) 龍肅前掲書二〇三〜二〇四頁。竹内理三前掲『竹内理三著作集　第六巻』二二九頁。初出は一九六二年。

(43) 河内前掲書一一一〜一一二頁

(44) 『補任』㈠四三三〜四四一頁。

(45) 『補任』㈠四四三頁。

(46) 『蔵人補任』二〇七〜二一〇頁。

(47) 「高野山文書」平治元年五月二十八日後白河院庁下文（平安遺文⑥二九七九号文書）参照。

(48) この点は元木泰雄氏がすでに指摘されるとおりである（前掲『保元・平治の乱』一六八頁）。

(49) 龍肅前掲『平安時代』二〇三〜二〇四頁。竹内理三前掲『竹内理三著作集　第六巻』二二九頁。

(50) 河内前掲書一一三〜一一五頁

(51) 同書一一五頁。

(52) 同書一一五～一一六頁。
(53) 同書一一三頁。
(54) 同書一一三頁。
(55) 同書一七四頁。
(56) なお、従来は、十二月九日から二十六日迄の一続きの事件として記述されることの多かったこの平治の乱を、九日事件と二十五、二十六日事件という二つの事件から構成される事件として、問題を再整理されたのは河内説を嚆矢としている。この整理によって、平治の乱は非常にその輪郭をはっきりと把握できるようになり、同時に、二つの事件がその共通性とともに独自の性格を有していることが示された。二つの事件それぞれ追及し直してみる手がかりが示されたものと考えられる。

第五章　平治の乱の経緯と結末について

——『愚管抄』解釈と河内祥輔学説の検証を通じて——

一　課　題

本章は『愚管抄』解釈を通じて、事件の経緯に関わる重要ないくつかの論点の考察を試みようとするものである。なお、従来は、十二月九日から二十六日迄の一続きの事件として記述されることの多かったこの平治の乱を、九日事件と二十五、二十六日事件という二つの事件から構成される争乱として問題を再整理されたのは河内祥輔氏を嚆矢とするように思われる。この整理によって、平治の乱については非常にその輪郭をはっきりと把握できるようになり、同時に、二つの事件の性格をそれぞれ追及し直してみる手がかりが示された。考察の手順としては二節で、九日事件の発端となった〈三条殿焼き討ちと「放火」の問題〉、九日事件後の〈後白河・二条の（幽閉）状況と二人の関係〉、二十五・二十六日事件に関わる〈二条天皇脱出の連絡とその経緯〉について検討する。そして三節において、平治の乱後〈恩賞を平家が独占し得た背景〉、〈平治の乱後も信西の子息たちの排除が継続し続けた問題〉、さらに親政派の経宗・惟方が桟敷に板を打ち付けるという過激な行動をして後白河上皇への圧迫を行った〈八条堀河の藤原顕長邸における桟敷事件に関わる問題と経宗・惟方失脚の問題〉を検討することにしたい。

二　事件の経緯をめぐる三つの論点

1　三条殿焼き討ちと「放火」

本節では十二月九日事件の嚆矢となった三条殿焼き討ちの問題を中心に考察する。三条殿焼き討ちは平治の乱を発端となった軍事的蜂起である。基本史料である『百錬抄』は、この事件を次のように記している。

〔史料A〕『百錬抄』（大系11七四頁）

十二月九日。夜。右衛門督信頼卿・前下野守義朝等謀反。放㆓火上皇三条烏丸御所㆒、奉㆑移㆓上皇・上西門院《統子》於一本御書所㆒。

河内祥輔氏はこの『百錬抄』の記事について、事件は信頼、義朝等の「謀反」であり、彼らが院御所・三条殿に「放火」したと記述している(1)と記されている。素直な史料解釈であろう。『百錬抄』の右の記事に対応する『愚管抄』の記述は次のとおりである。

〔史料B〕『愚管抄』巻五（旧大系二二七〜二二八頁）(2)

かゝりける程に平治元年十二月九日夜、三條烏丸の内裏、（院の御所にてありけるに）、Ⓑ1信西子どもぐしてつねに候けるを、Ⓑ2押こめて皆うちころさんとしたくして、Ⓑ3御所をまきて火をかけてけり。

さて中門に、御車をよせて、師仲源中納言同心の者にて、御車よせたりければ、Ⓑ4院と上西門院（統子内親王）と二所のせまいらせたりける（に、信西が妻成範が母の紀の二位は、せいちいさき女房にてありけるが、上西門院の御ぞのすそにかくれて御車にのりにけるを、さとる人なかりけり。上西門院は待賢門院の一つ御腹にて、母后のよしとて立后もありけるとかや、さてかた〴〵殊にあひ思て、一所につねはおはしましけるなり。）

Ⓑ5この御車には重成、光基、季実などつきて、Ⓑ6一本御書所へいれまいらせてけり。（この重成は後に死たる所を人にしられずとほめけり。）

Ⓑ7俊憲・貞憲ともに候けるはにげにけり。（Ⓑ8俊憲はたゞやけ死んと思て、北のたい（対）の縁の下に入てありけるが、Ⓑ9見まはしけるに逃ぬべくて、（焔のたゞもえにもえけるに）、Ⓑ10はしりいでゝそれもにげにけり。）

この『愚管抄』の記述で、ゆらぎの比較的少ない歴史的事実に関する記述は、傍線部（Ⓑ3、Ⓑ4、Ⓑ5、Ⓑ6、Ⓑ7）であろう。つまり、（蜂起部隊が）院御所を包囲して（Ⓑ3）、後白河院と上西門院を車に乗せ（Ⓑ4）、重成、光基、季実がこの車を警固して（Ⓑ5）、二人を内裏の一本御書所へ移した（Ⓑ6）。信西の子の俊憲・貞憲は御所に伺候していたが逃走した（Ⓑ7）。以上の部分である。このほかの部分[3]は、この歴史的事実の因果関係に関わる記述で、史料記述者としての慈円による解釈介入余地が大きくなってくる。そして、この事実に関する記述のうち、Ⓑ7を除いた部分が、そのまま〔史料A〕の『百錬抄』の記述となっている。

『百錬抄』も抄出なのだが、〔史料A〕は『愚管抄』の比較的ゆらぎの少ないと推定した傍線部分とⒷ7を除いて、ほぼ一致する。つまり、『百錬抄』『愚管抄』ともに、記事の筋は、御所に放火し、上皇・上西門院を（内裏）一本御書所に移した、という事実を示している。〈①『百錬抄』、②「愚管抄」、③『平治物語』〉という史料優先順位に忠実であるなら、九日事件の骨格はまずこの点に求められなければならない[4]。

さて、河内氏は、三条殿「放火」に関する〔史料B〕を見直して、三条殿にいた信西子息の俊憲はまず縁の下に逃げ、その後逃走しており、これは義朝勢の襲撃が先行して火災は後であったことを示唆するから、この火災は「失火」とみるべきである」（同書一一八～一一九頁）と記されている。

もし「放火」であるとすると、それは両史料が記すように、信頼・義朝等の「謀反」という構図に直結するから、放火ではなく、失火とされたのであろう。

この点を検証するために、『愚管抄』の記述に戻ると、「Ⓑ3御所をまきて（包囲して）火をかけてけり」とあり、そして上皇・上西門院を「中門に、御車をよせて」迎えている点からみて、「放火」あるいは「失火」したのは、中門から寝殿（母屋）にいたる中枢建物と上皇等の脱出（確保）経路にあたる東門の周辺を避けた建造物、即ち、諸門（北門、西門、南門）あるいはそれをむすぶ塀と推定され、かりに建物本体であったとしても、随身所や侍廊あたりだったものと想定される。[5]

この放火を「失火」であるとみる河内説の根拠は、Ⓑ8、Ⓑ9、Ⓑ10であるが、この部分は〔史料B〕の『愚管抄』の記述からいうと挿入的な部分であり、大隅和雄氏の言葉で言えば、「登場人物たちに自分の感情を移入し、歴史の一齣一齣を追体験することによって、理解を深めようとした[6]」部分と考えられる。それゆえに、記述者である慈円の解釈が入りやすい部分である点が第一に注意すべき問題である。

第二に、「Ⓑ8俊憲は『ただやけ死ん』と思て、北のたい《（対）》の縁の下に入てありけるが」の史料解釈が問題となる。河内氏のごとく、「焼け死しそうになった」（一一八頁）とは解せないのではないか。上記引用で二重かぎ括弧でくくってみたが、この「ん」は一人称の主格の「ん（む）」と考えられ、『ただ焼け死のう』という意志の「ん（む）」と考えるべきものと思われる。[7]言葉を補なって言いかえれば、〈（襲撃で射殺されなどするよりは焼け死ぬならば）焼け死のう〉と思って北の対の縁の下に潜り込んだのである。

第三に、「火事であれば、野外に飛び出すのが普通」（一一八頁）とされるのも筆者は意見を異にする。前述の放火場所に関する考証を前提にして考えると、俊憲らにとっては「火」の恐怖よりも、「矢」や襲撃武者と遭遇する恐怖がより大きかったと想定され、まず緊急避難として身を隠したのであろう。そしてあたりの状況把握を試み、北の対の縁の下で周囲を見回してみると、「逃ぬべくて」（Ⓑ9）（きっと逃げられそうなので）[8]、「焔のただもえにもえけるに」（（逃走経路に）焔が燃えさかる中を）[9]、「Ⓑ10はしりいでてそれもにげにけり」（走り抜けて逃げたのである）。さかんに燃えていたのは、俊憲らの逃走経路だったものと推考される。

第四に、三条殿の西およそ三百メートルほどはなれた信西の姉小路西洞院の宿所が同夜に焼き払われたという『平治物語』の示す信西宅への放火事実[10]がもし認められるなら、三条殿のみが「失火」で、信西宿所が「放火」であったという、蜂起部隊の対応が異なるものとなってくる点も気にかかるところである。

以上、三条殿の火事が「放火」ではなく「失火」ではないかという河内説を検討したが、火事を「失火」とする根拠は説得的ではなく、「放火」とみなすべきものと思われる。

2　後白河・二条の〈幽閉〉状況と二人の関係

九日事件後、蜂起貴族らによる後白河上皇と二条天皇の掌握状況を語るものは次の〔史料C〕である。

〔史料C〕『愚管抄』巻五（旧大系二二九頁）

Ⓒ1さて、信頼は、かくしちらして、大内に行幸なして、二條院（当今にておはしますを）、とりまいらせて、世をおこなひて、院を御書所と云所にすえまいらせて、すでに除目行ひて[11]、（義朝は四位して播磨守になりて、子の頼朝十三なりける、右兵衛佐になしなどしてありけるなり）。

〔史料C〕は、九日事件の三条殿焼き討ち記述と信西の逃亡記述に続く『愚管抄』の記述である。『愚管抄』はその三条殿焼き討ちの記述で、源師仲中納言、源重成（清和源氏）、源光基（清和源氏）、季実（文徳源氏）というさまざまな人物が九日事件の実行部隊として動いたことを記した後、Ⓒ1点線部のごとく信頼が蜂起集団の元締めであるように事件を記している。〔史料C〕で記された信頼の行為は、以下のⓧ、ⓨのごとくである。

ⓧ　二条院—大内行幸—とりまいらせ—世をおこなひ

ⓨ　院　—　御書所　—すえまいらせ—すでに除目を行ひて(12)

つまり〔史料C〕は、ⓧ、ⓨのように天皇と院を対比する修辞表記であろうと思われる。その対句的表現と想定されるゆえに、この「とりまいらせ」「すえまいらせ」に関わる河内氏の考証の意味には疑問をもつ。この二つの言葉に厳密な意味の違いを求めるのは困難なのでないだろうか。しかしこの二つの表記の差異についての考察をもとに、河内氏は〈後白河と二条がおかれた状況〉について、「後白河は決して幽閉・監禁などされてはいない。ここには信頼の「謀反」などの形跡はみられない」（二二八頁）と指摘されて、後白河は「自由」な状況であり、二条の生活も天皇として普通の状態にあったとすべきである（二二五〜二二九頁）とされた。

河内氏によれば、信頼が後白河・二条を幽閉・監禁したのなら「信頼の謀反」と言われてもよかろうが、「自由」な「ごく普通の状況にあった」のなら「『信頼の謀反』なる感触はますます希薄」（同前）にならざるをえないとされる。

筆者は、〈後白河と二条の状況〉が比較的自由であったという主張にあまり異論はないのだが、二十五、二十六日事件で、「慈円の脳裏に」二条の大内からの「脱出劇の重大さが強く意識されたあまり、あたかも二条はそれまで信頼の管理下に置かれていたかのような錯覚が生まれた」（二二八頁）、のごとく言い切ってしまうことは躊躇される。二条天皇は普通なように生活をしていても、二十五日夜には、秘密裏に脱出しなければならない状況、つまり、まったく自由ではなく、広い意味で蜂起貴族らのコントロール下にあったとみなすべきであろう。なお、この天皇・院の状況に関連して、信頼謀叛を否定されるのは形式的である。三条殿の火事が仮に「失火」であって、また、信頼が後白河の意図にひそかに従っていたと仮定しても、要人を殺害・拘束し、天皇を広い意味でコントロール下におき、恣意的な除目を行ったとしたら、それは、通常、[13]謀叛と称されてしかるべき行動であろう。

ところで、前述した親政派と院政派の対立にも関わって、河内氏は、九日事件の段階では経宗・惟方はまだ後白河の側近でもあり、『愚管抄』によれば、二条・後白河の関係は、平治の乱の期間を含め二条即位以来三、四年間は一貫して良好であって、応保元年を境に、深刻な対立関係に入った（一三〇～一三三頁）と記されている。以上の指摘は「後白河と二条が露わに対立し、二条と信頼が連携する、というような状況はなかった」（一三三頁）という理解の前提をなす事実認識と思われる。分かりやすく言いかえれば、通説の指摘する親政派と院政派の対立はないから二条と信頼の連携もない、という主張と考えられる。

しかし、この理解では天皇や院の主体性が重視されすぎているように思われる。かりに、二条と後白河が協調していたとしても、その周りの人々の利害対立・怨恨・相性までふくめて党派性を生じ、政治的対立が生み出されることは一般的に認められる問題である。そして院政の場合、この点はまさに宿痾ともいえる問題であった。[14]頭目二人の仲が良くても、その頭目を囲繞する人々の思惑・基盤・政策の違いによって、頭目の意思とは関わりなく、路線対立を生じ、それがさらに深刻な対立にいたることは政治的世界の法則的問題ではないだろうか。

次に、二十五、二十六日事件の二条行幸（内裏脱出）の連絡とその経緯の検討に進みたい。

3　二条行幸（内裏脱出）の連絡とその経緯

九日事件に対し貴族社会がいかなる反応をしたのか。九日事件以後の史実を確認してみると、信西子息の流罪決定、論功行賞、信西の梟首、信西子息の配流（決定）という行動しか認められず、この〈共同謀議〉が、それ以外の目的をもたなかったことが推測される。

これに対して行動を起こしたのが、上級貴族だった。『愚管抄』は次のように伝える。

〔史料D〕『愚管抄』巻五（旧大系二三〇頁）

Ⓓ1大方世の中には三條内大臣公教、その後の八條太政大臣（実行）以下、Ⓓ2さもある人々、Ⓓ3「世はかくてはいかゞせんぞ。信頼・義朝・師仲等が中にまことしく世をおこなふべき人なし」。Ⓓ4主上二條院の外舅にて大納言経宗、ことにⒹ5鳥羽院もつけまいらせられたりける惟方（検非違使別当にてありける。この二人主上にはつきまいらせて、信頼同心のよしにてありけるも、）Ⓓ6そゝやきつゝやきつゝ、Ⓓ7「清盛朝臣ことなくいりて、六波羅の家に有ける」と、Ⓓ8（と）かく議定して、Ⓓ9六波羅へ行幸をなさんと議しかためたりけり。[15][16]

清盛帰京後の朝廷において、九日事件を実行した貴族グループに対して、『愚管抄』が挙げるのは内大臣・公教とその父・八条（前）太政大臣・実行であり（Ⓓ1）、実質的には公教であった[17]。公教を実質的なリーダーとして、「Ⓓ2さもある人々」（上級貴族）らが反対行動を起こした。上級貴族は信頼・義朝・師仲らに〈朝廷を主導する人はいない〉（Ⓓ3）という判断のもとに経宗・惟方に働きかけ密談して（Ⓓ6）、清盛が「ことなく」（無事に）入京し六波羅に入った（Ⓓ7）ことを合議して打合せ（Ⓓ8）、六波羅への（二条天皇の）行幸策を決した（Ⓓ9）。

筆者は九日事件後の事実認識の材料である『愚管抄』の記述を右のように理解する[18]。そして事実認識に関する限り河内氏の理解と近い。しかし、その背後の動機、あるいは因果関係の理解については解釈を異にする。

河内氏は、公教らの信頼らに対する不信を裏返せば信西に対する評価があるとされ、信西も公教も〈鳥羽の遺志の遵法者であった〉点に、公教の信西への評価さらに公教の行動の動機が求められている[19]。

しかし「鳥羽の遺志」がなにゆえ公教による行動のモチーフたりえるのか、なぜ、切り札的な拘束力をもちうるのかが理解できない。[20]〔史料D〕で言えば、信頼グループに「世をおこなふべき人なし」（Ⓓ3）というのが、九日事件とその直後の経緯からする蜂起貴族集団への判断であり、それ以上はなにも記されていない。そして、この文脈で、鳥羽院の意思に触れられているのは、「鳥羽院もつけまいらせられたりける惟方」という惟方（Ⓓ5）についてであり、その惟方が主上につきまいらせ、九日事件では信頼らに与同したのである。上級貴族らは蜂起貴族を支持しなかったため、クーデターの鎮圧行動に出たのであり、それ以上の背景は知ることができない。

ここで二条天皇を奉じた決定について、河内氏はこれは「後白河と信頼が協調関係にあることを証する」ものとされ、「公教謀議の本質は、後白河に対して矛先を向けたものであるとみなければならない」が、公教は後白河とあからさまに真正面から対決する愚行は避け、周囲（具体的には側近頭目の信頼）を粛正して解決を図ろうとしたとされる。[21]

しかし六波羅への天皇行幸に関して、後白河に対する主上行幸の連絡は、〔史料E〕にみられるように決行当日の夜、決行に先立って行われている点が重要である。

〔史料E〕『愚管抄』巻五（旧大系二三二頁）

「よし〳〵」とてぞ、Ⓔ1有けるしたくのごとくにしたりけり。

Ⓔ2夜に入て、惟方は院の御書所に参りて、（小男にて有けるが直衣にくゝりあげて）Ⓔ3ふと参て、そゝやき申て出にけり。Ⓔ4車は又その御料にもまうけたりければ、Ⓔ5院の御方の事はさたする人もなく、Ⓔ6見あやむ人もなかりければ、Ⓔ7覚束なからず。

Ⓔ8内の御方にはこの尹明候なれたる者にて、むしろを二枚まうけて、莚道に南殿の廻廊に敷て、一枚を歩ませ給ふ程に今一枚をしき〳〵して、（内侍には伊与内侍・少輔内侍二人ぞ心えたりける。Ⓔ9これら先しるしの御はこ宝劔

とをば御車に入てけり。支度の如くにて焼亡の間、）さりげなしにてやり出してけり。

〔史料E〕は、清盛が名簿を信頼に献呈して、信頼を安心させた話の続きであるが、この文脈によれば、日が暮れて惟方が（二条天皇脱出工作について後白河に）ひそかに伝えたのである（Ⓔ3）。河内氏はⒺ2の「夜に入て」について、「言い方は曖昧であり、二条が内裏から出る前か後か明瞭ではないが、普通には脱出後とみるべきであろう」と記されている。(22)

河内氏が主張されるごとく、信頼らの信西襲撃が後白河の意思であり、公教の工作が逆に後白河の意図封じ込めにあったとすると、二条天皇の内裏脱出という最高機密を脱出前に後白河上皇に漏らすことは通常は考えにくいから、こうした記述をされているものと推察される。

しかし、「夜に入る」は辞書的語義では「夜になる。日がくれる」であり、(23)『愚管抄』の用例は、このほかには二例ほどしか確認できなかったが、(24)いずれも辞書的な意味どおり、「日が暮れる」つまり、夜になってすぐの意味である。〔史料E〕でも、文脈どおり、後白河に伝達してから、内の御方の工作が行われたのである。

一方、天皇方の工作は夜遅くに行われる手はずであった。この「有けるしたく」（天皇脱出工作準備）（Ⓔ3）について、『愚管抄』では清盛が実行役の尹明に「こまかにをしへけり」（細かく指示した）とある。その内容が次の〔史料F〕である。

〔史料F〕『愚管抄』巻五（旧大系二三一頁）

十二月廿五日乙亥。丑の時に、六波羅へ行幸をなしてけり。そのやうは、清盛、尹明にこまかにおしへけり。「ひるより女房の出んずるれうの車とおぼしくて、牛飼ばかりにて下すだれの車をまいらせておき候はん。さてⒻ1夜さしふけ候はん程に、二條大宮の辺に焼亡をいだし候はゞ、武士どもは何事ぞとてその所へ皆まうで来候なんずらん。その時その御車にて行幸のなり候べきぞ[25]」とやくそくしてけり。

ここには、天皇の脱出工作のために、怪しまれないように、昼間から女房の乗る車の用意をしておくことや、深夜になって（Ⓕ1）、二条大宮に火事を起こし、武士らの注意を引いて、その間に行幸をなす策が記されている。行幸は深夜に二條大宮の辺に放火した後の予定であった。

そして実際に火事に紛れて二条天皇および神璽・宝剣（Ⓔ9）を内裏から送り出した後、尹明が、玄象[26]以下の道具類を長櫃に入れて天皇を追うようにして六波羅に向かい、六波羅に入ったのは「ほのぼのとする程[27]」（夜があけるころ）であった。『愚管抄』によるかぎり、後白河への機密伝達から内裏脱出はそれなりに時を隔てたものであった。この事実関係はそれなりの精度をもって確認できる問題といいうるであろう。

この後白河への二条遷幸情報伝達と実際の二条遷幸との間の「時間」のズレに関する考証によれば、二十五日事件に対する構図理解とそれにともなう公教や後白河など人々の思惑に関する河内氏の記述は、成立しにくいもののように思われる。

その後、公教・清盛らは二条天皇の六波羅への行幸を京中に触れ回り、摂関家の忠通・基実父子をも六波羅に迎えるなど、天皇奉戴という正統性獲得に加え貴族社会の主流をおさえ多数派をも掌握した。密教修法に詳しい鳥羽院の七宮（覚快法親王）の京・白河の僧坊へも使いを派遣し、「行幸六波羅になり候、よく〳〵いのり申させ給へ」と、おそらくは戦勝祈願あるいは怨敵調伏を命じているのは、用意周到というべきであろう[28]。

しかし、仁和寺に逃れた後白河についていえば、事件に対してここでも「傍観者[29]」であった。「乱の主役は、信頼・義朝であり、また天皇親政派の経宗・惟方及び清盛であった。そして彼等の間での争奪の対象となったのは二条天皇であって、上皇ではなかった[30]」。以上を記した安田元久の理解が事件と後白河の関係について事実に近いものと考えられる。

三　平治の乱後の政治過程について

1　平治の乱の賞罰

平治の乱では、十二月二十六日の合戦で源義朝は敗れて逃亡し、藤原信頼は仁和寺の覚性法親王に助けを乞うたが、六波羅に差し出され、二十七日に六条河原に斬られた。[31]

信頼の縁座としては、同二十七日に、治部卿越中守藤原光隆が解官され、[32]右中将越後守成親も解官された。[33]

翌二十八日には、中納言源師仲が解官された[34]（のち流罪）。[35]またこの日頼朝が蔵人・右兵衛権佐を解かれている。[36]同日、信頼の兄の家頼、同じく基成、弟の信俊、子の信親らが解官され、のち基成は陸奥に、信俊（信説）は尾張に配流された。[37]また日時の特定はできないが、おそらくは同二十八日、文徳源氏の少尉検非違使季実が解官され、三十日にその子季盛ともに斬首された。[38]その他、『平治物語』諸本によれば、村上源氏の但馬守源有房など七十三人が解官されたとしている。[39]

次に恩賞を見てみたい。

十二月二十八日の「除目」で、勲功勧賞として清盛一家・平氏一門は以下のような勲功の賞を獲得した。

ⓐ左衛門佐重盛「伊予守（勲功。佐如レ元）」（『補任』㈠四五四頁）

ⓑ宗盛「遠江守（勲功）」（『補任』㈠四六四頁）

ⓒ経盛「伊賀守（勲功）」（『補任』㈠四七二頁）

ⓓ左馬権頭教盛「遷越中守（勲功。権頭如レ元）」（『補任』㊀四六六頁）

ⓔ中務権大輔頼盛「兼尾張守（勲功）」（『補任』㊀四六二頁）

ⓐの重盛は遠江守からの遷任で（保元二年十月以来の左衛門佐も兼任）、重盛は八日後の正月六日には院給により従四位下に上階、その二十一日後に左馬頭を兼ねた(40)。

ⓑの宗盛は保元二年に叙爵していたが、重盛の遷任で空いた遠江守に任じられた。翌正月二十一日にはすぐ淡路守に遷任している(41)。その淡路守の前任であった基盛(42)は、宗盛と入れ替わる形で遠江守に遷任した(43)。

ⓒの経盛の伊賀守は源光基の後ということになる(44)。源光基は清和源氏（土岐）光信の子で、保元の乱では内裏に候じている(45)。『愚管抄』によれば、九日事件の時に、重成、季実などとともに、院と上西門院を内裏一本御書所へ奉じる警固にあたっており(46)、『平治物語（陽明本）』では、「信頼・義朝・光保・光基・重成・季実、御くるまの前後左右をうちかこみて大内に入れまいらせ、一本御書所におしこめたてまつる(47)」と記されている。同書では二十六日の戦闘では陽明門を守っていたが(48)、平家方がいったん六波羅に引いたときに裏切ったことになっている(49)。謀議貴族と参加武者が十二月十日に恩賞を受けている点からみて、光基も十日の除目で伊賀守に任じられた可能性があろう(50)。

ⓓの教盛の越中守補任は、前述のごとく前日の藤原光隆解官のあとを受けたものである。翌月の正月二十一日の除目で常陸介に遷任している(51)。

ⓔの中務権大輔・頼盛の尾張守補任については、惟方の三男為頼のあとを受けたものと思われる(52)。惟方二男の惟綱が保元元年五月二十六日に、父惟方が遠江守を辞した際、「以二男惟継〔綱カ〕申二任尾張守一」とあって尾張守に任じられ(53)、翌保元三年八月二十三日に惟綱が辞して三男為頼が任じられたことが知られる(54)。あるいは、十二月九日事件、十二月二十五日・二十六日事件の惟方の動きとこの尾張守の除目と関わりがあるかもしれない。

以上、平家一門の恩賞が際だっている。五味文彦氏はこの時期の平氏知行国の一覧をまとめて示し、二つの特色を指摘されている。以下の二点である。

①「一つは次々に知行国を増やしてゆき、平治の乱後には八ヶ国に至った点」

②「もう一つは受領にめまぐるしいほどの交替があった点」

そして②については、「一門相互に国司を持ち合いながら、知行国の継続を狙った結果が、めまぐるしい国司交替を生んだのであり、それを可能にしたのは平氏一門の結束の強さである」と記されている。(55)首肯される指摘である。筆者としては今一点つけ加えたい。

それは、信西一家の排除がなお継続している状況のなかで、その子弟等の復権がすぐ行われず、かつ、共同謀議貴族らの知行国が奪われたという、二重の意味で官爵あるいは権力の空白地帯があったということである。ⓓの教盛越中守の勲功はその直接のあらわれだが、惟方失脚後永暦元年二月二十八日の知盛への武蔵守補任は、信頼の地盤継承という位置づけが可能であろう。この信西一家の排除継続について検討してみることにしたい。

2　信西一家の排除継続と親政派

平治の乱をめぐる政治過程については多くの疑問が残されているが、その一つは九日事件で拘束され解官された信西の子俊憲が、十二月二十六日に源義朝が敗れ藤原信頼が斬られ信頼に一味した貴族や武士が処罰された後も許されずに配流とされていることである。『平治物語』諸本もこの点を不思議として、信西の子供達は信頼や義朝に流されたとしても、信頼らが滅んだあとは召還され忠賞をされてしかるべきなのに、逆に、流罪の科をこうむったのは納得がいかないという話を載せている。(56)信西子息等の排除継続はいったいなにゆえに行われたのだろうか。

この点について〈信西子息俊憲流罪の日付〉に注意を喚起されたのは河内祥輔氏である。すなわち、〈信西長男の俊憲の流罪は翌年正月になって実行されている。これは、二十五、二十六日事件にもかかわらず、二十二日の流罪決定が取り消されなかったことを意味する〉と指摘された（一二九〜一三〇頁）。そしてこのことは、河内氏によれば、〈信頼が謀叛人と定まった後に、信西がなお依然として謀叛人であったこと〉を示し、信西に謀叛の罪科をかけた人物が九日事件の真の主役であるとされた（一三〇頁）。

河内説の根拠となる史料は、『公卿補任』平治元年の「俊憲」の項の尻付〔史料G〕である。

〔史料G〕『公卿補任』二条天皇（平治元年）（㈠四四六頁）

正四位下・藤俊憲〈四月六日任。元蔵人頭権左中弁。十一月十日近江権守。同廿二—〔叙従三位カ〕。Ⓖ1十二月十日解官。Ⓖ2同廿二日配二流越後国一。同卅日出家。Ⓖ3同二年正月改二越後国一配二流阿波国一。Ⓖ4二月日召返。○頭二年。参木一年。前官—。

〔史料G〕によれば、俊憲は九日事件の翌日に解官され（Ⓖ1）、二十二日に越後配流（と決まった）（Ⓖ2）。三十日に（おそらく京で）出家。翌年正月に配流先が越後国から阿波国に変更されて（配流が実行され）（Ⓖ3）、二月になって阿波国から召喚されたと事実関係が理解される記事である。二十二日のⒼ2の越後配流が実行されたかどうかはこの尻付からは分からないが、その場合は二十五、二十六日事件にもかかわらず配流し直されたと解すればよく、流罪決定が取り消されなかったという河内氏の論点は崩れない。「信西男子の流罪はもはや取り消されるのが当然ではなかろうか。しかし、実際はそのようにならなかった」（一三〇頁）という発問は、盲点をついたものであった。いったいだれが俊憲を流罪にしたのであろうか。河内氏はその答えとして、信頼は消去されるとして、「高位にある一人の人物」（一三〇頁）即ち、後白河上皇こそ信西（一家）を謀叛の罪科に問うた張本人である（一三四頁）という答えを用意されたのである。

『愚管抄』では、信頼の処刑記事の後は次の簡略な記述しかない。

〔史料H〕『愚管抄』巻五（旧大系二三六頁）

成親は家成中納言が子にて、ふようの若殿上人にてありけるが、信頼にぐせられてありける。ふかゝるべき者ならねば、①とがもいとなかりけり。[57]②武士ども、何も〳〵程々の刑罰は皆行はれにけり。

『愚管抄』が成親について〈たいした処罰もなかった〉（①）というのは、十二月二十七日になされた前述の右中将と越後守の解官処置をさすのであろう。武士らもみな〈それぞれの所行に応じて刑罰がおこなわれ〉[58]（②）、前述のごとく解官七十三人に及び、広く賞罰が行われたと『平治物語（学習院本）』は記している。

一方、十二月二十八日の除目で、信西子息等の召喚が行われなかったことは、『平治物語』諸本の作者たちには、道理に反することと思われたようで、信西子息の遠流について触れている。しかしこの点については、『平治物語』諸本の異同が大きい。以下、法思想の問題として、軍記がこの点をいかに取り上げているかを確認しておきたい。

〔史料I〕『平治物語（学習院本）』（新大系二二二頁）

①少納言入道信西が子共、僧俗十二人ながら、遠流に処せられけり。②「君の為に命を捨たりし忠臣の子共なれば、信頼・義朝にながされたり共、朝敵亡なば、召還されて忠賞こそせらるべきに、③結句、流罪の科を蒙る条、都、心得がたし。④此人々召仕はれば、信頼卿同心の時のふるまひ、天聴にや達せんずらむと恐怖して、⑤新大納言経宗・別当惟方が申すゝめたるを、⑥天下の擾乱に紛て、君も臣も、思召誤てけり」とぞ、⑦心有輩は申あへりける。

内容は簡明である。信西子息が（おそらく二十六日事件後）配流された事実をあげ（①）、忠臣の子であるのだから信頼・義朝らの手で（すでに）配流されていたとしても召喚するべきなのに（②）、逆に、流罪の科を蒙るのは理屈に合わない（③）、と配流の事実関係とそれに対する判断を示している。そしてその不条理の理由を推測し次のように記している。信西子息をそのまま朝廷で召し使えば、経宗・惟方らが信頼に与同していた行為が二条天皇の耳に入るのを恐れ（④）、経宗・惟方らが信西子息らの流罪をそのまま進めたのだが（⑤）、擾乱のごたごたで君臣とも適切な判断ができなかった（⑥）（と良心的な貴族は語り合った（⑦））という内容である。

「古活字本」も大筋で変わらないが、「古活字本」はこのあとにすぐ、「虚名は立せぬものなれば、いくほどなくてめし返され、経宗・惟方の謀計はあらはれけるにや、つゐに左遷のうれへにしづみけり」（旧大系四四〇頁）という後に起こった事実と関連させた記事を挿入している。

もっとも『公卿補任』によれば、信西子息らの解官は十二月十日、配流決定は二十二日なので、二十七日以後に配流の科を蒙ったという『平治物語』諸本の記事は必ずしも正確ではない[59]。しかし、すでにふれたように、俊憲が三十日に（おそらく都で）出家し[60]、その後配流されたと想定されるので、その他の子の配流も同様であった可能性が高い。それが事実であれば、きわめて不条理であって、その処置の背景になんらかの政治的背景があったと考えるのが自然であろうし、宮廷にさまざまな観測が流れたと考えるのが合理的な推定といえよう。古態本の作者が取材したニュースソースにあったそうした観測が、「学習院本」、「古活字本」等に残ったものと思われる。その意味で、古態本の説明には注意を払う必要がある[61]。

さて、古態本の示す構図に添って、経宗周辺の親政派の人々の関係記事を追うと、いくつか気になる点がある。『愚管抄』は前掲の〔史料H〕で謀議参加武士らは〈それぞれの所行に応じて刑罰がおこなわれ〉（②）と記しているのだが、九日事件あるいは二十五、二十六日事件に謀叛軍に参加しながら、二十七日以後、直ちには罪を問われなかった人々がいる。貴族では経宗、惟方がその筆頭なのだが、その他にも、源頼政（伊豆守）、源光保（隠岐守）、源光基（伊勢守）らがいる。

刑罰の逃れたこれらの人々と、例えば、二十八日に解官され三十日に斬首となった文徳源氏検非違使季実・季盛父子とはどこが違ったのだろうか。

すぐ考えられるのは、寝返りの時期と謀議関与の深さであろう。

九日事件への関与の深さの一端は、九日事件翌日十日の除目によって計ることが可能と推察される。『平治物語』諸本によらざるをえないのだが、信西四男成憲の有した播磨守が義朝へ、三男惟〔是〕憲の信濃守が源重成に代わっている事実は蓋然性が高いと思われる。[62]そのほか、源頼憲（摂津守）[63]、源頼政（伊豆守）、源光保（隠岐守）、源光基（伊勢守）、源季実（河内守）[64]らがみえる。このうち、重成は最後まで義朝と行動を共にして美濃で自害し[65]、季実は斬首されているのだから、恩賞を受けた残りの者たちの立場もきわめて微妙であったであろう。

その中でも、とくに指弾をうけそうなのが源光保である。清和源氏の一方の旗頭で、娘が鳥羽上皇最後の寵姫となり、二条天皇の乳母を務めた関係で[66]二条天皇勢力の一員であった。光保は長子の光宗と甥の光基を率いて、三条殿焼き討ちと上皇の移送に付き添い、さらに信西捜索と斬首にも自ら任じるなど平治の乱途中まで重要な役割を演じた。[67]光保ら三人は信西子息が朝廷中枢に復帰したならば、非常に危うい立場となることが予想されたであろう。

光保らが直ちに罪を問われなかったのは、惟方と同様に親政派の中枢メンバーであったからであろう。信西一家と信頼という後白河院政を本来支えるべき重要メンバーが滅び、二十六日の戦闘も経宗以下の主導で六波羅に移された二条天皇の名において行われた直後だけに、二条天皇近臣の主要メンバーを罪には問いにくかったのではないか。否、むしろ、賞罰の沙汰を主導したのは彼らだったのではないかとも推測されよう。とすれば、自らの首を絞めることはもともとできぬ相談である。逆に、信西一家排除という九日事件の大義を示すためにも、また天皇行幸による信頼方の排除の成果を誇示するためにも、いよいよ、大胆に二条親政を推進するという政策をとらざるをえなかったものと推察されるのである。

3　経宗・惟方の失脚

親政派による後白河上皇への圧迫、つまり八条堀河顕長邸における桟敷事件は、以上の政治状況のもとで行われたものと推測される。

乱後はじめての上皇行幸に対して、親政派経宗・惟方は桟敷に板を打ち付けるという行動をしてまで後白河上皇への圧迫を行ったが、その理由は何なのだろうか。なぜこのような過激な行動に及んだのか疑問であろう。

この点について、『愚管抄』が〔史料H〕に引用した乱の賞罰とその後の義朝敗死・梟首の記事に続けて記しているのが以下の記事である。

〔史料J〕『愚管抄』巻五（旧大系二三七頁）

かくて二條院、当今にてをはしますは、①その十二月廿九日に、美福門院の御所八條殿へ行幸なりてわたらせ給ふ。②後白河院をばその正月六日、八條堀河の顕長卿が家におはしまさせけるに、③その家にはさじき《(桟敷)》のありけるにて、大路御覧じて、下す《(衆)》なんどめしよせられければ、経宗・惟方などさたして堀河の板にて桟敷を外よりむず〳〵と打つけてけり。かやうの事どもにて、大方此二人して「④世をば院にしらせまいらせじ。内の御沙汰にてあるべし」と云ける。

乱の賞罰が行われた翌日、二条天皇は清盛以下甲冑の武者を輿の前後に供奉させ、美福門院の八条御所へ行幸した

①(68)。後白河院は仁和寺から正月六日に八条堀河の顕長邸に遷御した（②）。顕長邸には（見物用の）桟敷があったので、そこから（堀河）大路をご覧になり、大路を通る下衆などを呼び寄せて（遊んで）いた（③）。すると、経宗・惟方らが命じて、堀川通りにあった（材木）板でその桟敷を外からびしびしと打ち付けてしまったというのである（③）。

日下力氏はこの記事と対応する『平治物語』の脚注において、「今様を愛し遊女から習得したほどの後白河院であるから、その『下ス』は大道の芸人達であったろう。顕長邸の近くには、稲荷祭に神輿の渡御する旅所があった」と『山槐記』を引用しつつ指摘し(69)、「桟敷は稲荷祭見物用と思われる」と記されている(70)。後白河上皇による賀茂祭見物、御霊会見物、舞技謁見などの例は枚挙にいとまない点からいって首肯すべき指摘である(71)。

翌永暦元年は前年末の兵乱により正月行事も取りやめとなっており(72)、後白河上皇にとってこの正月六日の遷御が、二十五日に内裏から仁和寺に避難して以来、最初の政治的動きであったと思われる。この後白河に対する露骨な嫌がらせに対しては、龍粛は平家軍が天皇を擁し勅命で反乱軍を鎮圧した経緯が天子の威令を高め、逆にその後見である院の権威を低下させたとし、その背後には後白河の中継ぎとしての弱さ（二条の正統としての強さ）が反映したとし、「天皇の絶対権を呼号」することの一つと位置づけている(73)。また、竹内理三も「天皇派の勢力は院側を圧倒した」ことの例示として記述している(74)。たしかに『愚管抄』の記述ではこの嫌がらせの直後の経宗・惟方の発言として、〈朝廷の政治を院にとらせ申し上げるつもりはない。天皇の御統治たるべきだ〉（史料J④）と揚言したことを記していて、龍・竹内の指摘は支持されよう。

推測を重ねることになってしまうが、平治の乱後のはじめての行幸で、後白河上皇が大道芸人たちを呼び寄せていたという前述の事態を前提にすると、それを、全否定した二条天皇あるいは経宗・惟方の行為は、かなり政治性をもった行為と想定される。つまり、雅仁（後白河）の芸能への強い傾斜が天皇への即位の障碍となったのと同様に、以後の後白河院政下でも貴族達の非難を受け続けたものである。(75)それゆえ、戦乱余塵のなかで、しかも正月行事が中止された中で行われた後白河のこれらの行為は、後白河院政への離反をさらに進める行為とみられてもおかしくはない。親政派はそこを衝いたものと思われる。この行幸と芸能行為を期に、いっきに、当初計画の院政否定を進めようようとしたのではないだろうか。経宗・惟方らにとっては、これは同時に、九日事件についてその意義の一端を正当化するもの、つまり信西一家排除を正当化するものであったと推定したい。

こうした動きに対する後白河上皇の反発は、『愚管抄』に次のように記されている。

〔史料K〕『愚管抄』巻五（旧大系二三七～二三八頁）

（後白河上皇はこれを「きこしめし」）院は清盛をめして「①わが世にありなしはこの惟方・経宗にあり。これを思ふ程いましめてまいらせよ」と、②なく〳〵仰ありければ、その御前には法性寺殿もおはしましけるとかや。③清盛又思ふやうどもゝありけん。④忠景・為長と云二人の郎等して、この二人をからめとりて、⑤陣頭に御幸なして御車の前に引すへて、⑥おめかせてまいらせたりけるなど⑦世には沙汰しき。⑧その有さまはまが〳〵しければかきつくべからず。⑨人皆しれるなるべし。

後白河上皇は清盛を召し、〈自分の政治生命あるなしは、惟方・経宗いかんである。思う存分縛って連れてきてくれ〉（①）(76)と泣く泣く清盛に言われた（②）。この後白河の依頼は、いわば生存権にうったえた親政派への抵抗と言えよう。その依頼の場に忠通を同席させたのは、上皇があらかじめ一連の事件で疎外された忠通の同意をとる巧みな政治性を示すものであろう。(77)これに対する清盛の熟慮（③）の詳細は明らかにしえないが、九日事件の責任(78)と信西一家配流の不当性（という現状）を考慮したものだったのではないだろうか。二月二十日に行われた経宗・惟方逮捕の実際は、『愚管抄』には宮廷の噂（⑦）として記されている。郎等阿多忠景ら二人を派遣して内裏中(79)で経宗・惟方を捕縛し(80)里内裏陣頭(81)に後白河自身が出かけて、上皇の車の前に経宗・惟方をひきすえ、拷問してうめき声をあげさせた（⑥）との話である。あまりに忌まわしいことなので『愚管抄』に記すべきことではないが（⑧）、宮廷の者はみな知っている（⑨）と記述されている。

〔史料L〕『愚管抄』巻五（旧大系二三八頁）

①さてやがて経宗をば阿波國、惟方をば長門國へ流してけり。

②信西が子どもは又かずを尽してめしかへしてけり。これらからむることは永暦元年二月廿日の事なり。これら流しける時、義朝が子の頼朝をば伊豆國へ同くながしやりてけり。同き三月十一日にぞ、この流刑どもは行はれける。惟方をば中小別当と云名付て世の人云さたしけり。

親政派の中心であり、九日事件の共同謀議者であった経宗・惟方捕縛の二日後に信西子息等の召喚が決定され（②）(82)、事件の八日後に経宗・惟方らは解官された(83)。経宗・惟方はさらに三月十一日に配流された（①）(84)。

南北朝期に作られた年代記の一つである『帝王編年紀』の永暦元年二月二十日事件および三月十一日の次の記事は非常に興味深い。

〔史料M〕『帝王編年記』巻二十一、永暦元年（一一六〇）二月二十日・三月十一日条（大系12三三一～三三二頁）

二月廿日。上皇御二幸内裏一。於二近辺一召二取権大納言経宗・参議惟方卿等一之間、禁中有二乱闘事一。

三月十一日。経宗、惟方等配二流国々一。此外信頼縁坐等悉以配流。

〔史料M〕の理解によれば、後白河上皇が内裏に御幸して、内裏近辺で経宗・惟方が召し取られ、その際、禁中で乱闘があった。そして、二人は三月十一日に配流されたが、「此外信頼縁座」がみな配流になったとして、この段階で、経宗・惟方を含めた信頼与同輩が配流となったと解されているのである。「此外」の文脈からみて、『帝王編年記』の編者は信頼与同の罪によって両人（経宗・惟方）も流罪となったと理解していたことが知られる。(85) 従うべき理解であろう。

以上を踏まえると、信頼刑死後、河内説のごとく、後白河上皇が信西（一家）を謀叛の罪科に問い続けたと考える必要はなく、経宗・惟方ら（を少なくとも含む社会集団）が信西（一家）を謀叛の罪科に問い続けたと思われるのである。言いかえれば、信西一家排除を目的とした貴族の共同謀議としての事件は、二十五日の二条天皇の六波羅への脱出、二十六日の六条河原での合戦、二十七日の信頼の処刑では終わらず、これ以後も事件の一方の主役であった貴族層によって継続していたということである。

二月二十日をもって、三ヶ月近くに及んだ信西一家排除の共同謀議は最終的に終息して、信西子息等は名誉回復されたと考えられるのである。

『清獬眼秘抄』は、検非違使清原季光の日記「後清録記」からの引用として次の記事を載せている。

〔史料N〕『清獬眼秘抄』（『群書類従』第七輯五九二頁）

永暦元年三月十一日庚寅。有二流人一。依レ召参内。

流人。

大納言経宗 阿波 章貞　　中納言師仲 下野 信隆

別当惟方 長門 能景　　兵衛佐頼朝 伊豆 支忠

同舎弟希義 土佐年九 予

右史料は、清原季光が召しにより参内し、源希義の流罪担当となったが、その時の流人交名が記載されたものと思われる。経宗は阿波で担当は中原章貞、師仲は下野で惟宗信隆、惟方は長門で清原能景、頼朝は伊豆で三善支〔友カ〕忠であった。[86]ここで経宗・惟方の流罪は師仲、頼朝、希義らと一連の手続きであった。

先に推測したごとく、兵乱余塵さめやらぬ中での後白河上皇の「芸能」三昧を阻止することで親政派は院政派の信西一家追放の正当性を主張したものと思われるが、信西一家を二十六日事件後正月になってから流罪としたことは無理があった。[87]

経宗・惟方捕縛・解官と信西子息等の召喚決定をもって、平治の乱は一応の結末を迎えたと言いうるであろう。[88]親政派の一方的な勝利に終わるのではなく、二条天皇下において、親政派と院政派の対立と抗争が二条帝の崩御まで続くのである。

河内説で検証すべき論点は、「謀叛人」役が事件後に入れ替わったという〈事件構図の書き換え〉の問題である。河内氏は、「九日事件の『謀反人』役は信西から信頼に入れ替わることになった。信西の名誉回復によってその筋立てが固まった」[89]と記されて、この経宗・惟方の流罪をもって、九日事件の謀叛人が信西から信頼へと替わったと主張されている。信西子息の流罪決定、二十五日事件以後の継続、配流、経宗・惟方捕縛後の召喚という経緯をみると一定の説得力がある見解である。しかし、九日事件が(a)信西一家排除を掲げた共同謀議であり、(b)親政推進を大義に掲げたものであったという筆者の見解からすると、違った見方ができる。

二十五日夜の二条天皇の六波羅行幸が経宗らの主導に行われ、その後のヘゲモニーも親政派が握っていたとすると、三条殿焼き討ち、院・内の軟禁、さらに、二十六日の戦闘の全責任を信頼一人に負わせつつ、(a)(b)はなお維持していたと想定される。つまり、(b)を推進するためには、(a)が必要であるという筋道であり、信頼に責任を負わせつつ、(a)という謀議の当初の目的を維持していた推測されるのである。俊憲以下の信西子息らの政界復帰と、九日事件の一方の主導者である経宗・惟方による政界主導さらに信西捜索と首斬りを行った光保らの生き残りは、両立し難しかったのではないだろうか。二十六日事件以後の(a)(b)の維持に本来無理があったものと思われるのである。

結び

事件の経緯に関する本章の考察を要約して、結びとしたい。

(一) 九日事件の三条殿焼き討ちについて、これを「失火」とする河内説は支持しがたく、『愚管抄』の記述どおり「放火」とみなすべきである。「放火」により、信西一家排除とともに、上皇らを内裏一本御書所へ移すことに眼目があったものと思われる。

(二) 九日事件後、蜂起貴族らによる後白河上皇と二条天皇の掌握状況について。河内氏は、後白河は「自由」な状況であり、二条の生活も天皇として普通の状態にあったとすべきであるとされたが、二条天皇は普通にみえる生活をしていても、まったく自由ではなく、広い意味で蜂起貴族らのコントロール下にあり、信頼らの「謀叛」は否定できない。

(三) 河内説では、二条天皇の内裏脱出をはかった公教らの謀議は後白河に向けられた行動で、真正面から対決する愚行は避け信頼ら周囲を粛正して解決を図ろうとしたとされる。しかし、二条内裏脱出策という機密の後白河上皇に対する伝達は、日が暮れてすぐ行われ、その後かなりの時間をへた深夜に計画は決行され、二条天皇が六波羅邸に到着したのは夜明け頃であった。事が後白河への敵対行動であったならば、決行前に伝達したことが説明できない。この機密伝達と決行の時間の間のかなりの時間の存在が河内説の反証となるものと想定される。二条を奉戴したことは、後白河が傍観者にとどまったことを示す事実と思われる。

（四）平治の乱直後の恩賞は、保元の乱後の恩賞以上に平家一門によって独占された様相を示している。この背景には、信西子息の排除がなお継続して復権がすぐ行われず、かつ、共同謀議貴族らの官爵が奪われたという、二重の官爵あるいは権力の空白があった。

（五）信西子息等の排除継続は、経宗・惟方らの主導の下に二条天皇の名のもとに行われた信頼・義朝・重成らの排除という経緯によったものと想定される。経宗、惟方、光保・光宗父子らは二条天皇にきわめて近い、親政の中枢メンバーだったため、罪を問いがたかったものと思われる。

（六）そのため、九日事件の賞（十日の除目）と罰（信西梟首と子息らの流罪）は、二十六日の戦闘の後も全否定されず、院政派排除という九日事件の政治的主張も維持されたと推定される。経宗らは、信西子息を配流するという無理をしつつ、院政の否定（親政の推進）をラディカルな行動で示す必要があったものと思われる。

（七）戦乱余塵の中、正月行事が中止された中で行われた後白河上皇による乱後最初の行動であった八条堀河顕長邸への行幸と後白河による芸人等との交流は、親政派の格好の攻撃対象となった。

（八）後白河上皇はこの攻撃に対し、乱の一連の経緯で疎外された摂関家の忠通を取り込み、清盛を抱き込んで反撃した。みずから内裏間近に出御して二条天皇に圧力を加えつつ、経宗・惟方捕縛に立ち会った行動は、高度な政治性が認められる。

（九）経宗・惟方捕縛によって信西一家の復権が行われた。経宗・惟方は源師仲・頼朝・希義らとともに流罪となり、九日事件はここにいたってはじめて全面的に否定されることになった。

なお、この段階で生き残った光保・光宗父子も、六月十四日には「謀叛之聞」によって薩摩国に配流され[90]、九日事件の首謀者はみな政界から消えることになった。その六日後、清盛は正三位に叙され公卿に列したが、その理由は

『公卿補任』によれば「行幸六波羅賞」と記されており、この段階で（十二月二十五日夜二条天皇の）六波羅行幸に対して恩賞が与えられていることには象徴的な意味あいがあるように思われる。保元の乱、平治の乱を生き残った唯一の有力武者という点が主要な側面であるが、信頼らの失脚と信西子息の排除継続という権力の空白状況で、平家一門がその果実を手にしたという側面も、乱後政治の副次的側面として注意すべきものであろう。

注

（1）河内祥輔『保元の乱・平治の乱』（吉川弘文館、二〇〇二年）一一七〜一一八頁。すでにI部第三章でも触れたように、河内氏は二〇〇二年に発表された議論を、二〇〇七年の『日本中世の朝廷・幕府体制』（吉川弘文館）二七〜三〇頁、二〇一一年の『天皇と中世の武家』（講談社）四〇〜五一頁でも展開されているが、実証的には二〇〇二年の著作がもとになっている。以下で検討するのはとくに断らない限り、二〇〇二年の著作により、本文中に頁数のみを掲げた。頁数のみ括弧で示されているのは二〇〇二年の河内氏の著作を指している。

（2）岡見正雄・赤松俊秀校注『日本古典文学大系86　愚管抄』（岩波書店、一九六七年）による。本章における引用は読みやすさを図り、適宜改行し、漢字は新字体に改め、ルビは省略し、片仮名を平仮名に改めた。なお、注記として記されている小文字は〈…角括弧…〉をもって示した。本文中では岩波古典文学大系本から該当ページのみを記した。なお、『愚管抄』は挿入的な説明が多く、文脈が実にとりにくい。いま挿入的部分を括弧に入れ、ポイントを落として中心的な文脈を浮き出して示し読解の便をはかるとともに、筆者の読みを強調してみた。なお、『愚管抄』について一言しておきたい。『愚管抄』はいうまでもなく、承久の乱直前に書かれたもので同時代史料ではない。しかし同時に、聞き書き、異説併記などを通じて〈事実の糺明〉に意を用いており、摂家九条家に伝えられた情報や、情報ネットワークの中心である叡山に集まった情報をもとに記された書物である（大隅和雄『愚管抄をよむ』講談社学術文庫、二〇一二年、二二〇〜二三〇頁参照。初出は一九八六年）。同時代史料でない点を念頭におきつつも、作業手続きとしては、できるだけ厳密に史料解釈を試みてみたいと思う。
（3）Ⓑ1、Ⓑ2、Ⓑ8、Ⓑ9、Ⓑ10および下線を付さなかったその他の部分。
（4）筆者はむしろ、上皇・上西門院を三条殿から内裏へ移す口実のためにこそ、放火自体は行われたのではないかと解したい。そして、それは同時に、信西・信西子息らの排除のためでもあったのであろう。
（5）大田静六『寝殿造の研究　新装版』（吉川弘文館、二〇一〇年）五一五〜五一九頁、とくに五一八頁所掲の図一〇九参照。
（6）大隅和雄、前掲『愚管抄をよむ』（講談社学術文庫版、二〇一二年）二一九頁参照。
（7）意志の助動詞「む」の意味については、「一人称の動作につけば「……よう」「……たい」と話し手の意志や希望を表わし、二人称単数（中略）、三人称の動作につけば予想・推量を表わす」（『岩波古語辞典』一九七四年、一四三七頁）と指摘される。河内氏は三人称の「推量」として「ん」を解しているが、上掲の大隅和雄氏も「俊憲はもう焼け死ぬ覚悟をして」（二五〇頁）と訳しており、「意志」と解している。
（8）ここでの「ぬべし」は〈強意＋推量〉であろうから、本文のごとく解した。この点、前掲大隅氏は「まだ逃げることができるようなので」（『愚管抄全現代語訳』講談社学術文庫版、二〇一二年、二五〇頁）と訳している。〈きっと逃げられそう〉と俊憲が判断したのが事実なら、「如法一町宅作也」（『中右記』元永元年（一一一八）正月二十日条〔大成㊄一六頁〕）とされた三条殿を囲んだ蜂起部隊は十分な兵力を有さなかったのであろう。
（9）前掲注の大隅氏の訳に従う。
（10）「陽明本」では「宿所を追捕してやきはらふ。」（新大系一五六頁）とあり、「金刀比羅本」では「宿所へ押よせて火をかけたれば」（旧大系一九五頁）と記されている。
（11）〔史料C〕のここまでの大意については、「ところで、信頼はこのように勝手なことをして大内裏に二条天皇の行幸を仰ぎ、当時在位の天皇である二条天皇をとりこんで政務を掌握し、後白河上皇の方は内裏のうち御書所という所にお据えして、さっそく除目を行なった」という大隅和雄氏の理解に異論がない（大隅前掲『愚管抄全現代語訳』二五一頁）。
（12）ただ、「すでに除目をおこないて」は、院だけにかかるものではない可能性もあろうと思われる。
（13）古代中世の歴史研究者はともすると律令法の用語にもとづいた謀叛定義で考えがちだが、ここでは、「国家・朝廷、また君主にそむいて兵をおこすこと。時の為政者に対して反逆すること」「ひそかに計画して事を起こすこと」（日国大）という一般の用語法にしたがって考え、記している。

(14) この関係は、中世史の事例で言えば、足利尊氏・直義兄弟の例を挙げればすぐ了解されよう。専論としては、峰岸純夫『足利尊氏と直義』（吉川弘文館、二〇〇九年）三八〜八八頁、一三〇〜一五六頁、なお佐藤進一『南北朝の動乱』（中公文庫、二〇〇五年）二二九〜二九一頁（初出は一九六五年）などを参照。

(15) Ⓓ1の前に「やがて（清盛）十二月十七日に京へ入にけり。すべからく義朝はうつべかりけるを。東国の勢などもいまだつかざりければにや。これをばともかくもさたせで有ける程に」とあり、清盛の帰京が記されている。

(16) 中島悦次『愚管抄全註解』（有精堂、一九六九年）三八四頁脚注によれば、東京大学図書館所蔵本では「とかく」は「かく」とされている異同が記されている。

(17) 河内前掲『保元の乱・平治の乱』一三八頁。公教の序列は『公卿補任』でみると第四位だが、この点で河内氏の指摘されるように、第一位太政大臣宗輔は八十三歳で、第二位の伊通は六十七歳と高齢で、三番目の関白・右大臣基実はまだ十七歳であったから、公教主導は上級貴族の実質的な筆頭としての行動と位置づけられるだろう。ちなみに、反乱貴族では経宗（四十一歳）が第九位、信頼（二十七歳）が十七位、源師仲（四十四歳）が十八位、惟方（三十五歳）が二十五位である。なおこの年は、四月二日の臨時除目があった日に、権中納言伊実（十三位）、参議公親（十九位）、参議源定房（二十二位）が、いずれも「依朔日旬無故不参」の理由で解官されている（『公卿補任』四四五頁）。

(18) 「さもある人々」を、旧大系頭注は「もっともな（人々）」と注するが（二三〇頁）、中島悦次前掲書は、「相当な人たち」と注している。中島の解釈に従い、上級貴族とした。

(19) 河内前掲書一三八〜一三九頁。

(20) この点は、河内氏が前提とする三十年近い一貫した仮説を支持するか否かという問題でもある。

(21) 河内前掲書一四〇頁。

(22) 河内前掲書一四八頁。

(23) 「よに入る」を『日本国語大辞典第2版』は、「夜になる。日がくれる」と語釈をつけ、宇津保と源氏の例を挙げている。

（24）①「朝より夜に入るまで雨をおしみてありけり。いかばかり僧正も祈念しけんに、夜に入て雨しめ〳〵とめでたくふりて……」（旧大系二八九頁）とあり、この場合は「日が暮れる」の意だろう。②「拝賀とげける。夜に入て奉幣終て、宝前の石橋をくだりて……」（旧大系三一一頁）と、これは実朝暗殺の記述であるが、やはり日が暮れてすぐと考えられる。

（25）参考までに、清盛の指示の内容「……」を、大隅前掲『愚管抄全現代語訳』二五四頁によって掲げておく。「昼のうちから女官が出かけるための車と思われるように、牛飼童だけで簾の下から帳が外に垂れている車を用意させておこう。さて、夜も深くなったころに、二条大宮のあたりで火事を起こすことにする。そうすれば武士どもは何ごとかというわけでその火事の場所にみな参ってくるであろう。その機会をのがさずに用意の車にお乗りになって、行幸が行なわれるはずである」。

（26）琵琶の名器。九世紀中頃、遣唐留学生藤原貞敏が琵琶博士簾承武から譲り受けて帰朝し、以後歴代天皇の御物となったが、今は伝わらない（日国大）。

（27）旧大系二三三頁。なお、『愚管抄』の「ほのぼの」については、保元の乱の白河殿攻撃に関してではあるが、早川厚一「『保元物語』『平治物語』合戦譚の検証」（『名古屋学院大学論集（言語・文化編）』二三―二、二〇一二年）八七〜九〇頁で「鶏鳴」との関わりで詳しい考証が行われている。

（28）『愚管抄』巻五、旧大系二三四頁。

（29）安田元久『平家の群像』（塙新書、一九六七年）五二〜五三頁。

（30）安田元久『後白河上皇』（吉川弘文館〈人物叢書〉、一九八六年）八〇頁。

（31）『愚管抄』巻五、旧大系二三六頁。

（32）「依二信頼卿縁座一也。永暦元四三還二任治部卿一」（『補任』㈠四五〇頁）とあり、四ヶ月あまりで地位を回復している。権中納言清隆息。『平家物語』の猫間中納言としても有名である（『尊卑』㈡四八頁、『大日本史料』第四編之七、七九〜八一頁参照）。

（33）「平治元十二廿七解官（依二信頼卿縁座一也）。永暦二四一還二任右中将一」（『補任』㈠四六一頁）。一年四ヶ月ほどで右中将に復帰している。

（34）『補任』㈠四四七頁。「信頼卿同意云々。依二平治乱事一、除名・配流」（『尊卑』㈢四九一頁）とある。『平治物語（学習院

本)』によれば、成親と師仲は降伏するときに「主上、渡らせましませば、御方に参籠りたるばかり也。させる罪科なき」よしを弁明したが、上皇の周りのものは「など物具して、軍陣〔陣カ〕には打立たりけるぞ」と詰問し、「両人、口を開事なし」であったという話を載せている（新大系二一四頁）。師仲・成親らの「物具」「軍陣（参加）」つまり、武装しいくさ場に出ることが積極的な参加の根拠となっていることが推測される。

(35) 永暦元年三月十一日に、経宗・惟方・頼朝・希義らとともに配流となっている（師仲は下野）（『清獬眼秘抄』所引「後清録記」『群書類従第七輯（公事部）』五九二頁）。その後、仁安元年（一一六六）三月二十九日に召し返された（「三月廿九日召返。十月廿一日復二本位一。十一月十八日許二本座一」（『補任』㈠四六一頁））。師仲は惟方と同時に配流地から召し返されている。

(36)『蔵人補任』二一三頁。

(37)『平治物語（学習院本）』（新大系二一九頁本文および脚注参照）。古活字本『平治物語』（旧大系四三九頁）。『尊卑』㈠三一五〜三一六頁。

(38)『尊卑』㈢四二頁によれば、保元の乱で官軍として発向し教長卿を捕縛したが、保元元年八月二日に信西の天王寺参詣（の随兵）を辞退したため河内守を停任されかつ籠居に追い込まれた。信頼謀反与同により河内守に還任された。信頼敗北によって解官され、三十日に斬首された。『検非違使補任』㈠一七五頁参照。「季盛」についても、『尊卑』㈢四二頁に「平治元十二卅与レ父同時被レ誅」とある。

(39)『平治物語（学習院本）』（新大系二一九頁）。『平治物語（古活字本）』（旧大系四三九頁）。翌年正月四日義朝敗死（のち梟首）し、正月十四日に長子義平も誅された。前注参照。

(40)『補任』㈠四五四頁。

(41)『補任』㈠四六四頁。

(42)『国司補任』㈤四九三頁。

(43)『山槐記』永暦元年九月二十日条に「遠江基盛朝臣」（㈠一三一頁）とある。菊池紳一・宮崎康充「国司一覧」（『日本史総覧Ⅱ』新人物往来社、一九八四年）五一頁参照。

(44)『国司補任』㈤四八頁。
(45)『尊卑』㈢一四三頁。
(46)『愚管抄』巻五（旧大系二二八頁）。信頼が義朝に蜂起の談合を指示した文脈で「周防判官季実・出雲守光保・伊賀守光基・佐渡式部大夫重成」。
(47)『平治物語（陽明本）』（新大系一五五頁）。
(48)同書一八六頁。
(49)同書一九〇頁。
(50)『平治物語（金比羅本）』では、伊賀守光基が十二月十日の除目で伊勢守に任じられたと記されている（旧大系一九六頁）。そして同書では、教盛が『公卿補任』のいう「越中守」ではなく、勲功賞として（光基の後の）伊勢守を与えられた話となっている（同二四六頁）。なお、『平治物語（古活字本）』では、乱後の勲功賞として伊藤武者景綱が伊勢守に任じられた話となっている（旧大系四三九頁）。
(51)『補任』㈠四六六頁。
(52)『尊卑』㈡九一頁。
(53)『弁官補任』保元元年惟方の条（㈠一七三頁）。
(54)『兵範記』保元三年八月二十三日条に「尾張守藤為頼〈惟綱辞退替〉」とみえる（㈡三三九頁）。
(55)五味文彦『平清盛』（吉川弘文館、一九九八年）一一二～一一三頁。
(56)『平治物語巻中（学習院本）』（新大系二二二頁）、『平治物語巻中（金刀比羅本）』（旧大系二四六頁）『平治物語巻中（古活字本）』（旧大系四四〇頁）など。
(57)「ふやう」について、『愚管抄』旧大系二三六頁頭注では「乱暴。武勇。天明本傍注「不要」」を挙げる。大隅和雄氏は「なんということもない」（前掲『愚管抄　全現代語訳』二六〇頁）という訳をおこなっている。
(58)大隅前掲書二六一頁。ただし、後述のごとく、必ずしも広く刑罰が行われたわけではない。
(59)なおこの点について、『平治物語』にも混乱が認められる。『平治物語』の上巻で、十二月二十日の公卿僉議の結果として、信西子息が配流決定された記事を「上巻」（新大系一七六頁）に語っているからである。この点について、新大系の脚注は、「信西子息配流のことは上巻一七六頁にも『かやうに国〴〵へぞながされたる』とあり、文面上、重複する。後出諸本はそれを回避したのであろう、上巻本文を『（配所を）と定めらる』（金本）と改め、配所決定記事にとどめている。文面上の未整理は、以下の部分が後補されたものかと疑わせなくもない」と説明している（新大系二二二頁）。

（60）『補任』㈠四四六頁。

（61）しかし、「金刀比羅本」のみは、次のごとく、理由説明に違った造形をみせ、文学的にはより昇華された形になっている。①さるほどに少納言信西入道の子共十二人、皆配所へつかはさる。②「信西の子共、配所にありとも、赦免こそあるべきに、③ながさるゝ事心えず。」と人申ければ、ある人、④「信頼・信西が中不和なりしかば、謀叛をおこして信頼ほろびぬ。されば草の陰にてもいかにいきどをりふかゝるらむ。死骸のうへにうつぷんをやすめむためにこそ。」とぞ申ける。（旧大系二四六〜二四七頁）

配流の事実関係（①）とそれに対する判断（②、③）は、他の諸本と同様なのだが、その理由を経宗・惟方の政治的立場にもとめず、〈信頼憤りへの鎮魂〉という構図を語るある人の話で説明している。〈信西と信頼の不和が原因で、謀叛を起こし信頼が滅びた。ゆえに、死後も（信西に対し）憤りが深かろうから、その鬱憤を休めるために信西子息を配流したのだ、と（④）。この創作（改作）には、物語創作者としての金刀比羅本の作者の本領が発揮されているといえよう。なお、この「金刀比羅本」の説明については、旧大系三三六頁補註五一、および三三八頁補註五五参照。さらに、この点、日下力氏が信西子息の流罪について「古態本では謀叛側から寝返った経宗・惟方の策謀とするのに対し、金刀比羅本では（中略）信頼鎮魂の意味を含ませようとしている」（日下『平治物語の成立と展開』（汲古書院、一九九七年）六五、六六頁）とすでに指摘している。

（62）『平治物語（古活字本）』（旧大系四〇八頁）。

（63）同右。

（64）『平治物語（金刀比羅本）』（旧大系一九六頁）。

（65）『尊卑』㈢六三頁、および『平治物語（古活字本）』（旧大系四四三頁）によれば、義朝の身代わりになって自害した話となっている。『愚管抄』巻五（旧大系二三八頁、および四七五頁補註二三参照）。

(66) 石井進「平氏政権」『石井進著作集　第三巻』（岩波書店、二〇〇四年）一二四頁。初出は一九八四年。

(67) 『平治物語（陽明本）』（新大系一五五頁、一六〇頁）。

(68) 『百錬抄』平治元年十二月廿九日条（大系11七四頁）。

(69) 新大系二六一頁脚注二一。「彼近辺有二稲荷旅所一。拾芥抄・京程図によれば八条大路北東大宮大路東）」。日下氏は以上の『山槐記』仁安二年（一一六七）四月二十三日条を挙げ本文の推定の根拠としている。

(70) 同右。「兵範記・仁安三年四月十四日条には「稲荷祭、上皇（後白河院）渡二御桟敷前一有二御見物一」とある」と注を付している

(71) 棚橋光男『後白河法皇』（講談社メチエ、一九九五年）一一九頁。

(72) 『帝王編年記』永暦元年（一一六〇）条（大系12三三一頁）。

(73) 龍粛『平安時代』（春秋社、一九六二年）二〇七頁によれば、「平軍が天皇を擁し、勅旨を受けて反徒を却け、ここに新政局の出現を見たことは、天子の威令を盛んならしめたこととなり、天皇の絶対権が急速に高まった観を呈し、そのために天皇の後見であった上皇の権威がおのずから薄れるような傾向を示した。これにはその背後に近衛先帝の継嗣は二条天皇であり、後白河上皇の登祚はその橋渡しであるとの意義が、力強くここに反映しているものの如くであった。かくて久しい旧慣による院の権威を抑制して、天皇の絶対権を呼号することが相次いで展開されるようになり、殊に宮掖は不穏の情勢を孕むこととなった」と記されている。

(74) 竹内理三『武士の登場』（中公文庫、二〇〇四年）四一六頁。初出は一九六五年。

(75) たとえば『玉葉』治承二年五月一日条では、「伝聞、今日於レ院殿上人等乱遊、又白拍子・女童部等参入、於二御前一舞云々、末代事、不レ可レ云二是非一歟」（㊄三〇八頁）と、兼実は白拍子、女童部らの参入を非難している。

(76) 「世にありなし」の訳は、中島悦次『愚管抄全詳解』（有精堂、一九六九年）四〇一頁を参照した。「思ふ程いましめて」も同じ。

(77) この点河内祥輔『保元の乱・平治の乱』（吉川弘文館、二〇〇二年）二一四頁注二七五では、「ここには後白河と忠通の連

携がみられる。二十五・六日事件において摂関家の疎外されている情況が明白になっただけに、摂関家にとっても、いかに復権をはたすかということが焦眉の課題であったろう。忠通は後白河に手を貸すことで、局面を打開しようとしたのであろう」と指摘している。

（78）安田元久は「この事件は、おそらくはじめ信頼・義朝に協力してクーデターを発起したことへの問責であったものと思う」（『後白河上皇』（吉川弘文館、一九八六年）八二頁）と指摘している。また、安田は、「清盛は、その翌年には検非違使別当（長官）を兼ねた。この職は藤原惟方がもっていたのであるが、かれが流罪になったあと、これを清盛にあたえたことになる。この任官には、おそらく上皇の意志がはたらいたものであろう。なぜならば、この律令組織の警察力となっている検非違使の長官の座を、天皇親政派の手からうばったうえ、惟方の捕縛に従った清盛をそこに据えたからである。そこに清盛を利用しながら天皇親政派をおさえようとする、上皇の計画が露呈しているようにも思える」と記している（『院政と平氏』小学館、一九七四年、二六四頁）。

（79）実際には八条烏丸の里内裏（新大系二六一頁脚注二参照）。

（80）『百錬抄』永暦元年二月二十日条に「院仰二清盛朝臣一、搦三召権大納言経宗・別当惟方卿於禁裏中二」（大系11七四頁）とみえる。『平治物語』「学習院本」「古活字本」によれば、その際、警固側の武士「雅楽助通信、前武者所信泰（安―古活字本）討死す」（新大系二六二頁、旧大系四五八頁）とある。

（81）飯淵康一「平安期里内裏の空間秩序について――陣口および門の用法からみた――」（『日本建築学会論文報告集』三四〇、一九八四年六月）によれば、平安末期の里内裏の場合、儀式などのために、里内裏を中心に三町四方の空間を大内裏に設定し、その門に対応した部分を「陣口」と呼んでいた。『顕広王記』『続左丞抄』では「陣頭」という表現が使用されている。

（82）『補任』㈠四六二頁。

（83）『補任』㈠四四八頁。

（84）『補任』㈠四四八頁。

（85）安田元久前掲『後白河上皇』八二頁参照。

（86）『検非違使補任』㈠一七六〜一七七頁。

（87）六月の源光保・光宗父子が薩摩国に配流されたのも、「謀叛之聞」とされるが、頼朝の伊豆配流記事につなげた『帝王編年記』の記述形式が示唆するように、九日事件と信西斬首の責任を問われたものと想定される（大系12三三二頁、なお『百錬抄』永暦元年六月十四日条、大系11七四頁参照）。

（88）河内祥輔氏は、この変化、後白河の復権について、多子の入内問題を挙げている。上皇の復権に関する論点である。経宗・惟方逮捕がそれを決定づけたとしても、「経宗・惟方を逮捕するというのは、清盛としても相当の決意を必要としたはずである。なぜ清盛は後白河に味方したのか」。この河内氏の問いはもっともである。河内氏はその答えとして、なき近衛天皇の皇后であり太皇太后の地位にあった多子の二条天皇への入内問題を挙げ、その結果美福門院の娘で中宮の妹子と二条天皇の関係が破綻したとする。そして、この「二条の行動は、故鳥羽院に対する反逆とみられても仕方がない」もので、「美福門院は怒り、貴族の心はたちまちに二条から離れ」、「ここに後白河の付け入る隙が生まれ」「後白河は美福門院と貴族の側にすり寄り、二条と経宗・惟方の軽率な行動を咎めることに成功した」というのである（河内前掲『保元の乱・平治の乱』一六〇〜一六四頁）。この論点については是非の判断ができない。というのは、多子の入内事実以外に検証するべき事実に欠け、傍点を付した部分は推測といわざるをえないからである。そして一点だけ気になる点を指摘すると、傍点部の「貴族の心」という把握方法である。「貴族の心」という抽象的な把握がはたして可能だろうか。集合心性の把握対象としてはやや大づかみすぎるのではないか。実務官僚あるいは親政派の下級官人などの今少し焦点を絞ったレベルであれば、議論可能であろうと思われるが、それを超えた一般的な「貴族の心」は、筆者には不可知の対象であるように思われる。

（89）河内祥輔前掲書一五九頁。

（90）『百錬抄』応保元年六月十四日条（大系11七四頁）。

Ⅱ　中世初期における謀叛の研究

第一章 御成敗式目九条成立の前提

——平安遺文・鎌倉遺文の「謀叛」用例の検討から——

はじめに

御成敗式目五一ヶ条個々の条文解釈をめぐっては、中世以来の長い研究史が存在する。その中で、その規定の短さ、簡素を注目されてきた条文がある。その一つは「謀叛」について規定した次の式目九条である。

〔史料A〕 御成敗式目九条（『中世法制史料集』㈠八頁）

一、謀叛人事

右、式目之趣、兼日難レ定歟。且任二先例一且依二時議一、可レ被レ行レ之。

この条文は素直に読めば〈謀叛人の処分をめぐってはあらかじめ内容を決めがたい。先例とその場の状況に応じて謀叛人の処分を行え〉の意と解される。ここでは、律令が注意して類別した、天皇殺害（予備）罪としての「謀反」、亡命や外国通謀などに用いられた「謀叛」という範疇的な区別になんら注意が払われず、また量刑も明示されていない点で、無内容な条文ともみえる。

これについて古く有賀長雄は、規定変更の理由を謀叛と謀叛にあらざるものとの区別が困難で、とくに朝敵がかならずしも幕府の敵でないということに理由を求めている[1]。三浦周行は「犯罪の種類に依りて、予め其軽重を定め難し」という点に理由を求めつつ、先例と時宜によって処理すべきものはなにもこの謀叛の場合だけではなく、「若し此くの如き理由の下に刑法を定めずといへば、初めより其条文を欠如して可なるべく、これが為に一条を設くる事の如きは、甚だ無意味と謂はざるべからず」[(2)]として、式目九条を無意味な条文と評価した。しかし、『御成敗式目研究』をまとめた植木直一郎は、逆に既成法典と社会との乖離を埋める方法として、先例と時宜による立法者の自由裁量を認めたこのような法はむしろ賢明な立法であると肯定的に評価した[(3)]。

戦後になって、丸山真男は、武家の忠誠観念は直接的・人格的なもので、反逆もそうした直接的な人格関係を離れた抽象的な制度や国家に対するものとしては考えられなかったと論じ[(4)]、忠誠や反逆の研究には三つの視点、すなわち、〈①意味と機能、②対象、③哲学〉の検討が必要であると指摘した[(5)]。これは天道思想や易姓革命思想への言及とあわせ以後の研究に大きな影響を与えた。

佐藤進一は、当初、三浦周行の指摘を踏まえ、式目九条は無意味な条文であるとし、この点をいわゆる原式目論の出発点としたが[(6)]、その後「時宜（時議）」の語に注目し、「先例」と「時宜」の排列順序に式目九条の存在意義があると論じている[(7)]。この佐藤の当初の立論を受けた笠松宏至氏は、実質的内容のない九条は、一般の幕府法と違う式目の網羅性を示す例であり、式目編纂過程で「謀叛人」の編目は落とすことができないものだったが、実質的な処分内容を立案できないまま、公布せざるをえなかったのであろうと記した[(8)]。また、「中世初期国家について」論じた北爪真佐夫は、幕府は荘園体制擁護という点で朝廷と一体であって幕府への謀叛と朝廷の謀叛は区別できないとした上、九条が謀叛人を特定しなかったのは、あらかじめ手を縛られぬために条文上の明記を避けたためであり、幕府が朝廷に対する謀叛人を抑圧する任務を負っていた関係の所産であると主張した[(9)]。平安末期から鎌倉初期の「謀叛」用例を検討する作業を行って北爪説を批判的に検討した田中修實氏は、治承寿永の内乱期が謀叛の語義変化に大きな役割を果たしていたことを論じている(10)。

本章は右の田中修實氏の論稿と同じ問題意識に立って、中世成立期の「謀叛（反）」用例の網羅的検討を通じて、式目九条成立の前提を検討しようというものである(11)。

一　時代的推移に関する概観

検討の手掛かりに平安遺文と式目成立までの鎌倉遺文にみえる「謀叛」用例を管見の限りピックアップしたのが、表1・表2である。別稿（本書Ⅱ部第二章）で『玉葉』にみえる「謀叛」用例について分析したので、その分析結果と適宜比較しながら、表の謀叛用例について検討していきたい。

まず用例の時代的推移の特徴について概観しておきたい。

『玉葉』にみえる「謀叛」用例については、「謀叛人」とされる対象についてかなり明確な時代的推移が認められたが、古文書の場合、そうしたはっきりした謀叛人対象の時期的推移というものは認められない。しかし、ある意味で当然だが、内乱時とその後には内乱に関連する謀叛人呼称の史料が多く残っている。それは大略次の五つに整理できる。

第一は、保元の乱の関係である。表1の⑧⑪⑫⑲がこれにあたる。

第二は、治承寿永の内乱に関わる「平家謀叛」関係の用例であり、表1の⑯⑲⑳、表2のNo.11・13・16・27・30・33などがこれにあたる。『玉葉』の用例と比較すると、義仲を対象とした用例が表1⑮以外にはみられず、かわりに『玉葉』では認められない「平家謀叛」という用例がかなりみられる点が注目される。これらの文書が幕府側発給文

表1　平安遺文にみえる謀叛用語例

	年月日	西暦	文書名	用例	＊備考・「文脈」	出典	遺文番号
①	年欠・9・13		明法博士中原章重勘文	謀叛大逆	＊私領没収に関して律条文を引用し、謀反以外の私領名田没官を不可とする	壬生家	一三一二
②	保安2・1・10	一一二一	大隅国権大掾建部親助解	謀反之至	＊（所領詐取の訴えに対して）「如申状者、行道之所企尤謀反之至也、可停止其妨之（花押）」との国印付きの外題文言に載す　＊史料Eに引用	禰寝	一九一六
③	天治2・7・13	一一二五	金剛峯寺官省符荘住人解	於寺家政所前発謀反／庄内狼藉謀反	＊寺家所司良快に対する殺害未遂。「於寺家政所前、発謀反」と、あり、政所前での殺害未遂に意味がある可能性あり。	高野山	二〇四三
④	大治4・6・22	一一二一	官宣旨	謀叛之甚莫過於斯	「押妨神領」、「忘朝憲」「侮蔑神威」〈沙汰人殺害未遂〉　＊先に宣旨を下されている。　＊史料Bに引用	尊経閣	二一三七
⑤	康治元・10・11	一一四二	紀伊国大伝法院三綱解案	違　勅謀反之甚	＊官符・院宣・宣旨に背く。神人・寄人等三十一人凌轢、在家四十八宇焼失、住人二人焼害。　＊史料Cに引用。	根来要書上	二四八一
⑥	天養2・?	一一四四	肥後国司?解案	謀叛第一	「直令殺害近包身了、即雖訴申、無其沙汰、所行之旨、謀叛第一也、早奏聞　公家、欲被行罪科矣」	高野山	四七一九
⑦	久安4・8・28	一一四八	摂政〈忠通〉政所下文案	大略謀反之儀也	＊宣旨不承引。「偏可依本家之下文、不可（依脱カ）他所之仰、大略謀叛之儀也」	内閣文庫	二六五三
⑧	保元元閏9・8	一一五六	後白河天皇宣命案	謀反之輩	「天下乎擾乱志、国家乎謀危之由」　＊正統的な謀反の用例	石清水	二八四八
⑨	保元元・11		伊賀国在庁官人解案	違勅罪科、謀叛之輩	＊黒田荘民の出作停止の宣旨不承引に対して、	東大寺	二八六〇

					「謀叛」と称す。		
⑩	保元2・5		東大寺三綱陳状案	謀叛	「何背格式可為謀叛哉」＊前号の在庁の主張に対する反論。	東大寺	二八八六
⑪	永暦2・1	一一六一	源義宗寄進状案	大謀叛人	「大謀叛人前下野守義朝」＊義朝郎従（千葉常胤ら）王土にあるべからずとの主張。	櫟木	三一二一
⑫	永暦2・3		千葉常胤申状案	謀叛	「義朝謀叛之故、自国衙被没収」＊国衙による没官刑の具体的実施例を示す	櫟木	三一四八
⑬	治承5・4・25	一一八一	僧某申状案	違勅　謀叛之責	＊以前沙汰、住人殺害、作麦刈取	高野山	三九八二
⑭	寿永元・8・28	一一八二	高野山僧鏡尋解	俄起謀叛之意	荘民則安丸が観心寺御荘を金峰山に付さんと擬す。鏡尋は「放火・殺害之罪」を行わずと主張。	石山寺聖教裏	四〇五二
⑮	元暦元・4	一一八四	後白河院庁下文	謀叛之義仲	「相語謀叛之義仲」「相語謀叛之輩」＊謀叛の義仲との結託、領家殺害の企て	高山寺	四一六六
⑯	元暦元・5		梶原景時下文案	謀叛輩	「謀叛輩岐須木次郎兄弟」＊平家方人	益田家	四一七八
⑰	元暦元・5		後白河院庁下文案	前伊予守謀叛		仁和寺	五〇八八
⑱	元暦元・8・13		源頼朝下文	奥郡輩依謀叛		鹿島社	四一九五
⑲	元暦2・1・15		僧文覚起請文	謀叛	「彼義朝朝臣謀叛之後」「平家謀叛」	神護寺	四八九二
⑳	元暦2・6・15		源頼朝下文	謀叛	「信兼依発謀反令追討」＊平家党類	島津家	四二五九

書であることを考慮すれば、[12]「平家謀叛」という呼称が鎌倉の武士集団から使用されたものであることが推測される。

第三は、義経・行家関係（本人および同意輩を含む）である。表2のNo.1からまでNo.22まで、年代でいえば、文治元年（一一八五）末から文治四年までは、（第二の例を除いて）ほとんどすべて義経・行家関係で「謀叛」用例は残されている。また地頭職補任という問題と関わって、義経同意輩らに対する「謀叛人跡」という用法が、No.17の文治二年十

表2　鎌倉遺文にみえる謀叛用語例

	年月日	遺文番号	文書名・(出典)	文脈（＊備考）
1	文治元・12・6	二四	源頼朝奏状（鏡）	云国司云国人、同意行家・義経**謀叛**、仍為令尋沙汰其党類、欲令知行国務也
2	文治元・12・6	二六	源頼朝言上状（鏡）	土民或含梟悪之意、値遇**謀叛之輩**候（中略）同意謀反人行家・義経之輩
3	文治2・2・30	三九	後鳥羽天皇宣旨（玉葉）	随**逆党**義経・行家逃亡之間
4	文治2・1・22	五七	後鳥羽天皇宣旨（鏡）	前備前守源行家・前伊予守義経等、姧心日積、**謀逆**露見
5	文治2・2	五八	関東下知状（醍醐寺）	称河田入道之子息、謂**謀叛之類**番、云彼云此、擬搦取其身
6	文治2・5・5	九五	源頼朝下文案（崎山）	九郎判官・十郎蔵人**謀反**之時、紀州之輩、大略莫（不脱カ）属彼
7	文治2・5・6	九七	源頼朝書状案（崎山）	九郎判官・十郎蔵人**謀反**之時、抜群不属彼之一旦之勧誘候
8	文治2・6・6	一一〇	後鳥羽天皇宣旨（玉葉）	**謀反首**、前備前守源行家・前伊予守義経等敗奔之後
9	文治2・6・21	一一六	源頼朝奏状（鏡）	於伊勢国者、住人梟悪之心已発謀反了、而件与党尚以**逆心**不直也、仍為警衛其輩、令補其替之地頭候也、（中略）凡不限伊勢国、**謀叛人居住**国々、凶徒之所帯ニハ所令補地頭候也（中略）又縦**謀反人**之所帯、令補地頭之条、雖有由緒可停止之由、於被仰下候所々者、随仰可令停止候也
10	文治2・6・29	一二〇	源頼朝下文（鏡）	件御厨者、**謀叛人**家資知行之所也、仍任前蹤、為令致沙汰
11	文治2閏7・2	一三五	源頼朝書状（鏡）	平家背朝威、**企謀叛**、鎮西之輩大略雖相従彼逆徒
12	文治2・8・5	一五二	源頼朝書状（鏡）	長門国向津奥庄地頭、**謀反人**豊西郡司弘元之所帯ニ候
13	文治2・8・9	一五五	源頼朝下文（諫早家系事蹟集）	爰季家者、不属**平家謀反**、仰朝威致忠勤畢、重実者、為平家方人益企**謀反**、已重科也、就中不入鎌倉殿見参之条、是則、心中猶思平家逆徒事歟
14	文治2・8・11	補二八	源頼朝寄進状	而九郎判官義行、**企謀叛**致狼逆之日、能業為同意之
15	文治2・9	補三五	大宰府帖（中島）	度々雖蒙本宮及府裁、件文書于今未返与之条、**非謀反哉**（＊当事者の恣意的用法）
16	文治2・9・27	一七九	大宰府守護所下文案（諫早家系事蹟集）	（＊一五五号文書の下文案文の引用）

17	文治2・10・8	一八三	太政官符（鏡）	非指**謀反跡**之処、宛行加徴課役、張行検断、妨惣領之地本（中略）仰武家、現在**謀反人跡**之外者、可令停止地頭綺
18	文治2・10・9	一八四	後白河法皇院宣（鏡）	右に同じ（一八三号文書の関連文書）
19	文治3・6・20	二四二	源頼朝下文（鏡）	右、件**謀叛之輩**之所領者、任先蹤、令補地頭職許之処
20	文治4・2・14	三一一	後鳥羽天皇宣旨（鏡）	源義顕者、文治元年之比、忽図**逆節**
21	文治4・2・21	三一二	後鳥羽天皇宣旨（鏡）	源義経及同意者等乱入当国、以毀破旧符偽号当時宣旨致**謀叛**事（＊無効宣旨の利用）
22	文治4・2・26	三一三	後白河院庁下文（鏡）	（三一二号文章の引用）事若実者、被処**謀叛之同罪**
23	文治4・2	三一四	海四子解（益永）	准盗犯可誡由蒙明法裁判畢、其後令言上法性寺殿下政所、賜政所御下文後（中略）恒包横□濫妨之条、**謀叛至**（＊当事者側の恣意的な「謀叛」用例）
24	（建久元）10・12	四八七	源頼朝書状（鏡）	此上猶致対捍候者、可**勘当**候也（＊頼朝の命令に対する違反処置＝勘当）
25	（建久元）11・2	四九一	源頼朝御教書（鏡）	（山田）重隆・重家可発**謀反**之由依聞、（中略）如此して誠謀反儀ヲ企けに候へハ（中略）重隆・重家等忽緒　宣旨し候て、かやうに私使ヲ付候之刻ニ、或来り或ハさはきなどし候、返々奇恠に候事也、已　朝威を忽緒し候、猶以不敵事候
26	建久2・5・3	五三二	源頼朝言上状（鏡）	定綱狼逆不能左右争遁重科（中略）**義仲謀反**之日、誅座主明雲不経幾程追討義仲畢
27	建久3・9・18	六二〇	将軍家政所下文案（書陵部八幡宮関係）	宇佐宮課役事（中略）国郡地頭等募権勢之威、称不可勤仕之由云々、違背之条奇恠殊甚、是則思平家旧好、各**挟謀叛之心**所致歟、於懈怠之輩者不可置住国可追放他境
28	年欠	補一二五	九条兼実勝光明院宝蔵宝珠筥目録案（早稲田大）	去元暦之比、大夫尉源**義顕謀反**之時、醍醐座主権僧正勝賢、奉　法皇詔
29	建久3・9	六二三	大隅正八幡宮神官等解（禰寝）	任御宣下状、可令弁勤件役之由、令下知之処、偏□**巧謀叛**、打返領家御使、不随家所勘、依不存公役等、（中略）彼重信自本依為**謀叛人**、如此無道之条、輙不可勝計哉
30	建久3・10・22	六三一	関東御教書（島津家）	彼宣澄者、**平家謀反**之時、張本其一也、仍令停止件職了、早可令知行地頭職

31	建久9・11・1	一〇一〇	源頼朝書状（興福寺牒状）	彼国司狼藉時、衆徒振春日神輿擬群参之条可謂**返逆**候歟、国司縦有濫行者、不令郡（ママ）参、雖何箇度可訴申候、（中略）令郡参候者、申状雖懇切、不可有御裁許、只以道理訴申候者、争無御沙汰候哉、蜂起之条、猶々不能左右候事歟
32	正治1・9・8	一〇七八	関東御教書案（高野山）	此輩雖為年来之者、依**謀叛之咎**、召下関東、以其跡所被仰付康信法師候也（中略）当庄者本是平家之領也、今又**謀叛人之跡**也
33	元久元・12	一五一五	僧継尊申状案（醍醐寺）	相伝之所非**平家叛逆**地、云棚橋者、前祭主佐国朝臣之所領（中略・相伝次第ヲ記ス）全非**謀反人之跡**、（中略）況乎去春謀叛之時、身本自住当山之上、眷属一人無与力之者依何誤可被没官棚橋之住房哉、（中略）若自初于今、乍同意**謀叛人**、不同意之由詐申者（以下起請文言）
34	元久2閏7・12	一五六八	関東御教書（高野山）	当庄（大田荘）者本則平家之領也、今又**謀反之跡**也、不能改定之由、鎌倉殿所候也
35	建永1・12・29	一六五五	源実朝請文案（高野山）	大田荘地頭事、本地頭依**陰謀事**没収其跡令補康信、故大将殿之時、此如令成敗候、当時無指其咎候之間、難改易候也
36	承元3・12・6	一八二〇	関東御教書案（到津）	且神領内犯過人者、為宮検断可沙汰之、令糺弾軽重、於**謀叛殺害人**者、可被召渡守護所、至其外罪科者、一向可為宮司計
37	建暦2・6	補五九六	伊都岐嶋社神官等解（厳島）	被責**奥州謀叛輩**之時、其御祈禱料為領家御奉行、限永代而被寄進
38	（建保元）5・3	二〇〇三	北条義時・大江広元連署書状（鏡）	**むほん**をおこして、きみをいたてまつるといへとも、へちの事なき也、かたきのちり〳〵になりたるを、いそきうちとりてまいらすへし
39	（建保元）5・3	二〇〇四	北条義時・大江広元連署書状（鏡）	**謀叛**をおこすといへとも義盛損命畢、御所方別の御事なし。しかれとも親類多きうへ、戦場よりもちり〳〵に成よしきこしめす、（中略）用意をいたして、うちとりてまいらすへき也
40	（建保2）7・17	補六五四	某御教書（諸尊道場観集紙背）	何所構城郭、何招武士等、**巧謀反**候哉、是も能々可被糺定事候
41	承久3・5・15	二七四六	官宣旨案（小松美一郎蔵）	奉　勅、近曾称関東之成敗、乱天下之政務、纔雖帯将軍之名、猶以在幼稚之齢、然間彼義時朝臣偏仮言詞於教命、恣致裁断於都鄙、剰耀己威如忘皇憲、論之政道、**可謂謀反**（＊義時追討の官宣旨）

42	承久3・6・28	二七六二	六波羅下知状(河野家家譜)	伊予国住人河野四郎通信称帯院宣、相率一族并当国之勇士等致合戦之間、為一方張本、早合一揆之力、励忠戦之功、不日可令召進其身、随凶徒於図**逆節**之輩者、遣軍兵可令征伐之条、依鎌倉殿仰、下知如件
43	承久4・1・20	補七七四	関東御教書(中野忠太郎蔵)	依為**反逆党類**被没収所領之処、於京都不説之旨申披子細被原免云々、何様候哉、可令申実否給之由所候也
44	貞応1・4・26	二九五三	関東下知状(新編追加)	**謀叛人追討**事、糺明真偽、随実正可致沙汰(中略)去年兵乱之時、相従京方輩之所職所領、大略雖注進、猶為守護代等隠籠庄公多之云々
45	貞応2・8・6	三一四五	関東下知状(島津家)	不入部使者之由地頭所申也、**大番役并謀叛殺害**沙汰之外、不可入部彼使之状、依仰下知如件(＊守護職権、大犯三箇条の一つとして)
46	貞応2・11・2	三一六九	関東下知状(荻野由之)	停止守護使入部也、**刃傷殺害人**出来之時者、為地頭高道之沙汰、糺実正可召出之状、依仰下知如件(＊謀叛が抜けている点に注意)
47	貞応2・11	三一八〇	大田荘地頭陳状案(高野山)	光家等依**謀叛之咎**被召関東、以其跡所被成地頭也、(中略)雖為年来之者依**謀叛之咎**召下(中略)本是平家之領也、今又謀叛人之跡也、不能改易(中略)去々年前地頭等一類依京方之咎、於同意之庄官者、少々令取兵具了云々、是則所々之習也
48	(貞応3)	三二〇二	慈円願文(青蓮院)	(保元之乱)君兄弟也、臣兄弟也、相続而亦近臣**反逆**(中略)(法住寺合戦)于時法皇儲軍、與義仲合戦、官軍早破両月執天下政、(中略)其後天下似静謐已卅有余年、此間於関東前右大将家頼朝息男甚以**乱逆**、(中略)(承久之乱)君之積悪至極、而宗廟為瞋歟
49	嘉禄元・9・16	三四〇六	尾藤某奉書(重時袖判)(市河)	志久見郷守護所使入部事、被止候了、但**謀叛**・殺害・夜討・強盗・放火・刃傷、如此犯科之輩出来之時者、於其所之堺、可令請取犯人給候
50	嘉禄3・8	三六五八	平重康解状(春日神社)	前下司刑部丞行季依京方科、重康為勲功賞拝領(中略)不令安堵地頭代、可令押領之由巧出**陰謀**、(中略)重康代官縦雖有非法、訴申事由可仰上裁、号神人無子細追捕取資材所当物、焼払在家之条、已以替色**謀叛**又昼強盗也(中略)諸社神人濫行事、殊可被禁遏之由、先格後符厳制稠重之上、当時新制其一也、濫行猶難遁**違勅之科**、何況違背度々長者宣并関東御教書・本所下知、数度追捕代官、両度焼払数宇在家哉

51	安貞2・6・4	三七五四	但馬守護昌明請文案（進美寺）	**大番催促・謀叛・殺害**事者、可為守護沙汰之由、故大将家御時被定下諸国候了云々、此等沙汰之外、依何事守護使可令乱入乎（＊追加引用）
52	寛嘉1・4・10	三八三〇	関東下知状（神護寺）	停止彼使入部、**謀反殺害輩**出来之時者、為庄家之沙汰、可召渡守護所
53	寛嘉4・2	四二八二	石清水八幡宮護国寺祠官連署挙状（石清水）	**承久乱逆**以後、関東新補地頭恵戸四郎太郎重持、或依殺害公文清村并神人僧慶村、□□（庄家）之荒廃出来

＊若干の関連資料も含む。出典は略表記とした。

月八日の太政官符をはじめとして引き継がれていく点に注目したい（No.32〜34・47）。

以上まとめると、鎌倉時代になると古文書の世界では基本的には、〈平家謀叛〉、〈義経・行家謀叛〉という形で「謀叛」用例は使われ、謀叛人イメージが形成されたものと思われる。鎌倉幕府成立当初から十二世紀末ぐらいは、「謀叛」「謀叛人」というと、この二つの連想したものと推測される。また「謀叛人跡」という用例が地頭職設置とかかわって、幕府成立以降大きな歴史的意味をもった点にも留意しておきたい。

第四に、この後承久の乱の時まで特定の問題に起因するまとまった謀叛用例は見られない。もちろん田中修實氏の指摘のとおり、幕府内部の争いに際して、梶原景時、阿野全成、比企能員、畠山重忠、平賀朝雅、和田義盛らの、北条氏の敵対勢力は悉く謀叛の名を着せられ、『吾妻鏡』地の文では謀叛用例は頻出するのだが、[13]『吾妻鏡』でも同時代史料（に準じる）引用古文書において「謀叛」呼称が使用されたのは、和田合戦が初見である（表2の38・39）。[14]そして、和田合戦の情報を伝えられた藤原定家は、伝聞の形ではあるが、「謀叛」「官軍」といった用語を日記に記している。[15]兼実が『玉葉』の中で「謀叛」という用語の使用に極めて慎重であったことと比較して注意しておきたい。[16]

第五に、義経以後大量に謀叛用例が集中するのは承久の乱後である。没官措置との関わりで「反逆党類」（No.43）、京方追討との関わりで「謀叛人追討事」と記した法制史料もみられるが（No.44）、一番用例が多いのは、いわゆる守護職権の大犯三箇条の沙汰への限定という文脈で使われる「謀叛殺害」等の用法であろう（No.44・45・49・51・52）。乱後は守護職権としての謀叛用例が中心である。守護代・守護使らの本所領への入部が各所で問題を起しており（No.43〜45・48・49・50）、これが式目三条、四条規定成立の前提となった状況であったと思われる。治承・寿永の内乱後の「謀叛人」イメージが平家や義経で代表されたのに相似て、承久の乱後は謀叛人というとまず「京方」をイメージしたものと思われる。

二　「謀叛」用例の検討、その分類と特色

「謀叛」用例の〈時代的推移〉という観点からは、内乱時などに集中している謀叛人（とその与党）に対する「謀叛」呼称（用例）の姿が浮かび上がってくるが、やや視点をかえ、平時を含めた「謀叛」用例の内容面に目を向けて検討するならば、平安〜鎌倉初期の「謀叛」用例の特色に関して、大略三つの類型が指摘できる。

（1）（宣旨対捍・朝威忽緒などの）王命違反に対する用例

（2）（敵対者に対する）恣意的用例

（3）（将軍敵対、謀叛人跡、大犯三箇条などの守護職権、等々に関わる）幕府関係の用例

以下、本節ではこのうち（1）（2）について検討してみたい。[17]

1　王命違反に対する用例

〔史料B〕「尊経閣所蔵文書」官宣旨（平安遺文⑤二一三七号、表1—④）

左弁官下八幡宮寺

応レ令三進二上宮寺領山城国橘薗田畠公験正文一事

右、得二宮寺今月二日解状一偁、謹検二案内一、件薗者為二宮寺領一既歴二数代一、随天禄二年以後国符免判炳焉。加レ之、去延久年中任二田畠本数一、Ⓑ1可レ為二官〔宮カ〕領一之由、被レ下二宣旨一先畢。自レ爾以来敢無二牢籠一。而今興福寺領大隅庄預僧浄賀Ⓑ2不レ帯二証文一、猥施二権勢一、押二妨神領一之条、偏忘二朝憲一。侮二蔑神威一、神事違例職而此由。就レ中依レ為二神人忠清作手一、有限神領為レ令レ勤二仕神役一、宛二行傍輩一之処、彼浄賀代官貞遠為二張本一、Ⓑ3成二異論一抜二刀杖(ママ)一欲レ殺二害沙汰人一、Ⓑ4謀叛之甚莫レ過二於斯一。若尚募二威勢一強致二執論一者、於二官底一被レ比二校文書一、豈有二隠便一乎。委細之旨具載二解状一而已。望請 天裁。且任二Ⓑ5旧宣旨一、糺二定坪坪一、且為二向後一加二炳誡一諠譁永絶、方来将懲矣者。権大納言藤原朝臣宗忠宣、奉レ 勅、宜レ令レ進二件公験正文一者。宮寺宜二承知一、依レ宣行レ之、

大史斎部（花押）

大治四年六月廿二日

中弁藤原朝臣（花押）

〔史料C〕「根来要書上」紀伊国大伝法院三綱解案（平安遺文⑥二四八一号、表1—⑤）

御願寺大伝法院

請下殊蒙二鴻慈一、任二度々綸旨一、被中裁断上、紀伊国下向官使幷国使等、Ⓒ1背二官符院宣幷去九月宣旨状一、追二捕御願官省符御庄幷御願末寺一、Ⓒ2恣致二放火殺害却奪等条々濫行一子細状

副進 日記一通

右、謹検二案内一、Ⓒ3此御願寺御庄永可レ停二止官物国役臨時万雑事等一之由、被レ下二官符院宣一之上、設雖二天下一同公役国内平均所課一、永可レ停二止一切他所役一之旨、被レ下二官符一先畢。又大嘗会所役事。去九月被レ下二宣

旨二云、除二官省符本免一外、依レ請云々。而官使・国目代・在庁官人等、©4午レ守二件綸旨一、乱二入官省符内一、恣致二種々悪行一、去月廿七日捕二搦寺僧并山下所司神人寄人等卅一人一、凌轢責勘、奪二取衣服乗馬等一、押二取御祈供料等一畢。自二今月八日一三ケ日夜之間、©5催二具数百軍兵数千人夫一、追二捕官符省符庄一、焼二失石手観音堂〈建立以後、三百餘歳〉、并僧房御庄政所在家等四十八宇一、焼二失仏像数十躰一、焼二害住人二人一畢。又苅二取-運-取仏聖灯油料田畠数百町稲大豆等一畢。又打二開在家三百餘宇一、皆悉捜二取資財雑物等一乎〔畢カ〕。加レ之追二捕御願末寺一、破二損諸堂一、盗二取数多仏具一畢。打二開寺倉一、運二取〔仏脱カ〕聖燈供料米并雑穀四百餘斛一畢。兼又盗二取文書法物等一不レ可レ称レ数。又打二開経蔵并房舎八十餘宇一、追二散衆僧一、奪二取仏具法文衣鉢法服資財雑物等一畢。所レ有濫吹不レ遑二毛挙一。©6違二勅謀反之甚、寧有レ過レ之乎。裁断若遅々者、有限恒例長日御祈等併以断絶歟。望請　鴻慈。早禁二制彼等悪行一、被レ糺下返所二押取一物等上者、弥仰二皇威一、奉レ祈二宝算一。誠惶誠恐謹言、

康治元年十月十一日　都維那法師
寺主大法師
上座大法師

〔史料B〕の例は、山城国橘御薗に関して、石清水八幡宮が〈以前に八幡宮領たるべき宣旨が下されているのに、(興福寺領大隅荘預)僧浄賀が神領を押領したのは「ひとえに朝憲を忘れる」行為であり、さらに浄賀代官貞遠が、沙汰人を殺害せんとして刀を抜いたのは謀叛の至りである〉と主張し、朝廷がその主張に対して宮寺に証拠書類の正文の提出を命じた史料である。

〔史料C〕の例は、紀伊国大伝法院三綱らが同国官省符荘に関して、〈紀伊国下向の官使・国目代・在庁官人らが、官符・宣旨・院宣に背き、三十一人の寺僧・所司・神人・寄人を凌礫し、住人二人を焼死させた。それゆえ、官使・

在庁官人らは、違勅謀叛である〉と朝廷に主張した史料である。
〔史料B〕〔史料C〕では、いずれにおいても、すでに下されていた宣旨・官符・院宣違反行為（Ⓑ1、Ⓑ2、Ⓑ5、Ⓒ1、Ⓒ3）と殺害（未遂）行為（Ⓑ3、Ⓒ2、Ⓒ5）が指摘され、これに対して「謀叛（Ⓑ4）」（「謀反（Ⓒ6））呼称が使用されている。〔史料B〕の場合は文脈からいって沙汰人殺害未遂に重点があるようにもみえるが、〔史料C〕の場合、明確に「違勅謀叛」として「違勅」との関連で「謀反」呼称が使用されていることが注目される。(18)

この点では表1の⑨の史料でも、伊賀国黒田荘民の出作について、川の東岸に居住する百姓らが東岸の公田を耕作することを「出作」と称することを認めない宣旨が度々下されているのに百姓等が承服せずそれに対して「違勅罪科」にも問わないため、伊賀国在庁官人によって「謀叛之輩弥積習、只偏如レ無二朝威一」と主張されている。ここでいう「謀叛之輩」とは「出作百姓等」であり、その根拠は宣旨違反＝違勅である。同様の関係は表1の⑬でもみられ、一方当事者の能清が太政官からの濫妨停止命令に反して〈住人殺害・作麦苅取〉を行い、これに対して「違勅　謀反之責、既余レ身候」と非難されている。

以上の諸例からみて、「謀叛」が〈宣旨対捍〉〈違勅〉などの行為に対して使用され、殺害行為を随伴する文脈で使われることが多いことが知られる。しかし、以上の例はいずれも当事者側の主張であって朝廷が認めたものではない。

鎌倉期においても、同様の事例は表2のNo.29にみられる。大隅国禰寝院南俣地頭職停止を求めた正八幡宮神官の訴えに対して、「縦雖レ為二地頭職一、於二有限之神役一者、守二宮下知一任二先例一可レ致二其勤一、若致二対捍一者、可レ処二重科一之条、如レ件」という「下知状」がくだったが、その「宣下状」に任せて神役弁勤を求めた神官に対して、地頭重信は「偏巧〔相脱カ〕二謀叛一、打二返領家御使一、不レ随二家所勘一」と称されている。この「宣下状」が下知状を受けた朝廷の官符・宣旨の類なのか、下知状そのものなのか不詳であり、正八幡宮神官等の用法はかなり恣意的な「謀叛」呼称だが、やはり宣下内容不履行を理由にした「謀反」呼称（用例）といえる。

鎌倉期の用例で注目すべきは次の〔史料D〕である。

〔史料D〕『吾妻鏡』建久元年十一月二日条所引源頼朝御教書（鎌倉遺文①四九一号、表2―№25）

依二内々仰一、於二墨俣邊一て尋聞之処、Ⓓ1重隆・重家可レ発二謀反一之由依レ聞、重隆にハ付レ使、有二父子来向一、仍召具たる也。子息をハ美濃ニ留て、重隆をハ召具て参也。其故は重隆申状ニ、「九月卅日宣旨御使ハ出ツ、十月一日被レ行二赦免一、定てゆり侯ぬらんとおほゆ」と申也。縦赦免候ハむからに、いかてゆりぬらんとハ計哉。以外次第也。重家申状には、「付二東大寺上人一て申ニ、可レ被レ免之由承れハ、のほらしと存也」と申。Ⓓ2如レ此して誠謀反儀ヲ企けに候へハ、重家にも御使上ニ付レ使て進上候也。重家・兼信ハ、先京都へ被二召上一候後に、府の者も請取候なん。重隆を配所へ不レ遣して召具て候事。人も傍に申事や候はんすらん。さ候とて手放に沙汰すへき者にて候はねハ、当時召具て候。随二御定一て可二沙汰一候也。此由ヲ急民部卿（吉田経房）殿に申て、御返事を迎さまに可レ令レ走也。兼又美濃在庁雑事候て可二沙汰一之由申しかとも、国の御目代も不二下向一事なれハ、御定ハ畏思給れとも、当時ハ可二申入一事無かりしかハ、さて有き。此條も若あらぬさまの見参ニもそ入と存也。此由ヲも能々可二申上一也。遠江御目代橋本宿ニ来て、儲して候しかは領納畢。是又可レ入二見参一。猶々重隆・重家等Ⓓ3忽緒二宣旨一し候て、かやうに私使ヲ付侯之刻ニ、或来り、或ハさはきなとし候。返々奇恠に候事也。Ⓓ4已朝威を忽緒し候。猶以不敵事候。仰二朝威一候はゝ身の冥加こそハ候はめ。又重隆使ヲ給て候也。申状ニ上洛以前可レ被二流罪一之由ヲ自二鎌倉一申候たりと申者候也。以二廣元一申たりと大蔵卿の奉行にて被二仰下一之由ヲ申者候也。

（建久元年）十一月二日　　（平）盛時奉

（大江廣元）因幡前司殿

院分国である美濃では、院宣で不当を訴えられた駿河国大津御厨地頭板垣兼信、公領に妨げをした佐渡前司山田重隆、役夫工米対捍をした高田重家など、武士の非法に対する院の訴えが多かったが、頼朝はその処罰を聖断に委ねた。(19) 結局、重隆は常陸国に、兼信は隠岐国に、重家は土佐国に配流となったが、そのことを記した『吾妻鏡』建久元年八月十三日条には、「件輩違勅重畳之間、就レ被レ仰二下其罪名一、可レ在二聖断一由、二品被二申切一訖。仍及二此儀一云々」とみえる。しかし、この配流は太政官・検非違使の怠慢から容易に実行されず、頼朝は上洛途上で重隆・重家を捕まえ京都へ連行した。その時京都の大江広元に送った奉書が〔史料D〕である。

ここで頼朝は重隆・重家らのいかなる行為を「謀反」と決めつけたのか(Ⓓ1、Ⓓ2)。それは必ずしも判然としないが、同日(十一月二日)条の地の文では「雖レ蒙二配流　宣旨一、各不レ赴二配所一之間、重隆者自二墨俣一所レ被二召具一也」とみえ、十月二十八日条に「及レ晩着二御美濃国墨俣一。爰高田四郎重家、乍レ蒙二配流　宣旨一、猶住二本所一、剰有二謀反企一之由、依レ聞二食-及之一、遣二御使一之処、重家父子参上、陳下申無二異心一之由上云々」とあることを参照すれば、〈配流宣旨の無視〉(「忽緒　宣旨(Ⓓ3)」「朝威を忽緒(Ⓓ4)」)が直接の要因であるとみてよかろう。当初、重隆らの行為を放置し、頼朝からの申し入れで(しかも頼朝との交渉を考慮した院の厳命で)はじめて宣旨対捍に対応した経緯には、宣旨対捍者に対する当時の朝廷や官人の態度をうかがうことができる。(20) 朝廷ではこれをとくに「謀叛」と認識した様子はみられず、その点宣旨忽緒などを一方当事者が「謀叛」と称した〔史料B〕、〔史料C〕等の流れを汲むものといえるが、「謀叛」の呼称者が頼朝であるという点が、新たを意味を持ってきたのではないだろうか。(21)

2　（敵対者に対する）恣意的用法

〔史料E〕「禰寝文書六」大隅国権大掾建部親助解（平安遺文⑤一九一六号、表1―②）

（外題）「Ⓔ1如二申状一者、行道之所レ企、尤謀反之至也。可レ停二止其妨一之、（花押）」（国印三アリ）

言上薩摩国住人平行道、依レ為二妹夫一、禰寝院南俣令二譲渡一由、無実子細状、

権大掾建部親助解　申請　国裁事

右、謹検二案内一、件南俣先祖相伝之所領也。而父頼親宿禰、以二去天永三年四月十八日一死去之後、親助為二嫡男一、請継令二領掌一之間、彼頼親存生之時、年々官物旁負物、蒙二其責一之日、無二術計一、相二副本公験於新券一、沽二渡於伯父掾頼清一畢。以二何証文一、彼行道可二沙汰一之由、可二譲沙汰一哉。尤大無実也。若任二愚意一、行道可二沙汰一之由令レ申者、以去年十二月、於二国衙幷　正宮政所一祭文由□、可レ令二進上一哉者。任二実正一言上如レ件、以解、

保安二年正月十日　　　権大掾建部親助

〔史料F〕「益永文書」海四子解（鎌倉遺文①三一四号、表2―23）

（外題）「Ⓕ1停二止恒包無道妨一、可レ令二四子領一知之一（宇佐公通）（花押）」

縫殿海四子解　申請宮裁事

請レ被下且依二相伝領掌理一且任二次第証文旨一停二止無道濫妨一賜二御判一領作上、築城郡大野庄内恒富名田為二字総検校恒包一令二押耕作一子細愁状

謹検二案内一、於二件名田一者、本領主字高倉殿御局、相二副次第調度文書一、限二永年財一、末久御領令二進上一畢。雖レ然、於二下作一者、為二彼御局嫡女四子請一、譲後賜二御判一、令二領作一来之処、件恒包平家乱逆之時、以二武士押領跡一、于レ今令二濫妨一、去年ハ字城井幡次大夫恒俊出挙代、令二弁進一畢。今年又以擬二□（押カ）作一之条、不レ及二言語一無道也。於二

件名田ハ一、高倉殿時、下作人字金蓮ニ同負物代字別符大夫種澄朝臣取ニ厭状曳文一、被ニ押領一之間、Ⓕ2彼本領主高倉局蒙ニ明法裁判一之処、主人所領私負物代、他人曳渡之条、准ニ盗犯一可レ誡由、蒙ニ明法裁判一畢。其後令レ言ニ上法性寺殿下（忠通）政所一、賜ニ政所御下文一後、末久御領令ニ進上一畢。其後賜ニ御下文一令ニ領作一後、四子渡得、于レ今所レ令ニ耕作一也者。恒包横□濫妨之条、Ⓕ3謀叛至、不レ可ニ勝計一者、望請　宮裁、且依ニ相伝領掌理一、且任ニ次第証文旨一、被（為脱カ）レ停ニ止彼恒包無道一、勒ニ在状一以解、

文治四年二月日　　　　　　　　　　縫殿海四子上

〔史料E〕は、大隅国権大掾建部親助が先祖相伝の所領同国禰寝南俣に対する「妹夫」平行道の押妨の不当なることを訴えたものである。[22]この申状に対して、国衙の外題が文書の袖に記されているが、その文言が点線部Ⓔ1の「如ニ申状一者、行道之所レ企、尤謀反之至也」というものであった。没官刑の執行を国衙が担っていたことと関係するかもしれないが（表1⑫参照）、所領押し取りを非難する解の外題の文言に「謀反」の用語が使用された例であり、宣旨対捍などの王命違反に関連づけることができないと考えられる。これは国衙レベルでの恣意的用法といわざるをえないものであろう。

〔史料F〕は、亡くなった夫の借財のかたといって総検校恒包に押領された、相伝所領豊前国築城郡大野荘内恒富名（下作）の押妨停止を宇佐宮に訴えた史料で、当時一般にみられる土地押領事件である。その土地押領を四子は「恒包謀叛」と称している。この「謀反」表記についても既に田中修實氏が取り上げている。田中氏は「海四子が総検校恒包を謀叛と呼んでいるのは、単に彼の濫妨をのみ指しているのではない。かつて本領主の高倉局が『明法裁判』を蒙った際に『准盗犯』という内容で勝訴し、法性寺殿下政所の下文を得たのちにも恒包が濫妨することをいっているのである。律令格式に基づく裁判判決への不服従、これが文治四年（一一八八）の段階において、しかも九州

の地にあっては謀叛であった」と論じられ、史料Dと併せて「少なくともこの時期において謀叛の語は、観念的には朝廷を念頭において使用せられたことだけは間違いない」と指摘されている。(23) しかし、点線部Ⓕ2の「明法裁判」の実態は、一方当事者が独自に明法家から獲得してくる明法家の判断に過ぎないものだったと指摘されており、(24) この指摘を前提にすると、この用例から朝廷との直接のつながりを引き出すことは困難ではないだろうか。私はこの例は、在地レベルでの一方当事者による恣意的用法と考えたい。

長文なので全文を示すことができないが、次の史料も注目すべきものである。

〔史料G〕「春日神社文書」平重康解状（鎌倉遺文⑥三六五八号、表2―№50）

平重康言上

欲㆘且任㆓度々長者宣・寺家下知㆒、且依㆓関東御教書状㆒、被㆑行㆓狼籍人於所当罪㆒、令㆖㆑安㆓堵代官光重㆒、大和国豊国庄地頭職事

右、當庄地頭職者、前下司刑部丞行季、依㆓京方科㆒、重康爲㆓勲功賞㆒、拝領之後、領知之処、行季号㆓多武峯御廟守㆒、雖㆑出㆓濫訴㆒、重科無㆑隠之間、不㆑能㆓御成敗㆒、謬(ママ)可㆑被㆑行㆑科之由、有㆓御沙汰㆒之間逃上畢。其後無㆑力㆓于訴㆒、相㆓語預所長忠五師幷御墓守神人㆒不㆑令㆑安㆓堵地頭代㆒、可㆑令㆓押領㆒之由、巧出㆓隠謀㆒、以㆓吹毛㆒、去年七月十四日御墓守神人等乱㆓入代官宿所㆒、破㆓損数宇舎屋㆒、取㆓入冑以下物具於池中㆒、追㆓捕‐取収納早米幷資財㆒畢。仍訴申之処、早言㆓上殿下㆒召㆓上張本㆒、可㆑被㆓糺断㆒之由、去年八月十日給㆓御教書於掃部助殿(北条時盛)㆒之間、令㆑言㆓上殿下㆒給、被㆑成㆓下長者宣㆒。雖㆑被㆑召㆓悪党㆒、寄㆓事於左右㆒、遂以不㆑令㆓参上㆒。彼御沙汰依□前途、奉㆑蔑㆓如関東御威㆒。

（中略・行季の狼藉・放火を記す）Ⓖ1重康代官縦雖㆑有㆓非法㆒、訴㆓申事由㆒、可㆑仰㆓上裁㆒歟。号㆓神人㆒、無㆓子細㆒追㆓捕‐取資財所当物㆒、焼㆓払在家㆒之條、已以替㆑色謀叛又昼強盗也。此等子細訴申之間、去年十二月三日・同廿二日

両度給二御教書於六波羅殿一。状云、「早言二上殿下一、召二下狼藉張本一、被レ行二罪科一、且糺二返損物一、且可レ令レ安二堵代官一」之由也。任レ状令レ言二上殿下一給之間、度々被レ下二長者宣一、雖レ有二御沙汰一、於二京都一於レ被二召問一者、不レ可レ遁二重科一之間、Ⓖ2背二数度長者宣・関東御下知一、遁二事於左右一、終以不レ令二参洛一（中略・沙汰付の使者に対する行季の放火・殺害未遂を記す）Ⓖ3濫行猶難レ遁二違勅之科一、何況違二背度々長者宣幷関東御教書・本所下知一、数度追二捕代官一、両度焼二払数宇在家一哉。於レ今者不レ及二子細一、以二別御使一、召二下件狼籍人等一〈交名在別紙〉、不レ被レ行二所当罪一者、天下狼藉不レ可レ鎮歟。匪二只此一所一、件日勝田兵庫助給所知同焼二払之一、其次所二寄来一也。Ⓖ4有二子細一者可レ経二訴訟一之処、恣号二神人一、引二率人勢一寄来、任レ法焼払之條、國土亡弊之基也。争無二炳誡一哉（中略）、然則早召二下行季・長忠以下張本一、且糺二返度々追捕物一、且被レ行レ刑、欲レ令レ安二堵代官一。仍言上如レ件、

嘉禄三年八月　日　　　　平重康上

史料Gは、承久勲功賞として大和国豊国荘を拝領した地頭平重康の解状である。重康が前下司刑部丞行季ら乱暴張本の処罰と追捕物返却、代官安堵を求めたものである。重康によれば、京方の咎に問われた前下司行季が、多武峰御廟守と称し預所・御墓守神人らと結託し、地頭代官の押領と号して、宿所乱入・資材奪取等の追捕狼藉に及んだ。重康は本所に訴えたが、行季は裁判に応ぜず、さらに資材追捕・在家放火に及んだ。〈代官に非法があるというなら、それを訴えるべきなのに、かかる放火等に及ぶのは、謀叛・昼強盗である（Ⓖ1）。その後行季は、訴訟手続きの上で、本所の命令にも関東下知にも従わなかった（Ⓖ2）。代官殺害計画・放火など濫行だけでも違勅の咎を免れないのに（Ⓖ3）、訴訟を放棄し放火などの実力行使に及ぶのは、国土を亡ぼす基である（Ⓖ4）〉。以上が主張の要点である。

本例で「謀叛」呼称が使用された理由は、行季が訴訟を放棄して実力行使に及び、それが殺害・放火にまで至った

という点であろう。〈訴訟と実力行使の対比〉という形で、後者の実力行使に「謀叛」呼称が投げかけられるのは第二章でも検討するところである。殺害行為との関わりで謀叛呼称が使われるという点は、表1の③④⑤⑭の例などでもみられ、平安期以来のものであったものと思われる。

以上、律令法上の「謀叛」語義とは異なる恣意的用法が、一方当事者によって平安期以来行われ、それがいわゆる自力行為や殺害行為と関係が深かったことを指摘したが、そうした恣意的用法の頂点にあるのは、次の史料の例であろう。

〔史料H〕「小松家所蔵文書」官宣旨案（鎌倉遺文⑤二七四六号、表2―No.41）

右弁官下　五畿内諸国東海・東山・北陸・山陰・山陽・南海・大宰府

応下早令レ追二討陸奥守平義時朝臣身一参二院庁一蒙中裁断上、諸国庄園守護人地頭等事

右、内大臣（源通光）宣、奉レ勅、「近曾称二関東之成敗一、乱二天下之政務一、纔雖レ帯二将軍之名一、猶以在二幼稚之齢一、然間Ⓗ1彼義時朝臣偏仮二言詞於教命一、恣致レ裁二断於都鄙一、Ⓗ2剰耀二己威一、如レ忘二皇憲一、論二之政道一、可レ謂二謀反一、早下二知五畿七道諸国一、令レ追二討彼朝臣一、兼又諸国庄園守護人地頭等、有下可レ経二言上一之旨上、各参二院庁一、宜レ経二上奏一、随レ状聴断、抑国宰幷領家等、寄二事於綸綍一、更勿レ致二濫行一、綍是厳密、不二違越一」者、諸国承知、依レ宣行レ之、

大史三善朝臣

承久三年五月十五日

大弁藤原（資頼）朝臣

〔史料H〕は、承久の乱の際に北条義時追討を命じた有名な官宣旨である。この義時追討宣旨における謀叛認定（Ⓗ1、Ⓗ2）は破格というより極めて恣意的なものである。Ⓗ1の「偏仮二言詞於教命一」の「教命」とは、『平安時代史事典』に「公卿社会において、その家の儀式作法・有職故実を直接に教え、指導すること」と説明があるので、

これを準用して解釈すると、〈幕府（ないしは北条氏）内部の故実（＝しきたり）〉という意味であろう。よって、点線部Ⓗ1、Ⓗ2全体は〈幕府の故実で都鄙の裁断をし、おのが威をふるい、王家のしきたりを忘れた〉といった意味にとれようが、これは「（謀反＝）天皇殺害未遂」「（謀叛＝）国家反逆」という律令的用法からほど遠いのはもちろん、これまで見てきた一方当事者による宣旨忽緒・王命違反という主張に比べてさえ、さらに恣意的な用法といえる。

この後鳥羽の企てに対して、右大臣徳大寺公継は、「大カタ今度ノ御謀叛間、継〔公脱カ〕可レ然トモ不レ覚候」と、後鳥羽の企てを「御謀叛」と表現した上、法住寺合戦時の後白河の行動を引き合いに出して非難したと、その原型が建長七年以前に成立したとされる古活字本『承久記』は記述している(25)。さらに後に北畠親房も「義時久ク彼ガ権ヲトリテ、人望ニソムカザリシカバ、下ニハイマダキズ有トイフベカラズ。一往ノイハレバカリニテ追討セラレンハ、上ノ御トガトヤ申ベキ。謀叛オコシタル朝敵ノ利ヲ得タルニハ比量セラレガタシ」（『神皇正統記』下・廃帝、旧大系87一六〇頁）と記し、後鳥羽の行動を非難した。こうした後鳥羽の「謀叛」認定はすでに後白河によって示された恣意的謀叛認定の延長線上にあるが(26)、こうした院による恣意的な謀叛用法が、後代の「天皇御謀叛」用例につながる「謀叛」語義の変質を促したのではないだろうか。

これにかかわって興味深いのは、『慈光寺本承久記』に記された院方張本の一人・三浦胤義の次の発言である。

胤義ガ都ニ上テ、院ニ召サレテマイリ、謀反起、鎌倉ニ向テヨキ矢一射テ、夫妻ノ心ヲ慰メバヤト思ヒ候ツルニ、加様ニ院宣ヲ蒙コソ面目ニ存候へ（新大系43三〇九頁）。

この言葉が発せられる文脈と意味はおよそこうであった。

〈胤義はもと将軍頼家の妻であった女を妻とした。元夫（頼家）と子供を時政・義時に殺された妻の恨みをはらすために、都に上って院方に参じ「謀反」を起こそうとかねて考えていたが、このように（義時追討の）院宣を蒙ったのは幸いだ〉というものである。胤義は後鳥羽の〈義時追討の宣旨〉にしたがって行動し、〈義時の「謀反」〉を討伐する側にありながら、自らの行動を（義時あるいは幕府に対する）「謀反」と表現しているのである。『慈光寺本承久記』の文脈においては、胤義にとっての「謀反」は全く相対的な存在であった(27)。

以上、鎌倉中期ごろまでには、「謀叛」は完全に相対的なものに変質していたが、その前提には在地の恣意的用法と同じレベルでこの言葉を使用した、後白河—後鳥羽という治天の君による恣意的な「謀叛」認定があり、「謀叛」定義の変質があったように思われる。

三　承久の乱後の幕府立法について

式目成立にきわめて関係の深い承久の乱後の幕府立法に関して、これを〈謀叛関連立法〉という観点から見直すと、新たな読みが可能であるように思われる。式目成立までの追加立法の〈事書〉〈摘要〉〈文書の宛先〉〈立法対象〉〈(内容)種別〉を表3にまとめてみた。以下はすべて法の禁止する事態が実際には存在したといういわゆる反対解釈による推論だが、表3によると、承久の乱後の西国庄公の状況はおよそ以下のようであった。

第一に、乱後の混乱期に守護・地頭等は、西国庄公の住人らを「謀叛人」と称して、やみくもな「追討」を行い（追加法二条）、同時に、（おそらく謀叛と密着する）刃傷殺害人禁断を理由としてむやみに使者（守護使等）を庄公に入れ、盗犯放火についても検非違所を無視して専断していた（追加法三条）。さらに新地頭も、京方下司跡について、幕府の成敗以前に領家預所得分を押領し預所・郷司を追放した（追加法四条）。一方、守護代らは新地頭補任以前の謀叛人跡を幕府に注進せずに、勝手に隠しおいたりした（追加法六条）。

表3　式目成立までの立法

追加法	年代	事書	摘要	文書の宛先	立法対象	種別
一〜六	貞応1	**国々守護人并地頭禁制条々** ①京都大番事／②謀叛人追討事／③刃傷殺害人禁断事／④地頭等可存知事条々／⑤新地頭補任庄園公領事／⑥未被補地頭所々事	守護・地頭の謀叛人追討以下に関する越権の抑制	（六波羅）	守護 地頭	検断 所務
七	貞応1	⑦諸国守護人幷庄々地頭等偏如不輸私領抑沙汰追出預所郷司等事	守護・地頭による預所・郷司追放の禁止 ※「院宣幷殿下仰」	六波羅 （時房・泰時）	守護 地頭	所務
八	貞応2	⑧（付所領致訴訟輩事）	寄沙汰禁止	（諸国） （＊西国）	付所領致 訴訟輩	所務
九	貞応2	⑨宣旨事	新補地頭率法の宣旨（施行）	（西国）	五畿七道 地頭	所務
一〇〜一四	貞応2	**去々年兵乱以後所被補諸国庄園郷保地頭沙汰条々** ⑩得分事／⑪郡内寺社事／⑫公文・田所・案主・惣追捕使有司等事／⑬山野河海事／⑭犯過人糺断事	承久の乱後（西国庄公の）守護・地頭の職権規定（＊九の宣旨の施行を含む。）	六波羅 （時房）	地頭	所務 検断
一五〜一七	嘉禄2	**可早守宣旨状令禁断条々事** ⑮可令搦禁勾引人幷売買人輩事／⑯可停止博戯事／⑰可禁断私出挙利過一倍幷挙銭利過半倍事、	人身売買・博打禁止と利倍法の宣旨の施行	（諸国御家人）	諸国御家 人	検断 雑務
一八	嘉禄3	⑱諸国庄々地頭致非法濫妨事	地頭代官の裁判召喚規定	六波羅 （時盛・時氏）	地頭(代)	訴訟 手続
一九	寛嘉2	⑲（西国新補地頭并本補輩事）	地頭正員・代官の裁判召喚規定	六波羅 （重時・時盛）	地頭	訴訟 手続
二〇	寛喜3	⑳出挙事（御内法）	飢饉救済の出挙米下行（北条被官宛）	矢田六郎 （伊豆・駿河）	国人	雑務 ？

二一	寛喜3	㉑盗賊贓物事	贓物多寡による盗犯量刑規定		(守護)	検断
二二	寛喜3	㉒強盗殺害人事	強盗殺人与党の鎮西流刑、小犯弁償、親類縁座禁止等 ※「於重科之輩者、雖召取其身、至于不同意縁者親類者、不可及煩費」	六波羅(重時・時盛)	(守護)	検断
二三〜二七	寛喜3	**諸国新補地頭得分条々** ㉓本年貢外半分事／㉔本司跡名田事／㉕桑代事／㉖苧在家役・麻樹木五節句以下事／㉗地頭方厨事	新補地頭の得分規定	六波羅(重時・時盛)	地頭	所務
二八	寛喜3	㉘諸社祭時飛礫事	飛礫時の「刃傷殺害」禁止	(六波羅)	非職之輩 (守護)	検断 ?
二九	寛喜3	㉙諸国新補地頭沙汰事	新補地頭権限(小盗犯追捕禁止。謀叛殺害禁断励行等)	六波羅(重時・時盛)	地頭	所務 検断
三〇	寛喜3	㉚(諸国守護人地頭不承引六波羅召文下知事)	守護地頭、六波羅への召喚規定	六波羅(重時・時盛)	守護 地頭	訴訟 手続
三一	寛喜3	㉛諸国守護人奉行事	守護人の大犯以外への越権禁止。訴訟による罰則 ※「大番催促謀叛殺害人之外、不可管領細々雑事等之由、故右大将家御時被定置畢、而近年以少事偏煩所部云々」	(六波羅)	守護	検断
三二	寛喜3	㉜海路往反船事	地頭の「寄船」追捕禁止	六波羅(重時・時盛)	地頭	?
三三	寛喜3	㉝宣旨事(山僧神人等称寄付神領押妨甲乙庄園等事)	山僧らの寄沙汰禁止　＊宣旨施行	(西国)	山僧神人	訴訟 手続
三四	寛喜3	㉞所預置召人令逃失罪科事	預置謀叛人逃亡に所領没収措置 ※「右預置謀叛人之処、其召人於令逃失者、依為重科事、可被召所領也…」	(西国)	(御家人)	検断

三五	寛喜3	㉟貞応嘉禄以後盗賊跡所領事	盗賊跡の没収禁止	（西国）	守護 地頭	検断
三六〜四一	寛喜4	㊱仏神田内加徴米事／㊲三ケ日厨事／㊳検注雑事内地頭剰取事／㊴五節句事／㊵新補地頭注出新田一向可進止否事／㊶山畑事	地頭の職権規定	六波羅 （重時・時盛）	地頭	所務

以上を要するに、「謀叛人」と称することによる恣意的な所領没収行為が西国のあちこちで展開していたという事態である。これは、治承寿永の内乱期に行われた[28]ことと近似した事態であり、（後の宝治合戦などを通じて）謀叛与党の追及は執拗だった。しかし、かかる謀叛与党の追及は幕府の指令を待つまでもなく、守護代・御家人らの自律的な行動によるものが多く、立法の主たる内容は、そうした自主的な誅伐・鎮圧行動の制限などに向けられた。

右に関連して、表3の〈文書の宛先〉をみれば明らかなように、式目成立以前の追加立法（一条〜四〇条）の九割までが、六波羅もしくは西国宛ての立法なのだが、ほぼ十年に及ぶ立法の趣旨は、占領地あるいは勲功地に対する恣意的な支配を抑制するというものであり、承久の乱後の事後処理がかなりの年月を要したことがうかがえる。つまり、初期の幕府立法は右の事態への対応の中で生まれたものであり、幕府法の成立そのものがこれに関わっていたと考えられる。

それゆえ広い意味で考えるなら、この十年間の立法は、承久乱の戦後処理のための謀叛関連立法とみることもできる。そして、その意味でいうと式目制定はその総仕上げであった。従来、〈承久の乱に限定した戦後処理の立法が、基本法としての式目に入れられたのは疑問〉とされた（承久京方処理を定めた）式目一六条・一七条は、敵方所領没収行為の最終的中止つまり戦時の終了を宣言するものであり、まさに戦後処理の総仕上げという意味があったように思われる。また、式目三条・四条の守護職権の規定についても、没官措置の担い手がおもに守護であったことから、守護・守護代の平時の職権を確認したものと位置づけることも可能である。そして式目九条にはじまり式目一七条までの検断法全体についても、検断を具体的に執行するのが守護（代）である点を考慮して守護むけの立法という前提で再考する必要があるかもしれない。式目規定の相当部分が罪科跡や縁座に関わる謀叛関連立法とみるべきものなのである。

式目制定後の例だが、宝治合戦後の追加法二五五条によれば〈謀叛の主な親族を召し捕ること、京都雑掌・代官・所従は召し取りの対象外であること〉等が指令されているが、この趣旨を河内国の守護代に具体的に指令した追加法二五六条では、「謀叛被官」と称した追捕狼藉が行われている事実が指摘され、これを禁じている。この例を参考にするならば、おそらく幕府の立法対象になるのは、「反」・「叛」の対象、種類を定義するなどではなく、当面する問題、すなわち、諸国の守護代を中心とした御家人たちの自律的な謀叛与党の鎮圧行為の行き過ぎを抑止し、謀叛人追討にかこつけた濫妨を禁止する、という問題にとどまったものと考えられるのである。

結びにかえて

「謀叛」用法の変化と意味や、式目九条の位置づけについて（第二章の検討結果も参照しつつ）検討結果をまとめて結びにかえたい。

（一）　平安末期には王命違反行為に対して、宣旨対捍＝謀叛という論理によって、「謀叛」と称されることは頻繁に行われており、さらに、王命違反如何に関わらず一方当事者による敵方非難のために、「謀叛」という言葉が恣意的に使われることもあった。しかし、多くの場合、「謀叛」の非難は、殺害を伴うような非法に対して、あるいは、訴訟という手段を取らずに実力行使に及んだ場合に使用された。

（二）　一方、（第二章で検討するように）太政官の公卿たちの多くは、「謀叛」概念についてかなり厳格で、律令法に忠実な観念を有しており、謀叛罪の適用には慎重であった。在地の訴訟当事者からする「謀叛」の訴えが、朝廷の裁判で取り上げられた例があまり認められないのは、そうした官人たちの観念ゆえと想定される。その反面、後白河院・後鳥羽院などは、律令的観念にとらわれずに、かなり恣意的に自由に、「謀叛」呼称を乱用した。

（三）　内乱期には平家（与党）謀叛、義経（与党）謀叛という中世成立期の謀叛の一般的イメージが作られたが、それは頼朝の一方的主張が定着したものであった。謀叛の主張者が謀叛人逮捕に任じた頼朝であった点で、それは従来と違う意味をもったものと推測される。

（四）　和田合戦頃までには、幕府内部・朝廷官人を通して、謀叛呼称は相対的なものとして使われるようになった。のち承久の乱で後鳥羽方に参加した者が〈幕府に謀叛する〉と記述されるに至った。かかる謀叛概念の相対化の背景には、一方で在地の恣意的用法があり、一方では、朝廷の頂点にたつ後白河・後鳥羽による恣意的な謀叛の認定があった。謀叛の思想面における、相互主義あるいは双務性の論理の浸透も、こうした謀叛定義の変質を背景に考えるべきであろう。のちの、「将軍御謀叛」「天皇御謀叛」の呼称出現は、以上のような「謀叛」呼称の意味・機能・思想の変質が前提だったように思われる。

（五）　御成敗式目は、既知の法理を大前提として、実際には、貞永元年時点で問題となる細則を決めたものと指摘されるが(29)、式目九条の場合は、「既知の大前提」である律令的用法そのものが揺らいでいたから、「難ㇾ定」と記さざるえなかったのも当然であったと推考される。相対化した謀叛概念を踏まえれば、式目の「謀叛」の対象は、承久京方か、反北条方御家人か、後鳥羽上皇か、何を対象とすべきか容易に決めがたかったものと考えられる。

（六）しかし、承久乱後の幕府立法の性格を念頭におくと、承久乱の戦後処理の仕上げとして、式目全体を位置づけなおす作業が必要であり、その観点から、九条（以下十七条まで）を、守護人の職務規定と捉え直す必要も考えられる。さらに憶測すると、「兼日難レ定」内容は、謀叛殺害与党の処理であり、具体的には、別の立法に委ねる趣旨であったか、あるいは立法不能であったものとも推測される。

注

（1）有賀長雄『日本古代法釈義』（博文館、一九〇八年）において有賀は、「大宝律ニ比シ其ノ変更、最モ甚シク、歴史上大ナル興味アルモノナリ。大宝律ニ依レバ、謀叛ハ、八逆ノ第三ニシテ、罪科、最モ重ク、従ヒテ、其ノ処分一定シタリ。然ルニ、式目ニ至リテ、何故ニ、斯ク改メタリシカト云フニ、是レ戦乱ノ世ニ際シ、謀叛ト、謀叛ニ非ザルモノトノ間ニ、区別ヲ立テ難キ場合アリ。就中、朝廷ニ対シテ言ヘバ、謀叛ナレドモ、幕府ヨリ見レバ、謀叛ニ非ザル場合モ有リシニ因ルナリ」（三七九頁）と記し、別の部分ではより端的に「謀叛ノ為ニ、一定ノ刑名ヲ定メザルガ如キハ、朝敵ハ、必ズシモ、幕府ノ敵ニ非ザルニ因ルモノニシテ、専ラ、公平ノミヲ主トセザリシ一証ナリ」（三二〇頁）と論じている。

（2）三浦周行『続法制史の研究』（岩波書店、一九二五年）九八六頁。

（3）植木直一郎『御成敗式目研究』（岩波書店、一九三〇年）三〇四～三一四頁。

（4）丸山真男「忠誠と反逆」（『近代日本思想史講座6　自我と環境』筑摩書房、一九六〇年、のち、『丸山真男集　第八巻』岩波書店、一九九六年）一七〇頁では、以下のように記している。「貞永式目だけでなく、封建法一般において謀叛罪の規定が簡素で、多くを具体的状況判断にゆだねているのは、たんに戦乱の世で範疇的区別が困難だという、いわば消極的根拠だけによるものではなかった。それはもともと武士的結合の本質が、主人と従者との間の、どこまでも具体的＝感覚的な人格関係にあり、忠誠も反逆も、そうした直接的な人格関係を離れて「抽象的」制度ないしは国家に対するものとしては考えられなかったからである。たとえ主君が他の価値体系との関連において「逆賊」あるいは「朝敵」の名を蒙っても、躊躇なく「御恩」を蒙った君主の下に馳せ参じ、あえてともに「反逆者」となり、主家の没落に際しても運命を同じくするのが、弓矢取る身の「習」であり、また名誉観なのであった（承久の変や鎌倉幕府滅亡の際の家の子郎党の態度を見よ）。（傍点——原文）」

（5）前掲『丸山真男集　第八巻』一六四～一六五頁。

（6）佐藤進一は、「御成敗式目は周知の如く、人によって罪の軽重を異にし、裁断に不公平を生じてはならないという趣旨の下に、具体的な裁判規範を示したものであるが、そうした式目の立法精神に照らすと、この九条は無内容にひとしく、式目の精神にそわない規定だと思う」と指摘し、こうした無内容な箇条がたてられたのは、重科について重いほうから軽いほうへ「実質的に規定すべき内容の有る無しにかかわりなく、漏れなく挙げるべきである、という要請の所産」であるとした。この疑問が佐藤のいわゆる原式目論の冒頭に掲げられたものであった（佐藤「御成敗式目の原形について」『新訂増補国史大系33付録』吉川弘文館、一九六五年、のち『日本中世史論集』岩波書店、一九九〇年に所収。三〇五～三〇六頁）。

（7）佐藤進一「合議と専制」（駒澤大学大学院史学会『史学論集』一八、一九八八年、のち、前掲『日本中世史論集』に再録）。後に佐藤は解釈を変更し、九条には立法意味があり、それは、「先例」を「時宜」よりも上位においた点であるとした。佐藤の新たな説によれば、「時議」という用語は、十一世紀から最高権力者の意思という意味で使われ、十二世紀以降はほとんどその意味にしか使われていないから、九条の「時議により」という意味も、個別情況や条件を考慮して最も適当と思う判断を下せという意味ではなくて、「当然将軍の判断」という意味だという。しかし、九条ではその将軍の判断より、「先例」を先に出した点に意味があり、「先例のある部分だけ将軍の判断を制約したのが式目九条の立法趣旨だった」と論じた（前掲『日本中世史論集』三二一～三二二頁）。この論点の変更は、「原式目論」の原点の修正であるとともに、式目条文で「且……且……」の構成と「時宜」文言をもつきわめて短い条文は、たとえば式目二十七条（未処分跡事）にもみられるので、本来解釈変更の影響は大きいものと推察される。

（8）笠松宏至『中世政治社会思想　上』（岩波書店、一九七二年）九条補注（同書四三二頁）。

（9）北爪真佐夫「中世初期国家について」（『歴史学研究』四二一、一九七五年）。

（10）田中修實「平安末～鎌倉初期における謀叛について」（『日本中世の法と権威』高科書店、一九九三年、三四四頁）。初出は一九七八年。

(11) 分析対象とした史料群は、既に田中修實氏が検討したものと重複するものが多い。氏の論稿から貴重な示唆を受けたことを付記したい。なお、検討の結果、中世では謀「叛」と謀「反」の区別はされておらず、本稿では引用以外は「謀叛」で統一する（第Ⅱ部第三章参照）。

(12) 表1の⑲の文覚起請や、没官の非を主張し大橋御薗地頭職停止を幕府に言上した表2のNo.33は直接には幕府発給文書ではないが、それに準じるものと考えてよいであろう。

(13) 田中修實前掲書三四〇頁および三四九頁。

(14) 和田合戦については、本書第Ⅱ部第四章を参照されたい。

(15) 『明月記』建保元年五月九日条によれば、「戌時許参院、中宮権亮（一条信能）語二関東事一、二日申時和田左衛門義盛宿所、忽聞二甲兵之音一、去春謀反者結レ党之由有二風聞落書等一、件義盛為二其張本一」（㈡二七二頁）とみえ、同十五日条には「謀反散卒行二向方々一、各差二遣官軍一云々」（㈡二七四頁）とみえ、十六日条では、「可レ守二護院御所一、又謀反之輩廻二西海一之由有レ聞」（㈡二七五頁）とみえる。

(16) 本書第Ⅱ部第二章。

(17) はじめに、平安末期に至っても、〈国家反逆〉〈君主殺人予備罪〉という、本来的な「謀叛」「謀反」の用法が、貴族の日記や、明法家の勘文（表1①）、宣命（表1⑧）などに所見できる点を確認すべきだが、こうした律令的語義を遵守した用例は少なくとも古文書の上では例外的存在である。

(18) 長谷山彰氏によれば、違勅罪の実例は既に有効に施行された詔・勅・官符の規定内容に違反した者を処罰することに狙いがおかれているという。律令制下の処罰の原則からいうと、「律令格式」の中で「格」のみ処罰規定がなく、「格」に違勅罪の適用を規定することは格違反処罰の一方法としての役割があったが、違勅罪は非常手段であるので、一般的には違式罪を準用し、違勅罪の適用はそれを明記した格のみであった。しかも違勅罪は厳罰が課される王命違反行為とは区別された象徴的な規定であり、それゆえ三代格や政治要略などに断罪例がみられないと指摘されている（長谷山「違勅罪について」『史学』五一―三、一九八一年、のち『律令外古代法の研究』慶應義塾大学出版会、一九九〇年、一三一頁、一四二頁、一四五頁、

郵便はがき

料金受取人払郵便

本郷局承認

2705

差出有効期間
2020年7月
31日まで

113-8790

東京都文京区本郷7丁目2番8号

吉川弘文館 行

愛読者カード

本書をお買い上げいただきまして、まことにありがとうございました。このハガキを、小社へのご意見またはご注文にご利用下さい。

お買上**書名**

＊本書に関するご感想、ご批判をお聞かせ下さい。

＊出版を希望するテーマ・執筆者名をお聞かせ下さい。

お買上書店名　区市町　書店

◆新刊情報はホームページで　http://www.yoshikawa-k.co.jp/

◆ご注文、ご意見については　E-mail:sales@yoshikawa-k.co.jp

ふりがな ご氏名		年齢　　歳　男・女
〒 □□□-□□□□	電話	
ご住所		
ご職業	所属学会等	
ご購読 新聞名	ご購読 雑誌名	

今後、吉川弘文館の「新刊案内」等をお送りいたします(年に数回を予定)。
ご承諾いただける方は右の□の中に✓をご記入ください。　□

注文書

月　　日

書　名	定　価	部　数
	円	部
	円	部
	円	部
	円	部
	円	部

配本は、○印を付けた方法にして下さい。

イ. 下記書店へ配本して下さい。

（直接書店にお渡し下さい）

—(書店・取次帖合印)—

書店様へ＝書店帖合印を捺印下さい。

ロ. 直接送本して下さい。

代金（書籍代＋送料・手数料）は、お届けの際に現品と引換えにお支払下さい。送料・手数料は、書籍代計1,500円未満530円、1,500円以上230円です（いずれも税込）。

＊お急ぎのご注文には電話、FAXもご利用ください。
電話 03−3813−9151(代)
FAX 03−3812−3544

吉川弘文館

新刊ご案内　2018年10月

〒113-0033・東京都文京区本郷7丁目2番8号　振替 00100-5-244（表示価格は税別です）
電話 03-3813-9151（代表）　ＦＡＸ 03-3812-3544　http://www.yoshikawa-k.co.jp/

飛鳥・藤原の宮都を語る

「日本国」誕生の軌跡

相原嘉之著

Ａ５判・二二〇頁／一九〇〇円

飛鳥・藤原の地は、六世紀末から八世紀初めにかけてわが国の中心として栄えた。推古朝の豊浦宮などの発掘、高松塚古墳壁画の救出、新発見を語るコラムなどを掲載。長年にわたる発掘成果から「日本国」誕生の過程を探る。

源氏長者

武家政権の系譜

岡野友彦著

四六判・二二〇頁／二四〇〇円

武家政権の正当性には、「征夷大将軍」だけではなく「源氏長者」という地位が必要だった。源氏の誕生から、公家源氏と武家源氏の系譜、「源氏願望」の正体などを描き、源氏長者であることがいかに重要なのかを解き明かす。

歴史手帳 2019年版

日記と歴史百科が一冊で便利！

吉川弘文館編集部編　九五〇円

毎年歴史家をはじめ、教師・ジャーナリスト・作家・学生・歴史愛好者など、多数の方々にご愛用いただいております。Ａ６判・三二〇頁

三つのコンセプトで読み解く、新たな〝東京〟ヒストリー

みる
よむ
あるく

東京の歴史

全10巻
刊行中

池　享・櫻井良樹・陣内秀信・西木浩一・吉田伸之編

B5判・平均一六〇頁／各二八〇〇円

巨大都市《メガロポリス》東京は、どんな歴史を歩み現在に至ったのでしょうか。史料を窓口に「**みる**」ことから始め、これを深く「**よむ**」ことで過去の事実に迫り、その痕跡を「**あるく**」道筋を案内。個性溢れる東京の歴史を描きます。『内容案内』送呈

〈地帯編〉7冊　刊行開始

4 千代田区・港区・新宿区・文京区

東京駅を有す丸の内、官庁の建ち並ぶ霞が関、花街の赤坂・神楽坂、土器名発祥の弥生町。都心に位置し、首都の役割を担いながら、濃密に過去の面影を残しています。何がどう受け継がれ、今を形づくったのでしょうか。

（地帯編1）

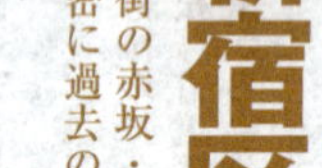

5 中央区・台東区・墨田区・江東区

江戸東京の中心日本橋から京橋・銀座、市場で賑わう築地、大寺院が織りなす人気観光地浅草・上野、水路が巡り震災・戦災の記憶が漂う本所・深川。江戸の余韻を湛えつつ、新たな歴史を築く隅田川周辺の特徴をさぐります。

（地帯編2）

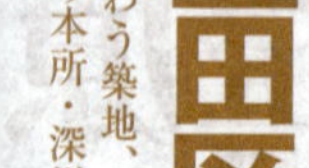

●既刊

1 先史時代～戦国時代

多様な地形をもち、豊かな自然に彩られる東京。武蔵国府の設置、武士団の成長、小田原北条氏の支配。その下で営まれる人びとの暮らしや社会の動きに視点を置き、「東京の歴史」の舞台と、先史から戦国時代の歩みを描きます。（通史編1）

2 江戸時代

家康の入府以来、急速に巨大城下町へと変貌する江戸。幕藩権力や物流、そして人びとの生活を支えるインフラや都市行政。災害や病、歌舞伎・浮世絵など民衆文化を見ながら、巨大城下町における人びとの営みを描きます。（通史編2）

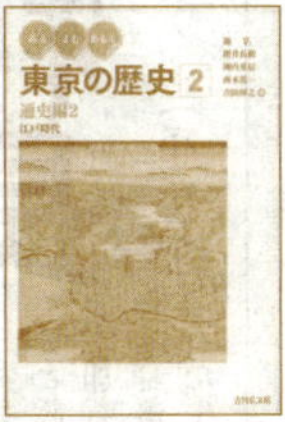

3 明治時代～現代

明治維新により江戸は「東京」と名前を変え、首都となりました。いかに東京は形成され、そこで人びとは暮らしたのでしょうか。都市化の進展、震災と戦災、戦後復興から今日の国際化まで、激動の近現代史に迫ります。（通史編3）

●続刊

6 品川区・大田区・目黒区・世田谷区（地帯編3）

7 渋谷区・杉並区・練馬区・中野区・板橋区・豊島区・北区（地帯編4）

8 足立区・葛飾区・荒川区・江戸川区（地帯編5）

9 多摩Ⅰ（地帯編6）

10 多摩Ⅱ・島嶼（地帯編7）

厳選した200のテーマから、個性溢れる東京の歴史を多面的に描く！

「通史編」通巻1～3　東京都の範囲を対象に、歴史時代を原始・古代、中世、近世、近現代に区分し、取り上げるテーマにそう史料を窓口に時代の流れで描きます。

「地帯編」通巻4～10　二三の特別区、三九の市町村からなる自治体を枠に、通巻4～8で区部を、通巻9～10で多摩地区や島嶼の市町村を取り上げ、それぞれ固有の歴史を描きます。

「み　る」古文書や記録、絵図・地図・写真を基本史料として一点取り上げ、わかりやすく解説します。

「よ　む」「みる」の基本史料をていねいに読み解き、関連する史料や事項にも触れながら歴史の事実に迫ります。

「あるく」「みる」「よむ」で得られた知識をもとに、関係する史跡や現状を辿る案内や、さらに深い歴史にむかって〝あるく〟道筋を記します。

史実に基づく正確な伝記シリーズ

人物叢書

日本歴史学会編集　四六判

松井友閑

竹本千鶴著（通巻291）

織田信長の法体の側近。堺代官をつとめ、将軍や大名家、寺社との交渉役としても活躍。文化の才にも秀で、「大名茶湯」を開花させ、晩年は文化人として過ごす。信長の信任篤く、内政・外交に奔走した生涯をたどる初の伝記。

三二〇頁／二三〇〇円

前田利長

見瀬和雄著（通巻292）

加賀前田家の二代当主。豊臣秀吉の死後、秀頼を補佐したが、家康暗殺計画の主謀者と讒言され徳川に下る。関ヶ原の戦い後は、加賀・越中・能登の統治に辣腕をふるった。幕藩制最大の大名として前田家の礎を築いた生涯。

三二〇頁／二三〇〇円

【関連図書】

織田信長　池上裕子著　二三〇〇円

千利休　芳賀幸四郎著　二二〇〇円

前田利家　岩沢愿彦著　二二〇〇円

前田綱紀　若林喜三郎著　一七五〇円

増補 吾妻鏡の方法

事実と神話にみる中世〈新装版〉

五味文彦著

東国に生まれた初の武士政権誕生と再生の歴史。鎌倉政権像が鮮やかに再現され、その時代がよみがえる。『吾妻鏡』編纂方法やその特徴、武家地鎌倉の形成を解き明かす論考二本を新たに収録。名著がさらに充実した決定版。

四六判・四〇〇頁・口絵二頁／二四〇〇円

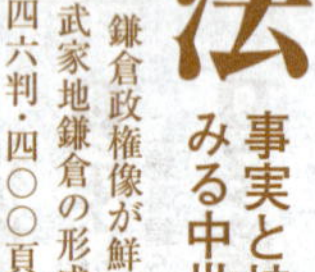

東北の幕末維新

米沢藩士の情報・交流・思想

友田昌宏著

激動の幕末、奥羽列藩同盟を主導した米沢藩にあって情報の重要性を訴えた甘糟継成《あまかすつぐしげ》と、探索周旋活動に努めた宮島誠一郎、雲井龍雄《くもいたつお》。動乱の中で紡いだ思想と維新後の異なる歩みを追い、敗者の視点から幕末維新を描く。

四六判・二七〇頁／二八〇〇円

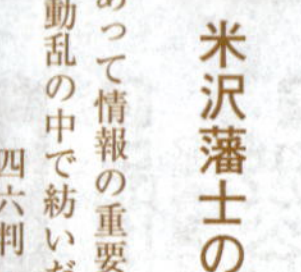

植民地遊廓 日本の軍隊と朝鮮半島

金 富子
金 栄 著

近代日本による朝鮮侵略のなか、移植された日本式の公娼制は、植民地社会にいかなる影響を与えたのか。遊廓が浸透した過程を、南北地域に分けて考察。史資料にない娼妓の姿を、オーラルヒストリーなどから掘り起こす。

Ａ５判・二五六頁／三八〇〇円

〈東京オリンピック〉の誕生 一九四〇年から二〇二〇年へ

浜田幸絵著

一九四〇年開催予定であった幻の東京オリンピックから、一九六四年をへて二〇二〇年へ。戦時に返上した挫折から、戦後の開催へ招致活動した在米日系人やＩＯＣの動向など、その連続性に着目しメディア史から描く決定版。

Ａ５判・二九八頁／三八〇〇円

読みなおす日本史

毎月１冊ずつ刊行中　四六判

はんこと日本人

門田誠一著

一五〇頁／二二〇〇円（補論＝門田誠一）

宅配便の受け取り、回覧板、役所の申請書類から売買契約まで、毎日の生活にはんこは欠かせない。日本人はなぜ、いつごろからはんこを押し続けてきたのか。その歴史を辿り、はんこをめぐる日本独特の文化・社会を探る。

城と城下 近江戦国誌

小島道裕著

二七八頁／二四〇〇円（補論＝小島道裕）

滅び去った城館跡に人は魅せられる。環濠集落や土塁囲みの館城から、戦国大名の城下町や信長の安土まで。近江に残るさまざまな城館遺構を訪ね、地形・史料・伝承をもとに、人々の営みと失われた戦国社会の姿に迫る。

お家相続 大名家の苦闘

大森映子著

二二〇頁／二二〇〇円（補論＝大森映子）

江戸時代、大名家は世襲で受け継がれるが、後継者がいないとその家は取りつぶされる。突然の事態に関係者はどのように対処したのか。幕府の公的な記録に表れない不自然な事例から、存続をかけた大名家の苦労を探る。

歴史文化ライブラリー

●18年8月〜10月発売の5冊

四六判・平均二二〇頁　全冊書下ろし

人類誕生から現代まで／忘れられた歴史の発掘／常識への挑戦／学問の成果を誰にもわかりやすく／ハンディな造本と読みやすい活字／個性あふれる装幀

473

書物と権力　中世文化の政治学

前田雅之著

印刷技術が未発達な中世において、人は書物をどう入手していたのか。連歌師の流通への関与、伏見宮家から足利将軍への『風雅集』贈与など、書物の伝播・普及と権力との結びつきを解明。古典的書物を持つことの意味に迫る。

二二四頁／一七〇〇円

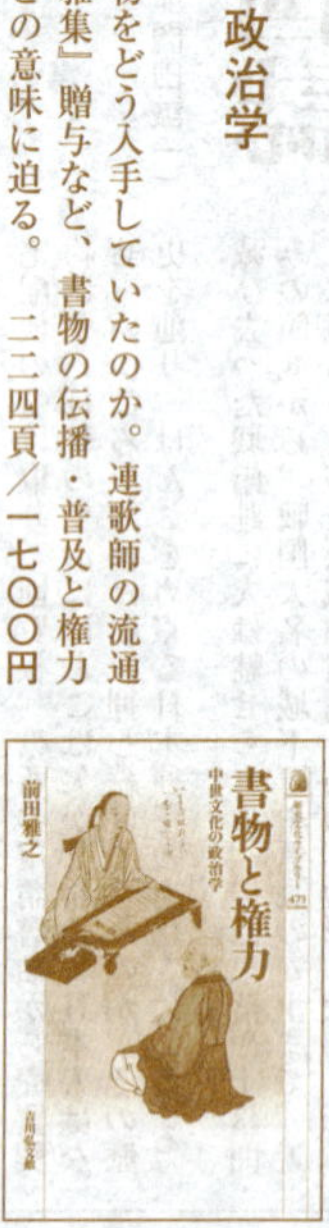

474

室町将軍の御台所　日野康子・重子・富子

田端泰子著

室町将軍歴代の妻となった公家の日野家出身の女性たちは、飢饉や土一揆の頻発した難しい時代をどのように生きたのか。足利義満・義教・義政の妻を取り上げ、その政治的な役割と人生を時代情勢の推移とともに描き出す。

二三八頁／一七〇〇円

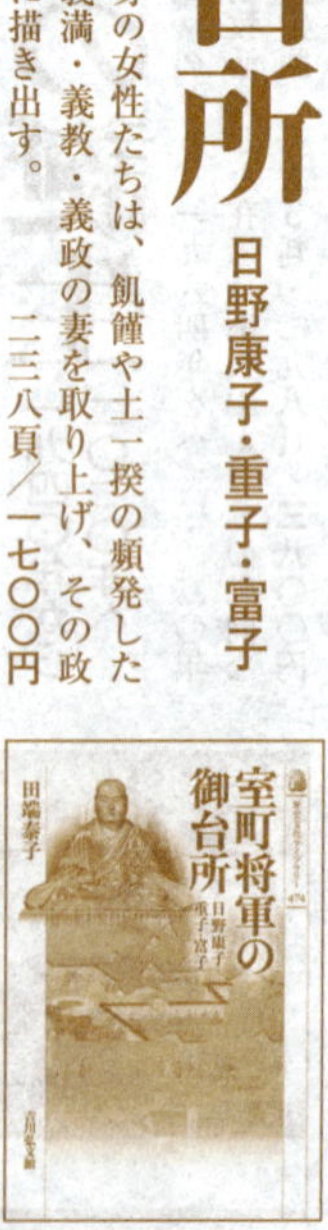

475

戦国の城の一生　つくる・壊す・蘇る

竹井英文著

戦国期の城は、いつ誰の手で築かれ、いかに使われて廃城となったのか。築城技術やメンテナンス、廃城後の「古城」の再利用《リサイクル》など、史料を博捜し読み解く。「城の使われ方」から戦争や城郭の実態を考え[illegible]。

[illegible]

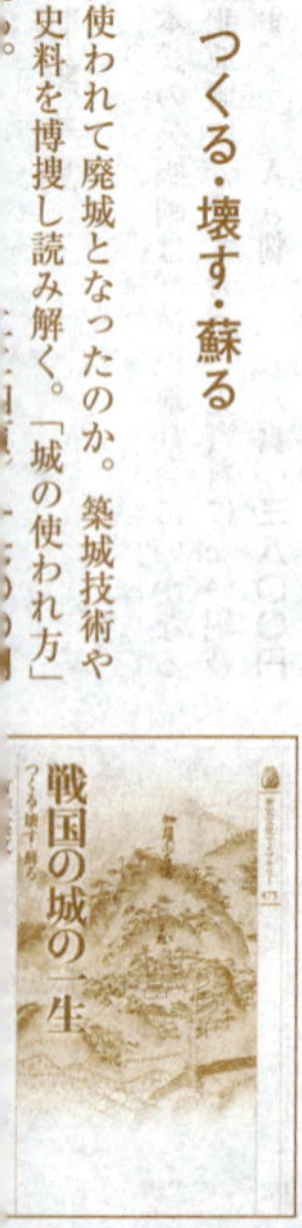

476 考証東京裁判
戦争と戦後を読み解く

宇田川幸大著

「東京裁判」は日本をいかに裁いたのか。帝国主義・植民地主義・レイシズム（人種差別）の発想と、今日の歴史認識問題にもつながる戦争観を重視し、膨大な史料を用いて裁判を再検証。不可視化された戦争被害の諸相に迫る。

二四〇頁／一七〇〇円

477 中世武士畠山重忠
秩父平氏の嫡流

清水　亮著

武蔵国男衾《おぶすま》郡畠山を本拠とした畠山《はたけやま》重忠。「分け隔てない廉直な人物」と伝わるイメージの背景には、いかなるスタンスが秘められているのか。在地領主としての畠山氏のあり方に迫り、重忠という武士の生き方を描く。

二五六頁／一八〇〇円

【好評既刊】

469 踏絵を踏んだキリシタン
安高啓明著
二八八頁／一八〇〇円

470 江戸無血開城　本当の功労者は誰か？
岩下哲典著
二〇八頁／一七〇〇円

471 細川忠利　ポスト戦国世代の国づくり
稲葉継陽著
二五六頁／一八〇〇円

472 刀の明治維新　「帯刀」は武士の特権か？
尾脇秀和著
二八八頁／一八〇〇円

歴史文化ライブラリー オンデマンド版 販売のお知らせ

一九九六年に創刊し、現在通巻四七〇を超えた歴史文化ライブラリーの中から、永らく品切れとなっている書目をオンデマンド版にて復刊いたしました。今年新たに追加したタイトルなど、詳しくは『出版図書目録』または小社ホームページをご覧下さい。

オンデマンド版とは？

書籍の内容をデジタルデータで保存し、ご注文を戴いた時点で製作するシステムです。ご注文をお受けするたびに、一冊ずつ製作いたしますので、お届けできるまで二週間程度かかります。なお、受注製作となりますのでキャンセル・返品はお受けできません。あらかじめご了承下さい。

摂関政治最盛期の「賢人右府」藤原実資《さねすけ》が綴った日記。宮廷社会が鮮やかに甦る！

現代語訳 小右記

全16巻 刊行中

倉本一宏編

四六判・平均二八〇頁／『内容案内』送呈

⑦後一条天皇即位【第7回配本】

長和四年（一〇一五）四月〜長和五年（一〇一六）二月

三八四頁 三〇〇〇円

＊半年ごとに一冊ずつ、巻数順に配本中

敦明親王を東宮に立てることを条件に、三条天皇がついに譲位し、道長外孫の後一条天皇が即位する。外祖父摂政の座に就いた道長に対する実資の眼差しや如何に。国母となった彰子の政治力についても詳細に記録する。

【既刊6冊】

①三代の蔵人頭《くろうどのとう》
②道長政権の成立
③長徳の変
④敦成《あつひら》親王誕生
⑤紫式部との交流
⑥三条天皇の信任

①〜⑤各二八〇〇円 ⑥＝三〇〇〇円

和田晴吾著

古墳時代の王権と集団関係

全国各地の古墳はどのように築造されていたのか。編年・時期区分の検証を元に、前方後円墳を頂点とする古墳の秩序の形成と変化を追究。ヤマト王権と地域勢力の関係を論じ、古墳時代の国家と社会の実態に迫る。

Ａ５判・四〇四頁／三八〇〇円

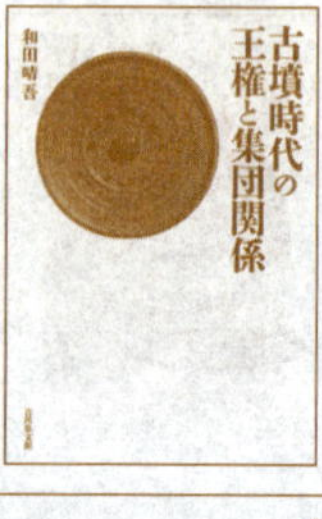

古墳時代の葬制と他界観

古墳はなぜ造られたのか。古墳の築造を、精神的・宗教的行為として再検討する。古墳の築造自体を葬送儀礼の一環と捉え、それに伴う他界観を解明。中国、朝鮮半島の事例とも比較しつつ、東アジア世界のなかで捉え直す。

Ａ５判・三〇二頁／三八〇〇円

古墳時代の生産と流通

古墳時代の漁具・石造物・金属器などの遺物について、その素材や使用方法を製作者・使用者の視点から検討。大陸・朝鮮半島からの技術の伝播と日本での展開を追究し、生産・流通システムと政治権力との関係を論じる。

Ａ５判・三二八頁／三八〇〇円

角田文衞の古代学❶
後宮と女性
公益財団法人古代学協会編
A5判・四〇〇頁（第2回）五〇〇〇円
政略と愛憎に彩られた王朝政治、千年の古典となりゆく貴族文化―後宮はすべての淵籔であり、個性的な女性たちがその活動を担った。角田文衞の独壇場と言うべき後宮史・人物史をテーマに、遺された珠玉の論考を集成。

中世王権の形成と摂関家
樋口健太郎著
A5判・三〇〇頁／九五〇〇円
中世において天皇・王家は本当に摂関家から自立していたのか。天皇の後見・補佐という摂関の職掌に着目し、中世王権論・王家研究を再検討。王権全体の枠組みを通して、摂関家の中世後期に至る展開を論じ新見解を示す。

戦国期細川権力の研究
馬部隆弘著
A5判・八〇八頁／二〇〇〇〇円
細川京兆家の分裂・抗争は、結果としてその配下たちの成長をもたらす。柳本賢治、木沢長政、そして三好長慶が、なぜ次から次に台頭したのか。発給文書を徹底的に編年化し、細川から三好への権力の質的変容を論じる。

戦国大名大友氏の館と権力
鹿毛敏夫・坪根伸也編
A5判・三四四頁／九〇〇〇円
大分市で大友氏の館跡が発見されてから二〇年。発掘調査の軌跡と権力構造解明に関する学際的研究の成果と現在までの到達点を、大名居館論、権力論、領国論の三つの論点でまとめた論文集。繁栄を極めたその実像に迫る。

中近世山村の生業と社会
白水　智著
A5判・三〇〇頁／九五〇〇円
近代以前、山村の人々はなぜ山を下りず住み続けたのか。信濃国秋山と甲斐国早川入を中心に、生活文化体系の視座に立って山村の生業や特質、外部社会との交流などを解明。従来の山村＝「後れた農村」観に一石を投じる。

幕末対外関係と長崎
吉岡誠也著
A5判・三八〇頁／一一〇〇〇円
江戸幕府直轄の貿易都市長崎は、開国を契機にいかに変容したのか。対外関係業務の変質、長崎奉行の組織改革、港内警衛体制再編など、「現場」レヴェルの視角で追究。開港場の近世的統治の限界と近代への転換を考察する。

前近代日本の交通と社会
（日本交通史への道1）
丸山雍成著
A5判・六〇六頁／一四〇〇〇円
近世交通史の研究を牽引した著者による、前近代を中心に隣接分野にも及ぶ交通史の研究成果を集成。古代～近世の交通史の諸問題のほか、いわゆる「慶安御触書」、古九谷、九州の織豊城郭、豪商など、多彩な論考を収める。

明治期の立憲政治と政党
自由党系の国家構想と党史編纂
中元崇智著
A5判・三〇八頁／一〇〇〇〇円
藩閥政府と政党の提携に尽力した自由党系土佐派に着目。非議員の板垣退助を党首に据え、いかに国家構想や経済政策を提起し、またどのような歴史観で党史を編纂したのか。模索期の立憲政治を政党の視点から考察する。

刀剣と格付け 徳川将軍家と名工たち

深井雅海著　A5判・二一六頁／一八〇〇円

武家社会における贈答品として中世以来重用されてきた刀剣。八代将軍吉宗は、古刀重視の風潮を改め新刀を奨励し、贈答の簡素化を目指す。刀剣の鑑定、「享保名物帳」の成立、刀工と格付けなど、奥深い刀剣の世界へ誘う。

皇后四代の歴史 昭憲皇太后から美智子皇后まで

森　暢平・河西秀哉編　A5判・二三六頁／二二〇〇円

明治から平成まで、天皇を支え「世継ぎ」を産み、さまざまな活動をした四人の皇后。その役割や社会の中でのイメージは、時代とともに大きく変容してきた。公（表）と私（奥）をテーマに、エピソードを交えて歩みを描く。

建物が語る日本の歴史

海野　聡著　A5判・三〇四頁・原色口絵三二頁／二四〇〇円

建築物は歴史を語る証人である。国家の威信をかけて建てられた寺院や城郭、人びとが生活した住居など、原始から近代まで各時代の建物で読み解く日本の歴史。社会と建物の関わりに光を当てた、新しい日本建築史入門。

人をあるく　北条氏五代と小田原城

山口　博著　A5判・一七六頁／二〇〇〇円

関東の戦国覇者、北条氏。初代宗瑞の登場から五代氏直の秀吉との東西決戦まで、民政で独自の手腕を見せ、一族が結束して支配を広げた屈指の戦国大名の実像に迫る。本拠地小田原城を巡り、北条時代の小田原宿も訪ねる。

絵図と徳川社会 岡山藩池田家文庫絵図をよむ

倉地克直著　A5判・三三六頁・原色口絵八頁／四五〇〇円

絵画的に表現されることもあった近世の絵図。岡山藩池田家にのこされた大型の手書き絵図に光を当て、何がいかに描かれたのかを検討する。題材選択と個性的な描写のはざまに、江戸時代の絵図利用のあり方をさぐる。

幕末維新のリアル 変革の時代を読み解く7章

上田純子・公益財団法人僧月性顕彰会編　A5判・二九六頁／二二〇〇円

欧米列強の動き、対外戦略と国内政争、世界観の相克や思想の対立、海防僧・漢詩人の月性が体現した知識人交友圏の成立と政治参加—。幕末維新の諸相を、第一線の研究者七名が読み解き、歴史のリアルをよみがえらせる。

アジア・太平洋戦争と石油 戦備・戦略・対外政策

岩間　敏著　A5判・二〇〇頁／三〇〇〇円

日本の資源を総動員したアジア・太平洋戦争。国外との輸入交渉、真珠湾攻撃での洋上給油作戦、石油の需給予測や海上輸送作戦など、総力戦の実態と末路を、艦船・航空機などの戦備も含めた豊富なデータをもとに解明。

現代日本の葬送と墓制 イエ亡き時代の死者のゆくえ

鈴木岩弓・森　謙二編　A5判・二四〇頁／三八〇〇円

家族制度がゆらぎ、無縁化する墓…。葬儀・埋葬・造墓などは遺された者の役割だが、社会変動の波を受けて大きく変貌してきている。葬送をめぐる個と群の相克や価値観の変化を辿り、二十一世紀の死者のゆくえを展望。

歴代内閣・首相事典
鳥海 靖編
菊判・八三二頁／九五〇〇円

〈華族爵位〉請願人名辞典
松田敬之著
菊判・九二八頁／一五〇〇〇円

日本女性史大辞典
金子幸子・黒田弘子・菅野則子・義江明子編
四六倍判 九六八頁 二八〇〇〇円

日本仏教史辞典
今泉淑夫編
四六倍判・一三〇六頁／二〇〇〇〇円

神道史大辞典
薗田 稔・橋本政宣編
四六倍判・一四〇八頁／二八〇〇〇円

日本民俗大辞典 上・下（全2冊）
福田アジオ・神田より子・新谷尚紀・中込睦子・湯川洋司・渡邊欣雄編
四六倍判
上＝一〇八八頁・下＝一一九八頁／揃価四〇〇〇〇円（各二〇〇〇〇円）

精選 日本民俗辞典
菊判・七〇四頁 六〇〇〇円

沖縄民俗辞典
渡邊欣雄・岡野宣勝・佐藤壮広・塩月亮子・宮下克也編
菊判・六七二頁 八〇〇〇円

有識故実大辞典
鈴木敬三編
四六倍判・九一六頁／一八〇〇〇円

年中行事大辞典
加藤友康・高埜利彦・長沢利明・山田邦明編
四六倍判・八七二頁 二八〇〇〇円

日本生活史辞典
木村茂光・安田常雄・白川部達夫・宮瀧交二編
四六倍判・八六二頁 二七〇〇〇円

徳川歴代将軍事典
菊判・八八二頁／一三〇〇〇円

大石 学編

江戸幕府大事典
菊判・一一六八頁／一八〇〇〇円

近世藩制・藩校大事典
菊判・一一六八頁／一〇〇〇〇円

吉川弘文館編集部編

奈良古社寺辞典
四六判・三六〇頁・原色口絵八頁／二八〇〇円

京都古社寺辞典
四六判・四五六頁・原色口絵八頁／三〇〇〇円

鎌倉古社寺辞典
四六判・二九六頁・原色口絵八頁／二七〇〇円

飛鳥史跡事典
木下正史編
四六判・三三六頁／二七〇〇円

日本仏像事典
真鍋俊照編
四六判・四四八頁／二五〇〇円

世界の文字の図典【普及版】
世界の文字研究会編
菊判・六四〇頁／四八〇〇円

日本史年表・地図
年表部分が読みやすくなりました
児玉幸多編
B5判・一三八頁／一三〇〇円

日本の食文化史年表
江原絢子・東四柳祥子編
菊判・四一八頁／五〇〇〇円

日本史総合年表 第二版
加藤友康・瀬野精一郎・鳥海　靖・丸山雍成編
四六倍判・一一八二頁／一四〇〇〇円

日本軍事史年表 昭和・平成
吉川弘文館編集部編
菊判・五一八頁／六〇〇〇円

誰でも読める【ふりがな付き】日本史年表 全5冊
吉川弘文館編集部編
菊判・平均五二〇頁
第11回学校図書館出版賞受賞

古代編　五七〇〇円
中世編　四八〇〇円
近世編　四六〇〇円
近代編　四二〇〇円
現代編　四二〇〇円
全5冊揃価＝二三五〇〇円

世界史年表・地図
亀井高孝・三上次男・林　健太郎・堀米庸三編
B5判
二〇六頁
一四〇〇円

日本人は、何を、何のために、どのように食べてきたか？

食材、調理法、食事の作法や歳事・儀礼など多彩な視点から、これまでの、そしてこれからの日本の〝食〟を考える。

日本の食文化 全6巻

小川直之・関沢まゆみ・藤井弘章・石垣 悟編

18年12月刊行開始！

「食」は生命と健康の維持に必要であり、人と人、人と神を結ぶ意味をもつ。日本のこうした食文化に光を当て、日常食の知恵や儀礼食の観念などを解説。食の歴史と現代の動向を示し、地域ごとの特色にも目を向ける。

四六判 平均二五〇頁予定 予価各二七〇〇円 『内容案内』送呈

❶食事と作法 小川直之編

食事には作法と決まり事がある。人と人をつなぐ共食や贈答、神仏への供え物、調理の技法と担い手、食具の扱いなど、儀礼と日常の食の社会的な意味を読み解く。ファーストフードや「和食」の国際的な動向にも着目する。（第1回配本）

続刊書目

- ❷米と餅……関沢まゆみ編
- ❸麦・雑穀と芋……小川直之編
- ❹魚と肉……藤井弘章編
- ❺酒と調味料、保存食……石垣 悟編
- ❻菓子と果物……関沢まゆみ編

※写真はいずれも本書より

幕末以降 帝国軍艦写真と史実（新装版）

【11月発売】海軍有終会編 B5横判・四六四頁予定／六八〇〇円

日本の梵鐘（新装版）

【12月発売予定】坪井良平著 B5判・五六〇頁予定／予価二五〇〇〇円

事典 古代の祭祀と年中行事

【12月発売予定】岡田荘司編 A5判・三八四頁予定／予価四〇〇円

一七一頁）。なお長谷山氏は、唐においては違勅罪は皇命に反するものとして極刑に値する重罪との認識がみられたが、唐制の影響もあって、違勅罪は天皇の意志に反する重罪であるという漠然とした観念が生まれ、こうした観念が院政末に強化されて、違勅罪は極刑に値するという解釈が明確に打ち出されたと指摘している。「日唐における違勅罪の概念」（『日本古代の法と裁判』創文社、二〇〇四年）二九六～二九九頁。

（19）上横手雅敬「建久元年の歴史的意義」（『鎌倉時代政治史研究』吉川弘文館、一九九一年）一五一頁。初出は一九七二年。

（20）『玉葉』によれば、建久元年九月二十七日、後白河院からの仰せにより、兼実は〈流人三人を頼朝上洛以前に配流とせよ〉と官・使庁に命じたが、使庁は〈遠国犯人は管轄外です〉と答え、官は〈調査します〉と回答している。翌二十八日条では、頼朝が〈当該流人を配所に赴かしめた後上洛する〉と伝えたことが記され、兼実は、大夫史広房、左衛門府領送使、奉行史らを集めて、事情を問いただし、〈流罪は七月晦日に宣下されたが、いまだ領送使は出京していません〉という回答を受けた。兼実は、これを奉行職事・官の怠慢であると記した上で「近代の流例」としている。その後各担当者の言い分を院に報告し、検非違使別当に使庁の使いを派遣せよと命じた（翌二十九日には院も重ねて同様の命を下している）。十月十二日条では〈此の件で「流人奉行史」「府沙汰者」を解任せよ〉と院宣があったことが記され、兼実も〈昨春頼朝注進の流人を最近送るのはしかるべからず〉と記している。この経緯の中に当時の遠国の宣旨対捍者に対する朝廷の態度がうかがえる。

（21）田中修實氏はこの点につき、「注意すべきは朝廷―院の側ではなく、頼朝が謀叛と呼んでいることであり、配流の強制執行力＝軍事警察力をもっているのも頼朝＝幕府なのである」と指摘されている（前掲『日本中世の法と権威』三三九頁）。

（22）本史料については、日隈正守「大隅国における建久図田帳体制の成立過程―彌寝院の事例を中心に―」（『鹿児島大学稲盛アカデミー研究紀要1』、二〇〇九年、五四頁）および同「平安後期から鎌倉期における大隅国正八幡宮の彌寝院支配」（『鹿児島大学教育学部研究紀要　人文・社会科学編』二〇一〇年、五頁）が分析している。

（23）田中修實前掲『日本中世の法と権威』三四〇頁。

（24）上杉和彦「摂関期・院政期の明法家と朝廷」（『日本中世法体系成立史論』校倉書房、一九九六年）五九頁。初出は一九八六年。

（25）承久記の慶長年間の古活字本で、その原形は建長七年以前に成立したとされる（新日本古典文学大系43『保元物語・平治

物語・承久記』岩波書店、一九九二年、六〇五頁)。

(26)『玉葉』安元三年五月二十条・二十一日条、及び文治元年十月十七日条、なおII部第二章参照。

(27)慈光寺本は『承久記』諸本中、もっとも成立が古く(鎌倉中期＝建長年間ごろの成立とされる流布本や前田家本より古態を留めるとされる)、「仁治元年頃までに原形が成り、その後若干の手が加えられ」たものと推定されている(前掲『保元物語・平治物語・承久記』解説六一一頁)。

(28)川合康「鎌倉幕府荘郷地頭職の展開に関する一考察」(『日本史研究』二七二、一九八五年)、同「鎌倉幕府荘郷地頭制の成立とその歴史的性格」(『日本史研究』二八六、一九八六年)。以上いずれも『鎌倉幕府成立史の研究』(校倉書房、二〇〇四年)に所収。

(29)笠松宏至『中世政治社会思想　上(補註・解題)』(岩波書店、一九七二年)一三頁、四三二頁。

第二章　『玉葉』にみえる「謀叛」用例について

はじめに

日本古代史および中世史において、「謀叛」という用語の使用法については、古くから多くの関心を集めてきた。研究者の関心は多様だが、大別すると四つに分けられるように思われる。

第一は、古代律令制における「謀叛」「謀反」と中世の「謀叛」「謀反」との語義ないし意味の違いと、それに関わる「謀叛（反）」の対象の変化に注目したものである(1)。

第二は、第一と関わるが、中世における代表的な「謀叛（反）」規定である御成敗式目九条の内容に注目したものである(2)。

第三は、反逆の論理や易姓革命説との関連など「謀叛（反）」の思想ないしは哲学を論じたものである(3)。

第四は、謀叛と所領没収・没官の関連に注目した研究である(4)。

もちろん「謀叛」に関連する研究はこのほかにも多いのだが(5)、大筋でいえば以上のようにまとめることができよう。

本章は、平安末期から鎌倉初期にかけての代表的な古記録である『玉葉』の「謀叛（反）」関連記事の検討を通じて、主に第一の視点の研究素材を提供することを意図した事例研究である。

なお、中世において謀叛と謀反は区別されていないので以下、とくに断らない限り、便宜「謀叛」の用語に統一して使用することにしたい。

一　『玉葉』の史料的性格と「謀叛」用例

具体的な検討にあたって、最初に『玉葉』の史料的性格について触れておきたい。

これについては、古く『吾妻鏡』との比較の上で、『玉葉』の史料的価値の高さを論じた石母田正の記述が有名であるが、[6]北爪真佐夫の著書の冒頭においても、『玉葉』の記事の信頼性の高さについての記述がみられる。[7]

しかしこれについて上横手雅敬氏は、「玉葉が事件発生時に記された日記である」という「それだけの理由で玉葉を信用することはできない」とし、『玉葉』の重要事項のニュースソースの多くは、彼の家を訪れる家司や知人のもたらす知識であり、それゆえこの日記には「伝聞」「又聞」が多く、「日記と編纂史料との史料的価値の高下という一般的命題よりも、根拠とする情報の確度の差の方がより重要な場合もある」として、玉葉偏重の傾向に注意を促している。[8]

『玉葉』のニュースソース、とくに〈記主の直接体験によらぬ間接情報の内、その情報提供者の氏名を記さぬ無記名情報の表記の類型とその意味〉という興味深い問題を追及した曽我良成氏は、「或人云」「人伝云」「風聞」などの表記の背景に隠された問題を抉りだし、兼実の情報ネットの広がりについて論じている。[9]

以上の指摘を前提にすると、『玉葉』の記述といっても、そのニュースソースはさまざまであり、個々に記述の情報源に注意する必要があることが分かる。その点を確認した上で、以下、『玉葉』に記された謀叛（反）関連記事について、検討していきたい。

別表『玉葉』の「謀叛（反）」用例一覧

番号	年月日	西暦	対象	文脈	備考
1	嘉応2・4・23	一一七〇	（藤原）基通	各申可被用基通之由、而件基通、為**謀反之者**、所謂、為頼俊之敵、奪取印鎰、依此事蒙其罪、不敵非常之者是也	大夫名の選択について先例勘申
2	承安3・7・21	一一七三	（興福寺大衆）	何与凡下之者、可致**謀反**哉	下向使節への狼藉
3	承安3・7・21	一一七三	延暦寺	延暦寺焼失園城寺、已四ヶ度、雖為一宗各別之所也、不恐朝章之条、豈非**謀反**哉	興福寺衆徒による先例の引用文の文言
4 a	安元3・4・14	一一七七	夷狄	縦夷狄雖致**謀叛**、天子豈棄皇居乎、可弾指之世也	大衆発向時の臨幸に対する評
b	〃	一一七七	大衆	大衆已致**謀叛**、其罪科之法如何、人々申云、忽難計申、退可有沙汰	後白河院の諮問
5	安元3・4・17	一一七七	白山神人・叡山大衆	初解状白山訴人、可令対決之由被仰下、不進神人、恣動神輿猥企参洛、此次第已以**反逆**也、（中略）更非訴訟、已同**謀叛儀**	叡山衆徒の嗷訴、武士へ暴力、16日院宣の文言
6	安元3・5・20	一一七七	白山神人・叡山大衆	長方申云、衆徒依訴訟企参陣被相禦之間、自然及合戦、**偏不可謂謀反**	
7	安元3・5・21	一一七七	明雲（天台座主）	但其罪渉謀反之由勘申之、雖理可然、事起自訴訟、為蒙裁報、催衆徒令参陣頭、其間狼藉事、若出不図、**偏難処謀反**歟	太政大臣師長・右衛門督忠親・右大弁長方等の意見
8	安元3・5・29	一一七七	叡山大衆、明雲	昨日以僧綱等、令登山、被仰可進明雲之由、又被問**謀叛之意趣**云々	流罪の明雲奪取について
9	治承4・5・16	一一八〇	大衆	伝聞、高倉宮、去夜、検非違使未向其家以前、窃逃去向三井寺、彼寺衆徒守護可奉将登天台山、両寺大衆可**企謀叛**云々	直前に高倉宮配流決定の記事を記す
10	治承4・5・26	一一八〇	衆徒（園城・興福寺）	上皇出御、先内々以女房被尋仰云、園城・興福両寺衆徒、	高倉院の「仰」

				巧謀叛危国家、仍末寺庄園併可停廃歟、如何、余申云、於今者、偏**謀反之地**也、左右只在勅定、但事已大事也、一身難計、早可被問参入之卿	三井寺衆徒宮を奉じて南都に下る。南都大衆も発向
11 a	治承4・5・27	一一八〇	源以光（以仁王）	源以光巧**謀叛**、逃籠園城寺、彼寺凶徒同意之間、避其所赴南都、興福寺悪徒又以与力、未遂前途之於路次、雖誅殺頼政入道以下軍兵等、彼以光漏其内歟、世之所疑、若移住南都歟、但此条不分明者、彼両寺**衆徒謀叛反事**、何様可被計行哉	高倉院の「仰」
b	〃	一一八〇	源以光	興福寺事、与**謀反之賊**同意其罪不軽、何況其人移住哉、早遣官軍、可被攻彼寺、其上末寺庄園併可被停廃	新任参議源通親の意見
c	〃	一一八〇	興福寺	興福寺事、日来再三経沙汰了、而凌礫長者使、氏院有官別当已下、及恥辱、**謀反**非一、罪科惟重、加之、於今者、一切不拘於制止、任法可有沙汰之由、別当・権別当共申也、其上不可及異議歟	権大納言隆季の発言
d	〃	一一八〇	興福寺	興福寺事、与力於逆賊、欲奉危国家、凌礫長者之使、不通往反之路、**謀反之至**、罪渉絞斬、可被遣追討使之条、尤可然、但……謀叛者凶悪徒党之所令然也	兼実の意見
e	〃	一一八〇	興福寺	不可依昨日之前後、**謀叛**之由申切了、於今者不可有異議	隆季の発言
12	治承4・6・22	一一八〇	園城寺悪僧	園城寺悪僧等、違背朝家忽**企謀反**、仍門徒僧綱已下、悉皆停止公請解却見任并綱位、又末寺庄園及彼寺僧私領、仰諸国宰吏早令収公、但於有限寺用者、為国司沙汰直付直家所司、経其間用途、莫令退転	6月20日宣旨本文全文
13 a	治承4・9・3	一一八〇	熊野権別当湛増	伝聞、熊野権別当湛増**謀叛**、焼払其弟湛覚城及所領之人家数千宇、鹿瀬以南併掠領了、行明同意云々、此事、去月中旬比事云々	

b	〃	一一八〇	源義朝	又伝聞、**謀叛賊**義朝子、年来在配所伊豆国、而近日事凶悪、去此、凌礫新司之先使〈時忠卿知行之国也〉、凡伊豆・駿河両国押領了	源頼朝蜂起の情報
c	〃	一一八〇	為義息（行家）	又為義息、一両年来住熊野辺、而去五月乱逆之刻、赴坂東方了、与力彼義朝子、大略**企謀叛**歟、宛如将門云々	
14	治承4・11・1	一一八〇	鎮西謀叛之者	又聞、熊野湛増弥乗勝云々、**鎮西謀叛**之者、又以不能征伐、積悪之所令然、感果時至歟	前文は頼朝追討使・維盛の追い帰される記事を載せる
15	治承4・11・26	一一八〇	関東	先関東之**謀叛**、綷起自遷都云、何者、禁囚法皇刑罰重臣、洛都占狭少之地、民人懐莫大之愁、皆是雖仮名於勅宣、其実只任雅意、此等之子細、逆心已炳焉	前文に還都の決定を載せる
16 a	治承4・12・4	一一八〇	平将門	昔**将門謀叛**之時、為八幡大菩薩御使、壮士一人降自天、来将門之前〈件男服色青云々〉、称授朕位之由、因茲、起**謀叛**之心云々	
b	〃	一一八〇	関東	関東縦雖被征伐、**謀反之儀**、不可絶、必猶有大事歟	
17	治承4・12・6	一一八〇	源頼朝	然間、依近々与**謀叛之首**頼朝年来為知音、依此事為被尋問子細所被召云々	
18	治承4・12・15	一一八〇	山下兵衛尉義経・甲賀入道	又聞、江州被落之由者、旁不可及忽之上洛歟云々、大略随事之形勢、**巧謀叛**歟、太以有若亡、言語不及之次第也	
19	治承5・1・11	一一八一	筑紫謀叛之者	**筑紫謀叛**之者弥為事悪逆、仍九国与力、可奉伐之由、同被下宣旨	
20	治承5・1・16	一一八一	諸国之勇士（遠国）	左少弁行隆来云、諸国之勇士併有**謀叛之心**、仍先五畿内及近江・伊賀・伊勢・丹波等国、可被補武士、以禦遠国之凶徒之由、故院被仰置	いわゆる「惣官」設置の記事
21	治承5・2・1	一一八一	源義俊（行家）	伝聞、**謀叛賊**源義俊〈為義子号十郎蔵人云々〉率数万之軍兵、超来尾張国	

22	治承5・2・11	一一八一	菊池郡住人高直	行隆此次、語鎮西・伊勢等事、肥後国菊池郡住人高直、有**謀叛**之聞、仍九国与力、可奉伐之由、被下宣旨了	
23	治承5・2・15	一一八一	鎮西謀反之者	伝聞、**鎮西謀叛**之輩、逐日興盛、焼払大宰府了云々	
24	治承5・2・17	一一八一	鎮西謀叛之者	又聞、**鎮西謀叛**之者張本徒党十六人同意云々	
25	治承5・2・20	一一八一		被誅**謀反之輩**之時、先所被下賊首解文也	傍例として引用
26 a	治承5・2・29	一一八一	豊後国住人等	刑部卿頼輔朝臣来云、可下向豊後国、是彼国住人等、**企謀反**追出目代了、凡依**鎮西謀叛**、可被遣追討使云々	但し停止
b	〃	一一八一	謀叛之辺民（豊後）	王化已以廃了、**謀叛之辺民**豈叙用国宰哉、還可及非分之恥辱歟	
27	治承5・②・7	一一八一	西海	**西海有謀反**之聞、又如何、人々申云、西海事、同可被下庁下文	
28 a	治承5・②・20	一一八一	東大・興福悪徒	行隆伝仰云、東大・興福両寺**悪徒**、**依謀反**事被追討了、其後寺領及僧徒領併収公之由、被下宣旨了	
b	〃	一一八一	衆徒（南都）	余申云、先衆徒悪行累世積年、遂依**謀叛**之聞、被遣追討之使、是皆依悪僧之所行、被施厳粛之刑罰也	
c	〃	一一八一	関東・鎮西	重案事情、関東鎮西**謀反**事、已大事也、如此之時、祈請仏法可待彼効験之処、都無此沙汰、殆似致摩滅	
29	養和1・3・27	一一八一	謀反之者	**安房国謀反之者**掠領、其外無他計略	
30	養和1・6・20	一一八一	東西（関東、鎮西）	天下弥騒動忽有遷都、又**東西謀反**、于今不被遂征伐、已如無法験、	大元法の祈禱の効力
31 a	養和1・7・13	一一八一	関東以下諸国	行隆伝院宣云、近日衆災競起、所謂、災旱、飢饉、関東以下**諸国謀反**、天変〈客星為大事〉、怪異	
b	〃	一一八一	悪僧等	又被行赦令如何、但触**謀叛之悪僧**等事、能可有沙汰歟	

32	養和1・8・1	一一八一	源頼朝	頼朝密々奏院云、全無**謀叛之心**、偏為伐君之御敵也、而若猶不可被滅亡平家者、如古昔源氏平氏相並可召仕也、……	頼朝の奏状（弁明）
33	養和1・8・4	一一八一	菊池隆直	経房暫談雑事、其中有鎮西等事、菊池高直供給国司〈肥後国経房知行、即高直住国也〉、使、全**無謀反之儀**云々、其後退出了	
34	養和1・9・6	一一八一	鎮西	**鎮西謀反**殊甚、菊池与原田、元雖怨敵已和平、同心欲訪貞能	
35	養和1・9・9	一一八一	熊野湛増	熊野湛増付使人、進書札於院、是雖向関東、全**非謀反之議**、奉為公不可有僻事云々、此申状不審尤多歟	湛増の弁明
36	養和1・10・9	一一八一		非可誅賊徒之変、殆追討使還可被処**謀反之変異**也、而就辺字許、為賊首敗績之祥之由、伺天等令存知歟、太以為愚々々	（傍例）
37	寿永1・8・19	一一八二	関東北陸	（兼光）知行之両庄、可改易之様、有内議之間、関東北陸**為謀反之地**、当時不及其沙汰	
38	寿永1・11・17	一一八二	大神宮祢宜等	大神宮祢宜等同意東国之由、有風聞条、被尋問文書如此、可有罪科哉否可計申者云々、〈余申云、縦雖祭主**同意謀叛之咎**、争無沙汰哉〉	
39	寿永2・7・22	一一八三	多田行綱	又聞、多田蔵人大夫行綱、日来属平家、近日有同意源氏之風聞、而自今朝忽**謀反**、横行摂津・河内両国、張行種々悪行	
40	寿永2・⑩・18	一一八三		四方皆塞、中国之上下併可餓死、此事一切不可疑、於**西海者**、**雖非謀叛之地**、平氏在四国、不令通之間、又同事也	範季の言
41	寿永2・⑩・22	一一八三	源頼朝	伝聞、今日義仲参院、又聞、頼朝使雖来伊勢国、**非謀叛**	所謂10月宣旨関連記事

				之儀、先日宣旨云、東海・東山道等庄公、有不服之輩者、触頼朝可致沙汰云々、仍為施行其宣旨、且為令仰知国中、所遣使者也云々	
42	寿永2・⑩・23	一一八三	源義仲	範季申云、昨日謁義仲、如申状者、**無謀反之義**云々	
43	寿永2・11・17	一一八三	源義仲	義仲忽無可奉危国家之理、只君構城集兵被驚衆之心之条、専至愚之政、（中略）為御使被遣義仲、其状云、**謀叛**之条、雖争申、告言之人称其実、於今者不及遁申歟、若事為無実者、速任勅命赴西海可討平氏、縦又乖院宣雖可防頼朝之使、不申宣旨、一身早可向也	法住寺合戦直前の情報
44	寿永2・11・18	一一八三	源義仲	両方共不首途、已欲敵君、其意趣如何、若**無謀叛之儀**者、早可向西海者、義仲報奏云、先可奉立合君之由、一切不存知、因茲、度々書進起請了、（中略）偏被敵対義仲也、太以見苦、非王者之行	同右
45	寿永3・1・12	一一八四	源義仲	伝聞、平氏此両三日以前、送使義仲之許云、依再三之起請、存和平義之処、猶奉具法皇、可向北陸之由聞之、**已為謀叛之儀**、然者、同意之儀可用意云々	義仲、平家との和平、及び院を北陸に連行との情報
46	寿永3・1・25	一一八四	（源義仲与党）	愚案、去年十一月十九日以後、所被行之叙位・除目・詔勅・宣命・宣旨・官符・昇不・侍中併不可用之由、可被下宣旨也、其故者何者、逆賊執朝務時人猶媚其権、所任之官猶帯其身、仍雖**謀叛之者**人猶帰之	
47	寿永3・2・23	一一八四	源義仲	奉勅　**謀反之首**義仲余党、遁而在都鄙之由、普有其聞、宜令彼頼朝召進件輩者	同年1月29日付宣旨の文言
48	寿永3・3・16	一一八四	（法皇近臣）	此次語云、先年通憲法師語云、当今〈謂法皇也〉和漢之間少比類之暗主也、**謀叛之臣在傍**、一切無覚悟之御心、人雖奉悟之、猶以不覚、如此之愚昧、古今未見未聞者也	大外記頼業との雑談

49	元暦1・7・8	一一八四	伊勢・伊賀国人等 平信兼	伝聞、伊賀・伊勢**国人等謀叛**了云々、伊賀国者、大内冠者〈源氏〉知行云々、仍下遣郎従等、令居住国中、而昨日辰刻、家継法師〈平家郎従、号平田入道是也〉為大将軍、大内郎従等悉伐取了、又伊勢国信兼〈和泉守也〉已下切塞鈴鹿山、同**謀叛**了云々	
50	元暦1・7・20	一一八四	伊勢謀叛之輩	伝聞、昨日**伊勢謀叛之輩**、出逢近江国、与官兵合戦、官軍得理、賊徒退散、為宗者伐取了云々、天下大慶何事加之哉	
51	元暦1・7・21	一一八四	平田家継	伝聞、**謀叛大将軍**平田入道〈家継法師〉被梟首了、其外両三人為大将軍者被伐了云々、忠清法師家資等籠山了云々	謀叛大将軍
52	文治1・10・17	一一八五	源行家	又〈義経〉申云、**行家謀叛**雖加制止、敢不承引、仍義経同意了、其故者……余申云、被下追討宣旨事、罪犯八虐、為敵於国家之者蒙此宣旨者也、頼朝若有重科者、可被下宣旨、何及異議、若又無指罪科者、可被追討之由、更以難量申、但平家及義仲等之時、雖不起自叡念、暗被下此宣旨了	
53	文治1・11・3	一一八五	行家・義経	始推雖申下可討頼朝之宣旨、事不起自叡慮之由、普以風聞之間、近国武士不従将帥之下知、還以義経等**処謀反之者**	宣旨の文言ではなく実態が問題
54	文治1・11・7	一一八五	義経	但於頼朝起**謀反之心**、已是大逆罪也、因茲天与此災歟	
55	文治1・11・26	一一八五	行家・義経	**行家義経謀叛事**、為天魔所為之由、被仰下、甚無謂事候、天魔者、為仏法為妨、於人倫致煩者也、頼朝降伏数多之朝敵、奉任世務於君之忠、何忽変反逆、非指叡慮之被下院宣哉、云行家云義経召取之間、諸国衰弊、人民滅亡歟、仍日本国第一之大天狗ハ更非他者候歟	頼朝の書状内容

56	文治1・12・27	一一八五	（行家・義経）	今者諸国荘園平均可尋沙汰地頭職候也、其故者、是全非思身之利潤候、土民或含梟悪之意、値遇**謀反之輩**候、或就脇々之武士、寄事於左右、動現奇怪候、不致其用意候者、向後定無四度計候歟（中略）、**同意謀反人行家・義経之輩**、先可被解官追却、交名記折紙	地頭職設置と議奏公卿設置「今度天下草創」
57	文治2・1・28	一一八六	義経	伝聞、去此、自鎌倉飛脚到来、今朝被仰遣御返事云々、令申事等、（中略）**義経謀反**之間、追討宣旨事、不起自叡慮之由聞被之由事	
58	文治2・6・6	一一八六	行家・義経	**謀反首**前備前守源行家・前伊予守同義行等、敗奔之後不成帰降之思	同日付宣旨の文言
59	文治2・⑦・3	一一八六		天気猶無和顔者、安穏休退、専所庶幾也、凡取諸身無一塵之過怠、而隠徳已空、殆類**謀反之罪**、是又先世之宿業也、不能申左右	後白河院執政不可を関東に伝えたとの情報に対して
60	文治2・⑦・22	一一八六	悪僧（中教）	近代如強盗之犯人、猶為武士之沙汰、何況於此悪僧者、朝敵之一党、**謀反之同類**也、奉追討使之武士、尤可尋沙汰也	
61	文治4・2・17	一一八八	藤原泰衡・義経	件泰衡〈季衡也〉（ママ）与義顕同意、已為**謀叛者**之由言上、而無左右追討使之由、被載宣旨如何、若可有議定哉、但已被下之宣旨、被召返之条、又於理不可然、尤可有予議歟如何、即盛隆帰来云、以**謀反者**被載追討使之条、誠不可然	
62	建久2・7・17	一一九一	（藤原光長・頼輔）	披落書之処、光長卿・頼輔法師等、怨一所家領不被付長者事、奉呪咀法皇、是依院宣被抑留之故也、加之、光長集武士、欲**企謀反**、頼輔法師又以使者、仙洞之不可、朝暮通関東云々	兼実の家司法皇呪詛の記事
63	建久3・1・3	一一九二	（兼実）	愚身、於仙洞疎遠無双、殆被処**謀反之首**、然而中心之襟	

〔潔カ〕、上天定照歟、仍偏存忠、不残所存、可達叡聞之由、示付了

『玉葉』に記されている「謀叛」用例について一覧表にまとめてみたのが、別表である。この表の内容を手掛かりに分析していこう。

『玉葉』の記事は、現在残っている写本では、長寛二年（一一六四）から建仁三年（一二〇三）までの部分である。表によれば、謀叛用例の所見は、管見の限り全部で六三例ほど見られるが、その約九割近くまでが、治承四年（一一八〇）以仁王の挙兵から、建久元年（一一九〇）頼朝の上洛までの、いわゆる内乱期に集中している。もうすこし限定すると、文治二年（一一八六）までの六年間に五一例、つまり八割以上が分布している。

この用例の分布状況につき、その内容面の大筋の変化をあらかじめ要約すると、およそ以下のようである。

〈寺社嗷訴〉関連の用例（内乱以前のNo.8までの例）

〈以仁王の挙兵〉関連の用例（No.9～12）

〈諸国の反平家蜂起〉関連の用例（No.13～42）

〈義仲〉関連の用例（No.42～47）

〈義経・行家〉関連の用例（No.52～58、61）

〈その他〉（No.49～51、59、60、62、63）である。

以下、順次検討を加えることにしたい

表のNo.2、No.3の承安三年（一一七三）の例は、田中文英氏がすでに詳細に検討された事例である[10]。田中氏の記述によりこの事件を簡単に紹介しよう。

興福寺と多武峰の争いに端を発したこの事件は、興福寺と多武峰の本寺延暦寺との対立に発展し、延暦寺による南都七大寺の北国荘園押領によって、南都諸大寺を巻き込む史上最大級の紛争に発展した。後白河上皇は六月段階で紛争鎮圧に乗り出し、両寺の大衆蜂起の停止等を命じたが、興福寺がこれを無視して多武峰を焼き、その張本差し出しと已講らの召喚を拒否したので、院は興福寺僧の法勝寺・最勝寺の八講への公請を禁止し、別当以下の配流の処分を行った。興福寺はこれに反発し、十月になると南都諸大寺とともに、朝廷への嗷訴と叡山攻撃態勢を固め、そのために、春日祭が延引し院の熊野詣も危ぶまれる事態となった。十日、院はこれを「謀叛」「違勅」と断じ、神木帰座後にさらに東大寺・興福寺以下南都十五大寺ならびに諸国末寺の荘園を没官し、仏聖油料・恒例寺用の必要経費は国司から配給させるという厳罰を下した。

田中文英氏はこの事件を「後白河上皇が、いかに異常な熱意をもって、寺院勢力（仏法）を自己の政治権力のもとに統轄しつつ、国家権力秩序内における王法仏法相依の関係の実現につとめたかを示す典型的な例[11]」と位置づけ、『謀反』『違勅之罪』を直接的（傍点——原文）に構成したのが春日祭の延引と『我熊野詣』であったことに、後白河上皇の仏神事興隆にかける執念の一端を看取」されている[12]。やはりこの事件に言及している美川圭氏は、荘園没官措置が公卿の意見を徴さずに、上皇の独断で行われた点に注意されている[13]。もっとも表に挙げたこの「謀反」用例自体は、事件の経過のなかで、興福寺衆徒によって作成された先例引用文中の文言にすぎず、『玉葉』本文で用例の詳細を位置づけることはできない。そこで、〈寺社嗷訴〉の例として、ここでは、No.4〜No.8のいわゆる安元の白山事件を取り上げたい。

この事件についても、すでに浅香年木、田中文英氏、田中修實氏らによる研究が存する。[14] 諸氏の研究によりつつまず事件の概略を示そう。

安元元年（一一七五）十二月に加賀守となった院の北面・大夫尉藤原師高の目代として、師高の弟で院の武者所の師経は、翌安元二年夏に加賀に入国したが、入国早々に能美郡軽海郷内の（白山宮加賀馬場中宮の末寺であった）鵜川涌泉寺に検注を試み、加賀馬場中宮の衆徒・堂衆・神人集団の反発を招いた。闘争の結果、師経は涌泉寺を焼き払った。これに憤激した衆徒・神人等は、師経を京に追い払った上、本寺の延暦寺衆徒を動かして、朝廷に対する空前の嗷訴を展開し、結局、加賀守師高・目代師経を流罪にさせた。これに対抗して、師高・師経の父西光法師（藤原師光）が、後白河院を動かして、事件の張本として、天台座主明雲を解任し流罪に処したため、反発した延暦寺衆徒が配流途中の明雲を奪取して、後白河院に対決した。後白河院は五月末、近江・美濃・越前三国の武士を動員して、叡山末寺庄園の停廃を試みようとするなど、治承・寿永内乱前の一大事件となった。この明雲奪取の七日後に、いわゆる鹿ヶ谷事件が起こっている。

以下は、この事件途中で、神輿を奉じて入洛し、防禦の官兵を破って内裏に押し寄せた衆徒の行為（後に明雲の罪科）を、「謀叛」に処すべきか否かという問題をめぐった、後白河院と太政官公卿との意見のやりとりである。

四月十三日、内裏への嗷訴・神輿振り捨てという挙に出た衆徒に対し、翌十四日高倉天皇は衆徒の嗷訴を恐れ法住寺殿に行幸した。この情報を伝えられた兼実はにわかに信じなかったが、小槻隆職が「縦夷狄雖ㇾ致㆓謀叛㆒、天子豈棄㆓

皇居一乎、可二弾指一之世也」（表№4）とこの間の事情を告げ送った。この隆職の「謀叛」呼称の使用は伝統的な用法にのっとったものといえる。同十四日、後白河院は諸卿に「大衆已致二謀叛一、其罪科之法如何」（表№4b）とする諮問をおこなったが、公卿らは「申云、忽難二計申一、退可レ有二沙汰一」と慎重に即答を避けた。同日から十六日にかけて、振り捨てられた神輿と衆徒の訴訟への対応が協議されたが、十六日に院から天台座主明雲あてに院宣が送られた。この院宣は（後白河院の見地からみた）事件の全体像を記述するものであるので全文を引用しておきたい（㈡五九頁）。

衆徒濫行間事

Ⓐ右、白山僧侶、末寺焼失訴出来、被レ問二子細一之処、代々国領也、更非二寺領一、可レ有二対決一由、頻所二陳申一也。Ⓑ但雖レ非二寺領一、焼払之条、所為之旨不二穏便一、仍国司改二定目代一了。其後不レ及二公家誡一、難レ散二欝陶一之由、依下令二執申一給上、忽処二配流之罪科一、豈非二過分裁許一哉。Ⓒ而被レ催二悪僧結構一、今及二衆徒騒動一之由聞食。被レ加二制止一之処、不レ用二　院宣一、切二払使所司住房一、尤猛悪也。以二奏状一可二言上一之旨、職事加二下知一日〔日カ〕、Ⓓ初解状、白山訴人、可レ令二対決一之由被二仰下一、不レ進二神人一、恣動二神輿一、猥企二参洛一、此次第已以反逆也。Ⓔ任二前例一、於二坂下辺一、雖レ可レ被二相禦一、為レ聞二食披子細一、被レ免二参陣一、如二先々一者、留二官兵前一、以二僧綱・所司一、可レ言二上愁緒一之処、無二左右一打二退官兵一、欲レ乱二入内裏一、又令レ刃二傷官兵一了。濫行已過二古跡一、更非二訴訟一、已同二謀叛儀一。Ⓕ仍相禦之間、神輿及二破損一、実是朝家大事、叡情所レ痛也。但此次第、先例雖レ及二度々一、又非レ可二黙止一。何況叡念之所レ帰、偏円宗之教法也。Ⓖ已忘二衆徒凶悪一、只思二食一山之安穏一。仍国司処二流罪一、下手官兵又可レ有レ罪。兼又、神輿事。御沙汰候之処也。以二此趣一宜下令レ下二知山上一給上者、依二　院宣一上啓如レ件、

右京大夫泰経奉

四月十六日

謹上　座主僧正御房

この院宣については、兼実が「文章狼藉、理致不レ明」と評したように、理解に苦しむ個所が多い。そこで、便宜改行し、改行ごとに（たとえばⒶがⓐに対応する）、筆者の史料解釈を言葉を補いつつ示しておきたい。

ⓐ衆徒濫行の間の事について、白山の僧侶（によって）末寺焼失の訴えが出された。子細を（加賀国司師高に）尋問したところ「代々の国領で、まったく寺領ではなく（白山衆徒の主張と直接口頭で）対決したい」と頻りに弁明した。

ⓑただし、（もし国司師高の主張どおりに白山の）寺領ではないといっても、（目代師経が湧泉寺を）焼き払ったのは穏便な振る舞いとはいえない。よって、国司師高は目代師経を更迭した。その後朝廷ではとくに処罰を行わなかった。しかし、（天台座主が）なお、白山側の憤りが収まらないとして国司師高本人の処罰を求める白山側の訴えを取り次がれたので即刻師高を配流の罪とした。これは白山側の言い分を認めすぎるほど認めた裁許なのだ。

ⓒそれなのに（白山の）悪僧らが事をかまえ、今、山門衆徒が騒動に及んだ由を（院は）お聞きになった。（そこで山門の嗷訴に対して院の命で）制止を加えられたところ、院宣を用いず、使の所司の住房を切り払ったのは、もっとも猛悪である。奏状を以て（訴えの子細を）言上すべきの旨を、職事が下知を加えて以下のように言った。

ⓓ「初めての解状について、（おそらく国司師高の反論があり、これについて）『白山訴人と対決させよ』、との命令がなされた。（それにもかかわらず）白山側は、神人を（対決の為に）進めず、ほしいままに神輿を動かして、猥りに参洛を企てた。この（院宣に対する命令違反の次第は）すでに以て反逆である。

ⓔ（こうした嗷訴については）前例に任せ、西坂本あたりにおいて（山門大衆の参洛を）防禦すべきであったが、訴えの子細を十分お聞きになるために、参陣を許された。先例を守れば、官兵と出会ったところで留まり、僧綱・所司をもって（嗷訴にいたった愁いの趣旨を）言上すべきのところ、左右無く官兵を実力行使で退け、内裏に乱入

せんと欲し、（またその時に）官兵を傷つけた。こうした濫行はすでに古跡を超えたものだ。（こうした衆徒の行動は）まったく、訴訟といったものではない。（もはや）すでに謀叛の儀に同じだ。

ⓕよって（官兵も実力行使して衆徒の参洛を）防禦する間に、神輿の破損に及んだ。実にこれ朝家の大事で、天子のお気持ちの痛むところである。ただし、この次第は、先例は度々に及ぶが、またそのままにしておくことはできない問題でもある。ましてや、天子の思いは天台の教法を（大事にする）ということにある。ⓖ（そこで、とくに）すでに、（謀叛ともいえるような）衆徒の凶悪を忘れさって、ただ叡山の安穏を思しめされた。よって、国司（師高を）を流罪に処し、実際に手を下した官兵についても罪に問うことになるはずである。また、神輿の事も（しかるべき）処理がなされているところである」。

以上の趣旨を、叡山大衆にお知らせください。以上院宣によって、お取り次ぎします。

ここで後白河院は、院宣を無視した実力行使、神輿入洛という叡山衆徒の行為を「反逆」とし、さらに防禦の官兵に対する刃傷、内裏乱入を「謀叛」と断じた。これは、すでに十四日の段階で示していた「謀叛」の判断を明記したものだが、この「反逆」「謀叛」という認識を具体的な処分に反映させることはできず、「叡慮」「天台教法」等を理由に、師高の流罪と神輿を射た下手人の処罰を約束して大衆を宥める処置をとるなど、むしろ全体としてみると後白河院の譲歩が目立つ内容となっている。

四月二十日には、師高配流、下手人禁獄の宣旨が出され、叡山大衆は所期の目的を達したかにみえたが、後白河院側は反撃し、五月五日に座主明雲の罪に対象を絞って、明雲の解任と職掌停止の措置がなされ、十一日には、明雲の罪名勘申が命じられ、同時に所領没官措置が行われた。こうした処置が後白河院主導でおこなわれたことは、十四日の『玉葉』がこの措置に抗議する衆徒の蜂起を「尤可レ然二云々、於二此条一者、非二衆徒之過失一歟、今日法家勘二申明雲罪名二云々」と同情的に見ていることからも知られる。また引用文後半部の示すように、この日に明雲罪科に関する法家勘申が行われ、「其罪、渉二謀叛一」との勘申がなされたようである（『玉葉』同月二十一日条参照）。しかし、これを受けて開かれた二十日の仗議では、「大都無二左右一、可レ被レ行二流罪一之由、無二令レ申之人一歟」と『玉葉』にみえる点から、明雲流罪をはっきり主張するものはいなかったらしい。

参議右大弁長方は次の意見を述べた。

> 衆徒依二訴訟一、企二参陣一、被二相禦一之間、自然及二合戦一、偏不レ可レ謂二謀反一、加レ之、奉レ教二一乗於公家一、奉レ授二菩薩戒於法皇一、令二還俗一流罪之条、何様可レ候哉、且可レ在二勅定一云々。

要するに、〈訴訟より始まった点で濫妨も「謀叛」としがたく、また、天台座主を還俗させ流罪に処すことも適当ではない〉と主張したのである。仗議における長方の意見に対する反応はこうだった。

> 忠親、宗家、隆季、余、太相等、同レ之、但隆季申云、「天台戒和尚処二死罪一条、為二円宗之瑕瑾一歟」云々。余又同レ之也。他人申状、其詞微々不レ能レ聞二得之一、子細見二定文一、但朝方申状「可レ有二罪科一歟」云々、如何々々。

つまり、（おそらく後白河院の意向におもねった）参議の朝方のみが明雲罪科を主張する趣旨であったらしいほかは、大方は長方の意見に同調し、謀叛罪の適用に否定的であった。

しかし、二十二日の条には、結局、明雲は伊豆配流と決まったことが記され、兼実は〈こんなことなら、仗議の必要はなかった〉と不満を記している。だが、二十三日条には、叡山大衆が配流の明雲を勢多周辺で奪取したことを記し、この事件に兼実は驚愕しつつ、〈明雲配流の宣下がなされるとき、弁官はこれに強く疑問を呈したというが、職事が（院に再考するように促がす）再確認をしなかったから、こうした災難が生じたのだ〉と感想を記している。

以上、大衆および明雲の処置、とくに謀叛罪の適用の経緯をみると、謀叛罪の適用を積極的に主導したのは、一貫して後白河院であって、兼実を含めた太政官のメンバーは、謀叛罪適用にかなり厳格であり、伝統的定義を遵守する観念を有していたことが知られる。

三　〈以仁王の挙兵〉関連の用例

表のNo.9（治承四年五月十六日）からNo.12（同年六月二十二日）までは、以仁王の挙兵関連の記事である。以仁王の平家打倒の計画が漏れたのは、治承四年（一一八〇）五月十五日のことであり、朝廷では即刻「以仁」を「以光」と改姓の上、土佐への配流を決定する（『山槐記』同日条）。『玉葉』同日条にもこれについて、

今夜三条高倉宮〈院第二子〉配流云々、件宮八条女院御猶子也、此外、縦横之説雖レ多、難二取信一、

と、簡単に配流記事と宮の系譜を記すが、翌十六日条では小槻隆職からの情報によって、配流の詳細を引用し、さらに伝聞記事として次の記事を載せている。

伝聞、「高倉宮、去夜、検非違使未レ向二其家一以前、窃逃去向二三井寺一、彼寺衆徒守護可レ奉レ将二登天台山一、両寺大衆可レ企二謀叛一」云々。（表No.9）

つまりここでは、まず以仁に加担して武力を提供する園城寺と比叡山大衆の行動を「謀叛」とする「伝聞」が記されたのである。

翌十七日条では、園城寺長吏円恵法親王から平宗盛・平時忠宛てに〈宮の所在は園城寺内平等院であり、帰京を促す交渉をしている〉旨の連絡があり、この報告をもとに、以仁王を迎える平家の武士が派遣されたが、〈宮は既に帰京した〉と大衆に欺かれたことが知られる。その後、円恵から〈園城寺衆徒が円恵の房舎を破壊するなどコントロー

ル不可能となっており、もはや実力行使して高倉宮を処置されたい〉との報告が行われた。しかし宗盛らはそれ以上の措置を講じなかった（『玉葉』同日条）。翌十八日、僧綱を通じた園城寺大衆との交渉の決裂を経て、二十一日にはついに武力による園城寺攻撃が決定された。そして、二十六日園城寺から奈良興福寺に逃れる以仁が殺され、事件そのものは一応の決着をみる。[15]

この経緯についても、田中文英氏の著書に詳しいのだが、ここでは本章主題の、以仁王に関わる「謀叛」呼称にしぼってみてみよう。

二十六日の『玉葉』によれば、〈以仁王の南都への脱出と武士の追撃〉を記しつつ「其説縦横、未レ有二一定一」と事の顛末が明らかでなかったことが知られるが、その段階で、兼実は高倉上皇のもとに参内した。既に公卿が五、六人参内していたが、兼実には高倉上皇から「内々」に次の「仰せ」伝えられた。

　薗城・興福両寺衆徒、巧二謀叛一危二国家一、仍末寺荘園併可二停廃一歟、如何。

これに対して兼実はこう答えている。

　於レ今者、偏謀反之地也。左右只在二勅定一。但事已大事也。一身難レ計、早可レ被レ問二参入之卿一、又可レ被レ召二遣左大臣一歟。（表№10）

これを要するに、高倉院が主導して、以仁に加担した園城寺・興福寺の衆徒を「謀叛」と断じ、末寺荘園の没収という処置を提案しており、兼実は、それに一応同意し〈謀叛の認定は「勅定」如何である〉としつつも、ことの重大性に鑑みて、参入の公卿と左大臣（経宗）の意見を徴せらるべきであると返答したのである。

午の刻に、頼政党類の誅殺と宮の死が伝えられ、その後、再び、園城寺・興福寺の処置について諮問を受けた。兼実はこれに対して次のように答えている。

余申云、「於レ今者如二風聞一得レ勝了。両寺末寺庄薗、不レ可レ及二停廃一。所以何者、依二僧徒之凶悪一、没二官社寺之所領一、於レ理不レ可レ然、只可レ被レ懲二粛悪徒一也。今日今日《(マヽ)》入道相国可レ被二上洛一云々。其後毎事可レ有二議定一歟。是内々所レ申也。」

すなわち、事件が一応決着した以上、今後の処分は「僧徒凶悪」に限定し、両寺荘園の没収という厳しい措置には反対したのである。結局、翌日院の殿上定が開かれることになった。二十七日の定めでは、院の仰は次のようであった。

源以光巧二謀叛一、逃二籠薗城寺一、彼寺凶徒同意之間、避二其所一赴二南都一、興福寺悪徒又以与力。未レ遂二前途一之於二路次一、雖レ誅二殺頼政入道以下軍兵等一、彼以光漏二其内一歟。世之所レ疑、若移二住南都一歟。但此条不分明者、彼両寺衆徒謀反事、何様可レ被二計行一哉。（表No.11a）

これに対して、まず末席の新任参議源通親は、次のような意見を述べた。

薗城寺事、如二風聞一者、衆徒退散云々。付二師主・縁者等一、尋二召張本一、可レ有二沙汰一者。

興福寺事、与二謀反之賊一同意。其罪不レ軽。何況其人移住哉。早遣二官軍一可レ被レ攻二彼寺一。其上末寺庄園、併可レ被二停廃一者。（表No.11b）

これによれば源通親は以下の二点を主張した。①園城寺については〈張本の捜査と処分〉との意見を述べた。②興福寺については、「謀反之賊」と同意した罪は重く以光移住の上はなおさら重罪であるとして、〈官軍による興福寺の攻撃〉と〈末寺荘園の停廃〉を主張した。

①の園城寺の処分について参入した公卿の意見はほぼ一致したが、②の興福寺に対する処置は意見が分かれた。参議実宗の意見はこうだった。

興福寺事、須レ被レ遣二官兵一也。但一宗磨滅之条、可レ有二思慮一。仍先可レ被レ召二張本一。惜申之時、可レ被レ遣二官軍一歟。

これを要するに、〈まず官軍派遣以前に、張本の引き渡しを命じこれに従わないときに官軍を派遣する〉という修正意見を実宗が述べたことが知られる。参議頼定、同実守、権中納言実家、同朝方、散位雅頼、権中納言忠親、権大納言宗家、同実房、以上八人が実宗の意見に同意した。しかし、権大納言隆季はこの修正意見に反対し、通親の意見の線上で次のように主張した。

興福寺事、日来、再三経二沙汰一了。而凌二礫長者使一、氏院有官別当已下、及二恥辱一謀反非レ一、罪科惟重。加レ之、於レ今者一切不レ拘二制止一。任レ法可レ有二沙汰一之由、別当・権別当共所レ申也。其上不レ可レ及二異議一歟。然者、若可レ被二追討一者、雖二片時一可レ被二忩遣一也。彼寺兵強之地也。徒経二日数一、定其勢万倍者歟。所謂従レ賢而遅不レ如二愚而速一。以レ之思レ之、必可レ被二忩追討一也。此上事可レ在二勅定一。（表№11ｃ）

隆季によれば、〈興福寺は藤氏長者の使者や別当玄縁以下に恥辱を与えており謀叛の行為は一つにとどまらない。現在でも一切制止を聞かない状態であり、強制力による処理を別当・権別当らも主張している。興福寺の兵力は強力であり時を移せばいよいよ強大となるから即刻追討の官軍を派遣すべきである〉というのである。

『山槐記』同日条ではこの隆季の発言をこう記している。

於レ今者不レ可レ及二異議一、可レ被レ責二南都一也。切二塞往反路一、一切不レ通二音信一、不レ可レ用二宣旨・院宣・長者〔宣脱カ〕之由議固了、其上不レ可レ有二何予儀一哉。

つまり、謀叛認定が興福寺大衆の〈宣旨・院宣違反〉という点を根拠としたことを記している。この隆季の意見は通親の意見を詳細により強行に展開したものといえる。隆季・通親の意見は、平氏の意向を代弁したものと指摘されている[16]。これに対して兼実の意見はこうだった。

興福寺事、与二力於逆賊一、欲レ奉レ危二国家一、凌二礫長者之使一、不レ通二往反之路一、謀反之至、罪渉二絞斬一、可レ被レ遣二追討使一之条、尤可レ然。（表11ｄ）

すなわち兼実も一応隆季の意見を認めたのである。しかしながら、「社寺廃燼」「一宗磨滅」を回避しようとしておよそ以下のような詳細な反論を展開した。

①宣旨・院宣によって子細を尋ねるべきこと

②宣旨の請文を提出せず使者を追い返した場合でも次第沙汰を経て官軍を派遣すべきこと

③源以光（以仁）の南都移住情報は未確定であり、（以光以下の）賊徒の存否によって追討の有無が決定されるなら、子細を調査し、賊徒の有無を確認すべきであること

④謀叛は凶悪徒党の行為であり、満寺僧綱以下とは別であること

⑤現在の情報は風聞が多く、今日使者を派遣し明日の帰還をまって追討の有無を決めるべきこと

左大臣経宗も以上の兼実の意見に同調した。すると、隆季はさらに反論してこう言った。

不レ可レ依二昨日之前後一。謀叛之由申切了、於レ今者不レ可レ有二異議一、更不レ能レ被レ遣二使者一。（表№11ｅ）

つまり、謀叛は決定事項でその結論を蒸し返すべきでなく、使者派遣も不用だというのである。これに対して、兼実がまた反論するなどして激論となった。

そのうちに以光（以仁）誅伐の情報が南都から長者（基通）のところへ届き、左右大臣（経宗・兼実）の定め申すとおり、〈使者派遣・事情聴取後に官軍派遣〉という処置をとるべしとの高倉院の仰があった。

園城寺悪僧については、六月二十二日なって「違二背朝家一、忽企二謀反一」として、〈門徒僧綱以下の公請の停止〉、〈現任・綱位の解任〉〈末寺庄園・寺僧私領の収公〉という処置がなされた宣旨が確認できる（表№12）。

以上、以仁王の蜂起についていえば、これに与同した園城寺・興福寺の両寺大衆の「謀叛」がまず伝聞の形で記され、次に（平氏の意向を受けた）高倉院からやはり両寺の「謀叛」に対する処置が提案され、その後、賊徒に与力し隠匿した興福寺大衆の「謀叛」が集中して議論されるという経過をたどった。

その議論の過程では、興福寺大衆への「謀叛」認定そのものに異論はなかったが、軍兵派遣・荘園没収等の手続きをめぐって、公卿達の意見は分かれた。兼実は、ここでもきわめて慎重派であった。高倉院は、当初〈「謀叛」罪適用・「末寺荘園停廃」〉の趣旨の「仰」を下したものの、結局、仗議の多数意見を尊重し、両大臣（経宗・兼実）の申状に従った問題処理を命じた。

四　〈諸国反平家蜂起〉関連の用例

以仁王の蜂起後の治承四年（一一八〇）九月（表№13）から寿永三年（一一八四）二月（表№47）までの時期は、主として諸国の反平家蜂起を指して『玉葉』は「謀叛」表記を記している。

その嚆矢は治承四年（一一八〇）九月三日の記事であり、熊野権別当湛増、頼朝、行家らの蜂起が記されている。熊野権別当湛増の謀叛の内容としては、〈弟堪覚の城と所領の人家数千宇を焼き払い、鹿瀬以南の地を掠領した〉ことが記され[17]、頼朝については、〈謀叛の賊義朝の子が、配所の伊豆国で近年悪事をしていたが、新任国司（平時兼）の先使（山木兼隆）を凌礫し、伊豆・駿河両国を押領した〉との情報であった。行家については、〈以仁王の蜂起に際して、東国に下向して頼朝に与力し、大略謀叛を企てた。あたかも将門のようだ〉という記述である[18]。

このうち、頼朝についていえば、治承四年九月三日の最初の記述では、「謀叛賊義朝子」という、いわば名も記されぬ存在としてしか記載されていない。同年九月十一日条に引用された九月五日付けのいわゆる頼朝追討の宣旨においてこう記されている。

伊豆国流人源頼朝、忽相二語凶徒凶党一、欲レ虜二掠当国隣国一云々、叛逆之至、既絶二常篇一。

ここで、はじめて頼朝の実名とその「叛逆」が記載され、同日条の地の文において、挙兵後の頼朝と関東の情勢が簡潔に記されている。十一月二十三日条段階以降ようやく実名で『玉葉』の地の文に頼朝の名・活動が記されるようになるが、これ以後も「関東」の呼称でその活動を記載する場合も多い[19]。

例えば、治承四年十二月四日に「関東乱逆」に関連して改元が問題になった時、大外記清原頼業は「昔将門謀叛之時」を例に挙げ（表№16ａ）、「関東縦雖レ被二征伐一、謀反之儀、不レ可レ絶、必猶有二大事一歟」（表№16ｂ）として、関東の呼称で頼朝の活動を表現している。

この後（謀叛表記との関わりにおける）頼朝呼称をみると「謀叛之首頼朝」（表№17）などという形で表記されており、頼朝挙兵後しばらく、『玉葉』においてはまったく〈謀叛人（の行動）〉として頼朝は記載されている。有名な養和元年八月一日の頼朝の密奏に記された提案、つまり

全無二謀反之心一、偏為レ伐二君之御敵一也、而若猶不レ可レ被レ滅二亡平家一者、如二古昔一源氏平氏相並可二召仕一也。（表№32）

右の頼朝の（謀叛人呼称への）弁明（と平家との和睦提案）は、（上述のごとき兼実に代表される）貴族社会の頼朝に対する見方を前提に理解すべきものだろう[20]。（なおこの点は行家についても同様である。）

次に、諸国反平家蜂起に関するその他の用例について検討したい。

具体的な記述例は枚挙にいとまないが、とくに目だっているのは、九州における（謀叛）蜂起記述の多さである。

治承四年十一月一日の「鎮西謀叛之者」（表No.14）という用例をはじめとして、「筑紫謀叛之者」（No.19）、「肥後国菊池郡住人高直、有㆓謀叛之聞㆒」（No.22）、「鎮西謀叛」（No.23、24、26）、「謀叛之辺民」（No.26b）、「西海有㆓謀反㆒」（No.27）、「関東鎮西謀反」（No.28c）、「東西謀反」（No.30）、（菊池高直）「無㆓全謀反之儀㆒」（No.33）、「鎮西謀反殊甚」（No.34）、など、単純な記述はもっとも多数にのぼっている。

この点に関連して、注意したいのは、寿永二年閏十月一八日のNo.40の例である。

及㆑晩、範季来、談㆓世上事㆒、此次件男云、「四方皆塞、中国之上下併可㆓餓死㆒、此事一切不㆑可㆑疑。於㆓西海㆒者、雖㆑非㆓謀叛之地㆒、平氏在㆓四国㆒。不㆑令㆑通之間、又同事也。加㆑之、義仲之所存、君偏庶㆓幾頼朝㆒、殆以㆑彼被㆑欲㆑殺㆓義仲㆒歟之由、成㆓僻推㆒歟。

この記事は、兼実の家司である藤原範季の発言を記したものだが、文中の「西海」がもし〈西海道〉の意味であるとすれば、この時期平氏、義仲、頼朝の三者鼎立の状況下にあっては、治承四年以来の謀叛蜂起の多さにもかかわらず、（範季の見地からすると）九州は「謀叛の地」とみなされていなかったということになる。また西海を瀬戸内沿岸ないしは四国・中国を含めた広い意味にとると、（平氏の存在を含めて）この地域が「謀叛の地」でないという認識を示していることを意味する。この点は、例えばNo.37で「関東北陸為謀反之地」という認識が示されている点と比較して注目される点だろう。さらにこの点にかかわって、平氏都落ち以後も、兼実は平氏に対しては「謀叛」呼称を使用していない点をあわせて注意しておきたい(21)。

さて、この他にも反平家蜂起関連用例の表記は多岐にわたるが(22)、重要なのは〈義仲関係〉のものだろう。しかし義仲に関する用例はやや独自の性格を有するので、節をあらためて検討したい。

五　〈義仲〉関連の用例

義仲が『玉葉』に登場するのは、寿永二年五月十一日に平家の軍勢が義仲に大敗した越中礪波山の合戦以後（その様子を記した五月十六日条以後）である。次に義仲入京直前の七月二日の記事を挟んで、七月二十八日の義仲入京以後は頻繁に義仲関係の記事がみられるようになる。八月中旬、尊成親王（後鳥羽）の践祚をめぐって、北陸の宮を推す義仲と法皇・公卿らの対立がみられ（八月十四日条、十八日条等）、九月になると義仲の所領押領や所行不当等に関する記述が記されている（九月三日条、四日条等）。

さらに、寿永二年十月宣旨をめぐる問題から、後白河院との対立が深刻化し、〈義仲の謀叛云々〉が噂されるようになった。閏十月十九日条には、義仲が院と主たる公卿を奉じて北陸に下向するとの風聞が記され、寿永二年閏十月二十三日条では、家司範季の情報として「無二謀反之儀一」という義仲の弁明が記されている（表No.42）。

十一月に入り頼朝代官らの上洛を控え、院と義仲が互いに攻撃をしかけるという情報が記されるに至った。十一月十七日の『玉葉』の記事では〈義仲より院を襲い、また院より義仲を追討する〉という両説を「浮説」と退け、〈王化に服さない者といっても、一国を虜領し都を遠く離れた土地に引き籠るようなことは先例もあるが、洛中の目鼻の距離で噂のような乱があるとしたら前代未聞だ〉として、義仲についてこう記している。

義仲忽無下可レ奉レ危二国家一之理上、只君構レ城集レ兵、被レ驚二衆之心一之条、専至愚之政也。

すなわち、兼実は義仲の謀叛心を否定し、むしろ後白河院の（側近の）行動を非としている。しかし、この日後白河院が使者主典代景宗の口上として義仲に伝えた内容は次のようだった。

謀叛之条雖二争申一、告言之人称二其実一者、於レ今不レ及二遁申一歟。若事為二無実一者、速任二勅命一赴二西海一可レ討二平氏一。縦又乖二院宣一雖レ可レ防二頼朝之使一、不レ申二宣旨一一身早可レ向也。乍レ在二洛中一、動奉レ驚二聖聴一、令レ騒二諸人一、太以不当也。猶不レ向二西方一、逗二留中夏一者、風聞之説、可レ被レ処レ実也。能思量可二進退一也云々。（表No.43）

つまり、〈謀叛（無実の）弁明をしても実際には謀叛を企てているのだろう。無実ならば即刻西海に出発して平氏を討て。院宣に背いて頼朝代官への防衛戦をするにしても、宣旨の申請などせず、勝手に行え。洛中にあって天皇・院を悩まし諸人を騒がすは不当だ。西に出発せず洛中にとどまれば、謀叛の噂を真実と見なす。よく考えよ〉という内容だが、これは院が義仲を謀叛人となかば決めつけ、洛中からの退去を命じる最後通牒といえる。同日条の後文では、院側から明日義仲を攻めるとの情報が記されている。翌十八日条では、院の過剰警備、義仲の院命不履行（西海不下向）が『玉葉』には記され、〈事すでに大事に及ぶ〉との兼実の認識が記されている。ただ、十七日の院宣に対し、〈院を北陸に奉じる意図はないこと、頼朝代官が入京しないならば西国へ下向すること〉が義仲から返答されたことが記され、この頼朝代官の件について院のさらなる返答に兼実の注意が向けられている。兼実はこの一両日の両者のやりとりに対して、こう記している。

先院中御用心之条、頗過法、是何故哉。偏被レ敵二対義仲一也、太以見苦。非二王者之行一。若有二犯過一者、只任二其軽重一、可レ被レ加二刑罰一。又如レ被二仰下一者、申状已穏便歟。（表No.44）

すなわち、後白河院の過剰武装を王者の振る舞いではなく、義仲の申状をむしろ「穏便」としているのである。結局、翌十九日に義仲から院の御所を攻めることになるのだが、兼実はその経緯をこう記している。

凡漢家本朝天下之乱逆、雖レ有二其数一、未レ有下如二今度一之乱上。義仲者是天之誡二不徳之君一使也。（同月十九日条）

つまり、兼実はことの成り行きに呆然としつつ、むしろ後白河院の責任を記すのである。この後、義仲が院を奉じて北陸へ下向するとの噂がしばしば記されるが、翌寿永三年正月十日には、「人」の情報として、〈明日義仲が法王を具し必ず北陸に下向する。公卿の多くを引率するらしい。これは浮説ではない〉との記事が見られ、翌十一日にはこの情報がいったん否定される。義仲と和平交渉を続けていた平家の使者から翌十二日に〈義仲の再三の起請で和平を考えたが、（義仲が）法皇を奉じて北陸に向かうと聞いた。これはすでに謀叛ではないか。よって同意のことは考えなおす〉（表No.45）との申入があったためだとする。

以上をまとめれば、義仲が謀叛人と称されるのは、いわゆる法住寺合戦において後白河院が合戦を構えようとする直前からで、それも後白河院側からする用語法であって、兼実は、断定的には使用していないということである。結局、兼実が義仲を謀叛人と記すのは義仲誅殺後であった（表No.46）。

六　〈義経・行家〉関連の用例

文治元年（一一八五）十一月十七日（表No.52）から文治二年六月六日（表No.58）までは、義経・行家とその与党をさして「謀叛」の語が使われている。(23)

行家・義経と頼朝の関係が最終的に決裂したのは文治元年十月中旬であり、まず行家が頼朝に対して叛し、義経がこれに同意した（『玉葉』文治元年十月十三日、十七日条）。ちなみに義経が頼朝追討の院宣を獲得したのは十八日のことだが、十七日の義経による〈頼朝追討院宣発給要求〉に対して、後白河院は高階泰経をして兼実の意見を徴した。これに対して兼実はこう答えた。

余申云、「被レ下二追討宣旨一事者、罪犯二八虐一、為下敵二於国家一之者上蒙二此宣旨一者也。頼朝若有二重科一者、可レ被

レ下二宣旨一。何及二異議一。若又無二指罪科一者、可レ被二追討一之由、更以難二量申一（表№52）

これを要するに、兼実は伝統的な厳格な謀叛概念に基づき頼朝追討宣旨発給に批判的であった。そしてこれに続けてこう記した。

平家及義仲等之時、雖レ不レ起レ自二叡念一、暗被レ下二此宣旨一了。天下乱逆、即在二如レ此之漸一、然而為レ避二当時之難一、可レ被レ追二彼等例一哉否之条、宜レ在二聖断一。敢非二臣下之最一。

すなわち、平家・義仲への追討宣旨発給を例に挙げて、天下乱逆（のもと）が、むやみな追討宣旨の発給にあり、――（もちろんそれらが叡念より起こったものではない、とし、また緊急避難的措置ならば臣下の判断の及ばない問題だと留保しているが）――平家・義仲への追討宣旨発給に強い否定的見解を述べた。

しかし、この後すぐ、高階泰経が、〈実は、内々、頼朝追討の宣旨を発給することが、院の御意志なのですけれど、そのことを密かにお知らせしましょう。このような意見を言上したら頼朝びいきだと思われますよ〉というと、兼実は、〈時議を憚らず。忠をおもって言うのです。無罪の者を追討せよ、との意見は言えません〉と答えて、筋を通している。(24)

兼実は、一貫して、後白河院の便宜的な「謀叛」認定＝追討宣旨発給に否定的であったということが知られる。兼実の謀叛概念は、ここでもかなり厳格である。

そして、この追討の宣旨はあまり〈効き目〉はなかった。近国武士等は義経等に与えられた頼朝追討の宣旨に応ぜず、かえって義経を「謀叛の者」に処した。追討宣旨が「叡念」より出るものでないことが広く伝えられていたからだという（表№53）。たとえ宣旨であっても、その効力を発揮するには、その形式的正統性のみでなく、実質的な正当性に裏付けられる必要があったということを、この点は示唆するものであろう。(25)

おわりに

以上、『玉葉』に記された謀反用例の主たるものについて分析してきた。兼実の用例についていえば、「謀叛」呼称の使用、および「謀叛」認定については、一貫してきわめて慎重であり、比較的律令法の「謀叛」観念に忠実であったといえる。そしてこれは公卿・官人らの多数派の意見であったように思われる。(26) 一方、権力の頂点に立つ後白河院の謀叛用法は、そうした律令法観念にとらわれずに、相当に奔放であり恣意的であった。一方、高倉院についていえば、（事例が少なく確定的に言えないが）平氏の意向に添いつつも仗議の意向を無視しなかったように思われる。後白河院の恣意的な用法は後の後鳥羽院の用法に通じるものであり、(27) 専制的な治天のもとでは、「謀叛」認定は院の意向如何であったということが窺われる。

展望を含めて述べるならば、公卿・官人らの間に見られた伝統的な「謀叛」用法も、古文書の用例を検討すると必ずしも一般的なものではなく、地域の訴訟などでは、一方当事者から他方当事者に向かってかなり恣意的な「謀叛」呼称が使用されていた。その点で、在地の用法と専制的な院の用法は奇妙な一致をみせるのである。この頂点と底辺からなされた「謀叛」の恣意的な用法が律令的・伝統的な「謀叛」概念をつき崩し、相対的・中世的な「謀叛」概念を形成していくように思われるのである。そしてこれは、謀叛の哲学における相互主義ないし双務性の論理の浸透という問題とも大いに関わる問題といえるのだが、その点については別稿に譲ることにしたい。

注

(1) この視点からする研究としては、律令制下において、詳細に分類された反逆の類型――例えば、君主に対する殺害(未遂)を意味する「謀反」と国家反逆罪(亡命・通敵)としての「謀叛」が、平安後期以降混同される原因を論じた有賀長雄(『日本古代法釈義』博文館、一九〇八年)や丸山真男「忠誠と反逆」(『近代日本思想史講座』筑摩書房、一九六〇年、『丸山真男集 第八巻』岩波書店、一九九七年に再録)の研究や、平安末期から鎌倉初期のかけての「謀叛」の用例検討を行って、その語義変化を検討した田中修實「平安末~鎌倉初期における謀叛について」(『日本中世の法と権威』高科書店、一九九三年。初出は一九七六年)、後白河院政期の謀叛と所領没官刑との関係を論じた小川弘和「荘園公領制国家と鎌倉幕府」(『古代中世国家と領主支配』吉川弘文館、一九九七年)などの研究が挙げられよう。

(2) この点に属する研究としては、植木直一郎『御成敗式目研究』(岩波書店、一九三〇年)、佐藤進一「合議と専制」(駒澤大学大学院史学会『史学論集 一八』一九八八年、のち『日本中世史論集』岩波書店、一九九〇年に所収)、北爪真佐夫「中世初期国家について」(『歴史学研究』四二一、一九七五年)などの研究が挙げられる。

(3) この点の研究は、注(1)で挙げた丸山真男の研究が代表的だが、その他、吉村武彦「律令制的身分集団の成立」(『講座 前近代の天皇 第3巻』青木書店、一九九三年)、保立道久「日本中世の諸身分と王権」(同『講座 前近代の天皇 第3巻』青木書店、一九九三年)、義江彰夫「天皇と公家身分集団」(同『講座 前近代の天皇 第3巻』および「史料―日本的反逆と正当化の論理」(『知の技法』東京大学出版会、一九九四年)、伊藤喜良『日本中世の王権と権威』(思文閣、一九九三年)、および「王土王民・神国思想」(『講座 前近代の天皇 第4巻』青木書店、一九九四年)、川合康「武家の天皇観」(同『講座 前近代の天皇 第4巻』)、細川涼一「仏教改革者の天皇観」(同『講座 前近代の天皇 第4巻』)、村井章介「王土王民思想と九世紀の転換」(『思想』八四七、一九九五年)、および同「易姓革命の思想と天皇制」(『講座 前近代の天皇 第5巻』青木書店、一九九五年)の研究など、とくに『講座 前近代の天皇』(青木書店、一九九三年~一九九五年)所収の論稿に関連する研究が多い。それ以後の研究としては例えば、高橋典幸「武士にとっての天皇」『岩波講座 天皇と王権を考える10』(岩波書店、二〇〇三年)などがある。

(4) この点の研究としては、川合康「鎌倉幕府荘郷地頭職の展開に関する一考察」(『日本史研究』二七二、一九八五年)、同「鎌倉幕府荘郷地頭制の成立とその歴史的性格」(『日本史研究』二八六、一九八六年)、以上いずれも『鎌倉幕府成立史の研究』（校倉書房、二〇〇四年）に所収。義江彰夫「摂関院政期朝廷の刑罰体系」（『中世近世の国家と社会』東京大学出版会、一九八六年）、「王朝国家刑罰形態の体系」（『史学雑誌』一〇四―三、一九九五年）参照。古尾谷知浩「国家反逆罪における没官物の処分について」（『日本歴史』五九〇、一九九七年）、小川弘和「荘園公領制国家と鎌倉幕府」（『古代中世国家と領主支配』吉川弘文館、一九九七年）などの研究などが挙げられる。

（5）　例えば、①謀叛人跡地頭職に関わる研究、②大犯三箇条の一つとしての「謀叛」に関する研究、③鎌倉時代の公意識に関する研究などが挙げられる。

（6）　石母田正「鎌倉幕府一国地頭職の成立」（『中世の法と国家』東京大学出版会、一九六〇年、のち『石母田正著作集　第九巻』岩波書店、一九八九年に再録）八六～九〇頁。

（7）　北爪真佐夫『中世初期政治史研究』（吉川弘文館、一九九八年）九～一一頁。

（8）　上横手雅敬『日本中世政治史研究』（塙書房、一九七〇年）一四九～一五〇頁。

（9）　曽我良成「『或人伝』『人伝云』『風聞』の世界――九条兼実の情報ネット――」（『年報中世史研究』二一、一九九六年）。

（10）　田中文英『平氏政権の研究』（思文閣、一九九四年）一七〇～一七三頁。初出は一九七六年。なお、表№１の事例は、藤原基通が頼俊の敵として印鎰を奪い取ったことにより「謀反」の罪を受けたという大夫名勘申についての「人々」の発言である。

（11）　田中前掲書一七〇頁。

（12）　田中前掲書一七二頁。

（13）　美川圭「院政をめぐる公卿議定制の展開」（『日本史研究』三四七、一九九一年、のち『院政の研究』臨川書店、一九九六年に所収）二三四頁。

（14）　浅香年木『治承・寿永の内乱論序説』（法政大学出版局、一九八一年）一二八頁以下、田中文英前掲『平氏政権の研究』一八八頁、田中修實『日本中世の法と権威』（高科書店、一九九三年）三三二頁以下。本章原論文発表後に本事件に触れた重要な論稿としては、早川厚一『平家物語を読む』（和泉書院、二〇〇〇年）一四頁以下及び五〇頁以下、川合康「鹿ヶ谷事件考」（『立命館文学』六二四、二〇一二年）などがある。

(15) いずれも『玉葉』同日条。なお、以仁の王の乱の経緯については、田中文英前掲書第七章を参照。

(16) 田中文英前掲書三一九頁および第八章。元木泰雄『院政期政治史研究』(思文閣、一九九六年)三三一頁。

(17) このうち、堪増については、その後も〈別当範智と結託した悪逆〉(治承四年九月十一日条)、〈弟僧堪覚との合戦〉(同年十月二日条)などの「悪逆」の情報が『玉葉』に記載され、十一月にいったん、子息を朝廷に進めて「宥免」を願うが(同年十一月十七日条)、翌養和元年九月六日条には関東に立ち現れたとの情報が記され、同九日に、関東での活動について〈謀叛の儀ではなく、「公」に対し僻事なき〉旨の書札を院に進めている。兼実はこれに対して、「此申状不審尤多歟」と感想を記しており、堪増がこの間、向背さだまらぬ複雑な動きをしていたことをうかがわせる。

(18) 行家については、「謀叛賊源義俊」(治承五年二月一日条、表No.21)、「関東反賊等及半越二来尾張国一、以二十郎蔵人義俊一為二大将軍一」(治承五年二月九日条)、「義俊〈十郎蔵人〉以下数万、皆在二尾張国一(中略)坂東賊首、以レ斯為レ先」(治承五年三月二日条)、「尾張賊徒等越来、五千余騎也(中略)十郎蔵人行家〈本名義俊云々〉被レ疵入レ河了、定夭亡了歟、然而、不レ入二梟首之中一云々」(治承五年三月十三日条)、など、基本的に寿永二年七月の入京時まで、「賊」「謀叛人」として記されている。

(19) 「関東」の表記で、頼朝の活動を表現した記事としては、表No.28cの「関東鎮西謀反」、No.31aの「関東以下諸国謀反」、No.37の「関東北陸為二謀反之地一」など。なおNo.29では「安房国謀反之者」とみえ、No.30では「東西謀反」とみえる。

(20) 有名な寿永二年十月宣旨関係の記事(表No.41)で、頼朝が〈伊勢国に進出した頼朝使者の活動は「謀叛の儀にあらず」〉と「謀叛」との関わりをわざわざ否定しているのも、――(これは直接には兼実の記述だが、この情報を伝えた頼朝方の工作の結果と考えたい)――本文に記した事情を勘案して考えるべきだろう。

(21) この点に関しては、元暦元年(一一八四)七月のいわゆる伊賀伊勢の平家与党の反乱に関するNo.49・50・51の三つの史料が注目される。『玉葉』のなかでは、「伊勢・伊賀国人」「伊勢謀叛之輩」「謀叛大将軍」と記されるだけで(平田家継の注記として、〈平家郎従〉と記されているが)、「平家与党」という形では記してはいない。この点は、「平家謀叛」と一般に記されている古文書の表記(第Ⅱ部第一章参照)とは異なって、兼実は一貫して、平家の行動に対して、(都落ち以後も)「謀叛」とは表記していないように思われる。安徳の存在と関わって、注意しておきたい。

(22) 例えば、「山下（本カ）義経、甲賀入道」（表No.18）、「諸国之勇士」（＝遠国の凶徒）（No.20）、「東大・興福両寺悪徒」「衆徒」「悪僧」（No.28、28b、31b）、「関東北陸（関東北陸為₂謀反₁之地也）」（No.37）、「大神宮祢宜（東国同意）」（No.38）、「多田行綱」（No.39）などを挙げることができる。

(23) No.49〜51の用例については、注(20)参照。

(24) この兼実の発言については、冷静な計算に基づくものという河内祥輔氏の指摘がある（河内祥輔『頼朝の時代』平凡社、一九九〇年、一四八頁〜一五〇頁）。

(25) 兼実は、義経が頼朝に反旗を翻した事情には一定の理解を示していたが、義経と頼朝は「父子之儀」であり、追討宣旨によって頼朝を誅滅せんとするは、「大逆罪」にあたるとみていた（『玉葉』文治元年十月十七日条）。義経没落後、〈頼朝に対して「謀反之心」を起こすのは大逆罪で、この理由で天がこの災いを義経に与えたのだと記している（表No.54）。この後、とくに地頭設置等をめぐる朝廷と頼朝との交渉の中で、義経・行家謀反の呼称が『玉葉』に記されている。

(26) 一方当事者側の「謀叛」を指摘した訴えが朝廷の裁判で取り上げられた例が認められないのは、公卿や官人らが有したこうした伝統的な謀叛観念によるものかもしれない。

(27) 本書第Ⅱ部第一章。本文で「別稿」と記したのは第Ⅱ部第一章を指す。

第三章　頼朝の「謀叛」と「謀反」

はじめに

忠誠観念あるいは反逆観念の研究は、法思想史研究において最重要課題の一つに挙げられる。私はこの問題を研究する一つの手段として、平安時代から鎌倉初期にかけての古文書および古記録における「謀叛」用例を蒐集・分析し、その考察結果の一部を発表したが、(1) その際「謀反」と「謀叛」を区別せず便宜一括して考察した。

これは第一に、「謀反」が「謀㆑危㆓国家㆒」（君主に対する殺害予備罪）、「謀叛」が「謀㆓背㆑圀従㆒㆑偽」（亡命・敵前逃亡・投降などを謀る罪）と律では区別されておりながら、(2) 律令時代盛期の書紀・続紀においても天皇個人の殺害を目的とした「謀反」の実例は少なく大半は内乱に関する被疑・予備・実行を指して使用され、「謀反」「反」のほかに「逆」「逆叛」と記されるなど「謀叛」とまぎらわしい記述が多く、(3) 律令制が崩壊した平安後期以降両者は混同された、という通説を前提としたためである。そして、平安遺文・鎌倉遺文所収文書の表記を検討する限り、「謀叛」と「謀反」が混同されていたことは、疑えないと判断したためでもある。

しかしこれについて、東島誠氏は鎌倉幕府成立期に、頼朝はこの両者を意識的に厳格に使い分けていると指摘された。東島氏は「『謀反』と『謀叛』の原理的に決定的な差異とは、前者が単一国家の〈内部〉で生じる反逆であり、後者が複数国家の〈間〉で生じる反逆である、という点に求められよう(4)」と規定された上、両者の頼朝による使い分けは次のような実に重大な意味を含んでいると指摘された。

鎌倉幕府が「謀反」＝朝廷の論理に依拠しつつそれを揚棄し、「謀叛」という形で新たな国家反逆罪の編制を試みた——文治二年（一一八六）六月におけるその転回こそが、鎌倉幕府国家化の転換点と言うべきであった。以後鎌倉幕府の歴史のなかで、御成敗式目はもとより追加法のいずれにあっても「謀反」ではなく一貫して「謀叛」の語が用いられていることは興味深い。(5)

東島氏の議論は、鎌倉幕府国家化の契機をこの用語の使い分けによって導き出すという、実に壮大で魅力的な議論なのである。しかし、私は氏の史料操作に若干の危惧をぬぐい去れないという印象をもつ。そこで、以下、氏の立論を検証してみたい。

頼朝が「謀反」と「謀叛」を使い分けたという立論にあたって、東島氏は、吉川本『吾妻鏡』所収文書を重要な検討史料群としている。氏は、頼朝文書の検討にあたって、「文書自体の信憑性や原文書の用字への忠実性が危ぶまれる史料群の用例」は「分析の対象からは外す」(6)という厳密な態度をとりながら、『吾妻鏡』所収文書は用字分析の対象とされている。

もちろん、『吾妻鏡』所収文書の検討については、次のような配慮を加えている。

基本史料と言うべき『吾妻鏡』所収文書に限ってみても、北条本と吉川本とでしばしば用字が違っている。ただ、さきにも触れた文治元年（一一八五）十二月六日付の著名な頼朝言上状において、『玉葉』の記述と一致するのが吉川本であることから、ここでは吉川本に拠ることにし、まずは一覧してみよう。(7)

一　『玉葉』による用字検討

さて、まず前提として確認しておきたいのは、氏が『吾妻鏡』用字分析の基準とした『玉葉』の中で、「謀反」と「謀叛」はまったく混用して用いられているという点である。この点はⅡ部第二章に掲げた「『玉葉』の『謀叛（反）』用例一覧」を一見すれば直ちに了解いただけると思量するのであるが、念のため若干例を挙げておこう。

『玉葉』治承四年（一一八〇）五月二十六日条では、以仁王事件に対する園城寺と興福寺の加担に関して、女房を以て伝えられた高倉上皇の仰を

園城・興福両寺衆徒、a謀叛を巧み国家を危くせんとす。よって末寺庄園しかしながら停廃すべきか

と記しながら、その答えに兼実は

今においては、偏にb謀反の地なり。左右只勅定にあり。但し事すでに大事なり。一身に計らい難し、早く参入の卿に問わるべし

と記している[8]。ここでは、高倉院の「仰」の用字は「a謀叛」であり、それに対する兼実の答えの記述は「b謀反」である。もっともこの場合、高倉院の仰は「メモ」として伝えられ、院の仰せに関わる記述についてはメモの表記に従ったとも考えられる[9]。しかし、翌二十七日の院の殿上定における参入公卿の発言に関する『玉葉』の記述は、兼実が各人の発言を文字化したものと推察される。というのは、この日の杖議については、「各定め申す趣き」について「これを書かず」と割注がわざわざ付されているからである。つまりこの会議の発言は記されずに[10]、兼実がその発言を文字にしたと考えられるのである。この点を念頭において会議の発言に関する記述をみたい。

着座すると兼実は、左大臣経宗に上皇の「仰詞」を確認する。左大臣経宗は、

　源以光、[c]謀叛を巧み、園城寺に逃げ籠み、彼寺凶徒同意の間（中略）彼両寺衆徒[d]謀反の事、いかさま計らい行わるべきか[11]

と、仰詞の内容を示した（と『玉葉』は記す。以下同じで、注記は省略に従う）。

これに対して、参入の公卿は各意見を述べた。以下が各公卿の発言の要点である。

新任参議通親は、

　興福寺の事、[e]謀反の賊と同意す。その罪軽からず

と「謀反」と断じ〈官軍による興福寺の攻撃〉と〈末寺荘園の停廃〉を主張した。

これに対して、参議実宗は、官軍派遣という強硬措置をとる前にまず張本引き渡しを命じそれに従わないときは官軍を派遣するという慎重な手続きを主張し、八人の公卿がこの意見に賛成した。

しかし、権大納言隆季は、

　興福寺の事、日来再三沙汰を経おわんぬ。しかるに、長者の使を凌礫し氏院有官別当已下恥辱に及ぶ。[f]謀反一つにあらず罪科これ重し

と通親と同一趣旨で強硬な発言した。

これに対して、兼実は、

　興福寺の事、逆賊に与力し、国家を危くし奉らんと欲し、長者の使を凌礫し往反の路を通ぜず。[g]謀反の至り、罪絞斬に渉る。追討使を遣さるべきの条、もっとも然るべし

と興福寺の行為が「謀反」にあたるとの認識を示しつつ、さらに調査し手続きを踏むべく反論し、その中で

[h]謀叛は、凶悪徒党の然らしむる所なり。満寺僧綱以下しかしながら事に与すべからざるか

として張本と僧綱との区別を説いた。しかし隆季は敢然と反駁し、

[i]謀叛の由申し切り了んぬ。今においては異議あるべからず

と主張した。これに対し兼実が激高してさらに反論した。結局、高倉上皇は、

両丞相定め申す状に任せ、先ず使者を遣わし、かつがつ[j]謀叛の子細を仰せ以光の在否を尋ね、状に随って官軍を遣わさるべし

と左右大臣（経宗・兼実）の主張に従い、使者派遣と事情聴取の手続きをとるべしとの仰を下した。

以上が、兼実が『玉葉』に記したこの問題に関する杖議の内容である。一見すると、強硬派の通親・隆季の言い分に対して兼実が「謀反」（e、f）という厳しい表記を使ったかに見えるが、隆季の発言にも後段（i）では「謀叛」の字があてられている。さらに、院の仰せに関する左大臣経宗の発言にも、「謀反」「謀叛」を混ぜ用い、兼実自身の発言についても、「謀反」（g）と「謀叛」（h）を混用している。こうしてみると、「謀叛」と「謀反」が完全に混用されているといえよう。[12]

そして、兼実にあっては、「謀反」は朝廷に対するものとは限らない。文治元年十一月七日条に、西国に下向して再起をはかった義経が豊後で討ち取られたという情報を記した後で、義経を次のように評価している。

義経大功をなす。その詮なしといえども武勇と仁義においては後代の佳名を貽す者か。歎美すべし歎美すべし。但し頼朝に謀反の心を起こす。すでにこれ大逆罪なり。これにより天この災いを与えるか

ここでは、「謀反」はあくまで頼朝に対する行為であり、朝廷に対するものではない。

文飾にうるさく、故実家をもって任じ、第Ⅱ部第二章で述べたように「謀叛」認定には慎重であり厳格であった兼

実も、用字に関しては無頓着であり、「謀反」の対象に関しても律の用法に従ってはいなかった。その点で、下は在地の用例、上は後白河院の用法と同様であったといえる。この点から考えれば、『玉葉』は「謀反」と「謀叛」の用字使用に関して基準にならないものと思われる。

いまさらのごとく『玉葉』における用字の混同を確認したのは、一つには、『吾妻鏡』の編纂材料の一部として『玉葉』があり、一つには東島氏が、『吾妻鏡』の伝本選択にあたって、『玉葉』の記述を一つの基準とされたからである。(13) そして、(明法家はともかくとして) 太政官の公卿が、既に「謀叛」「謀反」の区別を行わず、混用していたとするならば、仮に頼朝が厳格に両者を使い分けたとしても、いったい誰に対してその使い分けを主張するのだろうか。逆に言えば、その使い分けを誰が理解するのかが問題となるだろう。つまり、頼朝が細心の注意をもって使い分ける、その意味が判然としなくなるように思われるのである。

二　『吾妻鏡』による用字検討

問題は、『吾妻鏡』の場合いっそうはっきりしている。前述のように、東島氏は、「『玉葉』の記述と一致するのが吉川本であることから、ここでは吉川本に拠る」として、吉川本の用字を分析対象としている。

『吾妻鏡』の伝本については、古く八代国治が『吾妻鏡の研究』において、吉川本が草稿本で北条本が修正本であるとして、史料価値は吉川本に多い、と指摘された。(14) しかし戦後における『吾妻鏡』本文批判を代表する益田宗は「吉川本が草稿本の形を伝え、北条本が整理された浄書本の形を伝えているという説については、全くといってよいほど否定的である」との見解を示されている。(15) 益田によれば、『吾妻鏡』諸本の本文系統は、広本と考えられる原本文から一部分の巻々についての略本が生まれ、ここからまたこれを簡略にした再略本が生まれ、しかも、全体としては伝来せず、一部の各巻が所々にばらばらに伝来し、後世の蒐集家によって、それらの略本・再略本がかき集められた結果としてのみ伝存し、吉川本も北条本も足入れ本であることは明らかだと指摘されている(16)。

もし、益田の指摘のように〈吉川本と北条本との間に系譜関係がない〉と仮定すると、個々の記事の信頼性は個別の材料如何ということになり、『玉葉』の記事との一致という一事例から、吉川本に依拠するという一般命題は引き出せないといえる。

大局からいえば、「謀反」と「謀叛」とがまったく混用されているという中世の一般的な謀叛（謀反）観念の中で、度重なる伝写を経た『吾妻鏡』の記事による用語検討は、たとえ引用文書に限るものであったとしても、ほとんど不可能であると考えられる。用字検討という点に限定するならば、その誤写可能性の大きさに比べた時、吉川本と北条本の差はほとんど〈誤差〉の範囲であろう。

三　用例の分析

では、かりに『吾妻鏡』所収文書を「謀反」と「謀叛」の用字検討に使わないとした場合、一体、使用に耐える文書はどれほどになるのだろうか(17)。おそれくそれは次の五種類の史料に限定されるのではないだろうか。

〔史料A〕　寿永二年（一一八三）十一月十三日頼朝請文案（九条家文書五、一四九四号文書の（3））

謹請

右大臣殿仰事、

右、任二　宣旨之趣一、可レ令二下知一候之状謹所レ請如レ件、抑如レ此□□(公領カ)庄薗、平家退散之後、世間属二無為一者、各任二道理一、如レ元□□(安堵カ)候之処、如二当時一者、木曾冠者義仲起二謀叛一候之由、其□□(聞候カ)、都鄙未二安堵一候也、然者尚如二平家之時一、不二相鎮一候歟、独□候、如レ此之奸類不レ絶候者、事之違乱出来候、只今雖□□、彼家罷去候之後者、為二　君之御世一、可二落居一之由存□□□(候之処カ)、本意相違之条、誠以不便思給候、御辺事、更不レ存二踈□□(略候カ)一、以二此旨一可下令二披露一給上候、頼朝恐惶謹言、

寿永二
十一月十三日　頼□(朝)

〔史料B〕　元暦二年（一一八五）六月十五日源頼朝下文（島津家文書之一）

(源頼朝)
(花押)

下　伊勢国波出御厨

補任　地頭職事、

(異筆)
「左兵衛尉惟宗忠久」

右件所者、故出羽守平信兼党類領也、而信兼依レ発二謀反一、令二追討一畢、仍任二先例一為レ令レ勤二仕公役一、所レ補二地頭職一也、早為二彼職一、可レ致二沙汰一之状如レ件、以下、

元暦二年六月十五日

〔史料C〕　元暦二年六月十五日源頼朝下文（島津家文書之一）

(源頼朝)
(花押)

下　伊勢国須可御庄

補任　地頭職事、

（異筆）「左兵衛尉惟宗忠久」
右件所者、故出羽守平信兼党類領也、而信兼依レ発二謀反一、令二追討一畢、仍任二先例一為レ令レ勤二仕公役一、所レ令レ補二任地頭職一也、早為二彼職一、可レ致二沙汰一之状如レ件、以下、

元暦二年六月十五日

〔史料D1〕 文治元年（一一八五）十二月六日源頼朝言上状（『玉葉』文治元年十二月二十七日条所収[18]）

（前略）但於今者、諸国庄園平均可レ尋二沙一汰地頭職一候也、其故者、是全非レ思二身之利潤一候、土民或含二梟悪之意一、値遇二謀反之輩一候、或就二脇々之武士一、寄事二於左右一、動現二奇恠一候、不レ致二其用意一候者、向後定無二四度計一候歟、然者雖二伊予国候一、不レ論二庄公一、可レ成二敗地頭之輩一候也、（下略）

〔史料D2〕 礼紙状

同二意謀反人行家・義経一之輩、先可レ被二解官追却一交名注二折紙一、謹以進二覧之一、

〔史料D3〕 折紙状

頼朝欲二申給一、其故者、云二国司一云二国人一、同二意行家義経謀反一、仍為レ令レ尋二沙一汰其党類一、欲レ令レ知二行国務一也、

〔史料E〕 将軍家政所下文案（宮内庁書陵部所蔵「八幡宮関係文書」）

将軍家政所下　鎮西住人等

可レ令下早守二先例一并宰府下知一勤仕上造　宇佐宮課役事、

右当社御造替者、卅三ケ年一度、是邂逅之事也、且　朝家之大営、次当家信仰之廟社也、存二此理一之者誰被二遁避一哉、而如レ聞者、国郡之地頭等募二権勢之威一、称下不レ可レ勤二仕之由上云々、違背之条奇恠殊甚、是則、思二平家之旧好一、各挟二謀叛之心一所レ致歟、猶於二懈怠之輩一者、不レ可レ置二住国一、可レ追二放他境一之状如レ件、以下、

建久三年九月十八日

案主藤井《俊長》在判

知家事中原《光家》在判

令民部少丞藤原《行政》在判

別当前因幡守中原朝臣《広元》同

前下総守源朝臣《邦業》同

〔史料A〕では「謀叛」、〔史料B、C、D〕では「謀反」、〔史料E〕では「謀叛」と表記されている。しかし、これらの史料の用字用例の多寡や分析によって、〈I「謀叛」→II「謀反」→III「謀叛」〉という用字使用の変化を論証することは困難であろう。すなわち東島氏の立論は『吾妻鏡』の用字表記が分析に耐えうるという前提に立ってはじめて可能なものである。

そして『吾妻鏡』の用字が仮に分析可能のものであったとしても、

Ⓧ全体として「謀反」の用例が多い

Ⓨ寿永三年（一一八四）四月から文治二年（一一八六）六月までの時期は「謀反」で占められている

という氏の指摘は、必ずしも説得的ではないように思われる(19)。

Ⓧについていうならば、氏が⑧として挙げた言上状写・礼紙状写し・添付折紙状写の同日付三つの『玉葉』の用例を除くだけで、八対十二の比率となる。

次にⓎについて言うならば、「島津家文書」の同日付二例、『玉葉』同日付三例、「崎山文書」二例（要検討文書）、『吾妻鏡』一例であり、「例外なく死守」と表現するほどのものではないように思われる。とくに『吾妻鏡』の二つの用例は「北条本」ではいずれも「謀叛」表記がなされている。前述のように「吉川本」と「北条本」の用字に関しては、両者に系譜関係がない限り、信頼性は個別の記事ごとに異なるわけであり、『玉葉』との一致など個別例の検討から他の記事全体を類推解釈するのは危険であろう。

もっとも、『吾妻鏡』所収文書を除いても、〈A↓BCD↓E〉という変化が認められるのだから、〈Ⅰ「謀叛」↓Ⅱ「謀反」↓Ⅲ「謀叛」〉という頼朝文書における用語使用の変化は想定可能とはいえる。

その意味で、〈当初、「謀反」と「謀叛」は未分化で使われたが、寿永三年（一一八四）三月の⒜大江広元の幕府への参画を契機に、[20]「謀反」の原義が発見されて「謀叛」の慣用が正され、さらに、文治二年（一一八六）⒝頼朝権力独自の没官領注文＝加藤光員注文作成を前提として、[21]「謀反」＝朝廷の論理を棄てて「謀叛」という形で新たな国家反逆罪の編成を試みた〉（要約、点線も筆者）という東島氏の指摘が成立する可能性はある。

しかし、大江広元の幕府への参画（ⓐ）と、頼朝権力独自の没官領注文＝加藤光員注文の作成（ⓑ）が、表記変化の契機であるという理由付けは、あり得べき契機であるがなお推測の域にとどまっているといわざるをえない。

第二に、「鎌倉幕府国家化の転換点と言うべき」文治二年六月の転回以後「鎌倉幕府の歴史のなかで、御成敗式目はもとより追加法のいずれにあっても、『謀反』ではなく一貫して『謀叛』の語が用いられている」と「転回」の意義を強調される点にも問題がある。[22]

確かに、大勢として、用字が「謀叛」へと一般化する傾向が認められるように思われるが、関東下知状や関東御教書という幕府文書に対象を広げれば、これ以後も「謀反」表記が混在していて、[23]「転回以後」も鎌倉幕府発給文書において一貫して「謀叛」表記がとられたとはいえないからである。

第三に、Ⅱ「謀反」からⅢ「謀叛」への変化を示すとされる『吾妻鏡』所収文書の解釈もやや無理があるように思われる。前述のように、筆者は『吾妻鏡』所収文書は用字分析には耐えない、という立場なのだが、論証の都合上東島氏の立論の是非を検討したい。

東島氏が用字表記変化の画期であり、「謀反」と「謀叛」のかき分けが、（もはや史料③の段階[24]とは違って）「より周到に行われている」と指摘したのは、有名な文治二年（一一八六）六月二十一日の源頼朝奏状である。まず氏の説明を引用したい。

　そこではまず、

ⓟ於二伊勢国一者、住人挟二梟悪之心一已発二謀反一了、

として、伊勢国事件をここでも「謀反」と確認した上で、「義経沙汰」没官領の設定と、その停廃による「其替之地頭」の補任以下のことについて述べる。そして文書の後段、伊勢国「謀反」という既成事実から、一般論へと敷衍する部分において、まさに「謀叛」の語が用いられているのである。次に引くのがその部分である。

ⓠ凡不レ限二伊勢国一謀叛人居住国々、凶徒之所帯跡にハ《マヽ》所下令レ補二地頭一候上也[25]、

つまり、ⓟの「謀反」は伊勢国問題（――氏のいわれる「義経沙汰」没官領の設定と停廃――）という個別事例だから「謀反」が、ⓠの「謀叛」は（――頼朝による「謀叛人」地頭職補任の確立にかかわる？――）一般論なので「謀叛」が使われたというのである。これはかなり踏み込んだ解釈なのだが、むしろ混同あるいは転写の誤りと見た方が素直ではないだろうか。というのは、実はこの文書の後半部分に今一度、次の文脈の「謀反」表記が見られるからである。

ⓡ又縦為二謀反人之所帯一、令レ補二地頭一之条、雖レ有二由緒一、可二停止一之由、於下被二仰下一候所々上者、随レ仰可レ令二停止一候也

　この表記は、まさに伊勢国問題に特定されるものではなくて、ⓠと同様に一般論を言ったものであると筆者は思量するだが、そこに「謀反」表記が行われているのである。もちろんこれについても氏が言及されていないわけではない。一六八頁注(71)のなかで次のように説明されている。

これは、「たとい謀反人の所帯として地頭を補せしむるの条、由緒有りといえども」という条件節であって、最初に出てきた伊勢国「謀反」という既成事実を想起させ、「たとえそのような場合であっても」、としたものである。

つまり、東島氏によれば、このⓡの表記はⓟの表記を想起させるのでその連関から、頼朝が入念にも「謀反」の用字を使った、ということになるが、この解釈は強引であって、混同あるいは伝写の誤りと解した方が自然であろう。

おわりに

以上、東島氏の魅力的な立論に対して疑義を提示した。本章の考察にもかかわらず、氏の立論はありうる仮説の一つとして成立可能の範囲にあると思われるが、確認された結論としては受け入れがたいものである。個々の史料をつなぎ合わせる論理の巧みさにはかけねなしに感心するのだが、個別の事例の意味づけにやや無理を感じるのである。東島氏の立論は、吉川本『吾妻鏡』所収の源頼朝文書は用字分析が可能であり、かつ用字を正確に反映しているという前提と、寿永三年（一一八四）三月から文治二年（一一八六）六月までの時期は、頼朝は、一点の混同なく、同一文書内での表記の違いにも、明確な意味を込め書き分けている、という前提からなっている。[26]私はこの二つの前提を直ちに受け入れがたいため、氏の立論をそのまま受け取ることは出来ないのである。「謀叛」と「謀反」の書き分けから、幕府の国家性如何を論じることは、現存の史料によるかぎり、おそらく不可能であろう。

注

（1）　本書II部第一章、第二章

（2）　日本思想大系『律令』（岩波書店、一九七六年）一六頁頭注。

（3）　日本思想大系『律令』は、「謀反の実例」として以下の補注を付している。「律令時代盛期に成立した書紀・続紀に謀反または反と書かれた実例を調べると、天皇個人の殺害や急死を目的としたと確認しうる場合は少ない。むしろ寵臣の殺害を通じての政権掌握、あるいは蝦夷・隼人らの騒擾など、いわゆる内乱に関する被疑・予備・実行の場合が大半である。また実例の記述には、謀反や反のほかに、逆・逆謀・逆臣・反逆・叛逆など、謀大逆や謀叛とまぎらわしい表記が多く、宣命には「謀反大逆」と続けた例（続紀、宝亀三年四月丁未条）さえある」（同書四八九頁）。さらに、「謀反」と「謀叛」の違いについては、次の補注を付している。「反は手を裏返す意、叛は反と半を合せた字で、半は分ける意。従って反は積極的で君主や朝廷への攻撃、叛は消極的で君主や朝廷からの離脱を意味する。首謀者に対する刑も、謀反は極刑の斬だが、謀叛は一等軽い絞である。しかし反と叛とのこのような区別に対応する日本語はなく、両者は漢字の音で区別するほかはなかった。一般に君主に対する反逆を意味する日本語のソムクは背を向ける意で、反より叛に近い。従って律令制が崩壊した平安後期以後は謀反も謀叛と書かれ、すべてムホンと読まれた。謀反と謀叛との混同といい、律令時代における謀反の実例といい、日本人の君主ないし支配に対する観念には注意する必要がある。（下略）」（同書四八九頁）。右の記述は通説の代表的なものであろうが、日本の場合、いわゆる「君側の奸を除く」型の反乱が古代にまで遡ることをうかがわせると同時に、律令盛時においても、一般には両者を区別していなかったことを推測させるものである。

（4）　東島誠『公共圏の歴史的創造』（東京大学出版会、二〇〇〇年）一四三頁（初出「都市王権と中世国家」鈴木正幸編『王と公――天皇の日本史』柏書房、一九九八年）。著書への収録にあたっては本書II部第一章原論文をも「批判的に参照して」、補訂が加えられているが、「文治二年六月以前には厳格に「謀反」が用いられていたとする本章の論旨に変更の必要はなく」「謀反と謀叛が一般的に混同されるなかにあって、頼朝があえて「謀反」を言わねばならなかった時期の存在、こそが重要なのであり、その点がより鮮明になった」と「補記」に記されている（東島前掲書一七二頁）。実はII部第一・二章原論文では、頼朝による使い分けについては、まったく意識しなかったため、氏の御指摘に接し本章で改めて検討した次第である。

（5）東島前掲書一四八〜一四九頁。
（6）東島前掲書一四四頁。
（7）同右。
（8）図書寮叢刊『九条家本　玉葉　七』（明治書院、二〇〇一年）一四八頁。便宜書き下した。
（9）その場合は、高倉上皇あるいは「仰」の筆記者の誤用――aの「謀叛」は「国家を危くせんとす」の文脈から、かりに律の規定に照らせば、「謀反」の誤用といえる――に対して、兼実が意図的に用字を直したということになろう。
（10）割注には「かくの如きの定式、職事折り紙に注す、今日然らず」と貴重な記述が続いている（㊆一五〇頁）。つまり、こうした議論は、通常は職事が折紙にメモをとるが、この日は職事がメモをとらなかったというのである。
（11）dについて名著刊行会本では「謀叛」の用字を使っている。
（12）もう一例だけあげると、治承五年二月十五日に伝聞記事として「鎮西謀叛の輩、日を逐って興盛、大宰府を焼き払い了んぬと云々」と記しているが、その要約として「十五日」の表記の傍注に「鎮西謀反事」と記している（㊆二七九頁）。兼実が用字に注意を払ったとは考えられない。
（13）もっとも氏が基準とされた文治元年（一一八五）十二月六日付の頼朝言上状については、右中弁藤原光長が持参した頼朝書状を日記に貼り付けたと指摘されているので（多賀宗隼『玉葉索引』吉川弘文館、一九七四年、五四五頁）、その後の伝写が正確である限り、原史料の用字を反映している可能性は高い。しかし、確認したいのは、石母田正による『吾妻鏡』の史料批判以来、一次史料として偏重されてきた『玉葉』も、「謀反」「謀叛」の用字に関する限り――（少なくも原史料を忠実に反映しているという傍証のないかぎり）、――使えないという点である。なお、『玉葉』の用字分析による立論に対する批判としては、上横手雅敬『日本中世政治史研究』（塙書房、一九七〇年）一四八〜一五一頁も参照。
（14）八代国治『吾妻鏡の研究』（明世堂書店、一九一三年）四七頁、五七頁。
（15）益田宗「吾妻鏡の本文批判のための覚書」（『東京大学史料編纂所所報』第六号、一九七一年）二頁。
（16）同右。
（17）文治二年（一一八六）五月五日源頼朝袖判下文案文治二年（一一八六）五月六日源頼朝書状案（いずれも「崎山文書」）

は、文書の信頼性から私は検討対象からはずしたい。

(18) 注(14)で記したように、『玉葉』文治元年十二月二十七日条所収源頼朝言上状は、用字検討の使用に耐えると推察される。

(19) 東島前掲書一四四頁。なおⓎの指摘に関してはこのままでも意味が通るように引用元の史料番号の表記を年号表記に代えた。

(20) 同右一四六頁。

(21) 同右一四八頁。

(22) 同右一四八〜一四九頁。

(23) 一例をあげれば元久二年閏七月十二日関東御教書において、備後国大田荘の地頭停止を求める高野山に対して、「而依二謀反之咎一、故大将家之御時被二召禁彼輩一、以二其跡一補二給善信一了、随又無二指其誤一候歟。就レ中当庄者本則平家之領也、今又謀反之跡也、不レ能二改定一」と拒否している（「高野山文書」宝簡集八、『備後国大田荘史料一』）。（大田荘関係史料でも、大江広元を差出人とする正治元年九月八日の関東御教書写では「当庄者本是平家之領也、今又謀叛人之跡也」と表記している（「高野山御影堂文書」『備後国大田荘史料一』）。また、丹波国上林庄に対する守護使入部停止を認めた寛喜元年四月十日の関東下知状では「謀反殺害輩出来之時者、為二庄家之沙汰一、可レ召二渡守護所一」とみえる（「神護寺文書」（鎌倉遺文⑥三八三〇号）。また御成敗式目の中で「謀叛」の直接の記述があるのは、三条、九条、十一条の三カ所であり、追加法でも、二条、二十九条、三十一条、三十四条、六十二条、百四十九条、二百五十五条の七つの史料である。

(24) 氏によれば、「頼朝がここで初めて『謀叛』とは区別される『謀反』の存在を知った」（東島前掲書一四六頁）とされる寿永三年三月一日の『吾妻鏡』所収文書をさす。

(25) 東島前掲書一四七頁。

(26) これ以後の時期、すなわち、氏の表現によれば、「それまで例外なく死守してきた『謀反人』所帯跡地頭の概念への拘泥が、事実上放棄されてしまう」（前掲書一四七頁）時期以後について、「混同」という問題を認められるのかどうか判然としないが、『吾妻鏡』文治二年十一月二十四日条所収の、「太政官符」「院宣」「頼朝請文」に関する表記の解釈――朝廷が平氏追伐跡地頭を「謀反人跡」と表記するのに、頼朝側は「謀叛人跡」と「積極的なずらしとして」読み替えた（同一四七頁）

と解釈されている所から判断すると、頼朝はこれ以後もなお用字に政治的意図を込め細心の注意をもって使用したと解されているようである。なお同日条は、地の文では吉川本・北条本ともに「謀叛」表記がなされ、官符については、両写本とも「謀反」、院宣については吉川本が「謀反」、北条本が「謀叛」、頼朝請文では逆に北条本が「謀反」、吉川本が「謀叛」の表記をしている。

第四章 和田合戦と横山時兼

はじめに

町田市相原町に立地する法政大学多摩キャンパスは古代以来史跡の豊かな地域に位置している。平安末から鎌倉初期にかけてこの地域で活躍したのは横山党の武士であった。(1) 前九年の役に源頼義に従い戦功を伝えている横山経兼の子孝兼の嫡子（粟飯原）時重と次子（藍原）孝遠は、ともに「あいはら」を名字とし、以後和田合戦で滅亡する時兼にいたるまで、相原町周辺地域に多くの足跡を残している。(2) 小野篁七代孫孝泰が武蔵守として下向し横山（現在の八王子市域）に土着したのに始まる横山党の活動については周知のところである。平安時代に相模・武蔵・上野にわたって横山、小野、目黒、海老名、別府、山口、愛甲、成田、中条、箱田、河上、玉井、室伏、平山など七十を数える氏族を分出し、保元の乱、平治の乱に「中条新五新六、成田太郎、箱田次郎、河上三郎、別府次郎、奈良三郎、玉井四郎」らが源義朝に従った。源頼朝挙兵時にも経兼曾孫の横山時広・時兼父子が頼朝に従い、御家人に列したが、建暦三年（一二一三）の和田合戦に、横山本宗家が南武蔵・北相模の横山氏の一族とともに和田方として参加したため、これらの地域の横山一族はほとんど滅亡してしまった。(3) 滅亡後、鎌倉中後期にほとんど歴史の表面に現れないために、(4) 従来、幕府成立期における横山氏の役割については、必ずしも正当な位置づけが与えられてこなかったように思われる。しかし後述のごとく、幕府成立期・鎌倉初期に活動した横山本宗家の横山時広・時兼は、多くの御家人中でも指折りの存在であり、和田合戦でも中心的な役割を果たしていたものと考えられる。本章はこの横山時兼の活動を跡づけ直すことにより、その位置づけの再検討を意図するものである。

一　和田合戦と時兼

筆者はかつて、和田合戦について、これを、駿河・遠江・相模・武蔵において、国司や守護を兼帯（あるいはその権能を実質的に行使）した北条氏による、御家人被官化の動きに対する相武有力御家人の反発のあらわれである、と位置づけたことがある。(5)しかしその時は、和田合戦の討死者として横山氏関係者が断然多いことについて、とりたてて注意しなかった。しかし横山氏に注目して和田合戦討死者の交名を見直してみると、そこでの横山一族の比重が実は圧倒的に大きい事実に気がつかされる。

『吾妻鏡』建暦三年（一二一三）五月六日条（以下『吾妻鏡』の記事はその日時を本文中に示す）には、五月二日・三日の和田合戦での討死者（小者や郎等を除く）交名一四二名が列記されているが、「横山人々」は横山・平山・栁田・粟飯原・田名・小山・荻野・古郡ら三十一名でもっとも多く、和田一族が十三名であるのに対してもそれは際だっている。(6)さらに、相模国における代表的な横山党である愛甲氏三名や海老名氏五名、(7)さらに時兼の姻戚であった渋谷氏八名、(8)波多野氏三名を加えると、横山氏関係は五十一名となり優に全体の三分の一を超えているのである。

また視点を移して、和田合戦関係の伝聞記事を見直してみると、例えば『明月記』は建暦三年五月九日条において、「和田左衛門尉某〈号三浦党〉(9)横山党〈両人共其勢抜群〉」と記しており、そこには「和田」と並んで「横山」が乱の中心であったという認識が示されている。

『吾妻鏡』同年五月三日条には、和田合戦に参加し逃亡した残党捜索のため、在京御家人であった佐々木広綱宛に送った次の「御書の様」（書状の雛形）が収載されている。

〔史料A〕『吾妻鏡』建暦三年五月三日条（二六八五頁）

和田左衛門尉義盛、土屋大学助義清、横山右馬允時兼、すへて相模の者とも、謀叛をおこすといへとも、義盛殞レ命畢。御所方別の御事なし。しかれとも、親類多きうへ、戦場よりもちり〳〵に成よしきこしめす。海より西海へも落行候ぬらん。有範、広綱おの〳〵そなたさまの御家人等ニ、この御ふみの案をめくらして、あまねくあひふれて、用意をいたして、うちとりてまいらすへき也。

五月三日　酉剋　　大膳大夫（大江広元）
相模守（北条義時）

佐々木左衛門尉（広綱）殿

〔史料A〕では、和田合戦を、基本的に相模国御家人の謀反としながら、[10] その中心を、和田義盛、土屋義清、横山時兼の三名としている（この三名の共通性については後述したい）。

次に、『吾妻鏡』同年五月五日条では、乱参加者の所領・所職没収について、次のように記されている。

〔史料B〕『吾妻鏡』建暦三年五月五日条（二六八七頁）

義盛、時兼以下謀叛之輩所領、美作淡路等國守護職、横山庄以下爲レ宗之所々、先以収二公之一、可レ被レ充二勳功之賞一云々。相州、大官令被レ申二沙汰之一。

〔史料B〕では、和田義盛と横山時兼以下の謀叛人の所領・所職没収につき、具体的には、義盛の美作国の守護職と、時兼の淡路国守護職と所領横山荘の没収を記している。守護職はもっとも有力な御家人が任じられたものであるが、鎌倉前半期においては容易に相続が認められず移動・更迭が頻繁であったなかで、時兼が父時広に続いて淡路国の守護職に任じられたのは、[11]横山本宗家が最有力御家人の一つであったことを意味しよう。時広は文治五年に但馬守護にも任じられており、[12]横山一族では、小野氏を名乗った横山経兼の弟成任の系統が、小野成綱、小野盛綱とやはり父子二代にわたって尾張国守護に任じられている事実も注目される。[13]あわせて、幕府内における小野姓横山氏一族の地位の高さを再認識するべきであろう。

和田合戦に遡ること約一月半の三月十九日、二月の泉親衡の謀反露見後、（義盛が必死に赦免を嘆願したが入れられず、義盛逆心の原因となったと『吾妻鏡』が記すところの）和田一族胤長の奥州への流刑が実施された翌々日、横山時兼が和田義盛の宿所へ来訪している。その時（時兼警備のため）「甲冑隠兵五十余輩」が、義盛宿館を徘徊していたために、用心のために将軍御所での庚申会が中止されている（『吾妻鏡』同日条）。この事実から推察されるように、時兼は事前から挙兵計画の中枢におり、両者の間で、五月三日をもって計画決行の日と決められたのである。

時兼が計画通り、一族郎党数十名を率いて五月三日夜明け前に腰越にやってくると、案に相違して合戦は既に前日に始まっていた。急遽、戦いに参加した時兼勢の援軍を得ると、和田方は勢いを盛り返し、以後十数時間にわたって幕府方と激戦を繰り返し、一時は幕府方を窮地に追い込んだのである。

しかし、酉刻に至って和田義盛が討死したのち、時兼は一族の古郡左衛門尉（保忠）、和田新左衛門尉（常盛）、山内先次郎左衛門尉（政宣）、和田新兵衛尉、岡崎余一左衛門尉（実忠）らの大将軍六人とともに戦場を離脱した（『吾妻鏡』五月三日条）。時兼と古郡保忠・和田常盛らは、おそらく横山荘をはじめとする境川流域の一族所領を経由して、古郡氏の本拠甲斐国まで遁れ、古郡保忠は本拠地古郡（現上野原）に近い所領板東山波加利荘東競石郷二木で自殺し、横山時兼は娘婿の和田常盛（四一歳）とともに、板東山償原別所で自殺した。時に六一歳であった（『吾妻鏡』同年五月いる。

四日条)[14]。両人の首は四日には鎌倉に届けられた。片瀬川辺に梟首された首は二三四に及んだと『吾妻鏡』は記して

以上、和田合戦と横山時兼の関わりを概観したが、時兼は事前から一貫して計画の中枢におり、また、客観的に果たした役割においても義盛と比肩するものといえよう。和田合戦はその実態からいえば、和田・横山合戦といった方がむしろ正確である[15]。

二　源氏譜代代表としての時兼

時兼が自殺したのが『吾妻鏡』の注記通り六一歳とすれば、生まれは、一一五三年頃であるが、治承・寿永の内乱以前についてはその活動を史料的に跡づけることができない。頼朝挙兵時に時兼は既に三十歳近いが、以下のごとく父時広とともに活動している。頼朝挙兵時の動向も史料的には不明である。『八王子市史』は、横山党の頼朝軍への参加を、一一八〇年（治承四）十月四日畠山重忠・河越重頼・江戸重長らの参加に同調したものと見ている[16]。

しかし、①横山氏が既に相模国に進出し三浦氏との関係を持っていた点[17]、②一族小野（成田）成綱・盛綱・義勝房成尋らの頼朝配流時や挙兵時の活動状況[18]、③時広が文治元年（一一八五）という早い段階で但馬守護（総追捕使）に任じられている事実[19]、等々から判断すれば、より早く参加していた（あるいは参加を約していた）可能性が高い。そのいずれにせよ、同年十二月十四日には武蔵国住人の知行地の安堵が行われており、武蔵国の武士団は頼朝傘下で安定をみることとなった[20]。

時兼の活動についてまず第一に注目すべきは、頼家誕生に関わる『吾妻鏡』寿永元年（一一八二）八月十三日の次

の記事である。

〔史料C〕『吾妻鏡』寿永元（一一八二）年八月十三日条（一八九頁）

十三日辛亥。若公誕生之間、追二代々佳例一、仰二御家人等一、被レ召二御護刀一。所謂、宇都宮左衛門尉朝綱、畠山次郎重忠、土屋兵衛尉義清、和田太郎義盛、梶原平三景時、同源太景季、横山太郎時兼等献レ之。亦御家人等所レ献御馬、及二二百余疋一。以二此龍蹄等一、被レ奉二于鶴岳宮一。

すなわち、代々の佳例に従って七人の御家人から「御護刀」を召し、その他の家人らによる馬の献上は二百匹に及んだが、時兼は、下野の宇都宮朝綱、武蔵の畠山重忠、相模の土屋義清、和田義盛、梶原景時、同景季とともに、「御護刀」を献上しているのである。多くの御家人の中から、将来頼家側近（懐刀）たることを頼朝から期待されたのがこれら七人の武士であったと考えておそらく誤りはないだろう。いずれも、国を代表する著名な武士であり、ここであらためて説明する必要もない。時兼がここに名を連ねていること、つまり、鎌倉御家人中において時兼が非常に重く位置づけられていることに注意しておきたい。

第二に注目すべき問題は、寿永の内乱期の戦闘における時兼の役割である。『平家物語』諸本によれば、時兼は、義経の手に属して屋島・壇ノ浦に転戦し戦功をあげたと記されているが[21]、時広・時兼の役割は、『平家物語』諸本が記すような単なる兵卒としての働きではなく、むしろ一方の大将、あるいは広域司令官として戦略上において重要な役割を演じたと考えるべきである。このことは後年の史料ではあるが「進美寺文書」元亨元年三月日住僧等解に、「平家追討之刻、去文治元年被レ責二八島逆徒一之時、為二当国総追捕使一横山権守小野時広奉行」とみえ、時広が、但馬の総追捕使として（国内の寺に平家追討の祈禱を命じる）奉行を行っていた事実で確認される[22]。時広・時兼が幕府草創期・対平家戦段階から、有数の御家人として位置づけられていたことは疑えない。

第三に注目すべきは、時広・時兼はたんに有数の御家人であるという点にとどまらず、有力な御家人の中でも、源氏の譜代家臣の代表という特別の位置づけがなされていたという点である。この点については、周知の史料ではあるが、一一八九年（文治五）奥州合戦における活動を挙げておきたい。奥州合戦において、時広が鎌倉から従った御家人交名に名を連ねているが（『吾妻鏡』同年七月十九日条）、九月六日藤原泰衡の首が頼朝の陣営にもたらされたとき、次の史料にみられるように、時兼・時広は特別の役割を担っている。

〔史料D〕『吾妻鏡』文治五年（一一八五）九月六日条（㈠三四七〜三四八頁）

六日癸亥、河田次郎持二主人泰衡之頸一、参二陣岡一。令下景時奉上レ之。以二義盛・重忠一、被レ加二実検一上、召二囚人赤田次郎一、被見之処、泰衡頸之条、申下無二異儀一之由上。仍被レ預二此頸於義盛一。亦以二景時一、被レ仰下含河田一云、汝之所為、一旦雖レ似レ有レ功、獲二泰衡一之条、自レ元在二掌中一之上者、非レ可レ仮二他武略一、而忘二譜第恩一、梟二主人首一、科已招二八虐一之間、依レ難二抽賞一、為レ令レ懲二後輩一、所レ賜二身暇一也者。則預二朝光一、被レ行二斬罪一云々。其後、被レ懸二泰衡首一。康平五年九月、入道将軍家頼義獲二貞任頸一之時、為二横山野大夫経兼之奉一、以二門客貞兼一、請二取件首一、令下郎従惟仲一懸上レ之。〈以二長八寸鉄釘一、打二付之一云々。〉追二件例一、仰二経兼曾孫小権守時広一、々々以二子息時兼一、自二景時手一、令レ請二取泰衡之首一、召二出郎従惟仲後胤七太広綱一令レ懸レ之。〈釘同二彼時例一云々。〉

この記事によれば、まず、もたらされた泰衡の首を和田義盛・畠山重忠が実検し、泰衡方の囚人赤田次郎に確認させた後、一旦その首を義盛に預け、首をもたらした河田次郎を斬罪に処している。そして、その後の傍線部に、横山時広・時兼の特別な役割が語られている。すなわち、前九年の役で、源頼義が安倍の貞任の首を取ったとき、その首を横山経兼の奉行で（門客貞兼が首を請け取り、郎従惟仲をして）首を懸けさせた故事に基づいて、経兼曾孫時広の奉行として（子息時兼が首を請け取り、惟仲子孫の郎等広綱をして）首を懸けさせていることである。

近年、川合康氏は、源氏嫡宗としての頼朝の氏意識に基づいて「嚢祖将軍」源頼義の武功を御家人らに誇示する政治の「場」として奥州が選ばれ、奥州合戦全体が前九年の役の忠実な再現であったことを論じ、この記事にも注目して、泰衡の首のかけ方が、使用した釘の長さまで同じであるという徹底したものであったことを指摘している。[23] 川合氏の指摘を前提とするならば、この首懸けの奉行への指名は、横山党嫡流の優遇や武蔵武士団への配慮[24]ではなく、時広・時兼父子でなければ勤まらない役であった。鎌倉武士団の観念の上でいえば、横山父子は源氏譜代のまさに代表であった。

第四に、この点は上記の事実からいえば当然のことなのだが、時広・時兼はたんに武相国境地域の所領経営を行っていただけではなく、遠隔地の所領経営を行っていたという点である。時広は奥州合戦以前に（但馬国に加えて）淡路国の守護に任じられていたらしい。建久元年四月十九日、朝廷からの催促に応じて諸国地頭に対して、幕府から造大神宮役夫工米未済の催促が行われているが、淡路国の国分寺については「横山権守時広に下知す」と記されている（『吾妻鏡』文治六年四月十九日条）。また建久四年（一一九三）七月二十四日、所領淡路国の国分寺近辺で前足五つ後足四つ併せて九足の「異馬」が出来したという報告を受け、この馬を召し寄せて、頼朝に献上している[25]（『吾妻鏡』同日条）。時広は遠隔地淡路にも所領を有しその情報を得て、恒常的に経営を行っていたのである。

時兼は、翌建久元年（一一九〇）の頼朝上洛にあたっては、先陣五四番に記され（父時広は後陣四番）（『吾妻鏡』建久元年十一月七日条）[26]、父から独立して随兵役を勤仕したことが知られるが、翌年二月の二所詣には、時広が後陣の随兵を勤め（『吾妻鏡』建久二年二月四日条）、一一九五年（建久六）三月十日の東大寺再建供養の供奉にも、時広が随兵を勤めていて、時兼の名は見えない（『吾妻鏡』同日条）。実は『吾妻鏡』の上では建久末年から時兼に関わる史料は和田合戦まで空白となっている。これは、これ以前の横山時兼の関係史料のあり方からみると、やや不可解なのであるが、それとおそらく関わっていると思われるのは、頼朝死後の、（とくに相模国武蔵国に関わる）幕府の政治状況である。

結びにかえて——幕府体制の変化と時兼

正治元（一一九九）年十二月、梶原景時が失脚し翌年一月誅殺されるが、景時の妻は時広の叔母に当たっており(27)、景時子息景高の妻は前述の小野盛綱の娘である(28)。姻戚の繋がりが強いこの時代において景時失脚・誅殺は時兼にとって内心穏やかならざるものであったと推察される。

もっとも、時兼自身についていえば、頼朝死後ただちに冷遇されたわけではない。同年八月に京都で佐々木経高が騒ぎを起こし淡路・阿波・土佐の三ヵ国守護職を解任されると（『吾妻鏡』正治二年八月二日条）、その跡をおって時兼は父ゆかりの淡路の守護職に補任されているからである(29)。

建仁三年（一二〇三）の比企の乱と頼家の修善寺幽閉、翌年の頼家殺害という事件に関して時兼の動向は分からない。しかし、頼家誕生にあたって御護刀を献上した時兼にとって、これが衝撃的事件であったことは容易に想像できる。頼家誕生時ともに御護刀を献じた七人の内、宇都宮朝綱はすでに建久五年（一一九四）公田掠領を訴えられて土佐国に配流され(30)、梶原景時・景季父子は敗死し、時兼以外に残ったのは、畠山重忠、土屋義清、和田義盛であったが、その内重忠は、元久二年（一二〇五）、北条時政らによって討たれる。この重忠討伐の戦いに「児玉、横山、金子、村山党の者ども」が参加し、とくに横山一族の愛甲季隆の矢に当たって重忠は討死している（『吾妻鏡』元久二年六月二十二日条）。一見すると、時兼も積極的に参加したかのようだが、討伐に向かった主要御家人三十名は氏名を逐一列挙されているから（『吾妻鏡』同日条）、時兼がもし参加していれば当然交名を記されたであろう。梶原氏との関係と同じく父時広の叔母（孝兼の娘）の一人が、秩父重能に嫁し、重忠の祖母に当たっている（系図）。内乱期から武蔵国において行動を共にし、[31]鎌倉幕府成立以後も共に活動することの多かった重忠の敗死は、梶原景時排斥事件以上に、時兼に「薄氷を踏む」思いを抱かせたであろう。

国司と守護が一体化して国務を行った武蔵国において国務は平賀義信、平賀朝雅と源氏一族に伝えられたが、[32]畠山重忠の乱の余波といえる牧氏の乱によって、北条時政が隠居し武蔵守朝雅は誅された（『吾妻鏡』元久二年閏七月二十六日条）。元久元年三月以来相模守に就任した北条義時は、時政失脚後政所別当以下の権限を継承して幕府の実権を掌握し、知行国主実朝のもとで、承元元年（一二〇七）正月北条時房が武蔵守に就任した。北条氏による相模・武蔵の支配が格段と強化されたなかで、相模・武蔵の御家人は頼朝在世時とはことなる新たな対応を迫られた。

一方では、北条氏による行政面・軍事面の一元的支配の下で新たな道を選択する中小御家人がいた反面、頼朝の作った対等な御家人集団という旧来の枠組みを守ろうとする動きもあった。[33]源氏譜代の代表としての役を勤め、頼家の側近として「御護刀」を献じた時兼は、後者の代表だったとみて間違いないだろう。「御護刀」を献じた七人の御家人の生き残り、即ち、和田義盛、土屋義清とともに、時兼はこの新しい幕府体制に反逆すべく立ち上がったものと思われるのである。

注

（1）横山氏に関わるまとまった研究は、管見では、渡辺世祐・八代国治『武蔵武士』（博文館、一九一三年）を嚆矢とするようであり、横山氏一族各氏の経歴を比較的詳細に記している。その後の関連文献は枚挙にいとまない。『八王子市史　下巻』（一九六七年）の平安時代・鎌倉時代の部分は大部分横山氏に関わる問題を記述しており（倉員保海氏執筆）、『町田市史上巻』（一九七四年）原始・古代第六章「武士団の形成発展」（小川信執筆）、中世第一章「鎌倉時代の武蔵国と町田」（湯山賢一氏執筆）も横山氏に関わる記述が多い。とくに関連史料を『町田市史史料集　第四集』（一九七一年）として刊行しているので便利である。また比較的刊行年代が新しい『埼玉県史　通史編2』（一九八八年）第一章「鎌倉幕府と武蔵」第一節「鎌倉幕府の成立」（菊池紳一氏執筆）第二節「執権政治の確立と展開」（加藤功氏執筆）が、それまでの研究を踏まえた記述となっている。また『埼玉県史　別編四』は、内閣文庫蔵（写本）を底本とした「諸家系図纂」から横山氏系図を収録している。人名・注記が詳細であって、付録の『系図編人名索引』と併せて族縁関係の探索にすこぶる便利である。本章でも単に『系図』とした場合はこれに準拠している。最近の業績として、歴史地理学と民俗学の手法に基づく松本司「一一一三年から一二一三年の横山一族の勢力扶植と横山荘」『（板橋区教育委員会編、櫻井賞受賞論集）歴史民俗研究　第二輯』（二〇〇四年）がある。

（2）　前掲『町田市史　上巻』三四八〜三四九頁は、町田市周辺への横山氏の発展を次のように記述している。

孝兼の嫡子時重は散位権守または横山権守と号して在庁の有力者になり、また粟飯原（あいはら）と称したとあるから、本市堺地区と相模原市域に跨る境川流域の相原にも進出したらしく、その子時広のとき頼朝に属して有力な御家人の一人になった。一方孝兼の二男孝遠（隆遠）は、藍原二郎大夫と号し、その子に野部（やべ）三郎義兼、孫に山崎野太郎兼光・鳴瀬四郎太郎某があり、この一流は本拠地を相原に移して、境川沿いに南下し、同じく本市域と相模原市域に跨る矢部、さらに本市域の山崎・成瀬へと所領を広げた。市内相原町、清水寺裏の台端には藍原孝遠の館址という伝承地がある。また境川に面して本市域に接する相模原市上矢部には矢部義兼居住の旧跡といわれる殿屋敷という地点があり、西側にはいまも土居を残している（『相模原市史』）。また孝兼・孝遠の弟忠重は、相模国愛甲郡古郡（あるいは武蔵国児玉郡古郡ともいう）に住して古郡別当と称したが、いま一人の弟経孝（経隆）は小倉二郎または小山次郎といわれ、頼朝が久安四（一一四八）年誕生したとき鳴絃役を勤めたという。小山は、やはり境川を挟んで本市堺地区と相模原市域に跨るし、小倉は小山・相原の西数キロメートルの相模川上流津久井郡小倉（今は城山町の内）であり、経孝はこの両地域を所領としたのである。その子に小山太郎有高（または菅生小太郎有孝）・小倉次郎経久・小倉三郎（または大貫右馬允）有経があった。本市域小山町御嶽堂の多摩丘陵上には小山太郎の城址といわれる伝承地があり、現在、遺構などは認めがたいが、あるいは小山有高の居館背後に設けた城塁だったかも知れない。

（3）横山氏の説明については、簡潔な『平凡社世界大百科事典』の飯田悠紀子氏の記述に主に従った。

（4）生き残った一族は、在地に逼塞したのであろう。幕府滅亡時に、新田義貞傘下で鎌倉攻めに従った「武蔵国ノ住人横山太郎重真」（横山権守時安の子）が『太平記』巻十（旧大系㈠三五六頁）に見える。しかし他方、粟飯原五郎左衛門尉常忠のように有力な得宗被官として活動した一族もいた。なお『町田市史　上巻』四一八頁以下参照。

（5）拙著『鎌倉幕府と中世国家』（校倉書房、一九九一年）四二三頁。

（6）『吾妻鏡』五月六日条によれば、討死者の内訳は、和田一族十三名、横山人々三十一名、土屋人々十名、山内人々二十名、渋谷の人々八名、毛利人々十名、鎌倉人々十三名、その他（討死）三十七名である。なお『埼玉県史　通史編2』は、「『吾妻鏡』の他日条や別本『吾妻鏡系図』に記載されている人物一五名を加えると、和田方は合計一八一人の名前が確認できる」とし、また、「一族が必ずしも全て団結したものではなく、和田義盛と三浦義村、横山党の横山と大貫・山内氏などの摘庶の分裂や兄弟の分裂などがみられ、「血」以上に「地」の問題がこの和田合戦の背景にあったと考えられる」（一二一頁）と指摘している。

（7）『吾妻鏡』同日条で、愛甲氏は「鎌倉人々」の中に記載され、海老名氏は同族ごとのまとまりには記載されず、末尾に記載されている。おそらく、横山本宗家から独立した単位として幕府から把握されていたのであろう。

（8）八名の討死者を記された渋谷氏の大将渋谷高重が「横山権守時重聟」（五月二日条）として、三名の討死者を出した波多野氏の大将波多野三郎（盛通）は「時兼聟」（五月三日条）として『吾妻鏡』には記載されている。

（9）以下、原史料の割注表記は〈〜〉（山括弧）で表示する。

（10）横山氏は、その本拠地を現在の八王子市内と見るか、湯殿川・境川源流域と見るかについて意見が分かれているが、基本的には武蔵国の御家人と考えられてきた。しかし、清水睦敬「横山氏の居館について」（『武蔵野』52―1、一九七三年）や段木一行「古代末期東国の馬牧」（『中世村落構造の研究』吉川弘文館、一九八六年、一〇五頁）に従って、湯殿川源流域（八王子市南部・町田市相原）とみた場合、境川源流域とも接している（法政大学多摩キャンパスを分水嶺として、これより北は多摩川水系浅川の支流湯殿川に注ぎ、南は、相模国と武蔵国の国境を流れ相模湾に至る境川に注ぐ）。またこの境川源流域は相模川上流域にも近接し、南下すれば僅か二km余で現在の津久井湖周辺に至る。実際、横山氏は、境川・相模川を媒介として相模国との関係が深い。小峰寛子氏によれば、横山時重の代から、次男（藍原）孝遠と三男（小山）経孝は、現在の相原、小山、矢部、成瀬と、八王子から南方へ開発を進め、一族の領域を広げていった、と指摘されている（小峰寛子「相模原市における横山一族」『國學院大學幼児専門学校紀要』第十七輯、二〇〇三年）。横山党はすでに十一世紀以来、この相模川中下流域に海老名氏、本間氏、荻野氏、古庄氏、愛甲氏、などを分出しており、古くから相模国との関係が深かった。松本司氏は、孝兼・時重の時代になると、本拠地をさらに津久井郡城山町の龍籠山山麓に移し、一族を相模川・境川（さらに鶴見川）沿いに上流から下流へと、（八王子付近ではなく）北相模（相模野台地とその周辺）に展開させていったと指摘している（前掲注(1)論文）。上記の事情を考慮すれば、横山時兼を相模国御家人と位置づけることも可能であるように思われる。

(11) 佐藤進一『鎌倉幕府守護制度の研究』（東京大学出版会、一九七一年）一六二頁、一九四頁。

(12) 前掲『鎌倉幕府守護制度の研究』一三八頁。

(13) 前掲『鎌倉幕府守護制度の研究』三九頁。なお『埼玉県史　通史編2』は「成綱は、具体的な活躍はわからないが、『吾妻鏡』によると平家追討の戦いで勲功をあげ、阿波国麻殖保（おえのほ）（徳島県鴨島町付近）地頭職など西国に所領を宛行われ、京都で刑部丞に任ぜられ、建久六年（一一九五）ころには尾張国の守護であり、当時の武蔵武士の中では破格の待遇を受けていた。」（同書二七頁）と指摘している。確かに、成綱（とその子義成）は、幕府成立以後、特別の厚遇を受けており、史料にみえる活躍も横山嫡流に劣らない。以下、『吾妻鏡』によってその活動の一端を記しておく。

①一一八四（元暦元）年十一月十四日条には、「左衛門尉朝綱。刑部丞成綱已下充㆓賜所領於西国㆒之輩多㆑之」とみえ、成綱所領の沙汰付が義経に命じられている。②文治元年八月十五日には、流鏑馬一番の的立役勤仕。③一一八八（文治四）年三月十四日、八月二十日には、阿波国麻殖保保司職について、内蔵寮済物運上地の抑留を訴えられ、「中分」と領家方に干渉しないことが命じられている。④文治五年七月十九日奥州合戦供奉。⑤建久三年四月十一日には頼朝の若君貞暁の乳母役を命じられたが固辞（政子の嫉妬を怖れたとする）。⑥同年八月の実朝誕生に当たっては、「御護刀」を北条義時、三浦義澄、佐原義連、安達盛長、下妻弘幹の五名とともに献上し、子息左衛門尉義成は馬を引く役を勤仕（八月九日

条）。⑦同年十一月二十五日頼朝の永福寺供養の後陣随兵（この時は嫡子義成が前陣に供奉）。⑧建久五年八月八日頼朝の日向山参詣随兵。⑨同年十二月十二日永福寺新造薬師堂供養供奉。⑩建久六年三月十日東大寺再建供養随兵。⑪同年五月二十日天王寺詣の先陣随兵。⑫同年六月二十九日の頼朝帰還途中での尾張での雑事奉仕（尾張守護職の徴証）。
以上枚挙にいとまない活躍が知られる。『吾妻鏡』建暦元年六月二十一日条には「故野三刑部丞成綱」とみえるので、成綱は和田の乱までには死亡しており、成綱の子、義成は父に前後して承元二（一二〇八）年京都で死去している（系図）。小野氏一族は和田合戦に参加しなかったが弟盛綱は承久京方の一方大将として活動し、敗れて逃亡している（『吾妻鏡』承久三年六月十五日条）。しかし現存史料からみるかぎり、北武蔵（北埼玉郡成田）を本拠としたこの小野氏の系統は、南武蔵・北相模に広がった他の横山一族とのつながりは希薄であったように思われる。

（14）『吾妻鏡』建暦三年五月七日条によれば、古郡氏の旧領が勲功の賞として次のように配分されている。即ち、甲斐国波加利本荘が武田冠者（信光）に、甲斐国波加利新荘が島津左衛門尉（忠久）に、甲斐国古郡が加藤兵衛尉に、同国福地が鎌田兵衛尉（為成）に、とある。なお、古郡氏の名乗りについて、「内乱期をさかのぼる忠重段階から「職」として郡・郷司（地頭）を獲得したことを物語っている」と『都留市史　通史編』（一九九六年、嶋田鋭二氏執筆、四六頁）は指摘している。

（15）時兼が和田合戦に参加した理由を、『吾妻鏡』は「時兼者横山権守時広嫡男也。伯母〈時広妹也〉者、為二義盛妻一。妹者又嫁二常盛一。故今与二同此謀叛一云々」（五月四日条）と記し、姻戚関係から挙兵に参加したとするが、相模国御家人の広範な和田方への参加からみて、時兼が反乱を計画したのも単なる姻戚関係によるのではなく、相模国における北条氏による御家人組織化と、それに対する反発が基本的な要因と考えるべきであろう。これについては前掲拙著四一七頁以下参照。

（16）『八王子市史　下巻』（一九六七年、倉員保海氏執筆分）二九一頁。なお参考史料だが、左記の『源平盛衰記　巻二一』「小坪合戦」に頼朝の石橋山敗戦後、畠山重忠が三浦氏を攻めた際、横山弥太郎が畠山方の使者として三浦方との仲介にあたったと記されている。

「（前略）畠山次郎は五百騎にて、由井浜、稲瀬河の端に陣を取つて、赤旗天に耀けり。和田小太郎（義盛）は、白旗差させて二百余騎、小坪の峠より打下り、「進め者共」とて、渚へ向つて歩ませ出づ。

ここに畠山、横山党に弥太郎といふ者を使にて、和田小太郎が許へ言ひけるは、「日頃三浦の人々に意趣なき上は、これまで馳来るべきにあらず。但し父の庄司・叔父の別当（有重）平家に当参して六波羅に伺候す。然るを各々源氏の謀叛に与して軍を興し、陣に音信《おとづ》れて通ひ給ふ、重忠無音ならば、後勘その恐あり。（後略）」（前掲『新定源平盛衰記』巻三、九九頁）。

（17）一一一三年（天永元）に「横山党二十余人」は六条判官（源為義）代官内木太郎殺害により朝廷の追討を受け東国五か国の国司から責められたが（『長秋記』天永四年三月四日条）、三年間持ちこたえ、秩父重隆・三浦為次・鎌倉景正らに責められようやく帰順し、許され、逆に為義から愛甲荘を給付されたと記されている（『続群書類従七編上』所収「小野系図」注記』）。この点について、『八王子市史』は、左記のように、この天永の事件を通じて、横山氏と三浦氏ひいて河内源氏との関係が生じたとする。

事の起こりは愛甲庄の代官との紛争にあるようで、横山党の勢力が南武から相模川流域に伸びていった時期にこの対立が起こり、またこの処理に伴って横山党は三浦一門などと密接な関係を結び、当時つくられた関東武士の「系列」に編入されるに至ったものであろう。横山党の所領は七党系図によれば前述のごとく広範囲にわたり、武蔵の秩父一門、相州の三浦一門、鎌倉（大庭）系の有力武士団の所領の中に割り込んだ形になるので、荘園の下地でこういう紛争を起こすことは十分考えられるが、その解決が官の直接的権力によるのでなく、現地武士団相互の力関係によっていることが注目に価しよう。甲州郡内の古郡氏が横山党のさん下に入ったのはこの後であろうが、この場合には目立った紛争はなかった。要するに一一世紀を通じて次第に伸張してきた関東の武士団が、この当時にいくつかの系列に編成されていくことになるが、この系列を把握して全国的活躍をするのが源氏嫡流の武将たちであった。（同書二七六・二七七頁）

（18）前掲注(13)参照。前掲『武蔵武士』は成綱が保元の乱で義朝に従って忠節をつくし、その子義成が頼朝に仕えて京都に派遣されたと記す（同書六一頁）。『平家物語』諸本は、成綱が伊豆配流中の頼朝近くに仕えていたことを伝える。例えば、『延慶本・平家物語四』巻三八「兵衛佐伊豆山に籠る事」（白帝社、一九七三年再刊、三五九頁）、および『源平盛衰記』巻一八「文覚頼朝に謀反を勧むる事」（水原一編『新定源平盛衰記』（人物往来社、一九八八年）巻二・三五八頁。なお盛衰記本文では、野三刑部成綱を盛綱に作る）。史料的性格から疑うべきだが、初期の守護に任じられたものは古くからの頼朝側近者に多い点から判断すると、傾聴すべき記事と思われる。なお石橋山の戦いに頼朝方として参加した唯一の武蔵武士義勝房成尋は成綱の弟であって、中条氏の祖となった。中条氏嫡流は代々「従五位下左兵衛尉出羽守」を任じ、尾張守護・幕府評定衆を歴任した。また義成の弟盛綱は成田五郎を称し、一ノ谷合戦に熊谷直実・平山季重と先陣を争ったことで有名である。（『武蔵武士』六一頁、『新古典文学大系・平家物語』下巻（岩波書店、一九九三年）一五五頁、一五六頁、延慶本『平家物語』「源氏三草山并一谷追落事」（前掲書七五二頁）参照）。

(19) 前掲注(12)参照。

(20) 『吾妻鏡』治承四年十二月十四日条には次のように記されている。

十四日壬辰。武蔵国住人。多以二本知行地主職一如レ本可二執行一之由。蒙二下知一。北条殿幷土肥次郎実平為二奉行一。邦通書二下之一云々。

(21) 『源平盛衰記』によれば、一ノ谷合戦では「党には小沢・横山・児玉党・猪俣・野与・山口の者共、我も我もと白旗ささせて、十騎・二十騎、百騎・二百騎、入れ替へ入れ替へ劣らじ負けじと戦ひけれ」（巻三十七、前掲書第五巻六五頁）とみえ、屋島合戦については、元暦二年（一一八五）正月十三日、時兼が和田義盛・畠山重忠・梶原景時らとともに淀から渡辺に向かったという記事（巻四十一、前掲書第五巻二三三頁）と、二月二十日の屋島での合戦記事（巻四十二、前掲書二五九頁、二七一頁）を挙げる。この点『延慶本・平家物語』（白帝社、一九七三年再刊、八五二頁）では、義経に付き従う武士はより詳細に記されるが、時兼が和田・畠山らと同道したと記すのは同様である。なお、壇ノ浦合戦での時兼活動の所見は管見では求め得なかったが、前掲『町田市史　上巻』（三八五頁）『八王子市史　下巻』（二九四頁）は、時兼が義経に従って屋島・壇ノ浦に転戦したと記している。しかし、『吾妻鏡』によれば、例えば、和田義盛は、元暦元年八月八日に範頼が西海に平家攻めに出発当初から名を連ねており、以後一貫して九州範頼軍の配下にみえる（元暦元年八月八日条、同二年正月十二日条、二十六日条、三月九日条、四月二十一日条）。また重忠も元暦元年十一月には鎌倉におり（『吾妻鏡』同日条）、確実な史料では戦闘に参加したことは跡づけられない（なお貫達人『畠山重忠』吉川弘文館、一九六二年、六七頁参照）。よってこれらの記事は信じがたいのだが、時兼がいずれも義盛と併記されていることは、後世の記憶において、両者のつながりを示唆するものかもしれない。

なおこの点ついて、近年刊行中の早川厚一・佐伯真一・生形貴重編『四部合戦状本平家物語全釈巻6〜11』（和泉書院、二〇〇〇年〜）は、『平家物語』諸本に記される武士の異同について詳細に検討しており極めて貴重な研究となっている。同書巻九・一九六頁において、時兼が南都本『平家物語』の「三草勢揃」の記述中に所見されることが指摘されており、また、同書二〇五頁において「四（四部合戦状本）延（延慶本）盛（盛衰記）では、巻十一「義経・範頼西国発向」に登場することが指摘されている。また、時広が屋島攻めに関わっていた事実そのものについては次注参照。

（22）「進美寺文書」元亨元年三月日住僧等解（『鎌倉遺文』㊱二七七五五号文書）。

（23）川合康「奥州合戦ノート」『鎌倉幕府成立史の研究』（校倉書房、二〇〇四年）初出は一九八九年。

（24）前掲『八王子市史　下巻』二九五頁。および前掲『町田市史　上巻』三八六頁。

（25）頼朝はこの異馬をもののけとして、伊澤家景に命じて陸奥国外浜に放った。しかし、その運送を命じられた皇后宮大進伊佐為宗の家人源五七郎が運送の煩いを理由に途中でこの馬を射殺してしまい、のち事が露見し捕縛されている（『吾妻鏡』建久五年六月十日条）。なお、佐藤進一はこれらの事実から時広の淡路国守護在任を推定している（前掲『鎌倉幕府守護制度の研究』一九四頁、一九六頁参照）。

（26）『八王子市史』はこの上洛の「随兵の総勢三一八騎の中武蔵出身と思われる者は一四〇で半数近く、彼らの幕府創業に果たした力を物語っている。」としたうえ、その内の横山党と西党の面々の交名を列挙して、その総勢「三〇騎以上、上洛武士の十分の一を占めている」と指摘している（『八王子市史　下巻』二九五〜二九六頁）。

（27）「系図」「武蔵七党系図」（『系図綜覧　二』所収）横山。なお『群書類従』巻一六六「小野氏系図」では「景時妻、友景母」とする。

（28）『武蔵七党系図』横山および次の『吾妻鏡』正治二年六月二十九日条参照。

廿九日甲寅。故梶原平次左衛門尉景高妻〈野三刑部丞成綱女〉者尼御台所宮女。御寵愛無二比類一。且雖レ為二女性一、依レ為二其仁一、故将軍御時、雖下領二尾張国野間内海以下所々一訖上。而夫誅戮之後、一切隠居、頗成二恐怖之思一云々。仍有二其沙汰一。領所等不レ可レ有二相違一之旨、今日蒙レ仰。令二安堵一云々。

これによれば、成綱の娘は政子に対する宮仕の功で、——実家の父成綱・盛綱が尾張守護をしていた関係もあったのだろう——尾張に所領を得ていたが、梶原景時誅殺後は逼塞していたことが知られる。

（29） 佐藤進一前掲『鎌倉幕府守護制度の研究』一九四頁参照。なお、安政四年（一八五七）に作られた淡路国の地誌である「味地草」には、「勅命によりて、正治二年八月、鎌倉頼家公より、経高が守護職を召放されたり。其後、横山馬允時兼淡路等ノ守護職を兼たり」（『大日本史料』四編之六、六一六頁所収）とみえる。史料的性格から、この記述を厳格に考えることはできないが、時兼は、この時に別の守護を任じていた可能性もある。

（30）『玉葉』建久五年七月十六日条、同月二十二日条等。『吾妻鏡』建久五年五月二十日、七月二十八日条。二十八日条では宇都宮朝綱らの配流の記事を載せた後、「此事将軍家頻御歎息。兼信（板垣）、定綱（佐々木）、朝綱（宇都宮）入道、此皆可レ然之輩也。定綱事者、山門之訴不レ能二是非一。今朝綱罪科者、公田掠領之号。為二関東一頗失二眉目一之由云々。則以二結城七郎朝光一、令レ訪レ之給」と記して、頼朝が朝綱の流罪を特に残念に思った旨が記されている。

（31） 前掲『八王子市史　下巻』二九一頁以下。

（32）『日本史総覧』（新人物往来社、一九八四年）中世一・国司一覧参照。以下、国司補任は同書による。

（33） 前掲拙著四一七頁以下。

〔補注〕 二〇一六年に刊行された『新編八王子市通史編2・中世』は、旧来の通史を一新する充実した通史であり、その第2章第1節第2節（小林一岳氏執筆）は本章と関わり深い。また、本章元論文の成稿時に見落としていた研究及びその後の研究文献が「参考文献一覧」として詳述されている（八七六頁〜八八〇頁）。是非ご参照されたい。

第五章　御成敗式目制定の思想

――二通の北条泰時書状の分析を中心に――

はじめに

御成敗式目制定の目的を語るとき必ず引用されるのは、北条泰時が弟の六波羅探題北条重時に送った二通の書状である。高校の日本史教科書にも引用されている有名なものであるが、有名なわりには、従来その趣旨がかならずしも正確には理解されていないように思われる。本章は、八月八日付け北条泰時書状（Ⅰ）と、この書状の約一ヶ月後に出された九月十一日付けの北条泰時書状（Ⅱ）の分析を通じて御成敗式目制定の思想について考察しようとするものである。なお、八月八日付け泰時書状を書状Ⅰあるいは Ⅰ、九月十一日付け泰時書状を書状Ⅱあるいは Ⅱと略称して叙述をすすめることにしたい(1)。考察の手順としては、一節で八月八日付け北条泰時書状Ⅰを単独で分析し、二節において九月十一日付け泰時書状Ⅱを分析した後、三節で「原式目(2)」の構成からⅠとⅡの分析を踏まえた、式目制定の思想について総合的に検討することとしたい。

一　貞永元年八月八日北条泰時書状（Ⅰ）をめぐって

1　八月八日泰時書状の構成と内容

まず最初に、八月八日付書状Ⅰの全文を私訳と併せて掲げておきたい。(3)

(一)①雑務御成敗のあひだ、おなじ躰なる事をも、強きは申とをし、弱きはうづもるゝやうに候を、ずいぶんに精好せられ候へども、おのづから人にしたがうて軽重などの出来候ざらんために、かねて式条をつくられi候。

(一)②その条一通まいらせ①候。

(二)①かやうの事には、むねと法令の文につきて、その沙汰あるべきにて候に、ゐ中にはその道をうかゞい知りたるもの、千人万人が中にひとり㋐だにもありがたくii候。

(二)②まさしく犯しつれば、たちまちに罪に沈むべき盗み・夜討躰のことをだにも、たくみ企てゝ、身をそこなう輩おおくのみこそ候へ。まして子細を知らぬものの沙汰しおきて候らんことを、時にのぞみ

(一)①訴訟の裁断については、同様の論点を（争う）訴訟であっても、（立場の）強い者は（自らの主張を）実現させ、弱い者は顧みられない状況ですので、極力思慮をめぐらし比較勘案して（公平を）期しておりますが、自然と訴訟当事者（の強弱）によって、（訴訟の裁断に）軽重などが起こらないように、あらじめ式条を作りました。

(一)②その（式条の）写しを一通お送りいたします。

(二)①このようなことはもっぱら律令格式の規定についてその判断をすべきですが、田舎には律令の法意を知っている者は、千人・万人のなかに一人さえおりません。

(二)②実際に犯してしまったならば即座に罰せられる盗みや夜討ちのようなことさえも計画し、身を破滅させる者が多くおります。まして法令の定めも知らない者が日常的に支配しているようなことを、（本所からの訴えによって）

て法令のひきいれてかんがへ候はゞ、鹿穴ほりたる山に入りて、知らずしておちいらんがごとくに②候はんか。

（三）この故にや候けん、大将殿の御時、法令をもとめて御成敗など候はず。代々将軍の御時も又その儀なく候へば、いまもかの御例をまねばれ③候なり。

（四）詮ずるところ、従者主に忠をいたし、子親に孝あり、妻は夫にしたがはゞ、人の心の曲がれるをば棄て、直しきをば賞して、おのづから土民安堵の計り事にてや候とてかやうに沙汰候を、㋑京辺には定めて物をも知らぬ夷戎どもが書きあつめたることよなと、わらはるゝ方も候はんずらんと、憚り覚え候へば、傍痛き次第にて候へども、かねて定められ候はねば、人にしたがふことの出来ぬべく候故に、かく沙汰④候也。

裁判になった際、もし律令格式の条文に準拠して判断したならば、まるで鹿が落し穴をほった山に入ってそれと知らず穴に落ちてしまうようなこととなりましょう。

（三）このような事情からでしょうか、頼朝公の時には律令格式をもとにした訴訟の御裁断などありませんでした。代々将軍の治世もそうしたことはありませんでしたので、今もその例を手本としてまねているのです。

（四）ようするに、従者は臣下としての本分を全うし、子は親に対してよくいいつけを守り、妻は夫に従うならば、（＊式目の内容はそうした武家社会の良識に依拠しているので）よこしまな意図（の訴訟）は退け、正直（な訴訟）の言い分は認め、自然と住民が安心する方策になろうかと考えて、このように式条をつくりましたが、㋑京都の辺りではきっと〈無知な東国の田舎者が書きまとめたものだな〉と冷笑する向きもあろうかと気後れを感じますので恥ずかしいのですが、あらかじめ定めなければ、訴訟当事者の強弱によってきっと裁断に差がでてしまうのでこのように式条を作ったのです

(五)①関東御家人・守護所・地頭にはあまねく披露して、この意を得させられv1候べし。

(五)②且は書き写して、守護所・地頭には面々にくばりて、その国中の地頭・御家人ともに、仰せ含められ候べくv2候。

(五)③これにもれたる事候はゞ、追うて記し加へらるべきにて⑤候。あなかしく。

貞永元年
八月八日　　武蔵守

駿河守殿

(五)①関東御家人・守護所・地頭には広く知らせ、(式条の)制定趣旨を理解させてください。

(五)②そのうえ書き写して、守護所・地頭には個別に配付して、各国内の地頭御家人らによろしくおおせふくめ下さい。

(五)③この式条に漏らしたことがあったならば、おって書き加えるつもりです。あなかしこ。

この書状Ⅰは大別すると、内容と文末の文言(形式)即ち「①候」「②候はんか」「③候なり」④候也、から、次の五つの部分に部類される。つまり、(一)「①御成敗のあひだ、……①候」、(二)「①かやうの事には……②候はんか」、(三)「この故にや候けん……③候なり」、(四)「詮ずるところ……④候也」(五)「①関東御家人……⑤候」である。さらに、形式と内容から、(一)は「i候」で二分、(二)も「ii候」で二分、(五)は「v1候べし」「v2候」で三分され、全体として細別すると九つの部分から構成されている。構成と内容を示しておこう。

〈書状Ⅰ　構成と内容〉

(一)①訴訟の現状(＝強弱による差)と式条制定趣旨(1)(当事者の強弱によらぬ公平な裁判基準)

（一）②式条謄本の送付
（二）①律令の未普及
（二）②（二）①を理由とした御家人罪科出来
（三）幕府裁判の基準（頼朝以来の慣例）
（四）式条の内容（忠孝）と式条制定趣旨(2)（当事者の強弱によらぬ公平な裁判基準）
（五）①式条内容の地頭御家人への周知
（五）②式条謄本の書写・地頭御家人への周知と内容説明
（五）③謄本に不足した規定の追加

この書状を読み解く上で、難解なのは、（二）と（四）の段落である。とくに（二）の㋑「子細を知らぬもの丶沙汰しおきて候らんこと」の解釈を確定することは、この書状を理解する上で決定的に重要である。多義語「沙汰」が難物だが、文脈と傍線部㋐の副助詞「だに」に注意すれば解釈できる。『日本国語大辞典第二版』によれば、副助詞「だに」は「程度の甚だしい一事（軽重いずれの方向にも）を挙げて他を類推させる」機能をもつ。つまり「まさしく…Ⓧ…だにも………。まして…Ⓨ…」という文章の修辞構成からいってこうなる。

〈まさしく……（程度が甚だしく犯す可能性は低いⓍ）……さえも（犯してしまい）、まして……（犯す可能性が高いⓎ）をおかしてしまうのはいうまでもない〉という構成である。

このⓍが「犯しつれば、たちまちに罪に沈むべき盗み・夜討躰のこと」であり、こうした「盗み・夜討」（検断沙汰）は犯す可能性は低いが、それさえ「たくみ企て丶、身をそこなう輩おおくのみこそ候」といっているのである。ましてⓎはいうまでもない（＝簡単に犯してしまう）と泰時はいっている。

つまり、このⓎの「沙汰しおきて候らんこと」は、「盗み・夜討」という犯す可能性は低い検断沙汰Ⓧ（刑事事件）に対比される（犯す可能性の高い）日常的な土地支配の問題（所務沙汰Ⓨ（民事事件））を指すと判断される。この一節の主語は御家人であり、その支配を非法として幕府に訴えるのは、本所（荘園領主）と本所領の百姓らであろう。

しかし、〈法の定めを知らない御家人が日常的に行っている支配〉がなぜ裁判になると罰せられるのであろうか。その理由の一つは、隷属性の強い在家百姓らを直営田耕作に駆使するような本貫地東国での支配様式を御家人らが西国に持ち込んだ、いわば文化摩擦による、という側面が挙げられる。泰時が「沙汰しおきて候らん……」と、そうした支配形態とそれへの反発を推測するのは、彼らが泰時と同様の農業経営や支配を行う東国御家人だからであり、また本所および本所住人がその支配に強い抵抗を示し訴訟に訴えることを、自らの六波羅探題としての経験から熟知していたためであろう。泰時の目は対本所関係における御家人救済に向けられているのである。

（二）の最後の「鹿穴」におちる「鹿」は御家人の比喩であり、この「鹿」は、公家法の「子細を知らぬ者」であり、夜討ちさえ「たくみ企てゝ、身をそこなう輩」であり、なによりも「ゐ中」の者であり、雑務成敗に「うづもるゝ」意外にも「弱き」者（御家人）たちなのである。

2　八月八日泰時書状の真の読み手とその真意

ところで、右の八月八日付けの書状の構成と内容を以上のように読んだとき、素朴な疑問が生じる。それは、（一）から（三）の、当事者の強弱による訴訟の差異とか、御家人社会への律令の未普及とか、律令に依拠しなかった頼朝の訴訟裁断等々といったことは、書状の宛名の北条重時にはわざわざ説明するまでもないことなのに、なぜ長々とこうしたことが「書状」に認められたのかという問題である。さらに、式目は「武家の人への計らひのためばかり」

（書状Ⅱ）であるのに、点線部㋑のごとくなぜ「京辺」の冷たい反応を泰時は予想するのだろうか。さらに、書状Ⅰは式目の多くの古写本に収載されているが[4]、本来パーソナルな「書状」が広く世間に流布したのも気にかかる。

このように考えてくると、この泰時書状は実は形式上の宛所である六波羅探題北条重時向けに書かれたものではなく、真の読み手は別のところにあることが見えてくるだろう。それは御家人社会の現状と頼朝以来の訴訟裁断を説明しなければ分からない人々でなければならない。西国に移住した御家人同士の訴訟は稀であり、六波羅探題重時が日常処理している訴訟は、本所による地頭御家人「非法」の訴えであった。京方・朝廷の監視という六波羅探題のいま一つの任務も、京都の人々との交渉を前提としている。重時を通じて泰時が予想したこの書状の真の読み手は、こうした「京都の人々」であった。

以上ゆえに、〈式目制定の目的は「公平なる裁判基準」にあった〉点のみをこの泰時書状に読み取るとしたら、それは皮相な読みといわなければならない。何に対して「公平」なのかが問題であり、それは、〈鹿穴をほる人々〉〈公家法に通じた人々〉〈京の人々〉等々、畢竟「強き」人々（多くは御家人を訴える本所）に対し、「弱き」御家人らを公平に扱うという宣言であったのである[5]。「京都の人々」を真の読み手としたという書状Ⅰの性格は、次の書状Ⅱをみるとさらに明らかとなる。

3　式目制定の規範意識

右に記したことは、式目制定以前の幕府裁判の現実と式目制定を画期とするその変化とも符合する。

公家法の体系下においては、幕府は他の荘園領主と同格の本所の一つである。地頭御家人らの非法については、他の本所はその非法の停止を幕府と交渉すべき存在であって、幕府がこれに応じない場合、幕府を相手どって朝廷に訴えるのが建前である。実際、幕府への訴えといっても、諸本所は幕府と〈交渉〉する意識であって、〈公的な幕府の裁判に服する〉という意識は持ち合わせていない。ゆえに頼朝が本所からの〈交渉〉を聞いて「家人」の〈不届きな支配〉を戒めるという構図になるのである。

こうした訓戒を聞かない家人らは、幕府（頼朝）の名誉を汚すものとして「勘当」される一方、家人でない者の非法は朝廷の管轄として関知しない。これが幕府成立以来の本所と地頭御家人の「相論」の実情である。むろんこれは「相論」というべきものではないかもしれない。諸本所の代官と現地で「非法」を行っていると訴えられた地頭（代官）らが、幕府の法廷で互いの正当性を主張しあうのではなくて、いわば本所の一方的な主張にもとづく「命令」にすぎないともいえるからである。

以上が律令的法体系＝公家法の法体系における幕府とその「裁判」のおかれた位置であり、出発点であった。実際、本所の訴えはほとんど認められ、一方的な〈命令〉＝〈一方的裁許〉が下されていたのである。式目制定を画期として、本所の提訴に対し地頭御家人らの主張にも耳を傾けたうえで理非を判断するという、いわば具体的審理が体制的に課されるようになって、本所の不当な主張は退けられるようになった。真の意味で公的な幕府の訴訟制度がここに成立した。泰時は、具体的には、本所と地頭御家人らの双方の主張を聞いて訴訟の裁断をするという、我々からすればいわば〈常識〉を行おうとしたにすぎないが、〈本所と御家人の双方の主張によって理非判断すべし〉というその規範意識は、上記の律令的法体系そのものへの挑戦であった(6)。それゆえに、書状Iと添付して送られた「式条」謄本は、「京都の人々」から強い反発を受けたのである(7)。

二　貞永元年九月十一日北条泰時書状（II）をめぐって

1　九月十一日付け泰時書状の構成と内容

以上の書状Iの考察を踏まえて、次にIの一ヶ月余り後に出された、九月十一日付けの書状IIを分析してみたい。はじめに書状Iと同様に、書状IIの全文を私訳と併せて掲げておきたい

㊀①御成敗候べき条々の事注され候状を、目録となづくべきにて候を、さすがに政の躰(8)をも注載られ候ゆへに、執筆の人々さかしく式条と申字をつけあて候間、その名をことぐ〵しきやうに覚候によりて式目とかきかへて①1候也。

㊀②其旨を御存知あるべく①2候歟。

㊁①さて㋒この式目をつくられ候事は、なにを本説として被二注載一之由、人さだめて謗難を加事②1候歟。

㊁②ま事にさせる本文にすがりたる事は候はねども、たゞ道理のおすところを被レ記候者②2也。

㊀①訴訟で判断すべき問題について記した状を、「目録」と当然名付けるべきでありますが、なんといっても政治問題について、書き載せたので、起草した人々が賢明にも、「式条」という字を宛てましたが、その名前を大げさであると考えましたので、「式目」と書き換えました。

㊀②その間の事情を御存知下さい。

㊁①さて、この式目を作りましたことについては、〈何を根拠となる法源として書かれたのか〉と、（京都の）人はきっと非難を加えることでありましょう。

㊁②たしかに、これといった原典に依拠したということはありませんが、ただ「道理」から推測されることを記し

㈡③かやうに兼日にさだめ候はずして、或は、ことの理非をつぎにして其人のつよきよはきにより、或は、御裁許ふりたる事をわすらかしておこしたて②[3]候。

㈡④かくのごとく候ゆへに、かねて御成敗の躰を定めて、人の高下を不レ論、偏頗なく裁定せられ候はんために、子細記録しをかれ候者②[4]也。

㈡⑤㋓この状は法令のおしへに違するところなど少々候へども、たとへば律令格式はまなをしりて候物(9)のために、やがて漢字を見候がごとし。かなばかりをしれる物のためには、まなにむかひ候時は人の目をしいたるがごとくにて候へば、㋔この式目は只かなをしれる物の世間におほく候ごとく、あまねく人に心えやすからせんために、武家の人への計らひのためばかりに②[5]候。

たものです。

㈡③（これまでは）このようにあらかじめ定め置かず、あるいは訴訟の理非を二の次にして訴訟当事者の強弱によってしまったり、あるいは、（すでに）裁判を経た問題を全く忘れてしまって、再度審理するということもありました。

㈡④こうした事態があったので、あらかじめ裁判の基準を定めて、人の身分の高い低いを論ぜず偏りなく裁判するために、詳細を記録して置いたものです。

㈡⑤この式目は法令の規定と食い違うところが多少ありますが、例えば、律令格式は、漢字を知り（本文に通じたものとして）、ほかならぬ「漢字」を目に入れているようなもの（が律令格式の文）です。仮名だけを知っているものとしては、漢文と向き合っているときは、（まるで）目が見えなくなってしまったようですので、この式目は、ただ仮名を知っている者が世間には多くおりますように、広く世間の人に納得させやすいように、もっぱら武家の人への計らいのためばかりであるのです。

㈡⑥㋕これによりて京都の御沙汰、律令のおきて聊も改まるべきにあらず②[3]候也。

㈢①凡法令のおしへめでたく候なれども、武家のならひ、民間の法、それをうかゞひしりたる物は百千が中に一両もありがたく③[1]候歟。

㈢②仍諸人しらず候処に、俄に法意をもて理非を勘候時に、法令の官人心にまかせて軽重の文どもを、ひきかむがへ候なる間、甚勘録一同ならず候故に、人皆迷惑と③[2]云云。

㈢③㋖これによりて、文盲の輩もかねて思惟し、御成敗も変々ならず候はむために、㋗この式目を注置れ③[3]候者也。

㈢④京都人々の中に謗難を加事候はゞ、此趣を御心得候て御問答あるべく③[4]候。恐々謹言

㈡⑥式目によって、朝廷の裁判や律令の規定が少しも変わるはずはありません。

㈢①およそ、律令格式の規定は立派なものではありますが、武士・庶民を問わず、律令格式に通じたものは百人・千人に一人もいないでしょう。

㈢②そこで、だれも律令格式の規定を知らないのに、（訴訟の時になって）にわかに律令格式の規定（具体的には明法家の法解釈）によって訴訟の理非を判断しようとする時に、明法家が、恣意的に（律令格式の）文章を引用し判断しているそうなので、その判決草案は、（時や人によりて）一定しないので、人は皆迷惑しているということです。

㈢③この式目によって、文盲の武士もあらかじめ思いをめぐらし、裁判も時・人によって判断が変わるということのないように、この式目を書き置いたのです。

㈢④京都の人々の間で、非難を加えるようなことがあったならば、以上の趣旨を心得られて、対応して下さい。

恐々謹言。

貞永元年
九月十一日　　　　武蔵守　在—

駿河守殿

まず書状Ⅱの構成を明らかにしておきたい。

このⅡは、内容と文の初めの文言（＝形式）「㈡①さて」、㈢①「凡」、および文末の文言即ち「①2候歟」、「②3候也」、から、次の三つの部分に大別される。大意を箇条書きにして例示しておきたい。

㈠「御成敗候べき……①候歟」（式条を式目と書き換えた理由）

㈡①さてこの式目……にあらず②候也（式目の根拠（法源）・制定趣旨・効力範囲の限定（律令効力の容認と否定））

㈢①凡法令のおしへ……御問答あるべく候（律令の難解さ・明法家の恣意・理非の基準の明示・京都からの非難）

これをさらに形式と内容から細分すると、㈠は「①1候也」で二分され、㈡は「②1候歟」「②2也」「②3候」「②4也」「②5候」で六つに分けられ、㈢は「③1候歟」・「③2云云」・「候者也」で四分される。結局書状Ⅱは大別三部から、細別すると十一の内容上・形式上のまとまりから構成されていることになる。書状Ⅰと同様に、要約〈書状Ⅱの構成と内容〉を、Ⅰの書状との内容の重複を付して示しておきたい。

〈書状Ⅱ　構成と内容〉

㈠❶「式条」を「式目」に書きかえた理由

㈠❷書き換え理由への注意（留意）

㈡❶式目の根拠（法源）に対する京都からの非難の存在の指摘

㈡❷式目には律令格式の本文はなく道理が根拠である

㈡③訴訟の現状（＝当事者強弱による差と繰り返す裁判）・・・↑Ⅰ（一）①

㈡④式目制定趣旨＝公平なる裁判基準（「人の高下を論ぜず」）・・・↑Ⅰ（一）①制定趣旨(1)、（四）制定趣旨(2)

㈡❺律令格式と齟齬する部分の明示、律令の未普及、対象の限定（武家の人）

㈡❻律令格式法効力の容認（式目効力範囲の限定）

㈢①律令の未普及（↓難解）・・・↑Ⅰ（二）

㈢❷明法官人勘録の恣意性（京都裁判への批判）

㈢③式目制定趣旨＝理非の基準明示と裁判一貫性の確保・・・↑Ⅰ（三）

㈢❹京都人々からの非難への対応策

以上のⅡをⅠと比べると、Ⅰの内容が繰り返されている部分と、Ⅱで新たに記された部分があることがわかる。繰り返されているのは、㈡③訴訟の現状、㈡④式目制定趣旨、㈢①律令の未普及（↓難解）、㈢③式目制定趣旨であり、これらが、泰時が繰り返して伝えたかった内容であろう。

それでは、九月十一日付け書状の独自性は何だろうか。単純だが右のⅠ・Ⅱの重複部分を除いた部分ということになる。Ⅰ・Ⅱで重複していない部分を右の〈書状Ⅱ　構成と内容〉において、㈡❶など白抜き丸数字で示してみた。それは一言でいえば、式目と〈京都の人々〉あるいは〈律令格式〉との関係と言いうる部分である。そして、「式条」から「式目」への書きかえに関する㈠❶・㈠❷もこれとかかわっている。以上のように色分けしてみると、この部分が書状Ⅱの圧倒的多数を占めることが一目瞭然であろう。前節で、書状Ⅰの真の読み手は「京都の人々」である、と指摘した。その「京都の人々」が書状Ⅰと「式条謄本」に触れ、生じた反応、より端的に言えば批判の結果として、書状Ⅱが書かれたのであり(10)、それが書状Ⅱの独自性となっているのである。

2　「式条」から「式目」への名称変更

第一に考えるべきは書状Ⅱのはじめの㊀①・㊀②に記されたⅠの「式条」からⅡの「式目」への名称変更問題である。書状Ⅱでは「その名をことごとしきやうに覚候によりて」書き換えたと記されている。「(式条という)その名を大げさと考えて」と語義通り意味をとってみたが、なにゆえ「ことごとしきよう」に考え名称変更したのだろうか。(11)

名称変更問題については、古く式目注釈書に解説されている。永仁四年の奥書をもつ『関東御式目』では「元式条事」と題目を立て、「元式条《ハ》号《トスル》事、武州禅門和字《ノ》御消息見《ニタリ》、式目被《ル》レ改《タメ》事、作者之心、章条《ニ》非《ル》レ憚《ハヽカラル》歟。ソレノミナラス、条字《ハ》名目アタラス、条物《ハ》序《ノ》義《ニ》アラス。格条、律条、式条只編目也、(12)然者式目尤《モ》其宜《レヨロシ》」とあり、(13)公家の規則でないことを憚り、また「条」の字も部類された編・章の題目であって全体の呼び名として字義が相応しくなく〈式目〉が適当だと説明する。(14)『清原宣賢式目抄』には「最初ハ式条ト号ス、後ニ式目ト改タリ、其故ハ公家ノ式条ヲ憚ルニヨリテ也」と記し、(15)公家の式条を憚ったためと説明している。式目注釈書は、「式条」を〈全体の名称としては不適当〉という点と、〈公家の式条を憚った〉という二面から説明しているといえる。

近代の研究史でみると、三浦周行が、「此式目の名称につきても、単に箇条書きの意味に於て、目録と題して足れることとなるも、其内容の重要なる事項を包含するより、起草者の初め式条と題したりしを、余りに事々しく聞ゆるとて、更に式目と改題せるなり。式条とは当時公家法制に通用せる名称なれば、泰時は認めて僭上とし、命じて式目の名に改めしものならん」と指摘し、(16)「式条」が公家法制の名称であるために泰時が「僭上」すなわち〈分を過ぎた行い〉として式目に変更したと記した。

近年では河内祥輔氏が、変更された「式目」は、「『目録』と『式条』の『折衷』」だとされた上、変更前の「式条」

という用語に注目し、それは「公家法一般、というような抽象的な意味ではない。それは、もっと具体的に、律令格式の法体系における式（単純化していえば延喜式）の条文を指す用語なのである」と指摘された。[17]

書状Ⅱ㈠①に記された「目録」「式条」「式目」はともに、「多少とも体系的・網羅的に、多数の条項を集成した法規」[18]という点で共通性をもつのだが、式条は公家の式条（文）を直接に連想させ、式目は「式」で公家の式条を連想させるが、「目」は「何段階かに分類する階級の一つ」（日国大）に過ぎず、直接公家法の分類ではない。それゆえ、河内氏の指摘されるように妥協策として書状Ⅱで選ばれたものと思われる。杉橋隆夫氏は「Ⅰの消息が発せられて以来、京都の法曹官僚を中心として、冷笑どころか嗷々たる非難が実際に噴出し、その状況は重時を介して泰時の把握するところとなっていたにちがいない。さればこそ泰時は、後状において、法典の名称変更や効力範囲を明言して妥協と陳弁に努める一方、反撃と理論武装を試みる必要があった[19]」と指摘された。「嗷々たる非難」はⅠ・Ⅱ以外に史料的には実証できないが、首肯すべき推測と思われる。次にもう一つの書状Ⅱの特徴である〈式目と京都の人々あるいは律令格式との関係〉について考察を進めたい。

3　「京都人々」からの非難

書状Ⅱにおいて〈京都人々〉および〈律令格式〉関係の内容はおよそ次の五点に要約できよう。

第一は式目の「法源」の問題である。㈡①で「なにを本説として被二注載一」という「謗難」の存在を取り上げ、㈡②で依拠した「本文」（律令格式の条文）はなく、「道理」が法的淵源であると宣言している。これは重大な宣言であろう。なぜならば公家法と式目のあいだに法規範としての階層関係が存在しないことを明言していることになるからである。[20]

第二は、「法意」との齟齬を認めている点である。三浦周行は「法意」は「公家法制の精神を意味するものなるも、実は明法家の解釈を指せるものなり」と指摘している。[21] かかる法意と式目規定との齟齬については、従来の研究史でも繰り返し取り上げられている。[22] Ⅱでは、㈡⑤において式目規定の「法意」との齟齬を認め、その理由を律令の未普及にもとめて、同時に式目の対象が武家の人に限定されるためだと弁明している。武家対象ということを、次の㈡⑥では別の側面から、律令法や京都裁判への不干渉・律令法効力の容認という形で繰り返しており、㈢①で律令の未普及を繰り返している。

御成敗式目条文の中でも、二十三条（女人養子事）には「如二法意一者雖レ不レ許レ之……」と記され、四十一条（奴婢雑人事）でも、「如二法意一者、雖レ有二子細一……」と法意と異なる規定を置くことが明示されている。そして、この二つの条文ともに「大将家御時」以来の例によって法意と異なる規範を置くことの正当化をはかっている。言いかえれば、頼朝以来の事実の積み重ねに法意に優先する価値を与えたものと解釈される。そしてこれらは書状Ⅰ（三）「大将殿の御時法令をもとめて御成敗など候はず」と対応するものである。

第三は、第二の問題と緊密に関係するが、「式目」制定によって、京都裁判と律令法効力が全く変化しないとの宣言である。㈡⑤にて法意と相違があることとの弁明として、「武家の人への計らひのためばかり」と「式目」の対象を限定していたが、次の㈡⑥では「京都の御沙汰、律令のおきて聊も改まるべきにあらず」と記して、公家裁判・公家法には無関係の立法であると言明している。書状Ⅱでは中央の公家裁判や公家法のみが対象であると解されるが、地方でも同様である。式目第六条[23]「国司領家成敗不レ及二関東御口入一事」では「国衙庄園神社仏寺領」において、沙汰が出来しても「今更不レ及二御口入一」と不介入を宣言している。書状Ⅱと式目規定と相まって、[24] 中央―地方において公家進止下の「沙汰」に対する不介入を明言し、律令法効力を容認した。しかしこれを逆にいえば、幕府裁判所および幕府進止下の所領所職、とくに東国の沙汰について、式目適用の対象となったと推論できよう。[25]『中世法制史料集第一巻』は「解題」で「「この式目が公家の律令格式と全く適用範囲を異にし何らのかかわりなきものである旨を、極めて謙抑な表現を用いつつ説いている事実の裏には、武士の法の公家法よりの独立が語られていると見るべき」と記されている。[26]石母田正の言葉を借りれば「式目の場合には、自己の権力の限界と範囲を規定することによって、いわば消極的な形で、逆に自己の支配権を積極的に確定しようとしているのである」。[27]

第四は、京都裁判への批判である。以上述べてきたように、㈡②で式目の法源が「本文」ではなく道理であること、㈡⑤で「法意」に違う部分があること、㈡⑥で律令法や京都裁判への不干渉を記した後、書状ⅡはⅠと異なり、積極的に京都裁判批判を展開している。書状Ⅰ（二）①で「法令の文」を「千人万人が中にひとり㋐だにも」知らないとした律令の未普及を、書状Ⅱ㈢①で再び「法令のおしえ」を知ったものは「百千が中に一両もありがたく候」と注意する。それゆえ「法令の文」あるいは「法令のおしえ」について「㈢②仍諸人しらず候処」（だれも律令格式の規定を知らないのに）、「俄に法意をもて理非を勘候時に」（明法家がにわかに法意で訴訟判断する時に）、「法令の官人心にまかせて」（明法家が、恣意的に）「軽重の（本）文ども」を引用し判断しているので、「勘録」（判決草案）が、（時や人によりて）一定せず、「人皆迷惑」と批判している。杉橋隆夫氏はこの部分について、泰時が「むしろ攻撃の姿勢をとるに至」り、「前状後状（ⅠとⅡ――引用者）の間に、彼の精神が一種の高揚状態に移行したのは疑いを容れず」と評されている。[28]精神の「高揚状態」かどうかは分からないが、Ⅰになかった強い調子であることは認められよう。

第五に、右のような批判を踏まえて、Ⅱの最後で、「京都人々の中に謗難を加事候はゞ」（京都の人々の間で、非難を加えるようなことがあったなら）、以上の趣旨を心得て対応してください、と指示している点である。「式条」を「式目」に書きかえるという妥協はしたが、書状Ⅰと「式条」謄本に対する批判に、それ以上は一歩も引かず初志を貫徹しようとしている。Ⅰは、書状の最後を、〈(五)①式条内容の地頭御家人への周知、(五)②式条謄本の書写・地頭御家人への周知と内容説明、(五)③謄本に不足した規定の追加〉という、関東御家人・守護所・地頭への対応と（漏らした内容の追加）で結んでいた。しかしⅡは、「(三)④京都人々の中に謗難を加事候はゞ、此趣を御心得候て御問答あるべく候」と、「京都人々」の「謗難」に対する対応策で結んでいる。この点で、ⅠとⅡは表面的には異質である。

またⅠは、「(二)②その条一通まいらせ候」と「式条」謄本添付を明記していたが、Ⅱでは「式目」謄本に関する直接の記述はない。もっとも、㋒「この式目」㋓「この状」㋔「この式目」㋕㋖「これ」㋗「この式目」という「式目」を指示する言葉の多用から判断して、Ⅱも、参照するべき新たな（修正された）「式目」謄本を添付したものと推測される。

Ⅰにおいては、〈隠れた読み手〉であった「京都の人々」は、Ⅱにおいては表面に出てきた。しかし、Ⅰにおいても、(二)①、(三)、(四)などは直接に「京都の人々」あるいは「律令法との関係」に関わるものであり、一見そうとはみえない(一)も、「強き」「弱き」の対比を明らかにしたとおり、本所との関係で御家人を述べたものであった。とすると、Ⅰ・Ⅱを通して一貫して「京都の人々」あるいは「律令法との関係」が主題なのであり、訴訟の現状（(一)①、(二)③）、公平な裁判基準（(四)、(二)④）という側面は副次的問題であるとさえ言えよう。

次に、二通の泰時書状からいったん離れ、御成敗式目の構成を考察することで、この問題を敷衍することにしたい。

三　式目制定趣旨と式目の構成

1　「原式目」の構成

八月八日に送付された式条謄本とはどのようなものだったのか。そして九月十一付書状とともに改正され送付された式目謄本はいかなるものであったのか。この問題を本格的に議論しようとすると本書の扱う範囲を超えてしまうので詳論は別の機会に委ねるが、結論的にいえば、現行式目諸本の三五条までが式目の原形であり、「式目本来の構成、式目制定の趣旨等を論ずる場合、36条以下を切り離して、1～35条について考察する以外にないことだけは確かである」[29]という佐藤進一のいわゆる原式目論の趣旨に従いたい。[30]さて、佐藤進一による原式目の排列と内容による分類は次のようなものであった。行論の都合上、ＡＢＣＤＥＦＧを付加してして引用したい。（以下佐藤の表記に準じ、式目および追加法条文は便宜原則としてアラビア数字で表記する）

1条	Ａ神社の事
2条	Ｂ仏寺の事
3～6条	Ｃ幕府と朝廷・本所との関係
7・8条	Ｄ裁判上の二大原則
9～11条、32～34、12～17条	Ｅ刑事法関係
18～27条	Ｆ家族法関係
28～31、35条	Ｇ訴訟法関係

佐藤はまずEの9〜11条、32〜34、12〜17条の刑事法関係に着目してこう言われる。9条（謀叛人事）や33条（強窃二盗罪科事）などで、具体的な刑罰規定を何ら置かない箇条を置いているが、これらは「実質的に規定すべき内容の有る無しにかかわりなく、漏れなく挙げるべきである、という要請の所産」であり、そしてこれらは、「ⓐ主要な刑事犯罪を網羅し、しかもそれらを重罪から軽罪へと順序づけて排列することを意図したものと推知できる」[31]。つまり、Eの刑事法部分は必要な刑事犯罪の網羅と重罪から軽罪への内容上の順序づけに配慮されていて、それから類推解釈すると、他の排列にも条文排列の意図があったはずとする。そして実際に、7・8条以下は、D裁判上の二大原則以下、E刑事法・F家族法・G訴訟法と内容別に並んでいるとされる。こうした内容上のまとまりで排列されているDEFGつまり「7条から35条までが、泰時書簡に謳われる裁判規準としての法であって、式目の実質的主体をなす」[32]と位置づける。それらは泰時書状Ⅰ・Ⅱにいう裁判規準（Ⅰ㈠①、㈢、㈣、Ⅱ㈠①、㈡④、㈢③）であるわけであるが、これらDEFGが式目の実質的な部分なのだとされる。

では、一見すると内容分類が難しいようにみえる、1条から6条（ABC）はどういう性格の箇条なのか。佐藤の文章を直接引用しておきたい。

これに対して、1条神社の事、2条仏寺の事は、大宝令、養老令が神祇令から始まり、弘仁・貞観・延喜三代の格が、神社・仏寺・諸司の順に編序せられ、格の一種として十二世紀頃より現れる朝廷発布の新制が、首条に神社、次条に仏寺の条章を設けるを例としたのに鑑みての立条であることは疑いない。そして3・4・5条がⓑ幕府行政の根幹である守護・地頭の権限を朝廷・本所との関係において規定し、6条は逆に国司領家の訴訟に幕府が干与しないことを示して、ⓒ裁判権を通して幕府と朝廷との統治関係を明らかにする。このように見れば、泰時らが朝廷の法典、法規に学んで、それと対比しうる幕府の基本法典を制定しようとしたこと、そして神社仏寺条章のあとに、裁判規範の諸条章を置くに先立って、ⓓ幕府統治権の限界、王朝幕府間の統治権の接点を明確にするという形で、統治権の存在を明示したことに注目しなければならぬ。くり返して言えば、7～35条が裁判規範で式目の実質をなすのに対して、1～6条はⓔ式目の理念を打ち出した条章である。(33)

つまり、

(1)1・2条は律令、格式、新制の排列にならって式目の冒頭に配した

(2)3～5条は守護地頭権限を朝廷・本所との関係で定めた

(3)6条は国司と領家の裁判権への不介入を定めて裁判権上の幕府統治権の限界（範囲）を定めた

以上、7条以下が裁判規範であるのに対して、1～6条までは式目の理念を打ち出した部分とされている。3～6条に「幕府と朝廷・本所との関係」という内容上のまとまりを発見しかく要約したのは佐藤の卓見である。三浦周行は「第三条より第五条に至る規定の一致点は守護・地頭の職権を正当に履行せざりし場合につきての規定なること是なり」(34)として、3～5条を条文文言そのままに守護地頭の職権に関する規定とし、長又高夫氏も三浦の指摘を引用して3～5条を「守護・地頭にかんする禁制」(35)とされている。(36)長又氏は加えて佐藤説（分類）批判もおこなわれているが支持することはできない。(37)また両氏とも6条をそこから分離して7条・8条とともに一つのグループとしている。(38)

一方河内祥輔氏は1・2・6・7・8については律令への対応を指摘されず、3～5条については「守護、地頭、御家人、鎌倉僧侶の服務規程であって、彼らを幕府の職員とみなせば、職制律にも比定しうる」(39)として、〈職員〉の「服務規程」としてまとめられているが首肯できない。五十九箇条におよぶ「職制律」のいずれも内容的に異質であって、式目3～5条に比定しがたいように思われる。(40)守護・地頭を幕府の職員とみなすのは三浦周行とも共通する視角だが、異論の余地が大きいと思われる。

以上、式目の理念を考える上で、3〜6条を「朝廷・本所と幕府の関係」ととらえた佐藤進一の分類に従うことにしたい(41)。さらに神社に関する1条も「関東御分国々幷庄園……」と「兼又至二有封社一者……」とに分節されていて、後者はやはり公武関係にかかわっている(2条も「宜レ准二先条一」とあるから同様である)。この点でいえば、佐藤のいう式目の理念を示した部分は「朝廷・本所と幕府の関係」で一貫して把握することが可能であろう。このように書状I・IIと御成敗式目条文構成の中核(ABC)はみごとに対応しているのである。

2 「原式目」復元案からみた式目制定趣旨

35条までの原式目のおよその姿については、研究史的にみると羽下徳彦氏による復元作業を有し(42)、この復元作業はさらに深める必要があるものと思われる(43)。もちろん、その復元案に若干の異論の余地はあるが(44)、十分に説得力がある仮説である。しかし、羽下氏による復元は、御成敗式目に関する専論中ではなく、岩波講座論文の一節として論じられたものであるために、分節化の基準と作業結果の結論的な表、それに対する短い論評のみが記され、羽下氏自身が「所詮は一つの仮説以上のものではない」と謙抑的に記されたこともあってか、その意義が十分に認識されなかったように思われる。ここでは羽下氏の議論を前提に、式目制定の趣旨をさらに考えてみたい。

羽下氏の復元案だと、原式目は五十箇条である。その復元案を佐藤進一の示した分類に当てはめて構成しなおすと次のようになる。(括弧内は、条文数の変化であり、丸数字は原式目における条文数を示す)

1条　A神社の事 (1→①)
2条　B仏寺の事 (1→①)
3〜11条　C幕府と朝廷・本所との関係 (3→⑨)

12〜14条　D裁判上の原則（⑵→③）
15〜19条、44〜49、20〜29条　E刑事法関係（⑿、→㉑、）
30〜39条　F家族法関係（⑽→⑩）
40〜43、50条　G訴訟法関係（⑸→⑤）

成立当初の姿（原式目）をみると、Cの規定が九箇条にわたっており、Eは二十一箇条にわたっていたことが推察される。逆にABFGは、原式目と改編後の式目は全く変化していない。つまり、CEのみで全体の五分の三を占めていたことがうかがえる。行論の都合上、Eから検討していく。

E　刑事法関係について

Eは、9条（謀叛人事）から始まり、承久の乱の京方罪科に関する17条（同時合戦罪過父子各別事）で終わる。いわば、一般論としての謀叛人の罪科からはじまり、眼前の京方与同者の処分という具体的な謀叛人に関わるもので終わる条規群である。そしてその間に殺害刃傷の罪科（10条）、錯簡としての32条（隠二置盗賊悪党於所領内一事）、33条（強窃二盗罪科事）、34条（密二懐他人妻一罪科事）を挟んで、犯罪の（夫妻の）縁座規定（11条）、悪口咎事（12条）、殴人咎事（13条）、犯罪の（主人と代官の）縁座規定（14条）、謀書罪科事（15条）、以上を規定した刑事法関係の条文がおよそ罪科の重いものから並んでいる。Eで注目したいのは次の三点である。

第一に、現存式目上もっとも長文で「校本御成敗式目」によると二六七字に及ぶ条文である現在の16条[45]（承久兵乱時没収地事）および17条[46]（同時合戦罪過父子各別事）は、承久の乱の最終的な戦後処理に関する条文である。没収地の返付手続き（16条一項）、京方合戦の罪科の軽減（御家人）と今後の罪科不問（御家人以外）（16条二項）、「本領主」と称する所領回復要求の拒否（16条三項）、京方・鎌倉方に分裂した父子の罪科（17条）など原式目では四箇条にわたって条文が置かれており、承久の乱後の混乱の最終的な処理が式目制定目的の一つであったことが推察される。(47)

第二に注目すべきは、京方という「謀叛」関連条文が四箇条にわたっていたことに加え、一般的な謀叛人事に関する9条、さらに（夫妻の）縁座規定である11条も「謀叛」に触れており、謀叛に関わる条文が六箇条に及んでいたことである。Ⅱ部第一章三節で触れたように、承久の乱後の混乱期に守護・地頭等によって「謀叛人」と称することによる恣意的な所領没収行為が西国のあちこちで展開しており、式目以前の幕府立法は、そうした守護（代）らの自主的な誅伐・鎮圧行動の制限などに向けられていた。式目が十年に及ぶ謀叛関連立法の総仕上げとしての性格をもっていたことは力説しておく価値がある。

第三に注意したいのは、これも第一章三節で触れたが、検断を具体的に執行するのはおもに守護（代）であるから、刑事法条規群は執行主体の守護（代）向けの立法という側面が考えられることである（Ⅱ部第一章三節表3〈立法対象〉参照）。大犯三カ条の「大番催促謀叛殺害〈付夜討強盗山賊海賊〉」という順番は、そのまま式目9条、10条、32条、33条に対応する。12条（悪口）、15条（謀書）はもっぱら幕府法廷を対象としていようが、科罪の範囲（所領没収・身柄拘束・連座）など守護（代）の職権行使に密接にかかわる法規群と考えられる。

C　幕府と朝廷・本所との関係について

次にCの関係条文をみたい。最初に守護に関する第3条(48)（諸国守護人奉行事）、4条（同守護人不レ申二事由一没二収罪科跡一事）について（Ⅱ部第一章表3も参照のこと）。如上の刑事法関係の立法と密接な関係をもっている守護に関する立法は原式目の構成において六箇条を占めた。羽下氏はこう記されている。「三・四条は守護人の職務規定で、大犯三箇条の実現にあたって、守護が犯科人の所領を恣に没収するのみならず田宅資財を奪取する強権的支配を行い、本所領の下司荘官を大番役を催すと称して武家被官化するなど、朝廷本所の支配領域を侵害する現実があって、幕府はこれに対し、刑事裁判上の証拠原則の設定から守護代官の数に至るまで、もとは五、六ケ条の規定を置かねばならなかったことが了解される」(49)。

守護関係立法は式目制定以前の幕府立法でも、地頭関係立法に次いで立法が多いものであった（II部第一章三節表3〈立法対象〉参照）。既に貞応元年（一二二二）四月二十六日「国々守護人幷新地頭非法禁制御成敗条々事」（追加法1条～6条）では、「刃傷殺害人禁断事」についてむやみに守護使を庄公に入れることを停止し、また国司の管轄下では検非違所別当が主管であるにもかかわらず守護が管領することを戒めている（追加法3条）(50)。また同6条では承久京方の所領所職を守護代等が「隠置庄公多レ之」と指摘し、在庁官人らが守護代を恐れて詳しく注進しないと指摘している。同年五月十八日には、諸国守護人・地頭等が預所・郷司を追い出し、所当を弁ぜず、土民等を損なっていて、朝廷からの禁令にも従わないと指摘されている（追加法7条）。嘉禄三年（一二二八）閏三月十七日「謀叛殺害人資財所従」は守護所進止であることが令せられ(51)、同年四月二十一日重科の輩は、本人身柄を召し捕っても、不同意の縁者親類を煩わしてはならないとされている（追加法22条）。寛喜三年（一二三一）年五月十三日には、諸国守護人地頭らが、領家預所の訴訟で六波羅から呼び出されても、出頭しないことが記され（追加法30条）、同日に諸国守護人が謀叛殺害人以外に関与できない規定であるのに「以二少事一偏煩二所部一」とされ、「領家預所住民等之訴訟」によって調査のうえ所職改易に及ぶ旨が令せられている（追加法31条）。

以上をみるとき、国司・領家・預所（朝廷本所）との関係で守護関連立法が積み重ねられてきたことが知られのである。長文で原式目では六ヶ条に及んだ式目守護関連規定はその総括であったと位置づけられよう。

第二に、地頭関係立法について（Ⅱ部第一章表3も参照のこと）。原式目で直接地頭について規定したのは現在の式目5条（諸国地頭令レ抑二留年貢所当一事）のみである。本所から年貢抑留の訴えがあった場合、結解を遂げ勘定をうけ、未進が明らかとなったならば弁済せよ、との内容である。式目は地頭について本所年貢の抑留問題のみ記し、その支配に関することは規定をおいていない。笠松宏至氏はその理由を「貞応二年六月の宣旨（追加9条）を基本原則として、以下式目制定事までに積み重ねられてきた多くの細則（追加10―14・19・23―27・29・36―41）によって、式目の一法として収むべき当面の必要性をもたず、篇目の選定そのものから除外されたがゆえ」であるとされた(52)。笠松氏の例示された追加法に加え、4〜6条、7条、18条、30条、31条、32条も地頭関連立法と考えられるので（前掲表3〈立法対象〉参照）、式目制定までの追加法四十一箇条のうち二十七箇条までが地頭関連立法とみなしうる。そして、これらの地頭支配の規定は、「国司」(53)「領家」(54)「預所」(55)「郷司」(56)「庄公愁訴」(57)「在庁官人」(58)「本家」(59)「雑掌」(60)など、ほとんど朝廷・本所との関係で規定されていることを強調しておきたい。朝廷・本所に関する明示がない追加法(61)も例外なく朝廷・本所との関係で規定されたものである。式目条文中には「本所年貢」問題のみが置かれた地頭関係規定は、式目以前の追加立法ではその過半を占める存在で、例外なく朝廷・本所との関係で規定されたものだった。式目5条は相当な数にのぼった先行立法全体を総括する形ではなく、本所年貢の確保という一点に絞って載せられたものであったことがうかがえる。

第三に、一本所内裁判権への不介入を宣言した式目6条（国司領家成敗不レ及二関東御口入一事）について。国司と領家の管轄下で訴訟が提起された場合、幕府は不介入を宣言し、越訴（幕府への訴訟）の際は本所の挙状（推薦状）を要件として、挙状なき場合は取り上げないとした。羽下徳彦氏は「実際には、一方に守護がこれに違反する現実があり、他方では国衙・本所の支配を脱して武家権力の系列下に入らんとする在地領主の動きがあることを示している」と指摘されている。[62] 天福二年の追加法68条によれば、西国御家人所領に関して「承久兵乱之後、重代相伝之輩中、挿二奸心一之族、模二新地頭之所務一、奉レ蔑二如国司領家一之由、有二其聞一之間、為レ断二如レ然狼唳一、於二本所御成敗事者一、不レ及二関東御口入一之由被レ定畢」と記されている。[63] 即ち、（所務の先例がある西国御家人領において）悪事を企む者らが新地頭の所務をまね、国司領家をないがしろにしているという聞こえがあったため、本所内裁判権に幕府は不介入であるとの式目6条を定めたと、式目制定約二年後の追加法に記されているのである。西国御家人らの国司領家への所務違反行為防止が式目6条制定趣旨であったことが知られる。

以上、Cの関係条文の考察をつうじて、承久の乱後の対朝廷・本所関係の混乱とその調整、つまり公武の統治関係の整序こそが式目制定の理念であり、また幕府が直面した問題であったことが確認された。

羽下徳彦氏は原式目の考察をとおして「式目は当初網羅的な裁判規範の性格と、幕府の眼前の秩序回復要請との二面を内包して成立し、若干の後にこの両面のあらわな部分が整理集約され、あらためて基本法典として定立されたといえよう」[64] と評価されている。妥当な評価であるが、本節における以上C・Eの考察を踏まえて評価し直せば、「眼前の秩序回復」すなわち、承久の乱後の〈朝廷・本所関係の整序〉という点により大きな比重を与えるべきである。

結　び

書状Ⅰは、公家法に通じた〈京都の人々（「強き」人々）〉に対して、「弱き」御家人らを公平に扱うという宣言と読むべきものと論じ、それゆえⅠの隠れた読み手であった「京都の人々」から強い反発を受けることになった。その反発に対し、書状Ⅱは、〈京都の人々〉あるいは〈律令格式〉との関係を正面から論じた。いわばⅠの隠れた読み手が表面に登場した。式条への批判に対して、公家法との直接の関係を避けて「式目」への名称変更をおこない譲歩する一方で、次の諸点を挙げて、「京都人々」からの「謗難」に対応することを令した。すなわち、(1)「道理」が法的淵源で公家法との階層関係が存在しないこと、(2)法意との齟齬を公言し頼朝以来の事実の積み重ねに法意より優先する価値をおいたこと、(3)公家進止下「沙汰」への不介入を宣言してその範囲での律令法効力を容認し、式目の適用範囲を限定したこと、(4)明法家勘録の恣意性を挙げ公家裁判批判を展開したこと、以上である。

次に書状Ⅰ・Ⅱの意義を考えるために、式目の構成をとりあげ、佐藤進一の「原式目論」に依拠しつつ検討した。さらに羽下徳彦氏の原式目復元案にもとづいて再検討を試みた。「原式目」では刑事法部分が二十一箇条に上る最大の比重を占め、承久京方という謀叛に関するものが四箇条に及んだのをはじめ謀叛に関わる立法が六箇条に及び、式目は承久の乱後十年に及ぶ謀叛関連立法の総仕上げとしての性格がみられたと論じた。「幕府と朝廷・本所との関係」の部分では守護関係立法が「原式目」で六箇条に及んだが、式目制定以前に国司・領家・預所（朝廷・本所）との関係で守護関連立法は積み重ねられてきており、式目規定はその総括的位置を占めた。一方地頭関連規定は式目制定以前の関連立法は守護に比べても圧倒的に多かったが、守護同様に対朝廷・本所との関わりで立法が積み重ねられたものであった。しかし、地頭所務規定の実質はそれら先行立法に委ねられ、式目規定は本所年貢確保一点に絞って立法された。さらに、西国御家人らは承久の乱後新地頭の所務に模して国司領家を蔑如する行動に走っており、それが本所内裁判権不介入を決めた式目6条の立法契機であった。

承久の乱という未曾有の乱――北条義時の謀叛とみるか、後鳥羽上皇の謀叛とみるかはひとまずさておき――が否応なく引き起こした大混乱が式目成立の一要因であることはこれまでも縷々指摘されてきた[65]。幕府の勝利と、その後の幕府・御家人勢力の西国への急速な拡大が、両者の対立・混乱を深刻化させ、十年にわたって「戦後」を過ごすことを余儀なくさせたものと思われる。御成敗式目成立は、統一的な法規範の制定という側面も忘れるべきではないが、幕府・御家人勢力と朝廷・本所勢力の対立とその調整、統治権の整序という問題が最大の契機であることを認識する必要がある。日下力氏によれば、保元物語、平治物語、平家物語、承久記の「四部の合戦状」が、一二三〇年前後から一二四〇年にかけてさほど時をわかたずに編まれたとされ、久しぶりに訪れた平和こそが過去の戦いを振り返り文字化しえた背景にあったと指摘された(66)。「四部の合戦状」が戦後文学であるとするならば、御成敗式目制定は戦後憲法にも比すべき、平和の到来を象徴する存在であったものと思われる。

注

（1）二通の泰時書状に関する近年の成果は、杉橋隆夫「御成敗式目成立の経緯・試論」（岸俊男教授退官記念会編『日本政治社会史研究　下』塙書房、一九八四年）、長又高夫「『御成敗式目成立』の背景―律令法との関係を中心に」（『国学院大学日本文化研究所紀要』第九十五輯、二〇〇五年、のち『御成敗式目編纂の基礎的研究』汲古書院、二〇一七年に所収）である。両氏にならって、二通の書状を書状Ⅰ、書状Ⅱと略称することにしたい。なお石母田正「中世における権威の問題」『石母田正著作集　第八巻』（岩波書店、一九八九年に再録、初出は一九四六年）も参照のこと。

（2）佐藤進一「御成敗式目の原形について」（『新訂増補　国史大系』第三十三巻付録「月報15」吉川弘文館、一九六五年、のち『日本中世史論集』岩波書店、一九九〇年に所収）。なお、佐藤進一『日本の中世国家』（岩波書店、一九八三年）一一五頁も参照。

（3）本文は日本思想大系『中世政治社会思想　上』（岩波書店、一九七二年）により、佐藤進一・池内義資編『中世法制史料集　第一巻』（岩波書店、一九五五年）所収の「北条泰時消息」を適宜参照した。ただし、符号を付け、意味内容の区切れを基準に便宜改行して示した。なお個別の語句の意味については、『中世政治社会思想』の笠松宏至氏による詳細な頭注・補注を参照されたい。なお＊印の補足は笠松宏至氏のご教示による。

（4）『中世法制史料集　第一巻』は、書状Ⅰを『平林本』を底本として、『菅本』『鶴岡本御成敗式目』『類従版本御成敗式目追加』『近衛家本追加』『唯浄裏書』が対校本としてあげている。一方、書状Ⅱは底本が『唯浄裏書』で対校本としては『鶴岡本御成敗式目』が挙げられているのみである。

（5）「京都の人々」を真の読み手としたという泰時書状Ⅰの性格は、書状Ⅱをみるとさらに明らかとなる。

（6）この点については、拙著『鎌倉幕府と中世国家』（校倉書房、一九九一年）第一章「鎌倉幕府法の成立――御成敗式目成立の歴史的意義――」を参照されたい。

（7）この点をもっとも詳論されたのは、前掲杉橋隆夫「御成敗式目成立の経緯・試論」である。

（8）笠松宏至氏はこの「政の躰」について、「「をも」からみて1・2条の神社・仏寺にかんする規定を限定的に指すとも考えられる」と指摘されている（『中世政治社会思想　上』。四〇頁頭注）。本書では式目一・二条の社寺に関する「まつりごと」に限定しない解釈をとった

（9）この「まなをしりて……」の部分の解釈については、新川登亀男『漢字文化の成り立ちと展開』「②『御成敗式目』から『学問のすゝめ』」へ（五一頁）を参照した。

（10）前掲杉橋隆夫「御成敗式目成立の経緯・試論」を参照。

（11）はじめに、書状Ⅰの名称が「式条」であったが書状Ⅱの名称は書き換えられ「式目」とされた、という判断の障害となるのが、書状Ⅰの冒頭に掲げられた「御式目事」という標題である。鎌倉末期から南北朝期の式目古写本とされる『鶴岡本御成敗式目』（前掲『中世法制史料集　第一巻』四二〇頁「改題」参照）と鎌倉時代末に作成されたとされる式目注釈書『唯浄裏書』にはそれぞれ式目条文と条文注釈に続けてⅠ・Ⅱの書状を載せ、そのⅠの冒頭に「御式目事」という文言を置いている。この文言により『中世法制史料集　第一巻』（五六頁）、『中世政治社会思想　上』（三九頁）、『大日本史料』（第五編之八、一三七頁）などは、収録した書状Ⅰの冒頭に「御式目事」を載せ、Ⅰの名称が「御式目」であったという認識をもたらしている。これについては、河内祥輔氏が「北条泰時が8月8日付消息を書いた時点では、まだ「式条」の名称のままであったとみなしたい。改称はその後であろう。なお、この8月8日付消息の冒頭の『御式目事』の文言は、後人が書き加えたものと思う。この文言は、消息文に相応しくない」と指摘された（「御成敗式目の法形式」（『歴史学研究』五〇九、一九

八二年、注28)。さらに杉橋隆夫氏は「御式目事」という標題について「泰時書状を収載・転写するさい、ⅠⅡ全体にかかる表題として掲げられたのであり、消息文としては除外すべき文字だといえる。かく解せば、ⅠⅡ間における「式条」「式目」の使い分けが明瞭になる」と指摘された（杉橋、前掲論文一六一頁参照）。若干の留保があるが従うべき見解と思われる。「留保」と記したのは、Ⅰ・Ⅱの書状を続けて所収しているのが、本文に記した『鶴岡本御成敗式目』『唯浄裏書』のみであって、その他の代表的な古写本である『平林本』『菅本』、追加集である『類従版本御成敗式目追加』『近衛家本追加』などはⅠを載せるだけで、Ⅱを載せていないからである（『中世法制史料集　第一巻』五七頁、五九頁参照）。もう一つは、『類従版本御成敗式目追加』では、他の写本での標題「御式目事」が「御消息一通事」となっていることである。後者は明らかにⅠの書状（消息）のみの標題となっている。なお、Ⅱを収録する本がきわめて少ない事実も気にかかる問題である。なお、三浦周行は『平林本』が「八月八日付のものに止まりて、式目抄にも引用せる九月十一日付のものを載せざるは注意すべし」と指摘している（『続法制史の研究』岩波書店、一九二五年）。

(12)　この「編目」はやや難しい。本文では（日国大）「編目」の字義①によって、「①書籍・絵巻などの編・章の題目。また、その表題」の意味でとったが、同書の字義②では「箇条書きに書かれたものの各条あるいは全体をさしていう」と説明されていて、これも捨てがたい。というのは、『御成敗式目注　池辺本』に「条トハ木ノ枝也、木ノ枝ノテウ〳〵ト多重ナリタルガゴトシ」と注していてこの場合は②の語義が相応しい。記して後考に備えたい。

(13)　池内義資『中世法制史料集別巻　御成敗式目注釈書集要』（岩波書店、一九七八年）二五頁、五六頁。『清原宣賢式目抄』に引用され佚文としてのみのこる『唯浄裏書』では「唯浄裏書ニ云、格条、律条、令条ト云ハ篇目也、惣序ノ義ニアラサレハ式目尤宜云々」（同四二五頁）と説明していて、『関東御式目』と同様の解釈をしている。

(14)　『御成敗式目抄　岩崎本』では「律令格式ト云四部書在之、律条、令条、格条、式条ト四ニ分テ是ヲ云也、然ハ此五十一ケ条ハ律之式条アタルニ依テ式条共云リ」とあり、律令格式の式の条文にあたる（ゆえに憚ったとする）。前注所掲書二七〇頁。

(15)　同右四二五頁。

(16)　三浦周行の「法制史総論」（『法制史之研究』岩波書店、一九一九年、一九七三年復刊本による）三八頁。初出は一九〇八年。なお『続法制史の研究』所収「貞永式目」(同書九一〇頁)でも同様の指摘をしている。

(17) 河内祥輔「御成敗式目の法形式」(『歴史学研究』五〇九、一九八二年、九頁)。近年、長又高夫氏は「『式条』の語は、延喜諸司式を指し示す場合が多かった様に思われるが、次に示す様に延喜交替式を指し示す例も管見に触れるので、『式条』とは律令格式法体系上における式の条文を指す用語であったと考えるのが良い」(『御成敗式目編纂の基礎的研究』汲古書院、二〇一七年、一四二頁)と指摘されている。

(18) (日国大)の「目録」の語義⑤で「⑤一つの目的のもとに、多少とも体系的・網羅的に、多数の条項を集成した法規。式条。式目。法典」と説明して、目録＝式条＝式目、との認識を示して、書状Ⅱを用例に挙げている。

(19) 杉橋隆夫前掲注(1)所掲稿一六四頁。

(20) 石母田正「解説」(前掲『中世政治社会思想　上』五八五頁参照、のち前掲『石母田正著作集　第八巻』二三一頁)。

(21) 三浦周行『続法制史の研究』(岩波書店、一九二五年)一〇〇五頁。初出は一九一九年〜一九二〇年。

(22) 式目注釈書はひとまず除外しても、代表的な研究として、三浦周行「貞永式目」(前掲『続法制史の研究』)一〇〇〇〜一〇〇三頁。植木直一郎『御成敗式目の研究』(岩波書店、一九三〇年)第二章「式目と公家法との関係」一一頁〜三〇頁)があり、また『中世政治社会思想　上』における笠松宏至氏の解題も重要である(同書、四三三頁、四三四頁、四三七頁)。近著では長又高夫氏による研究がある(『御成敗式目編纂の基礎的研究』第三章「『御成敗式目』成立の背景――律令法との関係を中心に」(汲古書院、二〇一七年)。初出は二〇〇五年。

(23) 式目条文の引用は、『中世法制史料集　第一巻』による。なお注(4)を参照のこと。

(24) この意味で式目第六条は、佐藤進一の分類したように「朝廷・本所と幕府の関係」を規定した法令と考えるべきものである。

(25) なお、この点については、『中世政治社会思想　上』式目六条補注、四三〇頁参照。

(26) 前掲、『中世法制史料集　第一巻』四一八頁。

(27) 石母田前掲『中世政治社会思想　上』「解説」五八二頁。のち前掲『石母田正著作集　第八巻』二一七頁。

(28) 杉橋隆夫前掲稿一六三頁。

(29) 佐藤進一『日本の中世国家』(岩波書店、一九八三年)一一三頁。

(30) 佐藤進一前掲「御成敗式目の原形について」。

(31) 佐藤進一前掲「御成敗式目の原形について」三〇六頁、および前掲『日本の中世国家』一一三頁。

(32) 佐藤進一前掲『日本の中世国家』一一二頁～一一四頁。傍線部ⓐの前には、「1～35条のまとめについて観察すると、まず刑事法関係の部分は、謀叛人・殺害刃傷・盗賊悪党・強盗窃盗・殴人・放火・密懐(姦通)・謀書などの犯罪に対する刑罰規定がこの順序に排列されており、中には『式目の趣、兼日定めがたきか』(9条謀叛人事)とか、『既に断罪の先例あり、何ぞ猶予の新儀に及ばんや』(33条強窃二盗罪科事)とか述べるだけで、何ら具体的な刑罰規定を設けない箇条もあり、これによって、式目制定者が(……傍線部ⓐ)」と続いて、傍線部ⓐの理由付けをしている。

(33) 佐藤進一前掲書一一四頁。

(34) 三浦周行前掲『続法制史の研究』九七一頁。

(35) 長又高夫前掲『御成敗式目編纂の基礎的研究』五七頁。ただ、長又高夫氏は、植木直一郎も三浦と同様の指摘をしている(同書一〇七頁)とされているが、植木直一郎は「式目劈頭の第一条・第二条に於て、神社仏寺に関係する事を規定し、次の第三条・第四条に於て、幕府為政の重要機関たる守護人の職責・権限に付て規定したるに亜いで、第五条に於て、諸国地頭の年貢所当の抑留滞納に関する規定を立てた。(傍点――原文)」(『御成敗式目研究』一六七頁)と式目五条の実施例で叙述しているだけであり、三～五条を、他の分類に対してひとまとまりの分類としているわけではない。

(36) 長又高夫前掲書九一頁。長又氏は、「六条は幕府裁判権の問題であり、守護地頭のことを論じた三・四・五条と六条とを、ひとまとめに論ずることには違和感を覚える」(前掲書五六頁)とされ、3～5条を三浦の分類にそって一つのまとまりとされている。長又氏の分類は全体として三浦周行の分類に近いように思われる。長又氏の所論は多岐にわたるが、式目の分類で左袒できないのは、「E　十六条～二十七条」を「(o)所領争論に関する規範」(前掲書九二頁)とされ、これが「(p)所務沙汰」に対応する(同書九四頁)とされている点である。このうち、承久の乱の戦後処理に関わる16・17条を除き、「十八条～二十七条」は佐藤進一の分類のごとく「家族法」あるいは「族縁法」(『中世政治社会思想　上』の追加法の分類参照)とされることが多い。一族やイエ支配に関わる法令群であり、御家人の一族相論を主に対象としているからであろう。傍線部(o)・(p)のように規定されるなら、「本新地頭所務」「山野河海」「検断得分」「新田検注」「年貢未進」等々の地頭に関係する法令群がその中心となるように思われる（拙稿「鎌倉幕府法ノート」『三浦古文化』三八、一九八五年、三二頁参照）。

(37) 長又氏は、佐藤説のⓑを批判されるために次のように述べられている（前掲書五七頁）。

「三・四・五条が守護・地頭の職務上の権限を明確にすることを目的としていなかったことは、地頭の職掌が何ら明らかにされていないことからも理解できよう。承久の乱後に新たに補任された地頭に対し、所務の先例がはっきりしない場合に適用を命じた『新補率法』（貞応二年の立法）が定められたが、これには、イ㋚免田・加徴米といった地頭の得分をはじめ、領家・国司との間で問題となることが予想される、ロ㋛山野河海からの産物の配分方法（領家・国司と地頭とで折半）や、ハ㋜犯罪者の財産を没収した場合の処分方法（領家・国司がその三分の二を、地頭がその三分の一を受け取る）等が含まれていた。もし、地頭の権限を『朝廷・本所との関係において』明らかにすることが五条の目的であるならば、㋝ロ・ハの問題に関して何らかの規定があって然るべきではないだろうか。またこの事は守護についても言えるのであり、㋞守護が管国内で行使しうる検断権や裁判権の具体的内容については何も明らかにされていないのである。『朝廷・本所との関係』で言えば、㋟如何なる場合に守護使の荘園への入部が許されるのかといった職務執行上明確にしておかねばならない原則についてもまったく触れる所がないのである（たとえ全く許されなかったとしてもその事を明記しておく必要があろう）。」

しかし、(1)地頭について、傍線部㋝あるいは傍線部㋛㋜のような規定があってしかるべきなのに、式目にはそれがない、という論法は、式目5条が佐藤説でいうⓑの性格をもつということの否定にはならない。あるべき規定内容の網羅性は式目にはそもそも存在しない。笠松宏至氏の指摘はこうであった。「法典としての式目の性格を考える」と、「現時点における幕府法の骨格的な基本法典たることが意図されたとすれば、既成法たると新立法たるを問わず、もっとも原則的な主題が選択され」たはずであって、「例外的な対象や、当面するきわめて臨時的な課題は除外されて然るべき」だが、「式目全体を通してみれば、そのような性格は意外に稀薄」であり、「式目中に見出される原則的な規範の多くは、いずれもその適用上の細則、もしくは例外規定などを立法主旨とする条文中に、あるいは当然の前提として、あるいは立法主旨を引き出すための必要から登場するにすぎない」（笠松宏至『日本中世法史論』（東京大学出版会、一九七九年）三〇頁）。守護についての傍線部㋟も同様である。事実としてある規定（式目3〜5条）から、ある特質を導くことは出来るが、逆にその特質からあるき（当為の）規定がないことの不当さをいうことはできないものと思われる。

(38)　三浦は6条より8条を「均しく所領の制度なればならん」（前掲『続法制史の研究』九七二頁）とし、長又氏は「裁判上の原則」として一括されている（前掲書五八～五九頁、九二頁）。しかし、7条、8条は幕府裁判の基準となる原則だが、6条は幕府裁判で適用される原則というよりは、その前の、国司・領家との裁判権（統治権の一部）の有無の判断である。6条と7条8条とを一括することが適切とも思われない。

(39)　河内祥輔「御成敗式目の法形式」（『歴史学研究』五〇九、一九八二年）四頁。河内氏の分類の疑問は既に記したことがある（拙著『鎌倉幕府と中世国家』五六頁～五九頁）。河内氏によれば、式目35条は雑令（訴訟条）に比定されるとされたが、内容的には明らかに「公式令」64訴訟追摂条であろう（前掲拙著五七頁）。長又高夫氏も、河内氏による律令篇目との比定について批判されている（前掲書七四頁～七五頁）。なお長又氏も、河内氏による分類の当否について詳細に記されている（前掲書七二頁～七八頁）。

(40)　職制律（『日本思想大系　律令』岩波書店、一九七六年、六一頁～八六頁）をみても、筆者には式目規定に相応する条文が見いだせない。

(41)　佐藤の原式目論の分類に従って、鎌倉幕府法を分類してみた作業が、前掲拙稿「鎌倉幕府法ノート」である。

(42)　羽下徳彦「領主支配と法」『岩波講座　日本歴史5　中世1』（岩波書店、一九七五年）。羽下氏による復元が五十箇条である点についていえば、八月八日に送付された式目謄本は五十箇条であったとする杉橋隆夫氏の指摘に魅力を感じるが（杉橋前掲論文）、注(43)(44)で指摘するように、五十条と断じるには例外があるため、断案は留保したい。

(43)　羽下氏の復元はかなり普遍的な復元基準となり得るものと思われる。というのは分割の基準が法文の区切りを示す「次」「兼又」という用語でほぼ機械的に行われているからである。35条までの原式目を対象に、まず第一に(1)条文中の用語「次」で分節化し、(2)第二に「兼又」で分節化し、(3)さらに「又」で内容上から分節化できるものを分割するという手順をとっており（式目3条のみに適用）、それ自体、とくに(1)(2)の原則はかなり一般的な基準となりうると思われる。

(44)　式目10条（殺害刃傷罪科事〈付父子咎相互被懸否事〉）は(1)の原則だと三分できるが、「付」をもって、第三項とし分節化している。しかし、父子の縁座は第一項にもかかわるから、「付」は第一項～第三項までかかり、三分以上すべき可能性も高い。

また41条は「原式目」にはないが、「次」で二分すべきものとも思われる。(2)の原則でいうと、第1条は「兼又」で二分できることになる。前半は「関東御分国幷庄園」の神社の問題、後半を「有封社」に関する問題と二分可能だが、羽下氏の作業では分割していない。また(3)の基準は守護に関する第3条三項のみの適用であり、羽下氏自身「内容からも無理を感じる」(二〇七頁)とされるものである(筆者は内容的には分割すべきものと判断している)。以上から、仮に(3)の基準を排除して、守護に関する第3条は二分割とし、(2)の基準の「兼又」は例外なく分割して、第1条を二分すると、復元案はやはり五十箇条となる。しかし、(3)の基準を第3条に生かして、式目3条を三分割すれば、原式目は五十一箇条に復元される。

(45) だいたい改編後の式目で複数箇条を含んでいない条文は一〇〇字〜一二〇字以下である。おおまかな目安として一五〇字を越える条文は、本来二箇条以上の条文がまとめられたものと考えることが出来る。ちなみに、刑事法冒頭の九条は式目条文中もっとも短く二六字しかない。

(46) 17条に関する近年の業績としては、長村祥友『中世公武関係と承久の乱』第五章「一族の分裂・同心と式目十七条」(吉川弘文館、二〇一五年)がある。

(47) 羽下氏は前掲論文一八四頁において「本条は永久の乱後の恩賞給付方針、御家人身分の認定、混乱に乗じた不当な所領回復要求の拒否を規定して本来三カ条にわたっていたと思われ、眼前に惹起された事態への必死の対応であったとみられる」と記されている。

(48) 現在の式目条文で16条に次いで長文なのは二三五字に及ぶ式目3条である。

(49) 羽下徳彦前掲稿一八四頁。

(50) 本来、御成敗式目以後の法令が追加法だが、諸追加集および『中世法制史料集　第一巻』に従い、同書の追加法番号で示す。

(51) 追加法、補五条(『中世法制史料集　第一巻』四六九頁)。

(52) 前掲『中世政治社会思想上』「解題」(四八三〜四八四頁)。

(53) 「国司」の表記のある追加法は10・12・13・14条。

(54) 「領家」の表記のある追加法は4・11・12・13・14・19・23・24・26・29・30・41条。

(55)「預所」の表記のある追加法は4・7・18・19・24・29・30条。
(56)「郷司」の表記のある追加法は4・7条。
(57)「庄公愁訴」の表記のある追加法は9条。
(58)「在庁官人」の表記のある追加法は6条。
(59)「本家」の表記のある追加法は23・26条。
(60)「雑掌」の表記のある追加法は24・26条。
(61) 25・27・32・37〜39条。
(62) 羽下徳彦前掲稿一八四頁。
(63) 追加法68条は引用部に続けて「就レ之、何忽可レ及二御家人等侘傺一哉」と記して、今後は「尋沙汰」することを令している。
(64) 羽下徳彦前掲稿一八四〜一八五頁。
(65) 三浦周行『法制史の研究』(岩波書店、一九一九年)二〇四頁、植木直一郎『御成敗式目研究』(岩波書店、一九三〇年)七頁、佐藤進一・池内義資編『中世法制史料集　第一巻』(岩波書店、一九五五年)「解題」四一八頁、石母田正『中世政治社会思想　上』(岩波書店、一九七二年)「解説」五八四頁。
(66) 日下力『いくさ物語の世界——中世軍記文学を読む』(岩波新書、二〇〇八年)「はじめに」および二〇六頁。

終章　まとめと課題

Ⅰ部とⅡ部に分けて検討してきた諸問題について、最後にその論旨をまとめ、そこから展望される問題について記すことにしたい。

Ⅰ部は主に、中世初期の代表的な謀叛であり古記録の記述を欠く平治の乱の研究である。

一章は、二章以下の考察の前提として、十世紀から十二世紀の代表的な謀叛に関わる勲功賞について考察した。蒙古合戦後の恩賞不足や建武政権の恩賞不公平など、中世武士が政権に対する反逆を決意した要因の一つとして、勲功賞に関わる不満がある。勲功賞が否定された後三年合戦後の源義家の苦難は、勲功賞が武士にとって死活的な意味をもっていたことを示した。それゆえ朝廷でも勲功賞の決定には細心の注意が払われ、勲功者の意向に添うべく聞き取りをし、勲功賞は位階・官職両面にわたることが多かった。さらに一族や子孫郎従への恩賞も実施され、「越階」の例も頻繁に見られた。さらに中世社会では、藤原秀郷の勲功賞が勲功賞の基準となり、南北朝期まで長く記憶された。頼朝への勲功賞（越階）も、藤原秀郷の例が参照された。さらに藤原忠文、平清盛、源頼政などへの恩賞例が比較検討されるなど、慎重な審議がみられたと論じた。

二章は源義朝が平治の乱に参加する動機形成について考察したものである。かつて平治の乱における源義朝蜂起の原因とされた保元の乱後の〈冷遇〉、〈勲功賞への不満〉あるいは〈清盛への敵愾心〉などを軒並み否定し、現在の通説となっている元木泰雄氏の所説をはじめに検証した。研究史上に元木説を位置づけ、保元の乱後義朝に恩賞として与えられた左馬頭等の官職の性格を吟味し恩賞の歴史的文脈と照合した。同時に、信西一家との縁組み問題等の論点を考察し元木説を否定した。そして、義朝と清盛を個人ではなく家単位で比較検討し、保元の乱の勲功第一にもかかわらず、家単位で見ると、乱後清盛と義朝の差は開く一方であった点に、平治の乱における源義朝武力蜂起の最大の動機を求めた。

三章は元木泰雄氏による藤原信頼再評価（有能説）の検証と藤原信頼謀叛の動機究明である。平治の乱について、元木説以前の通説（旧説）であった竹内理三・田中稔・石井進・橋本義彦らの平治の乱関係記述を検討し、その結果、元木氏の指摘とは逆に、旧説論者らは乱の経緯と親政派・院政派の対立などに力点を置き、信頼の動機（不満）に関する記述はきわめて少ないことを指摘した。また参議や蔵人頭に任官したことで信頼の能力を見直すことも、異例の短期間で形式的に就任している点で支持できないとした。その上で、信西を個人ではなく、子を含めた一家として検討し直し、信西一家がきわめて幅広い分野に勢力を扶植していたことを跡付けた。信頼の官爵上昇の周囲にはつねに信西の子らも存在し、それは、藤原惟方や藤原成親も同様であった。そうした信西と信西の子らの急速な進出が三条殿焼き討ちに参加した貴族等の動機を形成したものと論じた。

四章では、平治の乱の黒幕を清盛にもとめる多賀宗隼説および後白河上皇にもとめる河内祥輔説を検証した。平治の乱の契機となった清盛の熊野詣が清盛の陰謀であったというのが多賀説であり、飯田悠紀子氏や松島周一氏が支持し五味文彦氏も多賀説と同様の説を提起している。そこで各論者の説を吟味し、清盛の帰京について『愚管抄』の（事実関係についての）記述は信頼性が高いことを指摘し清盛黒幕説が支持できないことを示した。一方、河内祥輔氏は、平治の乱の要因として「皇位継承問題」をあげ、後白河上皇が父鳥羽の遺志に反抗し、二条即位であいた皇太子に密かに二条の弟（後の守覚法親王）を擁立しようとして、最大の反対者と予想される信西排除に動いたのが平治の乱の要因とされた。つまり、後白河上皇が事件の黒幕とされたのだが、その動機は実証不可能の問題であるとし、後白河黒幕説を前提とすると説明しがたい問題があることを五章とともに論じた。

五章は、愚管抄の分析と河内祥輔説検証を通じて、平治の乱の経緯と結末を検討した。まず〈経緯〉については、重要な三つの問題について考察した。発端となった三条殿焼き討ちに関しては、河内氏が〈信頼・義朝の謀叛〉に直結する「放火」を否定し「失火」とされた問題について、『愚管抄』の分析を通じて「放火」と読むべきとした。次に、後白河上皇と二条天皇の（幽閉）状況と二人の関係について、河内説では九日事件後も二条天皇の生活は天皇として普通の状態にあったとされたが、二条天皇は広い意味で蜂起貴族らのコントロール下にあり、信頼らの「謀叛」は否定できないものとした。さらに二条天皇の内裏脱出とその経緯について、二条天皇脱出策を脱出のかなり前に後白河に連絡しており、そのことが後白河に向けられた謀議という河内説の反証となるものと論じた。

次に〈結末〉について、第一に、保元の乱後以上に平家に独占された平治の乱後の恩賞に関しその背景に二重の権力の空白状況を指摘した。第二に、信西子息等の排除が継続された問題について、二条天皇の名で行われた信頼・義朝らの排除が二条側近経宗・惟方らの主導下に行われ、九日事件の賞罰が二十六日の戦闘の後も全否定されずに、院政派排除という当初の主張が維持されたためと指摘した。経宗らは信西子息配流という無理を続けつつ、後白河による八条堀河顕長邸への行幸と芸人等との交流を妨害することで、院政の否定（親政の推進）を行動で示した。これに対し、後白河上皇は摂関家の忠通を取り込み清盛も抱き込んで反撃し経宗・惟方を捕縛した。これによりはじめて信西一家の復権が行われた。九日事件はここに全面的に否定されることになったと論じた。

Ⅱ部に収めた論稿は、中世成立期の「謀叛（反）」用例の検討を通じた、「謀叛」呼称の意味・機能・思想およびその変化に関する考察と、それらと御成敗式目との関連についての研究である。

一章と二章は同時に成稿したものである。在地の世界では、一方当事者から他方当事者に対する敵方非難のために律令法観念にとらわれない「謀叛」呼称がかなり頻繁に使用されていた。一方で、九条兼実をはじめとする公卿たちは「謀叛」「謀反」概念について厳格に律令法にそくした観念を有していて、在地の訴訟当事者からする「謀叛」という訴えに対して容易にこれを認めず、謀叛罪の適用に慎重であった。しかし、権力の頂点に立つ後白河院や後鳥羽院は律令法観念にとらわれずにかなり恣意的に謀叛呼称を使用し謀叛認定した。こうした底辺と頂点からなされた「謀叛」呼称の恣意的な使用が、律令法の謀叛概念をくずし、中世における相対的な謀叛概念を形成した。謀叛概念の相対化によって式目九条はその対象を規定しえなかったと論じた。

三章では、頼朝は「謀反」と「謀叛」という用語を意識的に厳格に使い分けていたという東島誠氏の所論を検証し、『玉葉』のなかで二つの用語は完全に混用されている事実、吉川本『吾妻鏡』による用字検討の妥当性、史料解釈の疑義などを挙げ、東島氏の新説が受け入れがたいことを論じた。

四章は、幕府の内乱の中で、同時代史料に準じる引用古文書のなかではじめて「謀叛」という用語が使われた和田合戦について論じたものである。和田合戦の討死者交名百四十二名のうち「横山人々」は三十一名にも及び、和田一族十三名より断然多い。横山氏関係は全体では五十一名にのぼり他氏より突出している。また横山時兼は事前から一貫して計画の中枢におり、また、客観的に果たした役割においても和田義盛と比肩する。和田合戦と言われる事件は、その実態からすれば和田・横山合戦と称した方がむしろ正確であると指摘した。横山時兼は、頼家誕生時に和田義盛・土屋義清・宇都宮朝綱らとともに「御護刀」を献じた側近七人に位置づけられており、源平合戦では広域司令官として活躍し、奥州合戦では源氏譜代の代表であった。そうした時兼が相模国・武蔵国に対する北条氏の支配強化、御家人被官化の動きの中で、頼朝の作った対等の御家人集団という（フィクションとしての）体制を守り、新しい幕府体制に反逆した事件として和田合戦を位置づけた。

五章は二通の北条泰時書状と原式目の構成から式目制定の思想を考えたものである。書状Ⅰは、京都の人々を真の読み手とし、公家法に通じ裁判において「強き」人々（京都の人々）に対して「弱き」御家人らを公平に扱う、という式目制定の宣言とした。これに誘発された京都の人々の反発に対して書状Ⅱは書かれ、妥協（式目への名称変更）と反撃（法的淵源としての「道理」の強調、法意との齟齬の明言、式目適用範囲の限定、公家裁判への批判など）を行った。次に佐藤進一の「原式目論」にもとづきまた羽下徳彦氏の原式目復元案に依拠し課題に迫った。「原式目」では承久京方条文が四ヶ条置かれるなど謀叛に関わる立法が六ヶ条に及び、これを含む刑事法条文が二十一ヶ条にのぼり、承久の乱後十年に及ぶ謀叛関連立法の総仕上げとしての式目の性格を指摘した。式目制定以前に国司・領家・預所（＝朝廷・本所）との関係で守護と地頭の関連立法が積み重ねられてきていたが、式目にはその総まとめとして守護規定（三・四条）が置かれた。一方、地頭規定はその実質を先行立法に譲り本所年貢確保の一点に絞る形で式目規定が置かれた（五条）。承久の乱後に西国御家人による国司領家蔑如の行動がみられたため、幕府による一本所内裁判権への不介入規定（六条）が置かれた。このように泰時書状からみても「原式目」の構成からみても式目制定の最大の趣旨は、幕府・御家人勢力と朝廷・本所勢力の対立とその調整、統治権の整序という点にあった。御成敗式目制定は直接には承久の乱後十年に及ぶ混乱の終息を意図したものであり、長期的視野でみれば保元・平治の乱以来の〈謀叛〉の時代の終焉すなわち平和の到来を象徴する存在であったと論じた。

以上、本書のまとめを通してあらためてふりかえると、いくつか論ずべき問題が浮かんでくる。

第一に、平治の乱の叙述は歴史学の試金石であるという点である。依拠すべき古文書・古記録があれば我々はそれに依拠することができるが、平治の乱はそれを欠く。一つの方法は研究材料のない対象などは採り上げないことであろう。『武家時代之研究』全三巻を残し戦前の中世武士研究を代表する大森金五郎は、第一巻で「平将門乱の研究」「平忠常乱の研究」「前九年及び後三年役の評論」「源平両氏勢力の消長」「保元の乱について」と順次論じながら、平治の乱についてはこれを無視し何も語らなかった。(1) 他方、史料のとぼしい平治の乱について深く論じようとする論者は、ややもすると、後白河・信頼・清盛・義朝といった人物の「心の中」に踏み込み、その「真（実）」をあれこれと詮索しようとする傾きがあるように思われる。筆者は「心の中」の「真」は不可知の領域であり、心の闇に深く立ち入るのは歴史学の基本任務ではないものと思量している。以上の意味で、「実」を重んじた考証史学とそれを受け継ぐ実証史学の伝統、その抑制的姿勢についてその積極的意味を正しく評価すべきであろう。最低限、論じうることと推測に属することの境界を明確にすることが必要である。

右の問題を、序章の史学史を踏まえてとらえ直せば、明治時代中期に完成した正統派アカデミズムとしての考証史学あるいは実証主義史学へのプロテスト、その繰り返しという形でその後の史学史は展開してきたのである。今日の中世像の原型を形作ったといわれる原勝郎『日本中世史』は、西洋中世史との比較史的視点にたって――内田銀蔵『日本近世史』とともに――明治三十年代の新史学を代表し「考証主義に挑戦を試み」た。(2) 三浦周行は――序章で触れたように――一九二八年に、自ら主導する文化史研究と、唯物史観が青年史家に大きな影響を及ぼしていると指摘しているが、これも〈精緻な考証〉に対抗しようとした二つの新潮流であった。大隅和雄氏によれば平泉澄の歴史学も同様である。大隅氏は「明治以来の学風は、往々にして実を詮索して能事了れりとした。所謂科学的研究これである。その研究は分析である。分析は解体である。解体は死である」と述べた平泉澄の発言が『明治以来の学風』への反発としてなされている事」を強調されている。(3) 戦後のマルクス主義歴史学は、実証主義史学への対抗から生み出されたわけではないが、実証主義史学の無思想性を批判し続けた。直接にはかかるマルクス主義歴史学の方法へのプロテストであった一九六〇年代の民衆思想史の提唱や、マルクス主義歴史学退潮後一九八〇年代以降に日本でも盛んになった社会史研究も、考証史学以来の底流に対するプロテストの意味があったものと思われる。しかし、本書Ⅰ部、Ⅱ部を通し、実証主義史学を代表する辻善之助、龍粛、竹内理三、佐藤進一らの研究に触れたが、その研究は今でも繰り返し参照するべき価値を失っていない。

Ⅱ部一章で主題とした御成敗式目九条（謀叛人事）は一九六五年に佐藤進一が「御成敗式目の原形について」[4]冒頭で式目の精神にそわない規定としてとりあげ、「原式目論」提起のきっかけとなった史料である。本書ではⅡ部五章で二通の北条泰時書状を内在的に読み込みかつ「原式目論」から分析するという方法をとった。その切り口から展望される視野は大きいものと思われる。佐藤進一は後に「式目制定の趣旨等を論ずる場合、36条以下を切り離して1～35条について考察する以外にないことだけは確かである」と記したが[5]、この趣旨を正面から受け止めたのは、羽下徳彦氏の作業[6]以外にはなかったのではないだろうか。半世紀以上前の佐藤の提起を受け止め直し、深めることが必要であろう。筆者としても引き続き考えていきたい。

佐藤の「原式目論」が提起された同じ一九六五年に、竹内理三の『武士の登場』が出版された[7]。本書第Ⅰ部において、平治の乱の研究は半世紀以上前の竹内理三の研究に戻らなければならないことを主張した。研究条件の整備や研究人口の増大によって、日本史研究の成果は毎年ますます膨大に生み出され、それを十分フォローすることさえ困難になってきている。しかし、歴史研究の性質上、研究史は直線的には前進しない。本書の考察によれば、少なくも五十年単位で研究史を押さえる必要があるのであり、さらには百年単位で史学史を踏まえる必要もある。一見迂遠にみえるが、歴史研究という学問は長期的なスパンで研究史・史学史を振り返ることを要請しているのである。

注

（1）大森金五郎『武家時代之研究　第一巻』（冨山房、一九二三年、一九三七年訂正増補十版による）。『武家時代之研究　第三巻』（冨山房、一九三七年）の「源頼朝」の一節として、「保元平治の乱とその一族」という記述がわずかにみられる。

（2）永原慶二・鹿野政直編『日本の歴史家』（日本評論社、一九七六年）八七頁、九八頁（永原慶二執筆「原勝郎」「内田銀蔵」）。

（3）大隅和雄「日本の歴史学における『学』――平泉澄について――」（『中世思想史への構想』名著刊行会、一九八四年所収、二三一～二三二頁）。初出は一九五九年。

（4）佐藤進一「御成敗式目の原形について」（『新訂増補国史大系　第三十三巻』付録「月報15」吉川弘文館、一九六五年、のち『日本中世史論集』岩波書店、一九九〇年に所収）。

（5）佐藤進一『日本の中世国家』（岩波書店、一九八三年）一一三頁。

（6）羽下徳彦「領主支配と法」（『岩波講座日本歴史5中世1』岩波書店、一九七五年）。

（7）竹内理三『日本の歴史6　武士の登場』（中央公論社、一九六五年、二〇〇四年に中公文庫に改版再録）。

あとがき

四十代になって突然文体が変わる歴史研究者を時折みかける。そのうちの一人が若く逝った棚橋光男であった。堅実で重厚な『中世成立期の法と国家』によって棚橋を知った私は『講座　前近代の天皇　第一巻』にのった「転形期の王権――後白河論序説」に接して非常に驚いた。それは上記著書によって知っていた棚橋の文章ではなく、「だ」「なのだ」という断定が連続し、比喩・形容詞が多用され、十五頁にわたる年表風の「後白河行動一覧」が収録された、他の論文とはきわめて異質な「偉大なる暗闇」（と棚橋が表現する）後白河の精神史だったからである。たまたま、同じ巻で「北条氏の専制と建武新政」（本書未収録）を担当していたこともあって、執筆者会議で顔を合わせ、二、三言葉を交わした記憶がある。正確には覚えていないが、その会議では〈諸時代の国家史・政治史のなかで天皇権力の構造と展開を検討する〉という講座の趣旨が編集委員から語られたように記憶している。しかし、そうした講座の趣旨とは相当に異なって、出来上がった棚橋の論文は藤原頼長・信西の精神史を付した後白河論（序説）であり、文体も特異だった。当該論文を収めた講談社メチエ『後白河法皇』の解説で、高橋昌明氏が、編集委員であった永原慶二が棚橋に「（この論文が）東京では物議をかもしている」と語ったことを記されている。詳細はあずかり知らないが原稿を受け取った編集委員会では大いにもめたのだろう。高橋氏は同じ解説の中で「後白河の生の真実を全人格としてこの手にとらえる――余人は知らず、それこそ自分にとっての後白河論の課題なのだ。彼は衷心からそう思っていたのである」と記されている。従来の後白河論への抗議であり、広い意味では歴史学界への抗議にもみえた。棚橋の立場は〈歴史研究者は「生の真実」に迫るべきだ〉というものである。しかし、その抗議は大きな史学史の流れから言えば、明治以来さまざまな形で、考証史学→実証主義史学に対して向けられてきたものでもある。その問題意識は十分理解できる。理解は出来るが同意することは出来ない。「偉大なる暗闇」「生の真実」は、――遅塚忠躬が『史学概論』で記したごとく――事実としては知りえない無限の暗黒世界（歴史家が立ち入ることのできない世界）に属する不可知の領域であり、芸術家・文学者の直感を待つしかないものと思うからである。

さて、前著『鎌倉幕府と中世国家』を出してからとんでもない時間がたってしまった。四半世紀に及ぶ時間の長さを思うと、いったいその間なにをしていたのか実りの乏しさに呆然とする。前著をまとめるのと前後して、田んぼの中にある大学に就職した。しかし、意気込みに反して講義は思うように上手くはいかなかった。論理や論証が比較的明晰であると考えて法史学を研究対象としたのだが、研究内容からする私の言葉と、そこの学生のニーズには大きなギャップがあって、なかなか話を聞いてもらえなかったのである。語る内容が無かったと言うほうが正確かもしれない。四苦八苦するなかで、軍記物語の魅力に依拠することと、学生たちと年中一緒に行動することで仕事の要請に対応しようとした。そして主観的には環境に順応できるようになったと思えた頃、諸事情により現在の勤務先に移ることになった。現在年間で講義・演習あわせて百四十コマほどノルマがある。毎年その二〜三割を更新しようとすると、それだけで一年が終わってしまい研究がままならない。といっても、多くの研究者が同様の環境で多くの成果を生み出していることを考えれば、これはただ単に、自分の無能さを公言しているのと同じだと自覚している。そうした中で、遅々たる歩みで成果を発表してきた。とくに、講義の準備で平治の乱に深入りすることになって、かなり集中的に平安時代史の勉強をした。そうして平治の乱の研究が史学史上の盲点であることに気がついた。本来は保元の乱についてもきちんと論文を書いて『保元・平治の乱』という形で一書をまとめるべきと自覚しているが、残りの知力・

体力の点でもはや自信が無く、今回は既発表の関連論文・新稿と合わせて一書にまとめることにした。御成敗式目についても同様である。ライフワークで、御成敗式目を題につけた本をまとめたいと思っていたが、今後の課題としなければならない。

この間諸先輩・学友たちから労作を貰いっぱなしで、当初すぐお返しできるつもりでいたのだが今まで叶わず、ようやくお返しできるのが一つの喜びである。久しぶりの本作りは楽しかった。まだいくつか残した課題がある。それを形にするため、もう少し歩を早めて進んでいきたい。

最後に、私事にわたるが、いつも私を支えてくれる妻江利子に感謝の気持ちを記すことをお許しいただきたい。

二〇一八年七月七日

古澤直人

初出一覧

序　章　『法制史研究』四六号（一二七頁〜一四六頁）、一九九七年をもとに再構成。

Ⅰ　平治の乱の再検討

第一章　原題「平治の乱における源義朝謀反の動機形成――勲功賞と官爵問題を中心に――」『経済志林』八〇巻三号の「二」「三」（一四〇頁〜一六四頁より）二〇一三年。一、結びは新稿。

第二章　原題「平治の乱における源義朝謀反の動機形成――勲功賞と官爵問題を中心に――」『経済志林』八〇巻三号の「はじめに」「一」「四」「結び」（一二九〜一三九頁、一六四頁〜一七九頁より）、二〇一三年。

第三章　『経済志林』八〇巻四号（一八三頁〜三三三頁）、二〇一三年。

第四章　新稿、一部（三節2、3は、「平治の乱の要因と十二月九日事件の経緯について」（『経済志林』八〇巻四号（三五〇〜三五六頁より）、二〇一三年。

第五章　新稿、一部（二節1、2は、「平治の乱の要因と十二月九日事件の経緯について」（『経済志林』八〇巻四号（三五七〜三六一頁、三六八〜三七一頁より）、二〇一三年、二節3は（原題「二条天皇の六波羅行幸をめぐって」『法政大学多摩論集』第三四巻（八〇〜八四頁より）、二〇一八年。

Ⅱ　中世初期における謀叛の研究

第一章　鎌倉遺文研究会編『鎌倉遺文研究Ⅰ　鎌倉時代の政治と経済』東京堂出版（三一〜五九頁）、一九九九年。一部（三節表3等）新稿。

第二章　『名古屋芸術大学研究紀要』二〇（一八六〜二〇六頁）、一九九九年。

第三章　『法政大学多摩論集』第一九巻（二九〜四四頁）、二〇〇三年。

第四章　『法政大学多摩論集』第二三巻（一一〜二八頁）、二〇〇七年。

第五章　新稿、一部（一節）は、笠松宏至編『中世を考える　法と訴訟』吉川弘文館、一九九二年所収「鎌倉幕府の法と権力」（三〜一〇頁）より。

終　章　書き下ろし

著者略歴

一九五八年　東京都に生まれる
一九八八年　早稲田大学大学院文学研究科博士後期課程単位取得退学、名古屋芸術大学講師・同助教授を経て、
現　在　法政大学経済学部教授
文学博士

〔主要著書・論文〕
『鎌倉幕府と中世国家』(校倉書房、一九九一年)
「北条氏の専制と建武新政」(『講座前近代の天皇第一巻』青木書店、一九九二年)
「鎌倉幕府の法と権力」(笠松宏至編『中世を考える　法と訴訟』吉川弘文館、一九九二年)

中世初期の〈謀叛〉と平治の乱

二〇一九年(平成三十一)一月一日　第一刷発行

著　者　古《ふる》澤《さわ》直《なお》人《と》

発行者　吉川道郎

発行所　株式会社　吉川弘文館
郵便番号一一三―〇〇三三
東京都文京区本郷七丁目二番八号
電話〇三―三八一三―九一五一(代)
振替口座〇〇一〇〇―五―二四四番
http://www.yoshikawa-k.co.jp/

印刷＝株式会社 理想社
製本＝誠製本株式会社
装幀＝山崎　登

ISBN978-4-642-02953-7

索　　引

本索引は，Ⅰ人名・家(氏)名，Ⅱ地名・寺社名，Ⅲ事項，
Ⅳ研究者名，Ⅴ史料名，Ⅵ幕府法に分類のうえ採録した。

Ⅰ　人名・家(氏)名

あ　行

か　行

さ　行

た　行

な　行

は　行

ま　行

や　行

II　地名・寺社名

あ　行

か　行

さ　行

た 行

な 行

は 行

ま　行

や　行

ら　行

Ⅲ 事　　項

あ　行

か　行

さ　行

た　行

な　行

は　行

ま　行

や　行

ら・わ行

Ⅳ　研究者名

あ　行

か　行

さ　行

た　行

な　行

は　行

ま　行

や　行

ら・わ行

V 史 料 名

あ　行

か　行

さ　行

た　行

な　行

は　行

ま　行

や・ら行

Ⅵ　幕　府　法

〔御成敗式目〕

〔鎌倉幕府追加法〕